Erwin Seidl

Rechtsgeschichte Ägyptens als römischer Provinz

(Die Behauptung des ägyptischen Rechts neben dem römischen)

Unter Mitarbeit von
Dr. Axel Claus und Dr. Lothar Müller

Verlag Hans Richarz · Sankt Augustin

Printed in Germany

Emil *Kießling*
in Verehrung und Freundschaft

Inhaltsverzeichnis

Vorwort

Mit dem vorliegenden Buche schließt die Reihe der Bände ab, die der ägyptischen Rechtsgeschichte gewidmet sein sollten. Es umfaßt die Zeit von der Eroberung Ägyptens durch Oktavian im Jahre 30 v. Chr. bis zu der durch Amr im Jahre 642 n. Chr. Einem jüngeren Gelehrten möge die nachfolgende Zeit, die anhand der koptischen und arabischen Urkunden erschlossen werden könnte, empfohlen sein.

Das Material für unsere Zeit sind wenige demotische, mehr lateinische, überwiegend griechische und wenig koptische Texte. Gerne hätte ich alle demotischen Urkunden der Römerzeit behandelt. Es mag noch etwa tausend solcher, allein aus Soknopaiu Nesos geben, die in den Museen schlummern. Sie sind in einer sehr kursiven Schrift geschrieben, die vom ptolemäischen Demotisch abweicht. Ein Spezialist unter den Demotikern sollte sie der Wissenschaft vorlegen. Was heute schon publiziert ist, ist nur wenig. Auch wurden mir nur wenige koptische Texte bekannt, die mit Sicherheit noch der Byzantinerzeit zuzuschreiben sind (1); nur diese sind hier berücksichtigt.

So bilden griechische Papyri vor allem unser Material. Sie zeigen zwar immer mehr ein Vordringen des römischen und ein Zurückweichen des ägyptischen Rechts. In vergangenen Jahrzehnten hätte man den Untertitel „Ägyptisches Recht in verzweifeltem Abwehrkampfe gegen das römische" wählen können. Manche ägyptische Rechtsanschauung hat eine erstaunliche Lebenskraft bewiesen. Mitunter wird sogar das „Ägyptische" verständlicher, wenn man die Belege aus dieser Epoche heranzieht. Umgekehrt war für manche Forscher, die vom Griechischen herkamen, eine Versuchung gegeben, einen ihnen unbekannten Rechtssatz als ägyptisch anzusprechen; da konnte einiges richtig gestellt werden.

Vom Standpunkt der römischen Rechtsgeschichte ist das Thema schon in zwei Darstellungen untersucht worden: einmal, mit dem unschätzbaren Vergleich der Urkunden aus anderen Provinzen des Römerreiches von Wenger (2), sodann mit dem Anspruch alles zu geben, was an Publikationen vorlag, von Taubenschlag (3). Wir werden diese Werke dankbar oft zitieren, aber durchaus nicht alles wieder abdrucken, was dort an Bibliographien und Urkundenverzeichnissen zu finden ist. Auch sonst haben wir bei viel studier-

---

1 Till, Datierung und Prosopographie der koptischen Urkunden aus Theben. Sitz. Ber. Akad. Wien 240, 1 (1962).
2 Die Quellen des römischen Rechts. Denkschr. Akad. Wien 2 (1953) S. 734 – 841.
3 The law of greco-roman Egypt in the light of the Papyri. 2. Aufl. Warszawa 1955.

ten Texten darauf verzichtet, alle frühere Literatur in den Fußnoten zusammenzustellen, z. B. wird auf die insgesamt 77 Seiten umfassende Bibliographie von Sasse zur Constitutio Antoniniana nur verwiesen (4).

Die Zusammenarbeit mit meinen beiden Mitarbeitern war, sit venia verbo, ein wenig „autoritär", d. h. die Verantwortung für etwaige Fehler will ich allein tragen. Weiter hat, namentlich an den Registern, Dr. Hans-Dieter Schmitz mitgearbeitet. Frl. Schwab hat das Manuskript mit großer Geduld in den verschiedenen Stadien seines Entstehens geschrieben. Ihnen allen danke ich herzlich.

Als ich vor fast einem halben Jahrhundert anfing, Papyri zu studieren, war Emil Kießling gerade berufen worden, das unentbehrliche Wörterbuch Preisigke's fortzusetzen, später übernahm er Sammelbuch und Berichtigungsliste hinzu. Im In- und Ausland sieht man in ihm den Protagonisten der deutschen Papyrologie. Dazu bin ich ihm für bewiesene Freundschaft in den langen Jahren verpflichtet. Die Widmung dieses Buches an ihn kommt vom Herzen.

Erwin Seidl

---

4 JJP 14 (1962) 109. 15 (1965) 329.

I. Quellenlehre

§ 1 Der sog. Gnomon des Idios Logos.

In die Eigenart des Rechts, das in dem vorliegenden Buche behandelt werden soll, führt wohl nichts besser ein, als eine Übersicht über die wichtigste Quelle, den P. BGU V 1210. Seine letzte Ausgabe stammt von Salvatore Riccobono Jr (1). 11 Seiten Literaturverzeichnis beweisen, wie sehr der Text schon vor 20 Jahren wissenschaftlich durchgearbeitet worden ist (2).

Der Papyrus stellt ein richtiges Buch dar und ist am Anfang vollständig erhalten. Wie es in der Antike Brauch war, beginnt er mit einer persönlichen Widmung (3). Er mag unter der Regierung des Kaisers Marc Aurel geschrieben worden sein. Selbst Hochklassiker wie Gaius hätten ihn buchstäblich noch in der Hand halten können. Er ist also älter als die in den Digesten am meisten benützten juristischen Schriftsteller, Papinian, Ulpian, Paulus und Modestinus, und – das ist für die römische Rechtsgeschichte wichtig, – ein Original, nicht eine dem Interpolationsverdacht ausgesetzte Abschrift aus späterer Zeit.

Was er ist, darauf gibt er selbst eine Antwort: „Von dem Instruktionsbuch (Gnomon), das der selige Kaiser Augustus für die Verwaltung des Privatvermögens herausgegeben hat, und von den mit der Hand dort nachgetragenen Dingen, sei es, daß sie von den Kaisern kommen oder vom Senat oder von den jeweiligen Statthaltern oder Verwaltern des Privatvermögens, habe ich die dazwischengelegten (4) Kapitel zusammengestellt und dir unterbreitet, damit du durch das geringe Verdienst dieser Aufzeichnung das Gedächnis stützt und leicht die Geschäfte bewältigst.“

Ein Jurist hat also Vorschriften zusammengestellt und sich dabei an einen liber mandatorum, ein Instruktionsbuch des Kaisers Augustus gehalten, das dieser für die Beamten des fiscus Caesaris herausgegeben hatte, der damals noch vom aerarium populi romani unterschieden wurde, wenn

---

1 Il Gnomon dell'Idios Logos. Palermo 1950.

2 Seither: Lauria, Il Gnomon dell'Idios Logos. Atti Accad. Napoli 75 (1964) 81 – 153. – Seidl, Besprechung der Edition Riccobono's, Iura 3 (1952) 337 – 381. – Swarney, The ptolemaic and roman Idios Logos. Diss. Yale Univ. Ann Arbor 1966. Dazu SDHI 33 (1967) 573. – Modrzejewski, La dévolution au fisc des biens vacants d'après le Gnomon de l'Idiologue (BGU 1210 § 4) Studi Volterra VI 91.

3 Vgl. Dig 27, 1, 1 pr. den Beginn der libri VI de excusationibus des Modestinus.

4 Vgl. unten S. 14 Uxkull-Gyllenband, S. 11, übersetzt *τὰ ἐν μέσῳ κεφάλαια* mit „die in der Schwebe befindlichen (unsicheren) Kapitel“. Weitere Erklärungsversuche ebenda S. 10.

er auch schon wesentlich größer und wichtiger war. „Fiscus" ist dabei ins Griechische übersetzt, und zwar per comparationem, wie die Philologen sagen würden: durch einen Vergleich. Es hatte nämlich schon im Ptolemäerreich eine Trennung der reinen Staatskasse von einer besonderen Kasse des Königs gegeben und die letztere nannte man ἴδιος λόγος (5). Als die Römer Ägypten ihrem Reich einverleibten, hatte man die Einrichtung beibehalten und die Kasse als einen fiscus Caesaris weitergeführt. Und nicht nur die Behörde trug weiterhin den Namen „ἴδιος λόγος", sondern auch der Beamte, der an der Spitze dieser Finanzkasse stand, wurde so genannt. Er hatte einen hohen Rang, stand nur wenig unter dem Statthalter und war vielleicht in gewissem Umfang von ihm abhängig, weil er ja das wichtige Finanzinteresse des Kaisers in der Provinz zu vertreten hatte.

Der Verfasser sagt also nicht, daß er hier eigene Jurisprudenz niedergelegt habe, sondern er sagt nur, daß er einige wichtige Vorschriften zusammengestellt habe. Somit haben wir in dem Büchlein einen Originalbeleg für eine solche Tätigkeit der Juristen, die im Sammeln besteht. Sie kommt gerade in der hochklassischen Zeit in Schwung (6). Das berühmteste Beispiel für eine solche Sammlertätigkeit sind die sog. Sentenzen des Paulus.

Wir dürfen also von dem Werk vor allem Vorschriften erwarten, wie sie für Finanzbeamte von Wichtigkeit waren. Diese werden in der Gestalt von §§ gegeben, die mit Nummern versehen sind. Bis § 80 reicht die Zählung; die noch folgenden §§ (bis 115 sind erhalten; es waren noch mehr) stehen ohne eine solche Ziffer am Rande da.

Das Buch hat eine Disposition (7). Man findet dieselbe, wenn man das in Digesten benützte Werk des Callistratus, De iure fisci et populi, Dig. 49,14,1 pr. daneben legt, von dem glücklicherweise die Einleitung erhalten ist, die die Gliederung des meist verlorenen Schriftchens wiedergibt. Danach kann man sagen: beide Werke hatten dieselbe Gliederung, und das muß eben die des verlorenen liber mandatorum des Augustus gewesen sein.

Aber, was der Verf. bringt, kann nicht aus diesem liber mandatorum selbst entnommen sein. Insofern stimmt die Bezeichnung "Gnomon", die sich eingebürgert hat, nicht. Es handelt sich vielmehr um die "dazwischen vermerkten Dinge". Der Empfänger hatte wohl den liber mandatorum selbst, aber nicht die Zusätze, die BGU 1210 bringt.

Das sagt nun die Widmung auch selbst. Man pflegte im Altertum in die Papyrusrolle Zettel einzulegen, die heraushingen (8). Einen genau entsprechenden griechischen Ausdruck dafür scheint es nicht gegeben zu haben;

---

5 Préaux, L'économie royale des Lagides. Bruxelles 1939. 296 u. 409.
6 RömRG[2] Randziff. 189 ff.
7 Vgl. Lauria a.a.O.
8 Titi, Diminuitiv: Tituli. Dr. Lothar Müller machte mich mit einer Bemerkung von Birt, Kritik und Hermeneutik nebst Abriß des Antiken Buchwesens, München 1913, S. 382, bekannt.

oder er war dem lateinisch denkenden Verfasser nicht bekannt. So umschrieb er mit "die in der Mitte (der Papyrusrolle befindlichen) Kapitel". Er hatte also ein Exemplar des Gnomons des Kaisers Augustus, des liber mandatorum, vor sich, in welches im Laufe der Zeit als Nachträge einzelne Zettel eingelegt waren, auf denen solche Konstitutionen, SC, Entscheidungen der Statthalter und der Vorsteher der Privatkasse und sonst wichtige Dinge notiert waren. Wie wir sehen, waren es sehr viele geworden; das Zettelsystem war unbequem geworden. Also nahm sich der Verfasser unseres Büchleins die Mühe, das, was auf den in der Mitte der Papyrusrolle befindlichen Zetteln geschrieben stand, zusammenzuschreiben.

Das Werk ist für das Rechtsleben Ägyptens in der Kaiserzeit instruktiv. Denn in den zusammengetragenen Normen spiegelt sich die ganze Vielfalt der Quellen wider, aus denen juristische Vorschriften in diesem Lande kommen konnten. Schon hier steht der Rechtshistoriker vor der Aufgabe, die Quelle zu erkennen.

1. Ägyptisches Recht (9). Von diesem erfahren wir aus unserem Büchlein unter anderem deshalb, weil der Idios Logos gleichzeitig zum Oberaufseher aller Tempel und Priesterschaften eingesetzt worden war. Er hatte mehr als nur fiskalische Befugnisse. Das war aber schon eine Besonderheit der Provinz Ägypten. Für den Rechtshistoriker bedeutet das: er muß ergründen, ob als ratio legis der Kult der Götter oder das fiskalische Interesse anzunehmen ist.

Auf den ersten Blick möchte man die §§ 71 bis 97 für eine Quelle ägyptischen enchorischen Rechts halten. Sie handeln von der ägyptischen Priesterschaft, also gerade von der Bevölkerungsgruppe, der wir am meisten ein Festhalten am Altägyptischen zutrauen möchten. Doch finden wir auch Dinge, die auf einen Bruch mit dem enchorischen Recht, wie es uns aus der Ptolemäerzeit bekannt ist, schließen lassen.

Das gilt schon für den ersten § dieser Reihe, § 71.

Ἱερεῦσ[ι] οὐκ ἐξὸν πρὸς ἄλ[λ]ῃ χρείᾳ̣ εἶναι ἢ τῇ τῶν θεῶν [θρ]ησκείᾳ̣ οὐδὲ ἐν ἐρεᾶ̣ [ἐ]σθῆτι προϊ⟨έ⟩ναι ο[ὐ]δὲ κόμην φορεῖν ο[ὐ]δὲ ἐὰν [ξε]νωθῶσιν τοῦ θ[ε]ί[ο]υ ψάου.

Da wird den Priestern verboten, einen Nebenberuf auszuüben. „Priester" wollen wir dabei als Sammelbezeichnung für die „höheren Priester" auffassen, also Propheten, Gottesväter, „Tröster seines Vaters Herzens" neben den gewöhnlichen w‘b.w einschließen. Doch war z.B. der Priester in P. Chrest I 328 = Teb I 42 in Tebtynis zugleich w‘b und Königsbauer. Von den Priestern in Soknopaiu Nesos kann man dasselbe annehmen (10).

9 Wir behandeln dieses Kapitel ausführlicher, weil der Text von diesem Gesichtspunkt her noch so gut wie unbearbeitet ist. In der Abfassung dieses Abschnitts hat mich Herr Kollege Derchain liebenswürdigerweise unterstützt. Ich danke ihm herzlich dafür.

10 PtolRG^2 47.

Also hat jemand das ägyptische Priestertum seither „reformiert" (11). Wenn es dagegen in demselben § weiter heißt, daß es den Priestern verboten ist, wollene Kleider zu tragen und sich die Haare lang wachsen zu lassen, so dürfte es sich dabei um Wiedergabe alten ägyptischen Rechts handeln. *Erman* zeigt in seinem Buche „Die Religion der Ägypter" (12) S. 200 die Abbildung eines Priesters des Neuen Reiches, dessen kahler Kopf und dessen Kleidung den Vorschriften entsprechen. Dabei bleibt natürlich die Möglichkeit, daß die Priester solche Gebote gegen Ende der Ptolemäerzeit nicht mehr ernst nahmen, so daß sie ihnen ihr neuer *ἀρχιερεύς* wieder einschärfen mußte. Der Priesterstand wird als ein character indelebilis aufgefaßt: auch wenn jemand zur Strafe oder wegen Untauglichkeit vom Dienst bei der Prozession ausgeschlossen wird, muß er doch die Kleidervorschriften beachten; auch dieser Satz dürfte ägyptisch sein. Obwohl in § 75 Geldbußen für einzelne Zuwiderhandlungen festgesetzt sind, wird § 71 wohl eher vom Interesse des *ἀρχιερεύς* am Kultus als dem des Idios Logos an Einnahmen her zu erklären sein.

Für § 72 wurde vertreten, daß er nicht altägyptischen Ursprungs sei (13): *Ἀσφρα[γ]ίστους μόσχους οὐκ ἐξὸν θύειν · οἱ δὲ π[α]ρὰ ταῦ[τα θύσ]αντες κατακρίνο[ν]ται* S *φ*'.

Denn der Idios Logos Pardalas hatte im 7. Regierungsjahre Hadrians (122/23 n. Chr.) die Versiegelung der Stiere angeordnet, wie P. Chrest I 87 = BGU I 250 belegt. In Hadrians Zeit hatte es in Alexandria einen Aufstand von gläubigen Anhängern des Apis gegeben (14). So vertrat *Wilcken* die Ansicht, die Vorschrift hänge damit zusammen, daß kein zum Apis taugliches Tier geopfert werde (15). Es gab aber schon zur Pharaonenzeit Moschosphragisten (16). Die Erklärung, daß diese dafür zu sorgen hatten, daß kein zum Opfer zu schlechtes Tier geopfert werde, die *Kupiszewski* brachte, ist also ebenfalls möglich. Die hohe Geldstrafe von 500 Dr. im Falle der Übertretung ging jedenfalls in die Kasse des Idios Logos.

So werden wir auch an den § 73 mit Vorsicht herangehen: *Ἱερατικὰς προσόδο[υ]ς οὐκ ἐξὸν ἐπιδανείζειν.* Die *ἱερατικαὶ πρόσοδοι* sind nicht die Einkünfte der Tempel, sondern der Priester (17). Auch was *ἐπιδανείζειν* bedeutet, ist unsicher. Die herrschende Lehre

---

11 In P. Mich V 233 (25 n.Chr.) sind Priester liturgische Schleusenwächter. Bei dem fiskalischen Denken wird man aber in der Ausfüllung einer Liturgie keinen Nebenberuf sehen dürfen.

12 Berlin 1934

13 Dagegen schon Kupiszewski, JJP 6 (1952) 259.

14 De vita Hadriani 12, 1 in: Scriptores Historiae Augustae I (ed. Hohl) Leipzig 1955; Pietschmann, RE Apis 5.

15 Im Kommentar zu P. Chrest I 87.

16 Derchain, Un sens curieux de *ἔκπεμψις* Chron 27 (1951) 271.

17 Vgl. Liddell-Scott.

sagt „zur 2. Hypothek geben“ (18); auch an Afterpfand könnte man denken. Das wäre nicht ganz unverständlich: 2. hypothekarische Belastung oder Afterpfand verringern die Aussicht des Inhabers, seine Schulden zurückzahlen und wieder in den Besitz seiner Pfründe kommen zu können. Aber auf den zweiten Rang kommt es dafür nicht an; schon eine 1. Hypothek kann den Wert des verpfändeten Gutes so ausschöpfen, daß die Hoffnung des Eigentümers, die Pfründe wieder unbelastet zurückzubekommen, und damit auch sein Interesse am priesterlichen Dienst schwindet. Das spricht dafür, eine Hypothezierung überhaupt zu verbieten, damit der Priester seine Pfründe ungestört habe und damit auch keine Ausrede gewinne, sich vom Kultus zurückzuziehen. In der Tat heißt ἐπιδανείζειν mitunter überhaupt „zu Hypothek geben“, also zur 1. Hypothek, so COrdPtol 8 = Petr III 20, Z. 4 und 5. Auch BGU IV 1167 spricht nicht dagegen. Also hat jemand den Priestern verboten, ihre Pfründen zu Hypothek zu geben.

Aber das ist schwerlich ein altägyptischer Rechtssatz. Das ptolemäische Pfandrecht, namentlich das der demotischen Urkunden, ist vielseitig (19). Man kann eine Darlehens-Empfangsbestätigung ausstellen und in dieselbe sogleich die Geldbezahlungsurkunde über die verpfändete Sache aufnehmen, bedingt nur durch die nicht rechtzeitige Rückzahlung der Darlehenssumme. Man kann aber auch in der Darlehensurkunde lediglich die Verpflichtung zum Ausdruck bringen, eine Geldbezahlungsurkunde auszustellen, falls das Geld nicht rechtzeitig gezahlt werde (20). Oder man kann die Geldbezahlungs- und sogar eine Abstandsurkunde noch dazu sofort und unbedingt ausstellen, sie jedoch einem Urkundenhüter, ‘rbt, übergeben, auf daß er am Fälligkeitstage die Urkunde entweder dem Aussteller zurückgebe, wenn dieser zahlt, oder dem Empfänger aushändige, wenn die Zahlung ausbleibt. Dann ist das Eigentum an dem verpfändeten Gegenstand endgültig und unbedingt auf den Pfandgläubiger übergegangen.

Immerhin ist mir kein Fall aus der Ptolemäerzeit bekannt, in welchem ein richtiges (höheres) Priesteramt in einer dieser Weisen verpfändet worden wäre. Choachyten und andere „niedere“ Priester konnten das wohl tun (21). In P. Deir-el-Med 2 (189 v. Chr.) tritt ein Mann, der sowohl wn (Pastophor) als auch hm-ntr (Prophet) ist, Einkünfte in einer Geldbezahlungsurkunde ab. Ob die Urkunde die sofortige unmittelbare Abtretung der Einkünfte zur Folge hatte, oder ob sie erst einem Urkundenhüter übergeben worden war, der sie später, nach einer nicht belegten Zahlung einer geschuldeten Summe, dem Adressaten aushändigte, zu dessen Ar-

18 Thalheim, RE s.v. Preisigke s.v., Riccobono Jr. a.a.O. S. 59; P.M. Meyer, Juristische Papyri S. 338; Uxkull-Gyllenband S. 82; Seckel-Schubart S. 30; Lauria, a.a.).S. 138.

19 PtolRG^2 137 – 139.

20 Pestman, Antidoron David, Leiden 1968. Taf. VI u. VII, S. 100. P. BM 10425 (201 v. Chr.)

21 PtolRG^2 138.

chiv sie gehört, das können wir heute nicht mehr erkennen; aber die Richter der Ptolemäerzeit hätten, wenn ihnen nur diese Urkunde vorgelegt worden wäre, ein etwaiges *ἐπιδανείζειν* auch nicht erkennen können. Dafür aber, daß eine Hypothezierung von priesterlichen Einkünften schon durch einen Satz des ägyptischen enchorischen Rechts verboten gewesen sein könnte, spräche P. Deir-el-Med 21 (111 v. Chr.). Ein Prophet und Schreiber verpachtet seine Einkünfte und verschleiert damit wahrscheinlich eine Verpfändung derselben. Es läßt sich also nicht entscheiden, ob auch diese Vorschrift von den Römern anläßlich einer „Reform" der ägyptischen Priesterschaft erlassen wurde oder ob sie nicht schon altägyptischen Ursprungs ist.

§ 74 handelt von den Stolisten, die ihren Dienst nicht quittieren dürfen. *Στολιστὴς καταλιπὼν τὰς θρησκείας κατεκρ[ί]θη τὰς [προσό]δους καὶ ἐπ[ί]τιμον* S *τ'*. Ihren genauen ägyptischen Titel wissen wir nicht; wir kennen nur eine Umschreibung (22) „die Priester (w'b.w), die für das Heiligtum ausgewählt sind zum Zweck der Bekleidung der Götter".

Man wird noch heute die von Walter *Otto* (23) gegebene Deutung halten können, wonach die Götterbilder zur Prozession mit Schmuckkleidern überzogen wurden. Wenn ein solcher Priester seinen Kultus verläßt, werden ihm zur Strafe seine Einkünfte entzogen und darüberhinaus erhält er eine Geldstrafe. Deren Höhe stammt sicherlich von der römischen Regierung, wenn auch das Quittieren des Dienstes vorher schon verboten und strafbar gewesen sein mag. Wir sehen schon hier, daß eine exakte Gleichung der Priestertitel des griechischen Textes mit den aus den ägyptischen Denkmälern gewonnenen auf Schwierigkeiten stößt. Unser Text mag von Alexandria und dem Delta ausgehen, während die ägyptischen überwiegend aus Oberägypten oder dem Faijûm stammen (24).

§ 75 gibt ebenso Tarife für die Höhe der Geldstrafen, wie sie sich wohl im case-law der Idiologen entwickelt haben mögen:

Ἱερεὺς καταλειπὼν τὰς θρησκείας κατεκρίθη S *σ' ἐρεᾷ ἐσθῆτι χρησάμενος* S *σ' συριστὴς* S *ρ' παστοφό[ρο]ς* S *ρ'*. Die Delikte sind beim w'b: Verlassen des Kultus und Tragen wollener Kleider, beim Flötisten und beim Pastophor (wn) wohl dasselbe, nur sind die Strafen niedriger. Der Titel des „Flötisten" ist mir aus den demotischen Urkunden nicht bekannt (25).

Der § 76 gibt eine besonders hohe Geldstrafe an, wenn ein w'b nicht nur wollene Kleider trägt, sondern auch noch dazu das Haar wachsen läßt.

---

22 Daumas, Les Moyens d'expression du Grec et de l'Égyptien. Le Caire 1952, 182.
23 Priester und Tempel im hellenistischen Ägypten 2 Bde. Leipzig 1905, 83 ff. Kiessling, RE *Στολιστής*. – Derchain, a.a.O. 271, 1.
24 Zu den Priestertiteln: Derchain, a.a.O. – De Meulenaere BIFAO 61 (1962) 151.
25 Doch hat Daumas, ZÄS 95 (1968) 11 ff. zwei Abbildungen solcher Flötisten veröffentlicht.

Ἱερεὺς ἐρεᾷ ἐσθῆτι χρησάμενος καὶ κόμην φορέσας S ά. Der § ist nur eine Fortsetzung des vorhergehenden (26).

Dagegen beginnt mit § 77 ein neues Thema:

Αἱ ἐπὶ δ[ι]αδοχῇ προφητεῖαι τῷ γένει φυλάσσονται. Es gibt erbliche Prophetenämter und diese sollen der Familie erhalten bleiben. Gegensatz dazu sind die Ämter, „die dem Pharao gehören" (27). Solche kann die Regierung geben, wem sie will. Daß die erblichen Ämter erwähnt werden, zeigt, daß doch auch altes ägyptisches Recht hier erhalten sein kann; denn solche hat es in Ägypten seit langer Zeit gegeben (28).

§ 78 bringt nun den Gegensatz, also Ämter, die dem Pharao gehören.

Αἱ δὲ πραθεῖσαι ψειλῶς καὶ μὴ ἐφ' αἱρέσι πραταί εἰσιν.

Sie werden hier „verkäuflich" genannt. Der Unterschied wurde durch den P. Vindob Boswinkel 1 (87 n.Chr.) klar. Von den erblichen Priesterämtern erhält der Idios Logos nur ein εἰσκριτικόν, wenn der bisherige Inhaber gestorben ist, und sein Erbe Nachfolger wird. Von den „nicht erblichen", „verkäuflichen" Ämtern dagegen wird ein „Kaufpreis" von dem erhoben, der das Amt haben will; dieser ist natürlich viel höher als das εἰσκριτικόν (29). Von den verkäuflichen Prophetenämtern heißt es nun, daß sie nur einfach, aber nicht unter einer Bedingung übertragen werden können. Da gibt es in der Sammlung PER einige Urkunden aus der Zeit des Augustus, in denen die Priesterschaft über den Empfang des Geldes für ein Priesteramt quittiert (30). In diesen ist aber vom Rest des Geldes die Rede. Also waren diese nicht unbedingt, sondern unter der Bedingung der Restzahlung übertragen worden. Das soll nun im Interesse der Einnahmen des Idios Logos verboten sein; die „Kaufgebühr" soll sofort bezahlt werden. Dagegen wird man nicht an einen Verkauf des Priesteramtes von einem Inhaber an den anderen denken dürfen. Solcher kam wohl in der Ptolemäerzeit vor; er kann aber nur bei den erblichen Ämtern, nicht bei denen, die dem Pharao gehören, zulässig gewesen sein.

§ 78 scheint jüngeren Datums zu sein als die Wiener Papyri; er wird daher zu einer „Reform" der Priesterschaft, also zum „Provinzialrecht" zu rechnen sein.

§ 79 verlangt, daß überall, wo sich ein dem Kult dienendes Götterbild befindet (ναός), auch ein amtierender Prophet sein müsse.

---

26 Strafbare Handlungen von Priestern der 20. Dyn. führt der sog. Turiner Skandalpapyrus auf. – Peet, JEA 10 (1924) 116. – Sauneron, Rev. d'Eg. 7 (1950) 53.

27 ÄGRGSait² 60. – Sauneron, Les conditions d'accès à la fonction sacerdotale à l'époque grécoromaine BIFAO 61 (1962) 55 zu P. Teb II 293.

28 Kees, Das Priestertum im ägyptischen Staat. Leiden 1953, 290 ff.

29 Vgl. auch Stud. Pal XXII 184 (140 n.Chr.).

30 PER dem. Inv. 10084. 6859. 6861. 6860. Bei der Übersetzung durfte ich mich der Hilfe von Professor Edda Bresciani erfreuen, für die ihr herzlich gedankt sei.

'Εν παντὶ ἱερῷ, ὅπου ναός ἐστιν, δέον προφήτην εἶναι καὶ λαμβάνει τῶν προσόδων τὸ π[έμ]πτον.

Er bekommt dann als Sporteln ein Fünftel der Spenden des Volkes. Uxkull hielt diesen Satz für neugeschaffenes Recht der römischen Regierung (31); er könnte auch einen alten ägyptischen Rechtssatz wiedergeben (32).

In § 80 kehren die uns ägyptisch so spärlich belegten Stolisten wieder.

Αἱ στολιστεῖ[αι] πραταί εἰσιν. τοὺς προφήτας στολισταὶ διαδέχονται.

Ihre Ämter sind verkäuflich. Also gab es keine „erblichen“ Stolisten, wenn wir § 78 oben richtig verstanden haben. Ferner haben diese Stolisten mit den Propheten etwas zu tun. *Διαδέχονται* wird häufig mit „vertreten, substituieren“ übersetzt; doch dürfte „nachfolgen“ richtiger sein. Wer Stolist ist, hat eine Anwartschaft auf das nächste freiwerdende Prophetenamt (33). Das mag aber eine Besonderheit der alexandrinischen Kulte sein, die hier verallgemeinert wird.

§ 81 enthält etwas alt Ägyptisches:

Μόνῳ προέ[δ]ρῳ ἐξὸν τὸ τῆς δικαιοσύνης παράσημον φορεῖν.

Nur der „Vorsitzende“ darf das Abzeichen der Mꜣʿ.t tragen (34). Einen besonderen Titel für den Vorsitzenden im Laokritengericht kennen wir nicht. Im Chrateanch-Prozeß ist der Vorsitzende ein Prophet (35), während die beiden anderen Richter diesen Titel nicht führen. Aber wir können die Laokriten überhaupt in der späten Ptolemäerzeit nicht mehr nachweisen (36), wenn auch Kreller einen Hinweis sah, daß sie noch zur Römerzeit im Amte gewesen wären (37).

§ 82 verbietet den Pastophoren, sich als w‘b.w, Priester, zu bezeichnen.

Παστο[[ρα.]][φόρ]οις οὐκ ἐξὸν ὡς ἱερεῦσι χρηματίζειν.

Daran ist richtig, daß die wn.w, Pastophoren, im Ägyptischen niemals als w‘b.w, „Priester“ aufgefaßt wurden, sondern sie gehören von jeher zu den sog. „niederen“ Kultusdienern. Der § verhindert die Kumulation beider Ämter; diese aber kam in der Ptolemäerzeit häufig vor. Botti (38) führt

---

31 A.a.O. S. 87, 88.

32 P. Köln dem. Inv. 1858, 8; 12 (ca. 138 v. Chr.) belegt schon, daß einem Propheten 1/5 der Gaben zustehen.

33 Das Verso der sog. Zivilprozeßordnung enthält Gebühren dafür, daß ein bestimmter Priester ein anderes höheres Priesteramt übernimmt. Spiegelberg, Abh. Akad. München NF 1 (1929). – Seidl, Kurzberichte a.d. Papyrussammlungen der Universitätsbibliothek Gießen 16 (1963).

34 ÄGRGSait^2 32. G. Möller, ZÄS 56 (1918) 67 f. – W. Schubart, ZÄS 56 (1918) 92. – Derchain, a.a.O.

35 P. BM (Thompson) 10591 Ro, X, 17.

36 PtolRG^2 71.

37 RE *Λαοκρίται*.

38 P. Deir-el-Med S. 14.

allein aus den P. Deir-el-Med 24 Belegstellen für Leute auf, die sowohl wn als auch hm-ntr waren. Es ist auch nicht einzusehen, warum sie dann, wenn sie irgendeinen weltlichen Beruf ausüben durften, wie wir es oben zu § 71 annahmen, nicht auch den des Pastophoren hätten übernehmen dürfen. Vielleicht kann man das Verbot der Kumulation der römischen „Reform" zuschreiben. Sie hat in diesem Falle erhebliche wirtschaftliche Folgen für die Betroffenen gehabt.

§ 83 dagegen erlaubt den Pastophoren ausdrücklich, einen Laienberuf auszuüben.

Παστοφόρο[ις] ἐξὸν ἰδιωτικῶν ἐφίεσθαι τάξεων.

Das wird schon immer in Ägypten rechtens gewesen sein und wird hier nur zur Verschärfung des Gegensatzes zwischen „höheren" und „niederen" Priestern wiederholt.

§ 84.

Ἱερατικὰ γέρα θυγατρὶ φυλάσσε[τ]αι.

Daß Priesterämter auf Töchter übergehen können, ist wohl bekannt. Wir wissen nur nicht, wie sie es mit dem Kultus machten; der Ehemann konnte ihn vielleicht ausüben(39), oder die Frau mußte die Ämter verpachten, so daß sie ihr doch Einkünfte brachten.

§ 85 erzählt, daß bei Mangel an Priestern zu einer Prozession irgendwelche anderen Priester aushelfen dürfen.

Ἐὰν ἱε[ρ]ὰ ὀλιγ[αν]θρωπῇ, ἐξ ὁμογένου ἱερ[ο]ῦ ἐξὸν λα[μ]βάνειν ἱερέας πρ[ὸ]ς [κ]ωμασίας.

Das ist also kein Tatbestand, weshalb der Idios Logos eine Geldbuße auferlegen könnte. Quellen darüber, ob dies ein altägyptischer Rechtssatz wäre, sind mir nicht bekannt.

§ 87

Μοσχοσφραγισταὶ ἐξὸν λ[ο]γίμων ἱερῶν δοκιμάζονται.

Von den Kälberversieglern nahmen wir oben zu § 72 an, daß sie eine altägyptische Institution darstellten. Dann muß auch die Bestimmung, daß sie von den großen, berühmten Tempeln ausgesucht werden, zur gleichen Schicht gehören. Schon in der Saitenzeit aber wurde zwischen den großen und den kleinen Tempeln ein juristischer Unterschied gemacht (40).

§ 88

Τῶν ἐκ κ[λί]νης ἱερῶν πρ[ο]φήτ[αι] οὐ γεύονται ἀλλὰ παστοφόροι.

Propheten dürfen von dem Opferfleisch bei rituellen Banketten nichts essen, wohl aber dürfen das die Pastophoren tun. Wieder zeigt der P. die Tendenz, die Ämterkumulation zwischen wn und hm-ntr unmöglich zu

---

39 ÄGRGSait^2 59, auch 58.
40 P. Ryl dem. 9,6,16 und weitere Stellen, s. Glossar S. 365 s.v. rpy.

machen. In den Texten ptolemäischer Kultvereinigungen, die solche Bankette veranstalten, kommen Propheten als Vorstände vor (41). Man möchte danach annehmen, daß sie auch mittafeln dürfen. Es kann sich also auch hier um eine von der römischen Beamtenschaft aufgestellte Vorschrift handeln.

§ 89 spricht von einer Pflicht zur Ablieferung von Mumienbinden im Falle des Ablebens eines Apis oder eines Mnevis.

Οἱ [μ]ὴ πέμ[ψ]αντες στολίσματα [εἰ]ς ἀπο[θέ]ωσιν Ἄπιδος ἢ Μνέ[υι]δος [κατα]κρίνο[ντ]αι πρό[σ]τειμον.

Wie groß der Bezirk war, innerhalb dessen diese Pflicht bestand, können wir nicht wissen; schwerlich war es ganz Ägypten.

§ 90 wird altägyptisches Recht enthalten.

Οἱ δ[ι]ὰ σίνος [ἢ] πάθος ἀθαράπευτον ἀφαιρούμεν[οι] τοῦ ψάου ον μὲν τοπ...ι οὐ λαμβανουσι, τὰς δὲ συντάξεις.

Priester mit besonderen körperlichen Fehlern oder Krankheiten dürfen ihre Funktionen nicht mehr ausüben. Dann bekommen sie zwar noch ihre gewöhnliche σύνταξις, um davon leben zu können, dagegen keine Sporteln mehr, die bei den einzelnen Kulthandlungen anfallen würden.

§ 91

Τὰ ἐπιγινόμ[εν]α τέκνα το[ῖς] θ[·]ἱερωμένοις οὐχ ἱερᾶται. ἀπὸ καταδ[ί]κης ἱερέω[ν οἱ υἱο]ὶ [κ]αθίστανται, οἱ δὲ μετα ταῦτα υἱοὶ αὐτῶν [ἱ]ερῶνται.

erscheint in einem neuen Licht, wenn wir das Rechtsbuch aus Hermopolis heranziehen. Denn daß nachgeborene Kinder gegenüber dem erstgeborenen rechtlich benachteiligt werden, geht aus diesem klar hervor (42). So werden wir auch hier als Gegensatz zu den Nachgeborenen den erstgeborenen Sohn zugrundelegen dürfen. Es fragt sich nur, wessen Kinder hier gemeint sind. Vielleicht handelt es sich um die Nachgeborenen jemands, der nicht Priester ist, der aber zu den in Vorbereitung auf das Priesteramt „Geweihten", ἱερώμενοι, gehört (43). Eines solchen ältester Sohn darf die „Weihen" empfangen und damit die Anwartschaft, wʿb zu werden; die jüngeren dagegen bleiben Laien. So aufgefaßt verträgt sich die Vorschrift mit der römischen Politik, den Priesterstand nicht zu zahlreich werden zu lassen. Wenn ein Priester mit dem Verlust seiner Würde bestraft wird, so werden seine Söhne als Priester eingesetzt. Die Erblichkeit des Amtes wird nicht dadurch beeinträchtigt, daß sich ein einzelner Träger als unwürdig erwiesen hat. Ja sogar, wenn ihm nach der Verurteilung noch Söhne geboren werden,

---

41 PtolRG² 153.
42 Istituto Lombardo, Rendiconti, Class.Lett. 99 (1965) 185.
43 PSI IX 1039.

so können sie die Weihen empfangen und damit die Anwartschaft auf ein Priesteramt erlangen. Die Zugehörigkeit zum Priesterstand erweist sich auch hier, wie schon in § 71, als character indelebilis. Insofern ist es angemessen, dabei an altes ägyptisches Recht zu denken. Daß die Römer es ungeschmälert in Geltung ließen, zeigt eine gewisse Großzügigkeit ihrer Politik gegenüber der Volksschicht, deren Loyalität für die Beherrschung der einfachen Ägypter bedeutungsvoll war.

§ 92:
Κηπριάρτῳ [ο]ὐκ ἐξὸν ἱε[ρᾶσ]θα[ι.
Ein auf dem Müllhaufen aufgelesenes (und dann von einem Priester adoptiertes) Kind kann nicht Priester werden. Das Rechtsbuch von Hermopolis stellt an sich die adoptierten Kinder den leiblichen gleich. Aber für die Priesterämter mag von jeher eine Ausnahme gegolten haben: nur durch Geburt konnte man in den Stand kommen, aus dem die Priester zu nehmen waren. Hier werden wir vermutlich altägyptisches Recht vor uns haben.

§ 93:
Τοῖς θάπτουσι τὰ ἱερὰ ζῷ[ια] οὐκ [ἐξ]ὸν προφητεύειν οὐδὲ ναὸν κωμάζειν ο[ὐ]δὲ τρέφειν ἱερὰ [ζ]ῷ[ι]α.

Ägyptisch wird auch das Verbot sein, daß Leute, die zwar nicht Menschen, aber doch heilige Tiere bestatten, weder Prophet werden, noch eine Kapelle tragen, noch heilige Tiere füttern dürfen. Für den Priester, der heilige Tiere füttert, kennen wir den ägyptischen Titel: brh oder bhr (44). Nun heißt doch Pastophor der „Barkenträger". Diese sind aber hier offensicht- nicht gemeint. Wir müssen also unterscheiden: es sind höhere Priester, die bei einer Prozession eine „Kapelle" *ναός*, und niedere, die eine „Barke" tragen. Daß Taricheuten, Paraschisten und Choachyten von den Priestern deutlich abgehoben werden, ist sicherlich altägyptisch. Diesen Standesunterschied auf die Leute auszudehnen, die uns die zahllosen Katzen- und Vogelmumien beschert haben, erscheint logisch. Aber der Apis z.B. wird durch seinen Tod ein Gott; sein Ableben ist eine Apotheose. Ob auch er unter den „heiligen Tieren" erfaßt wird, ist mir nicht völlig sicher.

Lüddeckens hat in einem Papyrus vorptolemäischer Zeit, P. Wien 10151, einen Priestertitel wts-Rʿ gelesen (45); wenn das richtig ist, so haben wir einen ägyptischen Titel für einen solchen „Kapellenträger", der dann auch im Ägyptischen deutlich vom Pastophor abgehoben ist.

§ 94 gibt Rätsel auf.

---

44 Botti, TDF 9,3 übersetzt „allevatore di bestiame".

45 Nachr. Akad. Göttingen 1965 Nr. 5 S. 114. Noch ist mir nicht bekannt, ob andere hauptberufliche Demotiker diese Lesung bestätigen oder bestritten haben.

Παστοφόροις οὐκ ἐξὸν κ[ω]μάζ[ει]ν [οὐ]δ[ὲ] ἱερέων τάξεων ἀντιλαμβάνεσθαι.

Danach wäre den Pastophoren verboten, an einer Prozession teilzunehmen. Man fragt: wann denn sonst tragen sie die Barke? Außerdem dürfen sie den Priestern nicht assistieren. Also wird etwas nicht stimmen; wir möchten meinen, daß das οὐκ irrtümlich hereingekommen ist.

§ 95 schreibt eine Reihenfolge bei der Prozession vor; vermutlich steht dem höheren Rang der Vortritt zu:

Ἱερε[ῖ]ς οὐ κωμάζουσιν πρὸ π[τερ]οφό[ρω]ν.

Für die Pterophoren kennen wir den ägyptischen Titel: sh̲ md̲ ;. wt ntr „Schreiber der Gottesbücher" (46). Die griechische Bezeichnung ist also keine Übersetzung, sondern ist von ihrem Aussehen in der Prozession hergenommen. Sie könnten schon vornehmer als die gewöhnlichen Priester gewesen sein (47). Was sie tragen, dürfte kein gewöhnlicher Wedel gewesen sein, sondern eher das Symbol der m;'.t, der Göttin der Wahrheit. Um aber nicht mit § 81 in Widerspruch zu kommen, müßte es sich um ein Symbol von erheblicher Größe handeln, das bei der Prozession auffällt, nicht um einen bloßen Brustschmuck (τὸ τῆς δικαιοσύνης παράσημον).

Für § 94 und § 95 kann man altägyptisches Recht annehmen.

§ 96 ist gleichfalls altägyptisch.

Ἱερατικὴ τάξ[ι]ς ὑπὸ ἰδιωτῶν οὐκ ἐπ[ικρατ]εῖται.

Die Priester waren schon lange, ehe die Römer ins Land kamen, ein besonderer Stand, in den man geboren wurde und überdies durch besondere Weihen hineinkam (48).

§ 97

Οἱ αἰτησάμενοι ἀναθήματα πο[ιῆ]σαι κα[ὶ ποιήσ]αντες κατεκρίθησαν S φ' ἐπὶ τῷ ποιῆσαι.

Ανάθεμα mit ε heißt der einem Fluch preisgegebene Gegenstand, ἀνάθημα mit η das Weihgeschenk (49). Liest man den §, wie er dasteht, ist sein Inhalt allzu albern. Nun ist aber der Schreiber unseres Papyrus in Orthographie keineswegs besonders sicher. Also können wir den feierli-

46 Daumas, Les moyens d'expression du Grec et de l'Egyptien. Le Caire 1952, 183. ÄGRGSait[2] 11.

47 Das spricht gegen die Ergänzung π[αστ]οφό[ρω]ν, die außerdem mit dem vorhergehenden § in direktem Widerspruch stünde.

48 Cf. Kees (oben S. 19 Anm. 28).

49 Die Wörter sind verwandt.

chen Fluch zugrundelegen, wie etwa Erman (50) einen solchen bekannt gemacht hat. Die Ägypter waren abergläubisch. Noch in der Ptolemäerzeit glaubten sie, Gottheiten zur Entscheidung von Zivilprozessen zwingen zu können (51); den prozeßentscheidenden Eid gab es mindestens noch in den ersten hundert Jahren der Römerzeit (52). Sie glaubten wohl auch an die schädigende Kraft des rituell richtigen Fluches. Die Römer, nach deren Recht dasselbe galt, – si malum carmen incantassit, sagen die 12 Tafeln (53) – brauchten sich dem nicht entgegenzusetzen. Wahrscheinlich ist das Verbot aber altägyptisches Recht.

Endlich gibt es noch an zwei anderen Stellen des Papyrus Vorschriften, bei denen ägyptische Herkunft ernstlich in Betracht kommt: § 107:

Τῶν ἀναιρουμένων ἀπὸ κοπρ[ίας ἀρσ]ενικὰ μετὰ θάνατο[ν τὸ] τέταρ[τ]ον ἀναλαμβάνεται und 41:

Ἐὰν Αἰγύπτιος ἐκ κοπρίας [ἀν]έληται παῖδα καὶ τοῦτον υἱοποιήσηται, μετὰ θάνατον τεταρτολο[γεῖτ]αι.

Wenn ein Ägypter ein Kind vom Müllhaufen aufhebt und adoptiert, dann hatte er dessen Arbeitskraft umsonst. Dafür muß nach seinem Tode 1/4 seines Vermögens an den Staat gezahlt werden. Dasselbe gilt auch ohne Adoption, sagt § 107. Diese Normen entsprechen fiskalischem Denken, wie solches besonders das Königsrecht der Ptolemäer beherrschte; z.B. muß das bisher unbebaute Grundstück dem König „bezahlt“ werden (54). Das ausgesetzte Kind kommt m.W. im ägyptischen Recht (abgesehen von Exodus 2) nicht vor, wohl aber im griechischen (55)). So können diese §§ aus ptolemäischen Diagrammata stammen, die von den Römern übernommen wurden.

Fassen wir die Suche nach ägyptischem Recht zusammen. Sie bestätigt die Lehre Riccobono Jr. s (56): die Kaiser haben in die Rechte der ägyptischen Priesterschaft stark eingegriffen. Sie haben dabei aber viel altes ägyptisches Gedankengut bewahrt oder zu neuem Leben erweckt. Die Staatskunst der Römer zeigt sich auch daran (57).

Aber die Kenntnis des ägyptischen Rechts allein würde uns zum Verständnis des Büchleins nicht genügen. Vielmehr sehen wir auch:

---

50 Die Religion der Ägypter, Berlin 1934, S. 405.
51 Ein P. Kopenhagen im Nachlaß von W. Erichsen. So auch Uxkull-Gyllenband, a.a.O. S. 98.
52 Kaplony-Heckel, Die demotischen Tempeleide. II Bde. Wiesbaden 1963.
53 Kaser, Das römische Privatrecht I, 139..
54 PtolRG², 23.
55 Tolles, Untersuchungen zur Kindesaussetzung bei den Griechen. Diss. Breslau 1941.
56 Das römische Reichsrecht und der Gnomon des Idios Logos. Erlangen 1957, 25.
57 Wenger, Von der Staatskunst der Römer, München 1925.

Beispielsweise geht unser Schriftsteller davon aus, daß nach der bekannten Augusteischen Ehegesetzgebung die Junggesellen und die Kinderlosen erbrechtlich benachteiligt worden waren. Was ihnen erbrechtlich zugute gekommen wäre, das zog der Fiskus als bona caduca ein (58). Dazu bekommen wir hier die Entscheidungen, die uns die Auslegung der lex Iulia et Papia Poppaea in der Praxis der höchsten römischen Gerichte der Hauptstadt zeigen. Z.B. § 16:

Ὅσα ἀπελευθέροις Ῥωμαί[[οις]]ων διατάσσεται ἐπὶ τῷ καὶ εἰς ἐγγόνους αὐτῶν ἐλθεῖν, ἐὰν ἀποδειχθῇ τὰ ἔγγονα μηδέπω γε[γο]νότα ὅτε ἡ διάταξις ἐγράφετο ἐγλιπόντων τῶν λαβόντων ἀνα[λ]αμβάνεται.

„Was Freigelassenen von Römern vermacht wurde unter der Bedingung, daß es auch an ihre Nachkommen gelangen solle, das wird eingezogen, wenn bewiesen wird, daß die Nachkommen noch nicht geboren waren, als das Testament geschrieben wurde, sobald die direkt eingesetzten Vermächtnisnehmer gestorben sind." Jemand wollte einem Freigelassenen etwas zuwenden, wollte aber nicht, daß die Zuwendung an den Patron des Freigelassenen kommen solle. Also bestimmte er, daß das Vermächtnis an die Nachkommen des Freigelassenen gehen sollte. Der Patron hat ja die bonorum possessio contra tabulas et sine tabulis (59). Aber bei den Römern gilt das Dogma: si eo tempore, quo alicui legatum adscribebatur, in rebus humanis non erat, pro non scripto hoc habetur. (Ulpian Dig. 34, 8, 4 pr. – Der Satz galt also schon im 2. Jahrhundert!). Der Freigelassene bekommt, was ihm zugewandt ist. Wenn er aber selbst stirbt, können es nur solche Nachkommen erhalten, die bei der Testamentserrichtung schon am Leben waren. Sind keine solchen da, so bekommen weder der Patron noch später geborene Nachkommen das Vermächtnis, sondern der Fiskus zieht es ein. NB! Das ist aber wiederum nur bei einem Freigelassenen möglich: ein ingenuus bekäme das Vermächtnis so, daß die Bedingung zu streichen wäre, denn Gaius Dig. 37, 12, 2 sagt: iniquum est ingenuis hominibus non esse liberam rerum suarum alienationem (60).

Ein anderer Fall, der uns rein römisches Recht zeigt: § 34:

Τοῖς ἐν στρατείᾳ καὶ ἀπὸ στρατείας οὖσι συνκεχώρηται διατίθεσθα[ι] καὶ κατὰ Ῥωμαϊκὰς καὶ Ἑλληνικὰς διαθήκας καὶ χρῆσθαι οἷς βούλωνται ὀνόμασι, ἕκαστον δὲ τῷ ὁμοφύλῳ καταλείπειν καὶ οἷς ἔξ[εσ]τιν.

---

58 Kaser, Das Römische Privatrecht, I S. 273 f., 601 f.

59 Kaser, a.a.O. S. 591.

60 Diese Jura 3 (1952) 377 f. gegebene Erklärung fand nachträglich auch die Zustimmung von Riccobono Jr. in seiner Broschüre: Das römische Reichsrecht und der Gnomon des Idios Logos. Erlangen 1957, 28.

„Denen, die sich auf einem Feldzug befinden oder von einem solchen zurückkehren, wird zugestanden, nach römischer oder nach griechischer Art ein Testament zu machen und dabei Ausdrücke zu gebrauchen, wie sie wollen; aber einem jeden ist es nur gestattet, seinen Landsleuten etwas zu hinterlassen, und zwar solchen, denen es erlaubt ist.“ Das hat man in der Literatur lange Zeit auf das Soldatentestament bezogen (61), das ja auch in den bisherigen Quellen des römischen Rechts erwähnt ist. Aber da scheint unser Text in einem unlösbaren Widerspruch zu der Überlieferung bei Gaius und in den Dig. zu stehen, bei denen es ganz klar heißt: die Soldaten könnten vermachen, wem sie wollten, Peregrinen, den Latini Iuniani (Freigelassenen, die nicht in solenner Form freigelassen worden waren), Kinderlosen, Junggesellen, deportierten Verbrechern (62). Hier aber heißt es: nur den Landsleuten, die nach ihrem Recht die testamenti factio passiva haben. Das wäre eine starke Einschränkung. Also kann sich der § unseres Textes nicht auf die Soldaten beziehen, sondern auf Nichtkombattanten, die sich auf einem Feldzug befinden oder von einem solchen zurückkehren. Ihnen mochte der Kaiser ebenfalls ein erleichtertes Testament gewährt haben, aber nicht in so weitem Umfang auch materiellrechtlich erleichtert, wie den Soldaten. Wiederum ist es aber eine Vorschrift des „Reichsrechts“, die wir so erfahren. Sie galt sicher nicht nur in der Provinz Ägypten (63).

Für die Rechtsgeschichte Ägyptens muß die Frage gestellt werden: was galt von den zweifellos reichsrechtlichen Bestimmungen nur für die römischen Bürger in der Provinz und was für alle Einwohner des Landes? Der P. gibt selbst die Antwort, wenn er von den Ῥωμαῖοι spricht. Danach lebten die Römer auch in der Provinz nach römischem Erbrecht (§ 18), für sie galten die reichsrechtlichen Eheverbote (§ 23 – 33), namentlich die Regeln der lex Julia et Papia Poppaea.

Wenn dagegen der Text nicht ausdrücklich die Römer zitiert, wird man trotz reichsrechtlichen Ursprungs einer Vorschrift Geltung für alle annehmen dürfen. Das Sepulkralrecht (§ 1 – 2), die Denunziantenprämie (§ 3), die Bestimmungen über erblose Nachlässe (§ 4), über die Opfer für Verstorbene (§ 17), die bona damnatorum (§ 36), über den Zensus (§ 58 – 63) und über das Verbot im eigenen Amtsbezirk Kauf- und Darlehensgeschäfte abzuschließen (§ 70) sind nicht ausdrücklich an das römische Bürgerrecht geknüpft.

Doch sind mit ägyptischem und römischem Recht allein noch nicht alle Rechtssätze dieses Textes zu erklären. Weiterhin finden wir:

---

61 Amelotti, Il testamento romano attraverso la prassi documentale I. Firenze 1966, 74 u. passim, s. Reg.

62 Amelotti, a.a.O. S. 95.

63 Für die übrigen mit rein römischem Recht zu erklärenden Vorschriften sei auf Riccobono verwiesen.

3. Griechisches Recht (64).

§ 14: Οὐκ ἐξὸν ἀστῷ ἀπελευθέροις διατάσσειν πλέον φ'S ἢ [μ]ηνιαίων S ε'.

„Dem Stadtbürger ist es nicht erlaubt, Freigelassenen mehr als 500 Drachmen oder 5 Drachmen je Monat zu vermachen.“ Das ist sehr wahrscheinlich alexandrinisches Recht. Von diesem wieder wissen wir, daß es dem alten athenischen Recht faktisch gleich war, denn mit diesem hatte Alexander der Gr. die Stadt beliehen (65). Die Summe von 5 Drachmen monatlich gestattete im Perikleïschen Athen ein auskömmliches Leben (66). Im 2. Jahrhundert nach Christus wird sie ungefähr dem Existenzminimum entsprochen haben (67). Im Vergleich zur klassischen Zeit hatte eine große Geldentwertung eingesetzt (68). Nichtsdestoweniger, wenn ein alexandrinischer Bürger einem Freigelassenen eine größere Summe vermacht, so wird das, was 5 Drachmen je Monat = ein Kapital von 500 Drachmen übersteigt, einfach vom Fiskus eingezogen. Das wieder zeigt uns, daß die Römer zwar dem Anschein nach den griechischen Ständen dadurch eine Wohltat erwiesen, daß sie ihnen ihr angestammtes Recht „beließen“. Doch das war ein Danaergeschenk. Nun war das Recht nicht mehr anpassungsfähig an die wirtschaftlichen Bedürfnisse einer neuen Zeit und wurde zu einem „versteinerten“ Recht: die Bürger mußten danach trachten, aus diesem Recht herauszukommen, also römische Bürger zu werden (69). Das war der einzig mögliche Weg dazu.

Mitunter sagt unser Text ganz deutlich, daß er griechisches Recht wiedergibt. So beziehen sich die erbrechtlichen Bestimmungen der §§ 5 und 6 auf Alexandriner. Die ἀστοί in den §§ 9.13.15 und 38 sind offensichtlich die Bürger einer mit griechischem Recht bewidmeten Stadt. Auch das sonst nicht belegte Krene der §§ 11 und 12 wird eine griechische Stadt gewesen sein. In anderen Fällen führt inhaltliche Interpretation auf griechisches Recht; so wenn §§ 44 davon spricht, daß ein Ägypter für seinen Sohn die Aufnahme unter die Epheben erschleicht. Auch das ἀκαταχρημάτιστος des § 2 wollen wir griechisch erklären (70).

---

64 Darüber gibt es eine gute, aber leider nicht gedruckte Erlanger Diss. Helmut Kaupper, Das Griechisch-Alexandrinische Recht im Gnomon des Idios Logos als Quelle athenischen Rechts. Erlangen 1954.

65 P. Oxy XVIII 2177, i, 12; – Seidl, SDHI 15 (1949) 328.

66 Andreades, Geschichte der griechischen Staatswirtschaft I. übers. von Ernst Meyer. München 1931, S. 222.

67 Kaupper, a.a.O. S. 77.

68 Wenger, Quellen S. 100.

69 Seidl, Die Eingliederung kleiner Staaten in das Imperium nach den Papyri. Gedächtnisschrift Hans Peters. Berlin 1967, 111–115.

70 S. unten S. 199.

Schließlich gibt es noch Rechtsvorschriften, die wir weder als ägyptisch, noch als griechisch bezeichnen dürfen, und die doch mit dem uns gewohnten römischen Reichsrecht nicht übereinstimmen:

4. Provinzialrecht

Solches fanden wir schon auf der Suche nach ägyptischem Recht: Eingriffe in die Stellung der Priesterschaft vonseiten der römischen Obrigkeit. Was hier geschaffen wurde, ist römischen Ursprungs, aber es galt nicht im ganzen Reiche, sondern nur in der Provinz Ägypten. Diese war ein für die römische Getreideversorgung wichtiges Land. Also hatten die Römer, wie schon die Ptolemäerkönige, ein lebhaftes Interesse daran, daß das Land auch bestellt wurde. Aber im 2. Jhd.n.Chr. bestand ein empfindlicher Mangel an Arbeitskräften. Also verbot jemand – sei es ein Kaiser, sei es ein Statthalter –, ägyptische Sklaven ohne eine besondere schriftliche Erlaubnis aus Ägypten zu exportieren. Dazu erzählt nun unser Büchlein: § 69:

Αἰγυ[πτ]ία διὰ Πηλουσίου δούλους ἐκπέμψασα σὺν υ[ἱο]ῖ[ς οὐκ ἀπολελ]υμέν[ο]ις κατεκρί[θη] 3 α΄ S, γ΄.

„Ein Ägypterin, die mit ihren Söhnen ohne Befreiung Sklaven über Pelusium hinausschickte, wurde mit einem Talent und 3000 Drachmen bestraft."

§ 65:
Δοῦλοι κατ᾽ ἄγνοιαν τοῦ δεσπότου ἐξαχθέντες ἐπράθησαν.

„Wenn Sklaven ohne Wissen ihres Herrn ausgeführt wurden, so werden sie (zu Gunsten des Fiskus) verkauft"; das bezieht sich auf servi fugitivi oder gestohlene Sklaven. Der Eigentümer wird durch den Verlust des Sklaven bestraft, weil er sich denselben hat stehlen lassen – aber er bekommt dann auch keine höhere Strafe.

§ 66:
Οἱ ἐξ[ὸ]ν ἐκπλεῖν ἀναπόστολοι πλέοντες τριτολογο[ῦντ]αι, ἐὰν δὲ δούλους ἰδίο[υς] ἐξάγωσιν ἀναποστόλους, ἐξ ὅλων ἀναλαμβάν[οντα]ι.

„Wenn Leute, denen es an sich erlaubt ist, auszureisen, das ohne Erlaubnispapier tun, werden sie mit 1/3 ihres Vermögens bestraft. Wenn sie aber ihre eigenen Sklaven ohne Erlaubnispapier ausführen, so werden sie mit Verlust des ganzen Vermögens bestraft." – Bei diesen Vorschriften werden wir nicht annehmen dürfen, daß es sich um Recht handelt, das die Römer schon vorfanden (– Prostagmata der Ptolemäerkönige wurden ja vielfach auch weiterhin als geltendes Recht in der Provinz behandelt (71) –), auch nicht um solches Recht, das von den Kaisern für alle Provinzen gleichmäßig

71 Lenger, C. Ord. Ptol. S. 269 ff.

verordnet worden wäre, sondern wir sehen darin ein „ägyptisches Provinzialrecht", römisches Recht, das aber nur für die Provinz Ägypten galt.

Reines Provinzialrecht kann aber auch dadurch entstehen, daß ein Vorsteher des Idios Logos eine Entscheidung trifft, die natürlich nur für den casus Geltung hat, den er zu beurteilen hatte. Aber, wenn eine solche Entscheidung in diesem Büchlein aufgeführt wird, so zeigt das, daß man im Sinne eines case-law spätere gleichartige Fälle ebenso entscheiden sollte. Das ist der Fall bei § 23,2:

Παρδαλᾶς *μέντοι ἀδελφῶν συνελθόντων τὰ ὑπάρχοντα ἀνέλαβεν.*

„Pardalas (Idios Logos 122 – 123 n.Chr.) konfiszierte das Vermögen von Geschwistern, die coierint" (wobei sich das nach dem 1. Satz möglicherweise nur auf römische Bürger beziehen soll, denn Geschwisterehen unter Ägyptern (72) kamen in der Römerzeit noch häufig vor). Parallel § 54:

Θυγατρὶ μ[ι]σσικίου Ῥωμαίᾳ γεν[ομ]ένῃ Οὖρσος οὐκ [ἐπέτρε]ψε κληρον[ομ]ῆσαι τὴν μητέραν Αἰγ[υπ]τίαν οὖσαν.

„Der Tochter eines ehrenvoll entlassenen Veteranen, die das römische Bürgerrecht erhalten hatte, versagte es Ursus, von der Ägypterin gebliebenen Mutter zu erben." Ursus ist der Statthalter 84/85 n.Chr. (Man kann den Fall auch als nach römischem Reichsrecht behandelt ansehen).

Ebenso wird in § 50 eine Entscheidung des Norbanus und eine solche des Rufus zitiert.

Ἀπελευθέρας ἀστοῦ τετ[εκν]ωμένης ἐξ Αἰγυπτίου Νωρβᾶνος τὰ ὑπάρχοντα ἀνέλαβεν, Ῥοῦφος [δὲ] τοῖς τέκνοις ἔδωκε.

Auf andere Stellen aus diesem P. kommen wir im systematischen Zusammenhang zurück.

Daß wir aber 1. Römisches Reichsrecht, 2. Griechisches Recht, 3. Ägyptisches und 4. Provinzialrecht unterscheiden konnten (73), ist typisch für das gesamte Papyrusmaterial aus der Römerzeit (74).

---

72 S. meinen Kommentar zu den P. Hawara aus dem Nachlaß Erichsens, Aegyptus 49, 43.

73 Schönbauer, Reichsrecht, Volksrecht und Provinzialrecht. ZSS 57 (1937) 309. – Wenger, Nationales, griechisches und römisches Recht in Ägypten. Atti del IV Congr. Pap. Milano 1936, 159. – Schönbauer, Untersuchungen über die Rechtsentwicklung in der Kaiserzeit. JJP 9–10 (1955/56) 15. – Kupiszewski, Römisches Provinzialrecht in Ägypten. Stud. Oertel 68. – Selb, Römisches Recht und östlich geprägte Gegebenheiten. Jahrbuch Österr. Byz. Ges. 14 (1965) 35.

74 Neuerdings will Modrzejewski eine Acht-, bez. 16-Teilung anstelle dieser Dreiteilung setzen: La regle de droit dans l'Egypte Romaine. XII Congr. Pap. Toronto 1970, 317. Seine Schlußfolgerung, daß das nichtrömische Recht „coutumes" und nicht geschriebenen Normen seine Existenz verdanke, dürfte unbewiesen sein.

§ 2 Die Apokrimata

Auch noch in die klassische Zeit verweist ein anderer Papyrus: P. Columbia 123, die Apokrimata (75). Betrachten wir zunächst das Äußere, so sehen wir, daß sich zwei Handschriften deutlich voneinander unterscheiden: von der einen stammt der ganze Text, von der anderen stammen nur Zeile 3, zweite Hälfte bis zum Ende der Zeile 4. Diese zweite Hand ist, wie man auf der Tafel leicht erkennen kann, eine Korrektur zu dem übrigen, schon vorher geschriebenen Text. Die zweite Hand hat nachträglich, nachdem der Text schon geschrieben war, noch etwas hineingeflickt. Und zwar ist das die offizielle Kaisertitulatur der Kaiser Septimius Severus und Caracalla (76). Daraus ergibt sich, daß unser Papyrus für eine offizielle Verwendung bestimmt war: ein Privater hätte sich nicht die Mühe gemacht, die offizielle Titulatur nachzutragen. Nun hat Schiller im Kommentar wohl die Frage erörtert, ob wir etwa Dikaiomata vor uns haben könnten, hat es aber abgelehnt (77). Von den späteren Bearbeitern ist Welles (78) wieder darauf zurückgekommen. Dikaiomata wären eine private Sammlung, die sich ein Rechtsanwalt für einen bestimmten Prozeß angelegt hatte. Da wäre es schon auffällig, daß er gerade nur Konstitutionen von Severus und Caracalla aufgezeichnet hätte und nicht auch einmal dazwischen eine frühere Konstitution oder sonst eine Rechtsquelle, wie es P. Hal 1, das berühmte Musterbeispiel für Dikaiomata, tut. Nicht zu verstehen wäre, warum der Rechtsanwalt nun die ganze Kaisertitulatur noch nachträglich eingeflickt hätte, davon hätte er nichts gehabt. Wenn dagegen das Schriftstück der Öffentlichkeit bekannt gemacht werden sollte, dann war es notwendig, die

---

75 Erste Edition: Apokrimata. Decisions of septimius Severus on legal matters. Text, translation and historical analysis by W.L. Westermann. Legal commentary by A.A. Schiller. New York 1955. – Teilweise überholt durch: Schiller u. Youtie, Chron 30 (1955) 327–345. SB VI 9526. Lit. – Arangio-Ruiz, Gnomon 28 (1956) 186–192. – Bellinger, Classical Philology 51 (1956) 179–180. – Casavola, Labeo 1 (1955) 90–97. – Daube, Law Quarterly Review, 71, 580. – David, Eos 48, 1 (1956 = Symb. Taubenschlag 1) 191–195. Ders., Mnemosyne 11 (1958) 84–85. – Deman, Latomus 15 (1956) 102–103. – De Francisci, Jura 6 (1955) 184–188. – Gaudemet, RHD 33 (1955) 475–481. – Jones, JHS 76 (1956) 144. Lewis, EOS 48, 1 (1956 = Symb. Taubenschlag 1) 217–219. – Nicholas, Classical Review NS 6 (1956) 179–180. – Oertel JJP 11/12 (1957/58) 51–57. – D'Ors, Eos 48, 3 (1956 = Symb. Taubenschlag 3) 83–88. – Van Oven, Labeo 2 (1956) 85–89. – Pringsheim, Eos 48, 1 (1956 = Symb. Taubenschlag 1) 237–249. – Schönbauer, Anz. Akad. Wien 1957 Nr. 12, 165–197. – Seidl, Studi Calderini-Paribeni 2, 307–315. – Solazzi, Arch. Giur. 150 (1956) 3–9. – Stein, Amer. J. Compar. Law 5 (1956) 686–690. – Volterra, Rend. Acc. Lincei, Ser. 8 Vol. 13, 68–70. – Welles, AJP 77 (1956) 84–88. – Wolff, ZSS 75 (1955) 406–418.

76 Preisigke-Kiessling, Wörterbuch III. Berlin 1931, 57.

77 Schiller, Apokrimata S. 99.

78 C.B. Welles, Am. journ. of phil. 77 (1956) 84 ff.

Kaiser mit ihren offiziellen Titeln genau zu nehmen: ohne diese hätte das Schriftstück die gebotene Ehrerbietung vor dem Kaiser vernachlässigt. Welcher Art die offizielle Verwendung war, das läßt sich freilich nur vermuten: es kann sich um ein Schreiben oder ein Rundschreiben an untere Beamte handeln, oder, am wahrscheinlichsten, es war für den Aushang bestimmt, um die Konstitutionen des Kaisers bekannt zu machen (79).

Wenn es sich um eine Bekanntmachung handelt, so müssen wir weiter fragen: für wen war sie bestimmt? Schiller hat sich für die Ansicht eingesetzt, die Bekanntgabe richte sich an die Personen, die hier aufgeführt werden. Selbstverständlich läßt sich diese Ansicht vertreten. Schauen wir die Namen an, so wäre es immerhin möglich, daß es sich um Einwohner des Faijûms der damaligen Zeit gehandelt hätte, wo der Text entdeckt wurde. Welles (80) hat aufgezeigt, daß auffallend viele semitische Namen darunter sind, die nicht ägyptisch sein können: *Μαϑαλγη* in Zeile 18, ihr Vater *'Αμβρηλος* und ihr Sohn *'Αβδομαλχος*, *'Αβδελαϑη* *'Ωκαιρενος* in Zeile 57. Der *Κιλλιηνός* in Z. 13 ist wohl Ägypter, der Ulpius in Z. 5 und die Aurelier in Z. 11, 25 dürften Römer sein, aber wegen des griechischen Beinamens etwa Veteranen. Die übrigen sind übliche griechische, allenfalls gräkoägyptische Namen. Alle diese Leute können im Faijûm gewohnt haben. Wir wissen aber, daß sich Severus um 200 tatsächlich in Alexandria aufgehalten hat: bestätigt hat es P. Amh. 63,6 = Chrest II 376. Neben Schillers Meinung, daß diese Leute alle im Faijûm lebten, bleiben als weitere Möglichkeiten, daß sie in Alexandria waren oder sich irgendwoher aus den östlichen Teilen des Reiches an Severus gewandt haben, als er gerade in Alexandria war. Die zwei altarabischen Familien, die wir aus den Namen sehen und die im Gegensatz zu den in Ägypten lebenden Semiten nichts Griechisches beigefügt haben, könnten ein wenig für diese letztere Ansicht sprechen. Ferner ist um 200 das römische Bürgerrecht noch etwas so Begehrenswertes, daß es die Petenten an den Kaiser sicher nicht verschwiegen hätten, und auch die kaiserliche Kanzlei in ihrer Antwort es gebührend hervorgehoben hätte. Wo kein Ulpius und kein Aurelius steht, können wir schon annehmen: dies waren keine römischen Bürger.

Was uns überliefert ist, sind *ἀντίγραφα* von Apokrimata des Kaisers Severus. *'Αντίγραφα* kann „Abschriften" bedeuten oder „Auszüge" oder „gekürzte Inhaltsangaben" (81). Schiller hält unsere Apokrimata für ungekürzt wiedergegeben, Ernst Levy (82) für gekürzt. Nun sind gewiß die subscriptiones der Kaiser an Eingaben oder ihre abschließenden Worte

---

79 V. Schwind, Zur Frage der Publikation im römischen Recht. München 1940 insbes. S. 157 ff.

80 A.a.O.

81 Preisigke-Kiessling s.v.

82 Schiller a.a.O. S. 41, 7.

in Gerichtsverhandlungen auch sonst wortkarg. Aber sie setzen eben voraus, daß man die Eingabe kennt oder die ganzen *ὑπομνηματισμοί* über die Verhandlung liest. Nur dann kann man mit der kaiserlichen Jurisprudenz etwas anfangen. Wenn es aber hier in § 3 (Z. 12) nur heißt

τοῖς ἐγνωσμένοις πίθεσθαι oder in § 6 (Z.23 – 24): *αἱ περὶ τῶν ἐπισκέψεων κρίσις. ⟨κρίσις⟩ κοινὴ παρέσχεν πρόνοιαν Αἰγυπτίοις.*

so hat eine solche Nachricht nur den Wert, daß man etwas von der Entscheidung erfährt und sie im Bedarfsfalle nachschlagen kann. Dagegen weiß der von der Entscheidung Betroffene, der seinen Rechtsfall kennt, was sie für ihn bedeutet. Schiller erörtert daher die Frage, ob die Entscheidungen nicht etwa zusammengefaßt worden waren, um die Personen aus dem Faijûm, die sich an den Kaiser gewandt hatten, insgesamt über den Ausgang ihrer Angelegenheiten zu belehren, doch ohne sich selbst für diese Erklärung zu entscheiden.

Dafür aber ist es nun gut, daß wir ein einzelnes Stück unseres Papyrus in doppelter Überlieferung haben, nämlich Z. 9 – 10 in dem Papyrus aus Hermopolis P. Amh 63,6 = Chrest II 376: Dort sind zwei Entscheidungen des Severus offensichtlich zu juristischem Zweck, also als Dikaiomata o.ä. niedergeschrieben worden, und die erste davon ist ganz identisch mit Z. 9 – 10 unseres Textes.

Also war unser Text auch anderswo, wie im Gau von Hermupolis, bekannt und wurde dort benützt. Nehmen wir dazu, daß Arangio-Ruiz (83) in Z. 35 – 39 (84) das Reskript zu sehen glaubt, das von Ulpian bei Modestinus 3 de excusationibus Dig. 27,1,10,8 zitiert wird: Adversa quoque valetudo excusat, sed ea quae impedimento est, quo minus quis suis rebus interesse possit, ut imperator noster cum patre rescripsit, und daß von den anderen doch mehrere grundsätzliche und bedeutende Materien betreffen. Also diente unser Text der Bekanntgabe wichtiger Entscheidungen. Nur muß die Wichtigkeit nicht nur vom juristischen Standpunkt aus gesehen werden; es kann auch der journalistische Standpunkt sein: was war gerade damals für die Zeitgenossen wichtig, womit beschäftigte sich die öffentliche Meinung? Von solchen Fällen kann vorausgesetzt werden, daß der Sachverhalt bekannt ist. Wir wissen heute natürlich nicht mehr, wer der Komon war, über den § 11 (Z. 46 – 51) berichtet;

Τὰ μὲν ἀπὸ Κόμωνος τετολμημένα Φ⟨ού⟩λουειος Πλαυδιανὸς ὁ κράτιστος ἔπαρχος τῶν στρατοπέδων καὶ οἰκεῖος ἡμῶν ἐξετάσι. πρὸς δὲ Ἀπίωνα τὸν τελώνην εἰ μὴ κοινωνῖ τῶν ἐνκλημ[ά]των Κόμωνι, τὸν ἡγούμενον τοῦ [ἔ]θνους ἕ[ξ]εις δικα[σ]τήν.

---

83 Gnomon 28 (1956) S. 189.

84 Text siehe unten S. 37.

Für die Zeitgenossen jedoch wird es sich um einen Skandal gehandelt haben, der in aller Munde war und dessen Abstellung sie vom Kaiser erwarteten. Und das gleiche gilt auch für den obengenannten § 6 (Z. 23 – 24).

Also waren die übrigen Entscheidungen des Severus, die unser Papyrus enthält, keine decreta generalia, sondern Entscheidungen, die an und für sich nur in dem Einzelfall anzuwenden waren, für den sie erlassen waren. Wir müssen aber hinzufügen „an und für sich", denn auch dann waren sie immer noch eine Richtschnur für kaiser- und gesetzestreues Verhalten und konnten von Ulpian und Modestinus und von dem Verfasser des P. Amh 63 zitiert werden. Schiller hat auch darauf hingewiesen, daß wir hier decretum generale in einer dem Interpolationsverdacht nicht ausgesetzten Quelle für die klassische Zeit belegt haben. Decretum generale ist aber nicht *ἀπόκριμα κοινόν*, sondern *κρίσις κοινή*, wenn wir auch das Wort *κρίσις* ergänzen müssen. Wir sehen ferner, woher der Verfasser des P. BGU V 1210, des sog. Gnomon des Idioslogos, das Material hatte, um seine Ergänzungen zum liber mandatorum für Finanzbeamte zu schreiben: er konnte es aus solchen Bekanntmachungsjournalen, wie unserem Columbia-Papyrus, entnehmen. Möglicherweise hat auch Paulus bei der Sammlung seiner Sentenzen eben solche Journale vor sich gehabt (oder der Autor A der sog. Paulussentenzen? (85)).

Wir haben demnach das Stück eines offiziellen Bekanntmachungsjournales vor uns, das Entscheidungen des Kaisers Severus bringt, die er in Alexandria auf einer Visitationsreise gefällt hat, die sich aber nicht an die Provinzialen von Ägypten richteten, sondern an verschiedene Menschen des vorderen Orients, die die Gelegenheit der relativen Nähe des Kaisers benützten, um ihm ihre Anliegen vorzutragen: Veteranen mit römischem Bürgerrecht, Ägypter, Griechen in Ägypten und Araber. Wie bei P. BGU V 1210 gilt es für jede einzelne Bestimmung zu untersuchen, ob sie „Reichsrecht", ‚Volksrecht' oder „Provinzialrecht" enthält.

Nun gilt nach Meinung vieler Papyrologen in der Kaiserzeit, namentlich vor der Constitutio Antoniniana, das Personalitätsprinzip: es sei klar, daß auf Römer das Reichsrecht, auf die anderen ihr Volksrecht angewandt worden sei, und nur so daneben auch das Provinzialrecht mit seinen Besonderheiten für jede einzelne Provinz. Doch haben zwei Artikel von Schönbauer (86) und Lewald (87) uns gewarnt, dieses Prinzip nicht zu übertreiben. In drei Fällen sind die Angesprochenen Römer: Z. 5, Ulpius, Z. 11 und Z. 25 Aurelioi. Und gerade in diesen drei Fällen sehen wir am wenigsten vom Reichsrecht! Ein Fall ist für uns wegen

85 Ernst Levy, Gesammelte Schriften Bd. 1 (1963) 232.
86 JJP VI (1952) 17 ff.
87 *Ἀρχεῖον ἰδιωτικοῦ δικαίου*, 13 (1946) 30 ff. = Labeo 5 (1959) 334 ff.

seiner Kürze unverständlich, bei dem anderen handelt es sich um eine vom Kaiser für Alexandriner und Ägypter erlassene Amnestie, also typisch um etwas Provinzialrechtliches, und im dritten Fall um Erbfolge in Priesterschaften, die am ehesten als ägyptische Priesterschaften vorgestellt werden können.

§ 6 (Z.26):
τὰς ἱε[ρ]ω[σ]ύνας ἐκ μητρῴου γένους εἰς διατοχὴν κατέρχεσ[θ]αι πρώην ἐκωλύσαμεν.

Das widerspricht ganz offensichtlich dem ägyptischen Recht, wie es noch z.Z. des sog. Gnomon § 84 in Gebrauch war (88). Noch damals konnten Priesterämter an die Töchter vererbt werden, und von diesen wieder an ihre Kinder. Wenn Severus solchen Erbgang verbietet, greift er in das Volksrecht ein.

Gerade umgekehrt ist es bei den Fällen, in denen die Angeredeten Peregrinen sind. Im § 5, Z. 18 – 20 haben alle Interpreten bisher, Schiller, Arangio-Ruiz, Pringsheim, den Zusammenhang mit dem SC Vellaeanum erkannt.

§ 5 (Z. 18 – 20):
[Μα]θάλγῃ Ἀμβρήλου διὰ Ἀβδομάνχου υἱοῦ ἀργύριον γυναῖκες δανίζεσθαι καὶ ὑπὲρ ἄλλων ἐκτίνιν οὐ κωλύονται.

„An die Frau Mathalge, die Tochter des Ambrelos, durch ihren Sohn Abdomanchos (vertreten): Den Frauen ist es nicht verwehrt, ein Gelddarlehen aufzunehmen und es dann für andere auszugeben." (89)

Der Zweifel, daß das verwehrt sein könnte, kann nur aus dem SC Velleianum kommen (90). Dieses verbot den Frauen das intercedere. Sie sollten weder eine Bürgschaft für einen anderen eingehen können, noch irgendein anderes Geschäft vornehmen, das im Interesse eines anderen ihr Vermögen belaste. Taten sie es doch, so konnten sie, daraus verklagt, vorbringen, daß ihr intercedere ungültig sei. So bestimmt es das SC. Daß es aber in Arabien oder Ägypten Geltung hatte, ist etwas Neues. Ägypten ist keine Senatsprovinz, sondern eine kaiserliche. Auch wußten wir bisher nichts von der Ausdehnung des SC auf Peregrine, glaubten vielmehr, es finde nur auf römische Bürger Anwendung. Aber die Mathalge ist sicherlich keine römische Bürgerin. Die Frau hätte nicht für Geld, das A dem B als Darlehen gab, die Bürgschaft übernehmen können, aber sie kann nach der kaiserlichen Entscheidung das Darlehen selbst als Schuldnerin emp-

---

88 Siehe oben S. 21.

89 Pringsheim, Eos 48 (=Festschrift Taubenschlag) 1, 243. – Van Oven, Le SC Velleien et le P. Col 123. Labeo 2 (1956) 85.

90 Vogt, Studien zum Senatus Consultum Velleianum. Bonn 1952. – Medicus, Zur Geschichte des Senatus Consultum Velleianum. Köln 1957. – Vogt, TR 35 (1967) 90–124.

fangen und es dann dem Begünstigten geben. So kann das SC umgangen werden. Wahrscheinlich faßten die Kaiser das SC Velleianum als eine soziale Wohltat für die Frauen auf und ließen es aus diesem Grunde in den Kaiserlichen Provinzen und auch auf Peregrine anwenden. Arangio-Ruiz (91) hat dazu auf Dig. 16,1,2,1 hingewiesen, wo man das „omnibus feminis subventum est" des Ulpian bisher nicht so ausgelegt hatte, und in § 3 ein griechisches Reskript des Severus zitiert wird: alles zusammen sieht doch nun so aus, daß das SC auch für Peregrine galt.

Dabei ist die Entscheidung nach unserem aus den Digesten geschöpften Wissen wichtig und direkt als Entscheidung einer zwischen den Juristen schwebenden Streitfrage zu betrachten. Vogt (92) zeigte, worauf Pringsheim hingewiesen hat: ein solches Darlehen sei nur dann eine verbotene Interzession, wenn der Gläubiger am consilium fraudis der Frau teilgenommen habe, sonst nicht vgl. Africanus, Dig. 16, 1, 17 pr. Die Apokrimata machen diese Einschränkung nicht.

Ebenso verrät der Name des Bittstellers Ἰσιδῶρος ὁ καὶ Ἡρακλείδης in § 12 (Z. 52 – 56) keinen Römer. Wiederum legt aber schon Schiller in der editio princeps römisches Reichsrecht seiner Erklärung zugrunde. Dort heißt es:

> *Τῆς πατρῴας κληρονομίας ἀποστὰς καὶ τὴν ἐκ τῆς ἡλικίας οὐκ ἔχων βοήθειαν τῷ νόμῳ τῶν πράσεων ἐπὶ τὴν οὐσίαν δεδημεῦσθαι φῃς. πείθου.*

„Du sagst, daß du die väterliche Erbschaft ausgeschlagen hast und das aus Minderjährigkeit hervorgehende Hilfsmittel nicht hast, und daß du in Bezug auf das Vermögen proskribiert worden seist. Da mußt du dem Gesetz über die Verkäufe gehorchen." Das Vermögen, das der Proskription unterworfen wurde, kann nach den eingehenden Untersuchungen von Schiller, denen Arangio-Ruiz zustimmt, nur die väterliche Erbschaft selbst sein, nicht etwa ein bisheriges Vermögen des etwa gewaltfreien Sohnes. Damit konzentriert sich die Entscheidung auf die Frage, ob dem Bittsteller die Hilfsmittel zu gewähren sind, die einem Minderjährigen zustünden, d.i. eine in integrum restitutio nach der lex Plaetoria (93). Der Bittsteller hatte nachträglich über die Abtretung der Erbschaft an die Nachlaßgläubiger Reue empfunden und begehrte vom Kaiser, in den vorigen Stand wiedereingesetzt zu werden. Dieser aber lehnte es ab. Mit Pringsheim nehmen wir hier an, daß von der lex bonorum vendendorum die Rede ist, die Gai Inst. 3,79 zitiert, aber nicht, wie er zur Wahl stellt, von einem ptolemäischen Diagramma. Der Kaiser drückt sich aber so aus, als ob an und für sich auch der Peregrine

91 A.a.O., S. 190.
92 A.a.O., S. 43.
93 Dazu unten S. 45 u. S. 142.

die in integrum restitutio bekommen hätte, wenn er minderjährig gewesen wäre: wir haben also zwei Fälle vor uns, in denen eine Vorschrift des römischen Rechts, die zum Schutze bestimmter Personen (Frauen und Minderjähriger) erlassen war, die Betrügern leichter in die Hände fallen könnten, auch auf Peregrine angewandt wurde, deren Heimatrecht diesen Schutz nicht kannte. Dies mag mit der Idee zu begründen sein, daß sich der Kaiser als Schirmherr aller Untertanen, der Römer und der Provinzialen, fühlte.

Andere Vorschriften des römischen Rechts sind kaiserlichen Konstitutionen entsprungen, die von vornherein Geltung für das ganze Reichsgebiet beanspruchen mußten, wenn sie sinnvoll ihren Zweck erreichen wollten.

Z.B. § 10 (Z. 42 – 43):

ἀργύριων ἀντὶ πυροῦ καταβάλλιν ὑμᾶς ἐκωλύσαμεν.

Gleichviel, ob sich das für Zahlungen an den Fiskus oder für Zahlungen unter Privaten bezog: mit der Steuerung der Wirtschaft gegen die Geldentwertung hängt die Vorschrift nach der Ansicht aller Ausleger sicherlich zusammen.

Römisches Reichsrecht enthalten auch die Vorschriften über die Liturgien § 9 (Z. 36 – 39):

αἱ πρόσκαιροι νόσοι τῶν πολιτικῶν οὐκ ἀπαλλάσ⟨σ⟩ουσιν λιτουργιῶν καὶ οἱ ἀσθενεῖς δὲ τῷ σώματι λιτουργοῦσι, ἐὰν τῇ φροντίδι τῶν οἰκίων πραγμάτων ἐξαρκῖν δύνωνται,

die schon erwähnte (94) Konstitution, die möglicherweise auch von Ulpian gekannt wurde. „Vorübergehende Krankheiten von Bürgern befreien nicht von Liturgien und Kranke am Leib führen ihre Liturgien durch, wenn sie der Sorge für ihre eigenen Angelegenheiten zu genügen in der Lage sind.“ Wir werden sehen, daß die Liturgien, die Zwangsausführung von Ämtern, eine große Bedeutung innerhalb der Papyri haben. Wer nicht chronisch krank ist, wird davon nicht befreit. Aber interessant ist die Formulierung: wer die diligentia quam in suis anwenden kann, muß die Liturgie durchführen. Gibt es doch die Meinung: diligentia quam in suis sei immer, wo sie in den Digesten vorkomme, interpoliert (95). Nun ist hier zwar nicht von culpa die Rede, aber immerhin zeigt der Text, daß man zuerst kasuistisch die diligentia quam in suis als Beispiel und Maßstab für eine Befreiung ins Auge gefaßt hat, aber davon ist nur ein kleiner Schritt hinüber zu dem Haftungsgrad, den wir noch heute in unserem Recht finden.

Sodann sind reichsrechtlich die Vorschriften, die sich auf den Prozeß beziehen. Denn es gibt ja in Ägypten in dieser Zeit keinen ägyptischen oder griechischen Prozeß mehr, sondern nur das römische Cognitionsverfahren.

---

94 Oben S. 33.
95 Kaser, Das Römische Privatrecht I, S. 423 u. f., 310.

An einen Peregrinen richtet sich aber § 2 (Z. 9 – 10):

τοῖς ἐγνωσμένοις συγκαταθέμενος βραδέως μέμφῃ τὰ δόξαντα.

Diese Entscheidung sagt etwas sehr Wichtiges, was wir bisher nur aus einer Konstitution von Diokletian Cod. Iust. 7, 52, 5 ableiten konnten: der verschiedene Gebrauch von *ἐγνωσμένα* und *δόξαντα* legt nahe, hier an den Unterschied zwischen formeller und materieller Rechtskraft zu denken. Nicht nur die Verurteilung oder der Freispruch des Beklagten ist inter partes rechtskräftig geworden, sondern auch die Feststellungen des Urteils (*τὰ δόξαντα τῶν ἐγνωσμένων*) können unter denselben Parteien nicht mehr bestritten werden. Wenn ein Richter sagt, mihi paret (*δοκεῖ*, vgl. *δόξαντα*) hanc rem Auli Agerii esse, so kann das später unter den gleichen Parteien nicht mehr bestritten werden, auch wenn nun eine andere Rechtsfolge daraus abgeleitet wird als die, die Gegenstand der Klage war. Diese Folge tritt ein, wenn der Verurteilte ein *συγκατατίθεσθαι* gemacht hat. Damit kann ein ausdrücklicher Verzicht auf die Appellation gemeint sein. Doch liegt es wohl nicht so ferne, an den sog. „stillschweigenden" Verzicht auf die Appellation zu denken, den die Pandektistenzeit aus der zitierten Kodex-Stelle ableitete. Der Verurteilte verliert die Appellation, wenn er irgendwie in Vertragsverhandlungen von dem Urteil ausgegangen ist, z.B. eine Stundung erbeten oder angenommen oder eine datio in solutum angeboten hat. In solchen Handlungen liegt ein adquiescere, wie die Kodex-Stelle sagt, Niemand darf den durch das Urteil geschaffenen Friedenszustand genießen und auf der anderen Seite doch wieder auf den Streitpunkt zurückgreifen, sondern, wenn er glaubt, mit Unrecht verurteilt zu sein, was ja durchaus im Rahmen seines Erkennungsvermögens liegt, so muß er diesen Standpunkt von Anfang an vertreten. Soweit also unser § 2 mit der Diokletianstelle übereinstimmt, belegt er die Klassizität des Inhalts der letzteren, und das nun in einer vor aller Interpolationenjagd gesicherten Weise. So kann unser § 2 einen hervorragenden Platz in Lehrbüchern des römischen Zivilprozeßrechts beanspruchen. Auch den Zeitgenossen erschien die Entscheidung sehr wichtig, deshalb haben wir auch noch die zweite Version aus Hermopolis, P. Amh 63 (Chrest II 376), die wir schon erwähnt haben.

Zu dem aus dem imperium entspringenden Recht des Cognitionsverfahrens gehört auch das Erlassen von Interdikten. Das erfahren wir in § 4 (Z. 14 – 17):

ὥσπερ ἀνατραπῆναι τὴν πρᾶσιν τῶν ὑποθηκῶν οὐ δικαίως ἀξιοῖς
οὕτως ἀπολαβεῖν σε τὴν νομὴν τῶν χωρὶς συνβάσεως κατεχομένων
πρὸς βίαν χωρίων ὁ ἡγούμενος τοῦ ἔθνους κελεύσι,

der abweichend von David (96) in Übereinstimmung mit Pringsheim (97), wohl so zu übersetzen ist: „Insofern, als du ohne Recht verlangst, daß der

---

96 EOS 48, 1 (1956 = Symb. Taubenschlag) 194.
97 EOS 48, 1 (1956 = Symb. Taubenschlag) 242.

Verkauf der Hypotheken rückgängig gemacht werde, wird der Statthalter der Provinz befehlen, daß du den Besitz der ohne Übereinkunft und gewalttätig in Besitz genommenen Grundstücke wieder erhältst." Schiller erörtert viele Möglichkeiten der Erklärung. Wir möchten gerade eine solche annehmen, die er ablehnt (98), die sich aber mit den Erklärungen von Casavola und Pringsheim berührt: Der Bittsteller war der Käufer der hypothezierten Grundstücke. Der Gläubiger C hatte die Grundstücke, die ihm hypotheziert waren, verkauft und dem Käufer P übergeben, so daß dieser den Besitz hatte – denn es heißt später von ihm, er solle den Besitz wiederbekommen. Nun hat vielleicht ein Außenstehender, N, mit Gewalt gegen den Käufer P und ohne mit ihm eine Übereinkunft zu schließen, die Grundstücke in Besitz genommen. Daraufhin hatte der Käufer P nichts unternommen, sondern Rückgängigmachung des Kaufes von dem Verkäufer C verlangt. Den Prozeß darüber hat er aber verloren. Nun ist P steuerpflichtig für die Grundstücke, um die er sich bisher nicht gekümmert hatte, weil dies für ihn eine Angelegenheit des C war, und dies ist nicht nur in Ägypten, sondern auch dort, wo unser Araber saß, unangenehm. Er möchte jetzt wenigstens die Grundstücke von N wieder bekommen und wendet sich deshalb an den Kaiser. Dieser gibt dem Begehren statt, indem er den Statthalter anweist, ein interdictum unde vi gegen N zu erlassen. In diesem Falle ist die Entscheidung des Severus nicht kompliziert; denn an der Übertragung des Interdikts ins provinziale Cognitionsverfahren brauchen wir keinen Anstoß zu nehmen (99). Das interdictum unde vi ist auch nach unseren Kenntnissen ohne weiteres gerechtfertigt; denn wenn wir diese Reihenfolge der Ereignisse annehmen, hat N ja tatsächlich den P mit Gewalt aus dem Besitz geworfen, und daß dieser nicht sofort reagiert hat, sondern sich zunächst wegen des Streitens mit C uninteressiert zeigte, schließt seine Anwendung nicht aus, wenn die Jahresfrist noch nicht abgelaufen war, worüber aber nichts gesagt ist (100).

Zuletzt sei noch auf § 13 (Z. 58 – 60) hingewiesen:

Ἐὰν τοῖς ὀρφανοῖς ἐπιτρόπους λάβῃς ἔξωθεν τάξεως ὑπὲρ τῶν χωρίων, πρὸς τοὺς νεμομένους δικαστὴς δοθήσεται.

„Wenn du dir für die Waisen Tutoren geben läßt, und zwar extra ordinem für die Grundstücke, so wird gegen die Besitzer ein Richter gegeben werden." Er enthält ganz offensichtlich Reichsrecht, mag man ihn nun mit Schiller

---

98 S. 60

99 A. M. Kaser RP 467, 470 u.ö.

100 War dagegen die Reihenfolge der Ereignisse eine andere, so wird der Fall freilich komplizierter. Es könnte sein, daß der Käufer P zuerst die Grundstücke dem Verkäufer C zur Verfügung stellte, also die Sachherrschaft aufgab in der Erwartung, C werde sie wieder an sich nehmen, und daß während dieses Vacuums N sich ohne Übereinkunft mit P und unter Gewaltanwendung etwa gegen Sklaven, die Zubehör des Grundstücks waren, den Besitz ergriffen hätte. Dann hätte P corpore et animo den Besitz aufgegeben und die Entscheidung des Kaisers wäre nach unserem Wissen eine kühne Neuerung.

oder mit Arangio-Ruiz erklären wollen. Schiller meint, die Tutorenbestellung extra ordinem für die Grundstücke werde hier auf die Peregrinen ausgedehnt: das ist mit der Tendenz, Schutzvorschriften auf solche auszudehnen, durchaus vereinbar, aber Arangio-Ruiz's (101) geäußerte Zweifel an dieser Übersetzung wollen wir nicht übersehen.

Die Apokrimata zeigen uns vor allem ein Eindringen des römischen Reichsrechts in die Provinzen vor Caracallas Konstitution.

§ 3 **Kaiserliche Konstitutionen und Reskripte** (102)

Nicht nur die „Nachträge zum Gnomon des Idioslogos“ und die „Apokrimata“ machen uns mit kaiserlichen Konstitutionen bekannt, sondern auch Einzelüberlieferung (103). Die Anwälte suchten gerne aus den Amtstagebüchern der Präfekten praeiudicia heraus, die sie dann im Prozeß ihrer eigenen Partei dem Gericht vorlegten. Dasselbe haben sie auch mit kaiserlichen Konstitutionen getan. Es ist auch denkbar, daß indirekt in den Amtstagebüchern zur Urteilsfällung verwendete Konstitutionen auf diese Weise zu ihrer Kenntnis kamen und so benützt wurden. Zunächst wird man bei einer einzeln überlieferten Konstitution nicht annehmen dürfen, daß wir ein Bruchstück aus einem Sammelwerk vor uns hätten.

1. Reichsrecht

In Ägypten wurden Konstitutionen gefunden, die im ganzen Römerreich Geltung hatten. Dabei bleibt zunächst offen, ob sie nur auf römische Bürger, oder auf alle Einwohner zu beziehen waren. Letzten Endes ist aber das sog. ius novum, das die Kaiser schufen, das Recht, das Volksrecht und Provinzialrecht immer mehr in den Hintergrund drängte.

Die Oratio Claudii (104), BGU II 611 stammt aus dem 1. Jhd. n. Chr., handelt vom Lebensalter, das Recuperatoren erreicht haben müßten, und wendet sich gegen die Verschleppung der Zivil- und Strafprozesse. Der P. ist immerhin in Ägypten gefunden, sein Verso zu einer Kanal- und Dammrechnung benützt worden. Er läßt also eine (widerlegliche) Vermutung zu, daß es in Ägypten damals schon Recuperatoren gab, „Wiederverschaffer“, *ἐπὶ τῆς ἀνακτήσεως τῶν ἀλλοτριουμένων*, wenn dem Fiskus ein Schaden

---

101 A.a.O., S. 191.

102 Taubenschlag, The imperial constitutions in the papyri. Op. Min. II3. Die kaiserlichen Privilegien. Op. Min. II 45.

103 Vgl. auch unten § 6 „Literarische jur. Papyri“

104 Stroux, Eine Gerichtsreform des Kaisers Claudius. Sitz. Ber. Akad. München 1929 Nr. 8 wodurch die älteren Editionen überholt sind. Ferner: May, RHD[4] (1937) 55. 213. CPL 236 mit Lit.

entstanden war (105). Dann haben wir hier den ersten Beleg für die Geltung von Reichsrecht in Ägypten gegenüber der gesamten Bevölkerung. In der Kol. II ist von iudices und vom curiosum consilium die Rede, hier käme allenfalls analoge Anwendung auf das consilium des Präfekten und auf die iudices pedanei in Frage. Wir können uns zwar vorstellen, daß die oratio in Ägypten angewandt wurde, haben aber eine im ganzen Reiche geltende Regelung vor uns.

BGU II 628 Ro, überschrieben „exemplum edicti", ist also die Abschrift eines solchen und stammt nach der neuesten Untersuchung von Schiller (106) aus der Zeit der Severischen Kaiser. Das Vo dagegen weist ein Edikt des Triumvir Oktavian über die Privilegien der Veteranen auf. Der Veteran Manius Valens zitiert es. Die I. Kolumne des Ro ist die wichtigste: sie überliefert uns Bestimmungen über die Appellation an den Kaiser gegen Urteile, die in der Provinz gefällt wurden. Schiller tritt dafür ein, daß es sich dabei um Urteile in Zivilsachen handelt, während man sonst annimmt, es wären solche in Strafsachen gemeint. Die Konstitution ist so allgemein abgefaßt, daß sie auch in Zivil- und Strafsachen Anwendung finden konnte; Kol. II des Ro handelt sicherlich von Strafsachen. Von der Appellation an den Kaiser handelt auch P. Oxy XVII 2104 (107) = Dig. 49,1,25 von Alexander Severus. Obwohl an eine peregrine Gemeinde in Bithynien gerichtet, beabsichtigte der Kaiser Reichsrecht damit zu schaffen, wie man außer aus dem Inhalt auch aus der Fundstätte in Ägypten und der Aufnahme in die Dig. sieht.

Hier wollen wir auch P. Oxy VII 1020 anfügen. Von Septimius und Caracalla sind darin Apokrimata wiedergegeben, die sich auf die restitutio in integrum Minderjähriger beziehen (108); sie wurden in Alexandria ausgehängt. Obwohl der erste Petent römischer Bürger sein könnte (?), wollen die Kaiser wohl diese Rechtswohltat des römischen Rechts nunmehr allen Untertanen zugute kommen lassen; das hat dann nicht nur für die Provinz Ägypten Bedeutung.

Dasselbe gilt für BGU II 473 (= Chrest II 375 vgl. BL I und II). Der fragmentarische Text handelt von den Folgen einer cessio bonorum. Möglicherweise wollten Septimius und Caracalla auch hier eine Rechtswohltat zu Reichsrecht allgemeiner Geltung erheben.

Der P. Giss 40 enthält drei Erlasse Caracallas; in dem ersten sieht man herkömmlicherweise die Constitutio Antoniniana, durch die alle Einwohner des Römerreiches das römische Bürgerrecht erhielten. In der Tat tragen die Ägypter bald darauf in den Urkunden den Namen „Aurelius" (212 n.Chr.).

---

105 P. Fam Teb 24, 2. vgl. Labeo 11 (1965) 327.
106 The Classical Tradition. Studies in Honor of Harry Caplan. New York 1966, 293.
107 Wenger, Quellen, 428, 32.
108 Auch von ihnen bezweifelt Kaser ZP 467. 470 die Übernahme in den Cognitionsprozeß der Provinzen. Vgl. aber auch oben S. 36 zu Apokrimata § 12.

Wegen seiner Lücken ist dieser P. zu einer Art Kreuzworträtsel der Papyrologie geworden. Über die ungeheure ältere Lit. orientiert die Arbeit von Sasse (109); es ist inzwischen schon wieder reichlich neue dazugekommen (110). Das 2. Edikt wird als Novelle zu einem früheren Amnestieerlaß erklärt (111); in dem dritten Stück weist der Kaiser die Ägypter aus der Stadt Alexandria aus (215 n.Chr.). Das römische Bürgerrecht bedeutete also noch lange nicht Freizügigkeit im Römerreich. Wenn das Ganze als Dikaiomata eines Anwalts aufzufassen ist, so handelt es sich um die Wiederzulassung eines Ägypters, der auf Zeit aus einem Honor entfernt worden war, in diese Stellung, nachdem die Zeit abgelaufen war. Die beiden ersten Edikte werden wir zum Reichsrecht, das dritte zum Provinzialrecht rechnen.

BGU I 267 und P. Straßb 22 geben ein Reskript von Septimius Severus und Caracalla wieder (112), das wie die Apokrimata in Alexandrien zum Aushang kam. Aus dem Straßburger Text sieht man, daß es für solche galt, die in den Provinzen wohnen. Es regelt die longi temporis praescriptio. Das Reskript des Kaisers Gordian, P. Teb II 285 = Chrest II 379 (113) über

---

109 Die Constitutio Antoniniana. Wiesbaden 1958. Spezialliteratur S.134 – 143 (145 Publikationen).

110 E. Schönbauer, Personalitätsprinzip und Privatrechtsordnung im Römerreiche, in Anz. Akad. Wien 1960, Nr.25 S.182 – 210; – J. Schwartz, Note sur le séjour de Caracalla in Egypte, in Chron. d'Egypte 34 (1959), S.120 – 123; – F. De Visscher, La constitution Antonine et la dynastie africaine des Sévères, in RIDA^{3}8 (1961) S.229 – 242. – A.H.M. Jones, Studies in Roman government and law S.127 – 140. – E. Schönbauer, Eine neue wichtige Inschrift zum Problem der Constitutio Antoniniana, in Jura 15 (1963) S.71 – 108. – C.B. Welles, Another look at P. Giss. 40, in Etudes de papyrologie 9 (1962) S.1 – 20. – F. Millar, The date of the Constitutio Antoniniana, in JEA 48 (1962) S.124 – 131. – D. Weissert, Bemerkungen zum Wortlaut des P. Giss 40 I, in Hermes 91 (1963) S.239 – 250. – Kießling, Zur Constitutio Antoniniana, in ZSS 78 (1961) S.421 – 429. – P. de Francisci, Ancora intorno alla costituzione Antoniniana, in BIDR^3 4 (1962) S. 1 – 18. – P. Romanelli, Constitutio Antoniniana, in Romanitas 4 (1962) S.29 – 41, – V.L. da Nobrega, Influencia do Cristianismo na Constitutio Antoniniana, in Romanitas 4 (1962) S.51 – 57. – A. Diaz Bialet, La constitución Antoniniana y las querellas y libelos, in Romanitas 4 (1962) S.42 – 49. – M. David, Besprechung des Buches von Sasse in Mnemosyne^4 16 (1963) S.102 – 104. – H.J. Wolff, in AP 17 (1962) S.202 – 210. – C.A. Sasse, Literaturübersicht zur C.A. in: JJP 14 (1962) S.109 – 149. – F. de Visscher, L'espansione della civitas Romana e la diffusione del diritto romano. Conferenze Romanistiche. Università Trieste (Milano 1960) S.181 – 198. – de Visscher Bürgerrecht und Kultureinheit im Imperium Romanum, in Österreichische Zeitschrift für Öffentliches Recht 12 (1962) S.71 bis 85. – J. Gaudemet, Institutions de l'antiquité (Paris 1967) S.529. – Segrè, La Costituzione Antoniniana e il diritto dei 'novi cives', in Jura 17 (166) S. 1 – 26 – Sasse, Literatur – Übersicht zur C.A. II, in JJP 15 (1965) S.329 – 366. – A. D'Ors und H.G. Gundel, Zur Constitutio Antoniniana (Pap. Giss. 40 I), Kurzberichte aus den Gießener Papyrussammlungen 22 (1966) 14 S.

111 Wenger, Qu. 459.

112 Wenger, Qu. 466. Nörr, Die Entstehung der longi temporis praescriptio. Köln 1969 s. Reg.

113 Wenger, Qu. 468.

den Beweiswert von Geburtsanzeigen (239 n.Chr.) dürfte ebenfalls reichsrechtlichen Charakter besitzen.

In eine späte Zeit, als das Reichsrecht bereits ganz im Vordergrund auch innerhalb der Provinz Ägypten steht, führt uns das Zitat einer Konstitution von Konstantin in P. SB V 8246,22. Am reichsrechtlichen Charakter ist schon deshalb nicht zu zweifeln, weil Cod. Just. 7,39,2 pr diese bis dahin verlorene lex Constantiniana erwähnt (114).

καὶ παλαιᾶς νομῆς εἰς τοσοῦτον ἤρεσεν ἔχεσθαι τὸν λογισμόν, ἵνα ἀπ' ἐκίνων, εἰ συνέστηκεν τὸ κτῆμα, περὶ οὗ ἐστιν ἡ ζήτησις τεσσεράκοντα ἔτεσιν νενεμῆσθαι μηδὲ τὸν κανόνα τῆς νομῆς ζητῖσθαι, ἤρεσεν καὶ δικαίου κανόνος [καὶ ἀ]φ' ἄκοντος τῇ τῆς δεκαετίας ἢ εἰκοσαετίας παραγραφῇ τὴν κατοχ⟨ὴ⟩ν βοηθεῖσθαι καὶ τὰ ἑξῆς.

„Es wird bestimmt: die Berücksichtigung alten Besitzes geht soweit, daß von jenen der Besitztitel nicht nachgeprüft wird, (von denen) das Streitobjekt 40 Jahre besessen worden ist. Es wird (ferner) bestimmt: auch dann, wenn ein gerechter Titel vorliegt, (und sei es, daß er) von einem Unfreiwilligen (herrührt), wird der Besitz durch die Einrede des 10- oder 20-jährigen Besitzes geschützt" (326 – 333 n.Chr.).

SelP II 227 (= Oxy XVII 2106, aus dem frühen IV. Jhd.) erwähnt ein kaiserliches Edikt, wonach das Gold in den Provinzen aufzukaufen sei; auch diese mit dem Währungsverfall begründete Maßnahme wird sich nicht allein auf Ägypten bezogen haben.

Zum Reichsrecht wird man auch die Konstitutionen rechnen dürfen, die vom Recht der Soldaten und Veteranen handeln. Ägypten war ja eine Kaiserprovinz mit einem stehenden Heer; auch aus den Urkunden hören wir viel von Veteranen.

Von BGU II 628 Vo war schon die Rede (115). Weiter gehören hierhin: P. Chrest I 463 gibt ein Veteranenedikt Domitians (116) wieder. In BGU I 140 (119 n.Chr.) = SelP II 213 gewährt Hadrian den Soldatenkindern Erbrecht in den Reihen der Agnaten. P. Fay 10, gegen Ende des II. Jhd. geschrieben, belegt, daß das auch Dig. 29,1,1 überlieferte Edikt Trajans über das Soldatentestament ebenfalls in Ägypten bekannt war (117). Das Fragment ist in Theadelphia gefunden worden; es ist kein Exzerpt aus Ulpian (118).

Ein anderes Thema, zu dem kaiserliche Konstitutionen reichsrechtlichen Charakters ergangen sind, sind die Liturgien, munera. Von ihnen wissen wir

---

114 Wenger, Qu. 470. 479 – 481. Arangio-Ruiz, Il papiro della longissimi temporis praescriptio. Aeg. 21 (1941) 261.

115 Oben S. 41.

116 Wenger, Quellen 458. CPL 104.

117 CPL 71

118 Seidl, Symb. Taubenschlag 253. – Amelotti, Il testamento romano I. Firenze 1966, 81, 1.

aus den Urkunden, daß sie das Leben der ägyptischen Bevölkerung schwer belasteten. Zu nennen sind: Eine Konstitution Hadrians über das Mindestvermögen solcher Personen, die zu Hilfspersonen der Vollstreckungsorgane herangezogen werden: P. Jand IV 68. Ferner: P. Flor III 382, 1 – 8 = AP 6, 432. Der Papyrus handelt vom Alter als Befreiungsgrund von Liturgien (222/223 n.Chr.). P. Oxy XII 1407 (von Aurelian?) spricht von der Befreiung gewisser Gewerbetreibender, P. Oxy XII 1405 von der Möglichkeit, sein Vermögen dem abzutreten, der zur Liturgie benannt hat, worauf dann dieser die Liturgie selbst durchführen muß (III. Jhd.).

Einen Einzelfall entschied Gallienus durch ein Reskript: SelP II 217 = CP Herm 119 Vo III, 8 (267 n.Chr.).

Dazu kommt das Reskript von Diokletian und Maximian über die Athletenprivilegien P. Lips 44 = Chrest II 381.

Zwar hat es ein provinziales Steuerrecht neben dem Steuerrecht des Reiches gegeben. Wir haben aber Konstitutionen, die zweifellos zum Reichsrecht der Steuern und Abgaben gehören. P. Fay 20 belehrt uns über das aurum coronarium. Es ist eine vorgeblich „freiwillige“ Spende, die im ganzen Reiche aus Anlaß der Thronbesteigung eines Kaisers erhoben wurde. Während man als unmittelbaren Anlaß dieses P. auch den Kaiser Julian den Abtrünnigen ins Auge gefaßt hatte, hat eine Spezialuntersuchung von Fellner (118) sich mit guten Gründen für Alexander Severus entschieden. Diese Arbeit ging auch dem Einfluß der stoischen Philosophie auf die Formulierung des Textes nach, der sich deutlich erkennen läßt. In eine viel spätere Zeit verweisen dagegen die Reskripte P. Cairo Masp I 67024 – 67029 (119): Maßnahmen gegen Mißbräuche in der Steuerverwaltung aus den Jahren 548 – 551 n.Chr. Hier spricht der Kaiser Justinian selbst, der auf eine Reise des Dichterjuristen Dioskoros (120) nach Konstantinopel hin tätig wurde. Der menschenfreundliche und doch juristisch vorsichtige Ton charakterisiert den Kaiser.

2. Eingriffe in das ägyptische Recht

Die Zentralregierung wußte aber, daß die Ägypter an ihrem gewohnten Recht festhielten und duldete das. Aber in Einzelfällen griff sie ein, um eine Norm daraus zu ändern. Wir erinnern an § 6 der Apokrimata. Cod. Just 5,5,8 (von 475 n.Chr.) schafft die Leviratsehe unter den Ägyptern ab (121). Dabei ist das Datum wichtig, weil es das Fortleben ägyptischen Rechts noch am Ausgang des V. Jhd. belegt (122).

118 Max Josef Fellner, Der Papyrus Fay 20. Diss. Erlangen 1954. Es ist sehr zu bedauern, daß diese gelehrte Abhandlung ungedruckt geblieben ist.

119 Wenger, Quellen 471. SelP II 551.

120 S. unten S. 66.

121 Von der wir aus den ägyptischen Quellen nichts wußten, vgl. unten S. 213.

122 Ein angeblicher Eingriff Hadrians in das ägyptische Erbrecht (Kreller, Erbr. 162f.) erwies sich als Trugschluß s. S. 225.

3. Eingriffe in das Provinzialrecht

Ein Brief des Kaisers Claudius vom Jahre 41 n.Chr., SelP II 212 (= Lond 1912), regelte einiges aus dem Stadtrecht Alexandrias; z.B. die Stellung und Behandlung der dortigen Juden.

Anhangsweise sei auch auf die beiden Verlautbarungen des Germanicus anläßlich seiner Ägyptenreise SelP II 211 (vom Jahre 19 n.Chr.) hingewiesen. Er befiehlt und verbietet; aber dabei stützt er sich doch nur auf seine Autorität als Adoptivsohn des regierenden Kaisers.

Themen, die wir heute dem Polizeiwesen zurechnen müßten, sind angesprochen in dem bereits erwähnten P. Giss 40 I, sodann in P. Oxy XII 1406, einem Edikt Caracallas gegen Ausschreitungen in Gemeinderatssitzungen (123). Dieses dürfen wir zum Provinzialrecht rechnen; weil es etwa die Zustände in der Stadt Alexandria voraussetzt. Dazu kommt BGU IV 1074 (275 n.Chr. – siehe BL I ! –); sie enthält Edikte über Dionysosfeste; möglicherweise solche von nur provinzialrechtlicher Bedeutung (124).

Auch in den Cod. Theodosianus und Justinianus finden sich gar nicht wenige Konstitutionen, die sich mit Ägypten befassen oder an den dortigen Statthalter richten, namentlich solche aus der Dominatszeit (125).

§ 4 Edikte der Präfekten u. dgl.

Urkunden aus der Provinz Arabia Petraea, P. SB X 10288 (125 – 132 n.Chr.) haben uns neuerdings gezeigt, daß auch in entlegenen Kaiserprovinzen ein Provinzialedikt angeschlagen wurde, wie es dem Edikt des Prätors in Rom entsprach, und wie es Gaius u.a. nach Ausweis der Digesten kommentiert haben. Warum sollte der Statthalter in Alexandria nicht ein Gleiches getan haben? Belege aus dem I. Jhd. n.Chr. vermochten wir nicht beizubringen. Aus dem II. Jhd. jedoch kann man auf die restitutio in integrum hinweisen (126), P. Oxy II 237 VIII 13. P. Chrest II 52. Man rechnet sie mit Recht zum honorarischen Recht. Auch die Apokrimata an der Schwelle des II. zum III. Jhd. lassen sich mit der Annahme eines Provinzialedikts leichter verstehen (127). In BGU I 140 = Chrest II 373 (119 n.Chr.) nimmt der Kaiser

---

123 Vgl. Wenger, Qu. 460.

124 V. Woess, ZSS 46 (1926) 35. – Wenger, Qu. 469.

125 Darüber ist eine Kölner Diss. von Volker Dautzenberg erschienen: Die Gesetze des Codex Theodosianus und des Codex Justinianus für Ägypten im Spiegel der Papyri. 1971.

126 S. unten S. 142

127 Coroi, Actes Oxford, 623. – Taubenschlag, Op. Min. I 199. – Wenger, Quellen 415. Zweifel erörtert dagegen Martini, Ricerche in tema di editto provinciale. Milano 1969, 144ff. gestützt auf Modrezejewski, RHD 43 (1965) 98, desgleichen Katzoff, The provincial edict in Egypt. TR 37 (1969) 415 – 437.

Hadrian auf das διάταγμα Bezug, das er als in allen Provinzen bekannt voraussetzt. In späterer Zeit zitieren Parteien in Eingaben an den Präfekten dessen Edikt: JurP 27 = SB 9298 (249 n.Chr.). P. Oxy IX 1201 (258 n.Chr.). PSI X 1101 (271 n.Chr.)

Das edictum provinciale mag aber nach Vorbild des stadtrömischen in allen Provinzen gleich gewesen sein. Insofern sind seine Bestimmungen nur formell zum Provinzialrecht, materiell aber zum Reichsrecht zu rechnen.

Provinzialrecht, von dem wir nicht erwarten können, daß es in anderen Provinzen ebenso gegolten hätte, schlug sich jedenfalls in den speziellen Edikten (128) der Präfekten nieder. Eine Liste solcher erhaltener Edikte gab Chalon (129). Wir nehmen daraus nur einige wichtigere Beispiele. Ein frühes solches ist BGU IV 1199 (4 v.Chr.). Gaius Tyrranius ordnet eine Untersuchung an, um festzustellen, welche ägyptischen Priester von Liturgien (und der Kopfsteuer) befreit sein sollen.

Das Edikt des Ti. Jul. Alexander (68 n.Chr.), auf uns durch eine Inschrift gekommen, enthält in § 2 Bestimmungen gegen die Schuldhaft, in §§ 3 – 4 solche über die πρωτοπραξία. Der § 9 handelt von der Rechtskraft des Urteils, das der Präfekt auf dem Konvent gesprochen hat. Im § 10 wird der Gnomon des Idios Logos bestätigt: d.i. natürlich nicht der P. BGU V 1210, wohl aber der liber mandatorum, den dieser zugrunde legt. Dann wird noch eine Strafe für erfolglose Ankläger festgesetzt.

Nicht weniger berühmt ist das Edikt des Mettius Rufus (89 n.Chr.), SelP II 219 = Oxy II 237 VIII 27 – 43. Dieser Präfekt will das – zu seiner Zeit schon bestehende – Grundarchiv wieder in Ordnung bringen (130). Auch aus P. Mert III 101 = Oxy II 237 VIII 21 – 27, von Sulpicius Similis, erfahren wir, daß Eheurkunden im Grundarchiv hinterlegt werden (131).

Von demselben und anderen Präfekten wird uns durch P. SB VI 9050 von ἐντολαί an die Strategen über Liturgien berichtet.

Haterius Nepos schärfte, wie es P. BGU V 1210, § 71 (132) tut, ein, daß Pastophoren keine wollenen Kleider tragen dürfen und ihre Funktionen auch tatsächlich erfüllen müßten, P. Fuad 10 (120 n.Chr.). Damit verstärkt der Präfekt bestehendes ägyptisches Recht.

P. Oxy I 34 (127 n. Chr.) schreibt vor, daß χειρόγραφα in Alexandrien

---

128 Wir nehmen diesen Ausdruck hier in weitem Sinne als einen solchen, der eine verbindliche Willensäußerung des Statthalters kennzeichnet. Vgl. Kränzlein JJP 6 (1952) 226f.

129 L'édit de Tiberius Julius Alexander. Lausanne 1964 S.251ff. Neuestens: Bureth, Documents papyrologiques relatifs aux préfets d'Égypte. RHD[4] 46 (1968) 246 –262; Mostafa él Abbadi, The edict of Tiberius Julius Alexander, Remarks on its nature and aim, BIFAO 65 (1967) S.215ff.

130 Wir nehmen es unten S. 73 ff.

131 Kommentar dazu von Volterra, Études Macqueron. Aix-en-Provence 1970, 677.

132 Dessen Text s.o. S.

in der Ἀδριανὴ βιβλιοθήκη registriert sein müßten (133). P. Ryl II 74 (135 n. Chr.) beleuchtet den Konvent. M. Petronius Mamertinus wendet sich in SelP II 221 = PSI V 446 gegen eigenmächtige Requisitionen (133 – 137 n. Chr.). P. Fay 21 schreibt beim Zahlungsverkehr mit dem Staat gegenseitig ἀποχαί vor (135 n. Chr.). Gegen die in Ägypten zu allen Zeiten den fiskalischen Einkünften gefährliche ἀναχώρησις wenden sich SelP II 220 = Lond 904,18 (104 n. Chr.), P. Oslo III 79 (134/35 n. Chr.) und BGU II 372 (154 n. Chr.), auch P. Gron 1 (161 n. Chr.).

Reiche Bearbeitung fand das gerade für das Privatrecht aufschlußreiche Edikt P. Oxy II 237 VIII 7 – 19. (142 n. Chr.); es zeigt die Bedeutung der Urkunde als Beweismittel im Prozeß (134). In SelP II 222 = BGU II 646 befiehlt Mantennius Sabinus den Alexandrinern Feiern zur Thronbesteigung des Kaisers Pertinax (193 n. Chr.). Subatianus Aquila ordnete nach P. Yale 61 (208 bis 210), wie die ihm auf dem Konvent überreichten Eingaben zu verabschieden seien, damit die Petenten in die Lage kämen, sich von den Entscheidungen Abschriften zu machen. Ulpius Aurelius – kein Statthalter, sondern ein Dioiketes – schärfte im Jahre 278 durch ein Zirkular (SelP II 225 = Oxy XII 1409) den Strategen und Decemprimi ein, auf die Damm- und Bewässerungsarbeiten zu achten. Endlich handelt P. Oxy VI 888 (287 n. Chr.) von den κηδεμόνες für Waisen; während P. Oxy VIII 1101 (367 – 370) gegen den Mißbrauch Stellung nimmt, daß unzuständige militärische Behörden Klagen entgegennähmen,als ob sie Gerichte wären.

§ 5 Recht aus der Ptolemäerzeit

1. Königliches Recht der Ptolemäer

Aus den ersten beiden Jahrhunderten der Römerherrschaft gibt es Belege dafür, daß διαγράματα und προστάγματα, die von ptolemäischen Königen erlassen waren, noch als geltendes Recht betrachtet wurden; Mlle Lenger hat sie gesammelt (135). An erster Stelle ist dabei an § 37 des sog. Gnomon des Idios Logos zu erinnern. Danach wurde noch in den Jahren 169 – 176, in denen der P. niedergeschrieben wurde (136), jemand mit Einzug seines Vermögens bestraft, der den προστάγματα βασιλέων zuwiderhandelte. Da sonst in diesem P. der Princeps αὐτοκράτωρ oder καῖσαρ genannt wird, handelt es sich hier um die Ptolemäerkönige (137). Daß bestraft wurde, wer einer kaiserlichen Konstitution zuwiderhandelte, stand sicherlich schon im

133 S. unten S. 72.
134 S. unten S. 120.
135 C. Ord Ptol S.269ff.
136 Datierung von Riccobono Jr. in der Ed.
137 A. M. Riccobono Jr.

liber mandatorum selbst und brauchte nicht in dem Büchlein der Nachträge wiederholt zuwerden.

In Kraft ließen die Römer z.B. ein ptolemäisches Prostagma über die Zwangsverpachtung – erst 118 n. Chr. wurde es außer Kraft gesetzt – (P. Giss 4 u.a.), Ägypten war ja die Kornkammer des Reiches und so hatten die Römer keine Veranlassung, die durchaus fiskalischen Verordnungen der Ptolemäerkönige durch neues Recht zu ersetzen.

Eine Abgabe anläßlich der Geburt eines Sklaven war den Einwohnern Ägyptens zur Gewohnheit geworden und wurde beibehalten (PSI VI 690,4 – I. – II. Jhd.). Da galt der Grundsatz: was dem Fiskus nützt und bisher ertragen wurde, ist eine bequeme Finanzquelle und soll bleiben. Doch hatte umgekehrt eine Sonderstellung der ägyptischen Priester gegenüber der *λαογραφία* noch um 122/23 Geltung (P. Mil Vogl II 81,7).

Das Kleruchenland war zwar schon in der ausgehenden Ptolemäerzeit nahezu wie Eigentum der Bauern behandelt worden, aber, was noch an staatlichen Sonderrechten daran übrig geblieben war, blieb in Geltung (PSI X 1118,12 u.a. 25 – 37 n.Chr.).

Schließlich wies Lenger nach, daß noch im Jahre 233/34 n. Chr. eine Klausel in Gebrauch war, die von *προστάγματα* zur Vollstreckung sprach (P. Flor I 56 = JurP 49,18 u.a.). Die Möglichkeit, daß der Notariatsstil damit etwas Veraltetes, was nicht mehr in Geltung war, mitschleppte, ist freilich nicht auszuschließen.

2. Zitate des ägyptischen Rechts

In Geltung befand sich aber auch, wie wir schon am sog. Gnomon des Idios Logos fanden, altes *ägyptisches Recht.* Im Jahre 124 n. Chr. hatte Blaisios Marianos, ein Offizier nach JurP 89 = Chrest II 84 = CPR I 18 einen Erbstreit als delegierter Iudex pedaneus zu entscheiden. Seine Sentenz hängt von einer Rechts- und einer Tatsachenfrage ab. Die Rechtsfrage ist, ob ein Ägypter bei Lebzeiten seines Vaters ein Testament zu machen berechtigt sein, in dem er den Vater übergeht und andere zu Erben einsetzt. Unser Kohortenpräfekt fragt nicht beim Statthalter an, sondern bei einem *νομικός*, Claudius Artemidoros. Dieser hat nicht etwa nur Kenntnisse im römischen Recht, sondern auch solche im ägyptischen, so daß er den Offizier beraten kann. Danach legt der Kohortenpräfekt dem Kläger den Beweis auf, daß der Erblasser aus *γάμος ἄγραφος* entsprungen sei, ein schwerer Beweis, den der Kläger kaum wird erbringen können, so daß der Prozeß für ihn praktisch verloren sein dürfte. Aber Blaisios Marianos entschied selbst über die Rechtsfrage, und zwar in einer dem ägyptischen Recht angemessenen Weise, (138, 139).

---

138 S. Eos 48 (Symbolae Taubenschlag), 1, 258.
139 S. unten S. 101 f.

Und wo wir ein anderes Mal über die Kenntnisse eines νομικός urteilen können, in der Petition der Dionysia (Oxy II 237, – 186 n. Chr.) VIII, 2, da ist es wieder so, daß der Rechtsgelehrte über Kenntnisse des ägyptischen Rechts verfügt, die ihn wertvoll für den Richter machen: Ulpius Dionysodorus, früher Agoranomos, weist wieder auf den Unterschied zwischen γάμος ἔγγραφος und γάμος ἄγραφος hin (140). Wir erinnern uns also an die englischen Beamten in Indien, die uns wertvolle Werke über das Hindurecht oder das islamische Recht Pakistans geschenkt haben: der gebildete römische Jurist erscheint hier in einem aus den Digesten wenig bekannten, aber vorteilhaften Lichte.

Solange man Demotisch lesen konnte, wird man die Kenntnis des ägyptischen Rechts aus schriftlicher Überlieferung entnommen haben.

§ 6 Literarische juristische Papyri

Der Wüstensand Ägyptens hat uns bekanntlich auch Texte der römischen juristischen Literatur wiedergegeben. Jedoch gibt es fast nichts aus dem ersten Vierteljahrtausend der Römerherrschaft; die wertvollen Schätze stammen aus der Zeit nach Diokletian und Justinian. Für die Rechtsgeschichte Ägyptens sind sie insofern wichtig, als sie zeigen, daß man das römische Recht auch noch in entfernten Provinzstädten studiert hat.

I. Aus dem 1.Jahrhundert n. Chr. stammt P. Mich VII 456 (= CPL 231). Trotz eines scharfsinnigen Ergänzungsversuchs von d'Ors (141) ist das Stück zu fragmentarisch, um Schlüsse aus ihm zu ziehen (142). Aus dem II.Jhd. wäre an den oben (142) bereits behandelten sog. Gnomon zu erinnern.

II. Die Texte zwischen Diokletian und Justinian sind teils lateinisch, teils griechisch. Am berühmtesten ist der Gaius Florentinus (PSI XI 1182 = CPL 78), ein Fragment der Institutionen (143). Diese kannte man lange Zeit nur aus einer Handschrift in Verona; der P. zeigte, daß er reichhaltiger war als diese. Z.B. behandelt eine berühmte Partie des Florentiner Gaius, die im Veronensis nicht enthalten ist, die societas fratrum (3 §§ 153a – b). „Da gibt es noch eine andere Art von Gesellschaft nur unter römischen Bürgern. Einst nämlich bestand zwischen den gesetzlichen Erben eines verstorbenen pater familias eine gleichsam natürliche und gesetzliche societas, die man erctum non citum (= nicht geteilter Nachlaß) nannte, d.i. noch nicht geteiltes Eigentum. – Aber auch andere Menschen, die dieselbe Gesellschaft eingehen

140 S. unten S. 215
141 In Eremita 19 (1951) 1 – 14; Seidl, SDHI 18 (1952) 341.
142 S. oben S. 13.
143 Nelson, Die textkritische Betrachtung der ägyptischen Gaiusfragmente. Symbolae David I 135. Ein weiteres Stück der Institutionen des Gaius enthält P. Oxy XVII 2103. – Wenger, Quellen 95, 509.

wollten, konnten das tun durch eine legisactio vor dem praetor. In dieser Gesellschaft der Brüder oder solcher, die nach dem Beispiel von Brüdern eine solche Gesellschaft eingegangen waren, war folgende Eigentümlichkeit: der eine oder der andere der Gesellschafter machte den gemeinsamen Sklaven zum Freien, wenn er ihn freiließ und erwarb ihn zum Freigelassenen aller usw." In dieser altrömischen Gesellschaft war also jeder einzelne Gesellschafter, wie wir sagen, mit voller Geschäftsführung ausgestattet; jeder konnte mit Wirkung für alle rechtliche Erklärungen abgeben. Im klassischen Recht hat es so etwas offensichtlich nicht mehr gegeben, ja in unserer Überlieferung des klassischen Gesellschaftsrechts fehlt gerade alles, was von der Geschäftsführung handeln würde.

Es kann also keine Rede davon sein, daß dieses Stück ein in Ägypten „rezipiertes" Recht wiedergeben würde. Sondern das Exemplar wurde für den Unterricht verwendet.

Man hat, mindestens in der Rechtsschule von Alexandria, den Gaius lateinisch gelesen und danach Jurisprudenz gelehrt. Das sieht man daraus, daß mitunter über einem lateinischen Wort im Text eine griechische Übersetzung geschrieben ist: der Leser gebrauchte also das Latein als Fremdsprache und war sich nicht bei jeder Vokabel sicher. Dann ist an den Rand in griechischer Sprache eine erklärende Glosse gesetzt: man sieht, der Leser las erst diese und machte sich dann erst die Mühe, den lateinischen Haupttext zu übersetzen. Für die Rechtsgeschichte der Provinz Ägypten aber sehen wir: nun war für die Provinzialen die römische Rechtsgeschichte wichtig, genauso wie sie für uns wichtig ist.

Freilich ist der Gaius Flor. nur kurz vor den Digesten im 6.Jhd. niedergeschrieben worden (144). Daraus kann man wohl schließen: wenn schon in entlegenen Provinzstädten zu Justinians Zeiten noch unverfälschte Klassikertexte vorhanden waren, so werden sie es am Hofe des Kaisers erst recht gewesen sein. Damit wurde nicht nur der Interpolationenforschung am Gaius (145), sondern auch der an den Digesten ein Schlag versetzt. Innerhalb der ägyptischen Entwicklung aber dürfen wir schon wesentlich vor dem 6.Jhd. mit dem Studium der römischen Klassiker rechnen.

Die juristischen Papyri haben aber Interpolationenbehauptungen nicht nur widerlegt, sondern in einem anderen Fall auch einmal bestätigt. Das geschah durch den Papyrus in Leiden mit einem Stück aus den Sentenzen des Paulus (146). Von diesen war es seit langer Zeit, namentlich von Levy be-

---

144 Wenger, Scritti Ferrini Milano IV 268, Quellen 95, 70.

145 Kniep, Der Rechtsgelehrte Gaius und die Ediktskommentare. Jena 1910. – Solazzi, Glosse a Gaio. Studi Riccobono I. Palermo 1931, 73 – 191. und: Per il XIV Centenario delle Pandette. Pavia 1933, 295 – 456.

146 Archi, David, Levy, Marichal, Nelson, Pauli Sententiarum fragmentum Leidense. Leiden 1956. – M. David und H.L.W. Nelson. Das neue Leidener Paulus-Fragment, TR 23 (1955) 75 – 82.

zweifelt worden, ob sie mit Recht von Justinian dem Paul
worden wären (147). Levy hatte verschiedene Verfasser a
kam ein neues Stück zutage, das den Text bestätigte. Abe
Stelle zwischen die Zeilen das Wort Paulou geschrieben w
konnte ja nun nichts anderes heißen, als daß hier in dem
lich einmal Paulus zu Wort kam, sonst aber nicht. Also
nicht ein Auszug aus den Werken des Paulus, sondern ei
vielleicht Paulus selbst gesammelt hatte, worin er aber
und nur ganz ausnahmsweise einmal eine Entscheidung auf
ihm selbst stammte. Wie der Gaius Flor. beweist auch dieses Bü
Beliebtheit solcher kleinen Werke im ganzen Römerreich und zeigt
man in der Zeit, als unser Papyrus entstand (4. – 5.Jhd.), römisches Re
studierte und nicht mehr das eigene angestammte Recht.

Eine Bereicherung von nicht geringer Bedeutung ist der P. Ant 22 gewesen, der vielleicht aus dem 4.Jhd. stammt. „Ebenso", schreibt Pomponius, „wenn ein Fälscher als Vormund seine Zustimmung gibt, so ist der Gerichtsverhandlungstag übel angesetzt und das Edikt greift nicht Platz. Der Iudex macht aber den Streit zu seinem eigenen, weil er weder (in gültiger Weise) einen Termin festgesetzt, noch ein Urteil gesprochen hat". Item Pomponius scribit si falso tutore auctore male fuerit diffissus dies, edictum quidem cessare, et iudicem, quia neque diffidit neque sententiam dixit, litem suam fecisse. Dieser Text hat eine alte Streitfrage gelöst. Warum haftet ein iudex, qui litem suam fecit (149)? Ein Teil der Digestenstellen geht dabei von einem Verschulden des iudex aus, andererseits wird der Fall unter den Quasi-Delikten, nicht unter den Delikten aufgeführt. Das ist ein Widerspruch, der längst aufgefallen ist und mit Interpolationsversuchen gelöst werden wollte. Nun haben wir hier einen von jedem Interpolationsverdacht freien Text und in diesem ist von einem Verschulden des iudex, qui litem suam fecit nicht die Rede. Die Stellen, die in den Dig. von einer Gefahrtragung nach Gefahrenbeherrschung ausgehen, sind also die echten, und die, die das Verschuldensprinzip hier einführen, die interpolierten.

Aus dem 5.Jahrhundert haben wir einen Papyrus, aus Berlin, der von Schubart in der Festschrift für Wenger veröffentlicht wurde (150). Bei der

---

147 E. Levy, Pauli Sententiae, New York 1945. Paulus und der Sentenzenverfasser = Gesammelte Werke I Köln 1963, 99.

148 Seidl, SDHI 24 (1958) 424 mit Lit. – Scheltema, TR 25 (1957) 76 liest Pauli. – Dagegen nehmen David und Nelson TR 25 (1957) 1ff. an, daß es sich nur um einen Tintenfleck handle.

149 Kaser. Das Römische Zivilprozeßrecht. München 1966, 142, 425. – Hübner, Jura 5 (1954) 200 – 208. – Seidl, SDHI 18 (1952) 343.

150 Festschrift für Leopold Wenger, München 1944, 184ff. – R. Regler TR 20 (1952) 330 – 334. – E. Schönbauer Anz. Akad. Wien 1951 Nr.26; Studi Arangio-Ruiz 3, 501 – 519. – Seidl, SDHI 15 (1949) 332; 18 (1952) 346. Ein Neudruck, der die gewonnenen Ergänzungen bringt, wird von meinem Schüler Thüngen vorbereitet.

ersten Edition sah es hoffnungslos aus, ob man dem Text, von dessen 82 Zeilen nur 7 unversehrt erhalten waren, irgendeine Erkenntnis für die Rechtsgeschichte werde abgewinnen können. Aber da gelang es Scheltema eine Abkürzung in Zeile 52, die auf einen Juristennamen hinzudeuten schien, richtig aufzulösen: Modestinus. So erhielten wir ein neues Fragment von diesem klassischen Juristen „Wenn einer die litiscontestatio vornimmt, dann 10 oder 20 Jahre schweigt, dann aber klagt und man ihm die Einrede der Zeit [= ungefähr „Verjährung"] entgegenhält, so wird er abgewiesen", so Modestinus im 5.Buch seiner regulae im 8.Titel der Regeln gegen das Ende zu."

ἐάν τις προκατάρξηται σιωπήσῃ ἐπὶ ι΄ ἔτη ἢ κ΄, ἐκβάλλεται ὕστερον κινῶν τῇ τοῦ [χ]ρόνου παραγρ(αφῇ). οὕτως ὁ Mod(estino)*υς β(ιβλίῳ) ε΄ τῶν* regul(*ῶν*) *ἐν τῷ η΄* re(gul*ῶν*) *τίτ(λῳ) ἀπὸ τοῦ τέλους.*

Das war der erste Gewinn. Litiscontestatio ist der feierliche Akt des römischen Zivilprozesses, mit dem das Verfahren vor dem Prätor endigt, und nunmehr das Verfahren vor dem von den Parteien gewählten Geschworenen beginnen soll. Denn die litiscontestatio hat nach der Lehre des Gaius Novationswirkung: Jetzt kann der Gläubiger nicht mehr verlangen, was er nach der zugrundeliegenden causa zu bekommen hätte, sondern nur mehr, daß der Beklagte verurteilt werde, ihm das zu leisten, was er bekommen hätte, wenn im Zeitpunkt der litiscontestatio erfüllt worden wäre. Der Gläubiger muß also nach der litiscontestatio das Verfahren apud iudicem in Gang bringen, tut er das nicht, so kann ihm die longi temporis praescriptio entgegengehalten werden, wenn 10 Jahre bei beweglichen Sachen und 20 bei Grundstücken verflossen sind (151).

Der Gedankengang geht auf den klassischen ordo iudiciorum zurück. Für die Provinz Ägypten können wir nicht so sicher sagen, was dort als litiscontestatio angesehen wurde.

Aber es gelang noch weiteres. Da steht in Z. 54ff. mehrmals Alex. Zuerst wollte man diese Abkürzung in „Alexandria" auflösen. Dann aber glückte es in Z. 70 ein „Ant." mit Sicherheit in „Antoninus" aufzulösen, denn die dort zitierte Konstitution dieses Kaisers ist mit den Eingangsworten zitiert und uns im Cod. Iust. 4, 30, 4 mit diesen Eingangsworten „Cum fidem" erhalten (152).

Dann aber muß sich das „Alex" auch auf Alexander (Severus) beziehen. Wir sehen daraus, daß es eine Sammlung von Konstitutionen dieses Kaisers gab, denn in Z. 56 ist der dritte tomus zitiert und darin die Konstitution (Diataxis) 50. Ausgeführt wird in diesem Zusammenhang, daß die querella non numeratae pecuniae eine condictio sei.

---

151 Kaser, Das Römische Zivilprozeßrecht, 218ff. 482ff.
152 Seidl, SDHI 18 (1952) 346

τά τε δυνατὰ [*π(ε)ρὶ* (non)numerata *ἐκε*[*ῖ ἐ*]*ρ*[*ε*]*ῖσθαι. ὀ*[*φείλει δὲ μετὰ τὸν νόμιμον*] *χρ*[*ό*]*νον. λέγω οὖν ἀ*[*ν*]*ερ*⟨*ε*⟩*ύ*[*νων τὸν λόγον τῆς δ(ιατάξεως), ὅτι*] *οἱ λέγονταις μὴ ἐρ*[*ρῶ*]*σ*[*θαι τὸ χειρόγρ(αφον) (κινοῦσι)*] *τὸν* (con)dicticion. *εἶν*[*αι γὰρ τὴν δικαιολογ(ίαν)*] *τὴν* (non) numeratam [(con)dicticion].

Das ist heute selbstverständlich. Hat jemand dem, von dem er ein Darlehen erhoffte, den Schuldschein sogleich ausgestellt, dann aber das erhoffte Darlehen nicht bekommen, so ist das für ihn sehr gefährlich. Der angebliche Gläubiger hätte ja im Prozeß ein sehr kräftiges Beweismittel in der Hand, mit dem er die angebliche Rückzahlung des Darlehens, das er gar nicht hingegeben hatte, einklagen könnte. Dem steuert die querella non numeratae pecuniae im klassischen römischen Recht (153). Wir gewähren in diesem Fall dem Aussteller des Schuldscheins eine Klage aus ungerechtfertigter Bereicherung auf Rückgabe des Schuldscheins.

Erhalten sind uns Fragmente von Werken folgender Juristen: Julian, Labeo, Marcellus, Modestinus, Papinian, Paulus, Pomponius, Servius, Ulpian und einiges Nichtidentifizierte. Die Texte sind schon von Lenel in seine Palingenesie aufgenommen worden, soweit sie zu seiner Zeit bekannt waren. Was nachher entdeckt wurde, findet man im Supplementum von Sierl (154). Unter den Juristen überwiegt Ulpian, wie auch in den Digesten Justinians. Seine Beliebtheit als Jurist war demnach im ganzen Reiche verbreitet und ist nicht einer Vorliebe der Kompilatoren zuzuschreiben (155). Auch vom Codex Theodosianus haben die Papyri ein Fragment gebracht (156). Wir sehen: schon vor Justinian hatte das Studium des römischen Rechts und seiner Klassiker die Provinz Ägypten ebenso ergriffen wie das übrige Römerreich.

Je näher aber die Texte an die Zeit Justinians heranrücken, umso mehr zeigt sich auch in ihnen Freude an Regeln. Der P. Breccia (PSI XIII 1348) ist gewissermaßen ein predigesto für Dig. 50, 16 und 50, 17 (157). So sagt er z.B. III, 27, 26:

ὅτι culpa *ἐ*[*σ*]*τὶν καὶ τὸ μὴ* [*ποιεῖν* Paul(us)] *β(ιβλίῳ) α´*q(uaesti)on(um) t(itulo) [de sa]tisdando q(uaesti)on(e) *ι* [*κε*]. So apodiktisch ist die Regel falsch; die Schuld daran trifft aber nicht den Klassiker, sondern den Kompilator. Paulus mochte von dem Erben gesprochen haben,

---

153 Kaser, Das römische Privatrecht I, München 1955, 453. Vgl. unten S. 121.

154 L. Sierl, Supplementum, in: Lenel Palingenesia II Graz 1960. Calderini, Papiri Latini. Milano 1945. S.14ff. vgl. Wenger, Quellen s. Reg. – Cavenaile, Corpus papyrorum latinarum. Wiesbaden 1958, Nr.70ff.

155 Übrigens war es auch ein Papyrus, der eine Korrektur des Todesjahres dieses berühmten Juristen von 228 auf 223 n. Chr. veranlaßte: P. Oxy XXXII 2565 vgl. Modrzejewski und Zawadzki RH 45 (1967), 565 – 611.

156 P. Oxy XV 1813. – Wenger 539, 85.

157 Segrè, Studi Bonfante III (1930) 421. – Schulz, JRS 31 (1941) 63. – Scheltema TR 17 (1940) 423.

der es geduldet hatte, daß ein Legatar das Legat durch missio in possessionem erhalten hatte (158). An anderer Stelle wiederholt der P. das im römischen Recht wohlbekannte Verbot der direkten Stellvertretung IV, Vo 29,

[ὅτι] οὐδεὶς δύναται ἄλλῳ [ἐπ]ερωτᾶν [οὐ]δὲ ἄλλο συνάλλαγμα [εἰσ]ιέ]ναι] δι' [ἐτ(έ)ρ(ου)] Ulpianu *βιβ. μθ'* ad Sabinum *ἐν τέλει.*

Auch für die Zeit seit Justinian bieten die Papyri ein reichhaltiges Bild von juristischen Studien in der Provinz. Wir haben Fragmente von den Digesten (159), dem Codex Vetus (160) und selbständige Juristenwerke. Freilich überwiegt nun die griechische Sprache die lateinische.

PSI XIII 1350, heute betitelt als „Frammenti di una Summa del Digesto", ist eine freie, vor Zusätzen nicht zurückschreckende Wiedergabe des Digestentextes. Das Verfahren ist im wesentlichen dasselbe, das wir bei der Wiedergabe der Digesten durch die Basiliken beobachten können. Wenn wir auch den Verfasser nicht kennen, so gehört das Fragment doch zu der uns wohlbekannten Literatur der unmittelbar nachjustinianischen Zeit, die ihren Ausgang von der Hauptstadt selbst oder doch mindestens von einer der noch zugelassenen Hochschulen nimmt. Ein Vergleich eines gut erhaltenen Stückchens mit dem Digesten- und dem Basilikentext zeigt dies: Dig. 2, 8, 14: Filius familias defendit absentem patrem: Quaero an iudicatum solvi satisdare debeat. Paulus respondit eum qui absentem defendit, etiam si filius vel pater sit, satisdare petituro ex forma edicti debere.

PSI XIII 1350, 8: [Pau]lus. Filius.

Ἐὰν ὁ ὑπεξούσιος δηφενδ[εύσῃ τὸ]ν πατέρα ἀπόντ[α] ἢ ὁ πατὴρ τὸν υἱόν, ὀ[φείλει τὴ]ν iudicatum solvi *δοῦναι ἐγγύην τῷ ἐ[νάγο] ντι, καθά φησιν τό ἤδικτον τοῦ πραίτορος.* (Zum Vergleich:) Bas. 7,14,14: *Ὁ διεκδικῶν τὸν ἀπόντα, ἢ καὶ πατὴρ ἢ υἱός ἐστι, δίδωσι τὴν περὶ ἐκπληρώσεως ἀσφάλειαν τῶν κεκριμένων.*

War das Werk ursprünglich eine vollständige Wiedergabe der Digesten, so war es ein gutes Hilfsmittel justinianischen Rechts, mit einer nur unwesentlichen Verflachung, die eben jedes Vereinfachen der antiken casus mit sich bringt, aber sogar noch weniger verflacht, als später der Basilikentext.

PSI I 55. In einer leider ungedruckten Dissertation von Wolfgang Wodke (161). sind Ergänzungen vorgeschlagen. Nach eingehender Analyse wird der

---

158 Seidl, Festschr. Rabel II 256

159 P. Ryl III 479. – Wenger Quellen 593. – P. Heidelberg Inv. 1272 mit griechischen Randglossen. – Wenger 592. – Festschrift Schubart 137f. P. de Ricci B/C p. 276, ebenfalls mit Randglossen.

160 P. Oxy XV 1814 (Wenger Quellen 572). Vielleicht auch P. de Ricci p. 275 (Naber, Studi Albertoni 21) und Studi Bonfante III 429 (Wenger 572), doch kann letzteres Fragment auchdem Codex repetitae praelectionis zugeschrieben werden (Schulz, ZSS 61 (1941) 417).

161 Ein bisher nicht erkannter Stephanustext: PSI 55. Erlanger Diss. 1956. 154 S. Schreibmaschine.

P. von ihm dem Stephanus zugeschrieben (162). Sonst wurde meistens Theophilus als Verfasser angenommen. Vielleicht ist der Gedankengang für beide berühmten Juristen zu platt. Es kann sich um das Fragment eines Digestenindex oder auch eines bloßen Kollegheft handeln (163).

IV. Auch auf die nichtjuristischen literarischen Papyri sei ein kurzer Ausblick geworfen. Unter ihnen verdienen die sog. Alexandrinischen Märtyrerakten die größte Beachtung. Sie sind heute in einer für Jahrzehnte wohl endgültigen Edition von Musurillo vorgelegt (164). Da sie von aufrechten Alexandrinern handeln, die tyrannische Kaiser (darunter Claudius und Trajan) hinrichten lassen, bemühen sie sich um eine gewisse Realität in der Schilderung des Verfahrens. Was man daraus für die Rechtsgeschichte als brauchbare Überlieferung herausschälen kann, ist von Winfried Vogler erarbeitet worden (165).

§ 7 Die Archive

Zu den Aufgaben des Rechtshistorikers innerhalb der juristischen Papyruskunde gehört auch die Zusammenfassung der Urkunden zu Archiven (166). Doch ist für die Papyri der Prinzipats- und Dominatszeit in dieser Hinsicht lange nicht soviel notwendige Vorarbeit geleistet wie für die früheren Epochen. Die Vielzahl der Fundstätten und die große Menge der Urkunden erschweren die Archivforschung. Dazu kommt, daß gerade aus zwei Plätzen, von denen wir besonders viele Texte haben: Oxyrhynchos und Soknopaiu Nesos, noch nicht genügend veröffentlicht ist. Eine Liste der wichtigsten schon erforschten Archive in chronologischer Reihenfolge gab aber Montevecchi (167).

Und doch vermag nichts so sehr als Einführung in die dokumentarischen Papyri zu dienen wie die Schilderung eines Archives. Wir wollen daher zunächst ein besonders gut veröffentlichtes und studiertes Familienarchiv herausgreifen, und dann in kürzerer Beschreibung auf die übrigen Archive hinweisen.

---

162 Für Theophilus: Vassalli i. d. Ed. Wenger, Quellen 685 vgl. Festschr. Rabel II 255.

163 Vgl. ferner: Anatolios, s. Schönbauer, Aeg. 13 (1933) 621. – Wenger, Quellen 265. PSI XIII 1349. – Christophilopoulos, ZSS 63, (1943) 414. Festschr. Rabel 259.

164 The acts of the pagan martyrs. Oxford 1954.

165 Rechtshistorische Untersuchungen zu den Alexandrinischen Märtyrerakten. Ungedr. Diss. Erlangen 1949. 105 S. Schreibmaschine.

166 ÄgRGSait^2 2, 4ff. PtolRG^2 15ff.

167 Atti. Congr. Int. Pap. Milano 1966, 40 51. Bemerkenswert ist das Ergebnis, daß es aus dem V.Jhd. n. Chr. bis heute kein Archiv gibt.

Dieses Musterbeispiel soll das Archiv des Isidorors (P.Cairo Isid) (168) sein. Karanis war ein Bauerndorf im Norden des Faijums, das in der Antike zum Fruchtland gehörte, aber dann in byzantinischer Zeit von der Wüste zurückerobert wurde. Dort lebte im Jahre 324, gerade als Constantin d. Gr. seine Alleinregierung begann, ein Bauer mit dem Namen Isidoros im Alter von 65 Jahren. Er war ein tüchtiger Mann von mittlerem Wohlstand. Nach echt ägyptischer Art hob er alle Urkunden auf, die in irgendeinem Verfahren einen Beweiswert für ihn haben könnten, obwohl er selbst weder lesen noch schreiben konnte. Sie reichen hinauf bis in das 15.Regierungsjahr des Gallienus (267 n. Chr.); die ganze Regierungszeit Diokletians und seiner unmittelbaren Nachfolger fällt in die 60 Jahre, die diese Texte umfassen. Von dem Gegenkaiser Lucius Domitius Domitianus, den Diokletian im Jahre 297 besiegen mußte, erfuhren wir nur durch diese Urkunden etwas Bestimmtes. Weshalb die Sammlung im Jahre 324 aufhört, wissen wir nicht. Es könnte sein, daß es sich um eine persönliche Katastrophe des Isidoros handelte, etwa daß sein Haus einstürzte. Es könnte auch sein, daß noch jüngere Urkunden dieses Archivs in Sammlungen liegen und nur noch nicht publiziert sind.

Zweierlei Urkunden sind es, die Isidoros aufhob: solche die ihm selber Beweis liefern konnten, und solche, die der Frau seines Bruders Heras, Taesis, und ihrer Schwester Kyrillus wichtig waren. Das angesehene Familienmitglied könnte der Urkundenhüter für entferntere weibliche Angehörige gewesen sein; auch Erbfolge des Isidoros in das Vermögen dieser Frauen wäre denkbar. Bruder, Schwägerin und deren Schwester erscheinen nach 316 (Nr.59) nicht mehr.

Schon die jüngste Urkunde des Isidorus, Nr.78, die man zusammen mit P. Mert. II 92 lesen muß, zeigt uns etwas für die Rechtsgeschichte Interessantes: er wendet sich an den praepositus pagi, weil fremdes Vieh sein Getreidefeld abgefressen habe. Dabei bezieht er sich auf einen uns sonst unbekannten Rechtssatz, daß in einem solchen Falle die schadenstiftenden Tiere in öffentlicher Versteigerung verkauft werden müßten; der Erlös müsse zur Hälfte (sagt der P. Mert.) an den πολιτικὸς λόγος abgeliefert werden, der Rest gebühre dem geschädigten Grundeigentümer. Also ist keine Rede von einer actio de pastu, auch dürfen wir weder ägyptisches noch königliches ptolemäisches Recht zugrunde legen (über diese: meine PtolRG² 12f.), sondern es handelt sich um ein römisches, provinziales oder sogar allgemeines Fiskalrecht, das uns das Corpus Iuris nur nicht überliefert. Von dem Getreide hat Isidorus seine annona abzuliefern. Kann er das nicht, weil das Vieh sein Feld abgefressen hat, so erleidet der Fiskus einen Schaden: für diesen befriedigt er sich in erster Linie aus dem Erlös der Tiere. Erst dann kommt

---

168 Jura 13 (1962) 320

die Noxalhaftung zugunsten des Eigentümers des Feldes zum Zuge. Isidorus aber tat gut daran, sich die Abschriften seiner Petitionen aufzuheben; denn nur durch sie kann er, zur annona aufgefordert, beweisen, daß er nichts schuldig sei, weil der Fiskus durch Versteigerung der Tiere erhalten habe, was ihm gebühre.

Die Sorge vor fiskalischen Ansprüchen bewog Isidorus auch in den anderen Fällen meistens Beweisurkunden aufzubewahren. In erster Linie sind das die zahlreichen Quittungen von Steuerzahlung, sei es in Geld, sei es in natura (meist Getreide), z.B. Nr.61 vom Jahr 323, Nr.60 vom Jahre 319.

Nr.77 ist die Abschrift einer Petition, die er für seine Frau im Jahre 320 an den Praepositus pagi gerichtet hat: Sie beklagt, daß die Vormünder ihrer verwaisten Neffen untreu gewesen und deren Land vernachlässigt hätten. Darauf nahm nun das diokletianische Steuersystem keine Rücksicht; die Grundstücke waren bis zur nächsten Indiktion unveränderlich bonitiert; also waren die Mündel in Gefahr, Steuern zahlen zu müssen, die von einer höheren Ertragsfähigkeit des Bodens her berechnet waren. Das konnte ruinös für sie sein; also mußte der Regreß gegen die Vormünder vorbereitet werden. Leider wissen wir noch nicht, was aus dem Prozeß geworden ist.

In Nr.8, vom Jahre 309, hat er deklariert, daß außer ihm nur sein noch nicht steuerpflichtiger, dreijähriger Sohn im Hause wohne, und einen Kaisereid darauf geschworen. Der censitor hat ihm das geglaubt und eine Bestätigung auf die Deklaration gesetzt. So ist die Urkunde ein gutes Beweismittel für Isidorus, falls man etwa für die capita verstorbener Angehöriger von ihm Steuern eintreiben wollte.

Wenn aber einmal ein liturgischer Beamter von ihm zuviel Steuern eintreibt, so weiß er sich mit einer Klage an den Strategen dagegen zu helfen (Nr.69 und 70 vom Jahre 310). Er bekam Recht, jedoch hat der Gegner, mit Namen Acotas, offensichtlich nichts zurückerstattet. So mußte er mit Nr.70, gleichsam einer actio iudicati, gegen ihn noch einmal vorgehen. Daß Nr.127, worin Acotas einen Kaisereid über die Bebauung von Grundstücken ableistet, mit diesem Streit etwas zu tun habe, haben die Herausgeber untersucht, schließlich aber abgelehnt.

Die Verwaltung fordert von begüterten Bauern nicht nur Geld- und Naturalabgaben, sondern auch Liturgien (munera).

Nach Nr.82 hatte Isidorus im Jahre 318 eine Liturgie mit einem anderen vertauscht, ebenso, wie er nach Nr.123 im Jahre 317 durch Geld einen anderen gewonnen hatte, eine ihm auferlegte Liturgie durchzuführen. Aus der finanziellen Haftung, die ihm die Ernennung zum Liturgen auferlegte, konnte er durch solche Geschäfte natürlich nicht freikommen, also mußte er die Urkunden gut aufheben, um bei Versagen der Substituten wenigstens Regreß nehmen zu können.

Erst recht mußte er die Dokumente aufheben, die er erhielt, als er selber Liturgien durchführen mußte. Wissen wir doch aus dem Familienarchiv von

Tebtynis (ed. van Groningen), daß selbst die Erben eines Liturgen noch nach Jahrzehnten zum Ersatz des dem Fiskus während seiner Amtszeit entstandenen Schadens herangezogen wurden. Isidorus mußte viele Liturgien auf sich nehmen. Die Herausgeber zählen sie S.16 des Buches auf. Er war tesserarius, Komarch und Sitologe, ferner collector der Fleisch- und der Häcksel-annona, sowie einer delegatio (s. Seeck, RE s. v.), d.h. wohl einer einmal dem Dorfe auferlegten Repartition, in seiner Jugend auch einmal Wächter und κεφαλαιωτής (Vorarbeiter der für die Ablieferung der Naturalabgaben wichtigen Transporte). Das ist aber nur das Minimum, das wir sicher nachweisen können; es könnten auch noch mehr Liturgien gewesen sein; während einer Zeit von 20 Jahren bekleidete er mindestens 10 liturgische Ämter. Solche waren meist kollegial besetzt; also haben wir gelegentlich eine Urkunde, die nicht ihn, sondern einen Kollegen nennt; aber für den Beweis, seine Pflicht nicht verletzt zu haben, war dann eine solche Urkunde ebensogut, weil die kollegialen Liturgen als Solidarschuldner dem Fiskus hafteten. In den Nr.13 und 16 ist der Bericht an den pertractator erhalten, daß er die Häcksel-annona gewissenhaft von jedem Steuerschuldner erhoben habe. In Nr.17 bekommt er die Bestätigung, daß er den Häcksel auch abgeliefert habe. In Nr.128 bestätigt der tesserarius eines anderen Dorfes, daß er die nach Karanis geflohenen Einwohner, die Isidorus verhaften ließ, von ihm in Empfang genommen habe. Er hat auch wohl als tesserarius die Liste Nr.12 verfaßt: solche Einwohner von Karanis, die zwangsweise Land in benachbarten Dörfern bebauen mußten; für ihn war sie ein Beleg, daß er kein Land unverteilt gelassen hat und dafür dem Fiskus haftbar geworden wäre.

Wenn wir einen Sitologenbericht, wie Nr.11 vom Jahre 312, vor uns haben, so deutet das darauf hin, daß auch Isidorus einer der Sitologen war.

Nr.129 ist ein Verhaftungsbefehl, den er als Komarch erhielt: auch aus dieser Angelegenheit hätten ihm leicht Schwierigkeiten erwachsen können, wenn er den Beweis, daß die Verhaftung nicht willkürlich war, nicht so gut aufgehoben hätte.

Wie man sich im antiken Prozeß nicht auf den Satz ‚iura novit curia' berufen konnte, sondern dem Gericht die Existenz und den Inhalt der Gesetze beweisen mußte, so konnte man auch im Verwaltungsverfahren nicht sicher sein, daß die Obrigkeit nach einigen Jahren noch wußte, was von Vorgängern im Amt angeordnet worden war. Isidorus hatte also auch Grund, Nr.1 aufzugeben, ein vielbehandeltes Edikt des Präfekten von Ägypten Aristius Optatus von 297 n. Chr. Er verlangt dort von den Untertanen, daß sie ihre Steuerbeträge selbst abliefern und nicht warten, bis der collector sie daran mahnt.

Diese Beispiele mögen genügen, um zu zeigen, wie reichhaltig das Archiv für die Geschichte des öffentlichen Rechts ist, namentlich für ein Studium der praktischen Auswirkung des diokletianischen Steuer- und Verwaltungssystems. Isidorus hob sich daneben auch Urkunden auf, die für seine privatrechtliche Stellung von Bedeutung waren; doch treten sie schon an Zahl hinter öffentlich-rechtlich wichtigen zurück. Nr.76 vom Jahre 318 ist eine Klage, die man mit einer actio Serviana vergleichen kann: er hatte ein besitzloses Pfand an Ochsen für ein Darlehen bekommen; nun will er entweder das Darlehen zurückbekommen, oder die Ochsen, die in sein Eigentum übergegangen seien, nachdem das Darlehen am Fälligkeitstage nicht zurückgezahlt worden sei. Wir leben ja noch einige Jahre vor dem Verbot der lex commissoria durch Constantin d. Gr. Wahrscheinlich kam es nicht zum Prozeß, sondern die Gegner gaben die Ochsen her, nachdem der praeses von Herculia Aegyptus den praepositus pagi angewiesen hatte, den Fall zu übernehmen. Dann war aber die Klage mit der Bestätigung des praeses für ihn Beweisurkunde über das Eigentum an den Ochsen. Auch P. Mert. II 91 und Nr.74 gehören zu dem Streit mit denselben Gegnern. Nach Nr.92 gab Isodorus ein Saatgutdarlehen, rückzahlbar in Geld (314 n. Chr.); der Lebensvorgang läßt sich natürlich von einem Kreditverkauf nicht unterscheiden; so trägt das Archiv auch zu den von Pringsheim, Law of sale, angeschnittenen Fragen bei, ebenso, wie es sog. „Pachtangebote“ enthält (*βουλόμεθα μισθώσασθαι*), z.B. Nr.98 vom Jahre 291 – 92. Isidorus ist der Pächter. Es kann nur so sein, daß der Verpächter mit der Pacht einverstanden war, daß sodann die Pachtzeit abgelaufen war, worauf Isidorus die Urkunde mit dem „Angebot“ zurückbekam. Nun war sie für ihn Beweismittel, daß der Verpächter aus dem Vertrage keine Ansprüche mehr hatte. Mit Bohnen trieb Isidorus geradezu Spekulationsgeschäfte; er tritt bald als Käufer, bald als Verkäufer derselben hervor. Doch ist man nicht ganz sicher, ob nicht eine annona dahintersteckt, die erfüllt werden mußte. Die älteste Urkunde hat nur privaten Beweiswert: es ist Nr.84, vom Jahre 267, worin der Verkauf eines Esels an den Vater des Isidorus bestätigt wird. Im Jahre 324, als das Archiv abschloß, kann der Esel nicht mehr existiert haben. Wenn wir nicht wüßten, daß Isidorus nicht lesen konnte, müßten wir fragen: wozu sollte die Urkunde jetzt noch Beweis liefern? Die praescriptio longi temporis wäre ihm doch zugute gekommen; der Kaufpreis aber mußte auch schon gezahlt sein, wenn Pringsheim mit Recht in solchen Fällen Barkauf annimmt. Aber auch wir heben ja gelegentlich Urkunden auf, die wir nicht mehr brauchen.

Vergleichen wir das Isidoros-Archiv mit Familienarchiven der Ptolemäerzeit (169), so fällt uns auf: während dort die Urkunden überwiegen, mit denen der Eigentümer privatrechtlich die Rechtmäßigkeit seines Eigentums beweisen kann, überwiegen hier solche, mit denen er dartun kann, daß er dem Fiskus nicht mehr haftbar gemacht werden kann. Das ist für die Römerzeit typisch. Die Sorge des kleinen Mannes ist es, dem Fiskus ruinöse Summen zahlen zu müssen oder zu einer Arbeitsleistung ohne Bezahlung (Liturgie) herangezogen zu werden.

---

169 PtolRG^2 15ff.

An solchen Archiven sind uns bekannt (170):

1. Familienarchive

1.1 Das älteste dieser Art ist das des Aynes, des Sohnes des Harthotes aus Theadelphia. Daris hat es zusammengestellt (171). Eine Steuerquittung vom Jahre 53 n. Chr., P. Med 12, ist die jüngste, eine von seinem Großvater Harthotes im Jahre 2 v. Chr. ausgestellte Empfangsbestätigung über den Preis künftig zu liefernden Weizens, P. Med 4, die älteste Urkunde. Der Großvater hatte den Weizen geliefert und darauf die Urkunde durchstrichen zurückerhalten. Das Archiv gleicht in seinem Inhalt – Geldgeschäfte und Steuerquittungen – noch den ptolemäischen Familienarchiven.

1.2 Das Archiv des Webers Tryphon. Obwohl zu einem erheblichen Teil archäologisch ausgegraben, und obwohl ihre Edition von Grenfell und Hunt richtungweisend für andere Papyrusausgaben wurde, sind die aus Oxyrhynchos (172) stammenden Urkunden in ihrer ungeheuren Masse schwer zusammenzufassen. Es ist ein besonderes Verdienst, wenn einmal Zusammengehöriges erkannt wird. Maria Valentina Biscottini fand 38 Stücke, die ein Archiv bilden, das vom Jahre 11 n. Chr. bis zum Jahre 66 reicht (173). Tryphon ist nicht nur die Hauptfigur, – wonach Historiker gern ein Archiv benennen – sondern auch der letzte Inhaber der jüngsten Urkunde P. Oxy II 275 = Bisc Nr.38. Die Namen, die in diesem Archiv vorkommen, erinnern an solche, die in den ptolemäischen Urkunden aus Oxyrhynchos begegnen. Doch läßt sich einstweilen noch kein Verbindungsstück sehen. Inhaltlich gleicht es dem vorigen; ein Rechtsstreit um ein Kind ist besonders bemerkenswert, Bisc. 23 u. 24 (= Oxy 37 u. 38). Die Namen der Familie sind überwiegend griechisch (174).

1.3 Nikanor aus Koptos. Dieses Archiv besteht aus Ostraka (2 – 62 n. Chr.). Es sind die 0 Tait I 220 – 304. Fuks (175) hat es dargestellt: der Mann war Kamelkarawanenführer und hob sich Quittungen auf, vor allem solche des *δημόσιος θησαυρός*.

---

170 Wir behalten die Einteilung von PtolRG², 15ff. bei, obwohl die Unterschiede der Römerzeit nicht so profiliert in Erscheinung treten.

171 P. Med, I. Fasc. S.17.

172 Turner. Roman Oxyrhynchos, JEA 38 (1952) 78ff. – P.B. Grenfell, Oxyrhynchus and its papyri. Archaeological report 1896 – 1897. London.

173 Aeg 46 (1966) 60 – 90. 186 – 292 mit Neuedition aller zugehörigen Stücke.

174 Turner, Archive of Komon. XII. Int. Congr. Pap. Toronto 1970, 485 berichtet von einem weiteren Archiv des I.Jhd. aus Oxyrhynchos, das demnächst veröffentlicht werden soll.

175 JJP 5 (1951) 207. Nicht zu verwechseln mit einem anderen Nikanor-Archiv; vgl. O. Montevecchi, a.a.O., S.44.

1.4 Lucius Bellenus Gemellus. Sein Archiv enthält Briefe bis zum Jahre 110 n. Chr. und wurde von Grenfell, Hunt und Hogarth in der Einleitung zu P. Fay 110 beschrieben. Euhemeria (176) ist der Herkunftsort.

1.4.a Ein Archiv aus Bacchias wird durch P.Mich X etwas deutlicher. Jüngste Urkunde ist P. Mich III 189 von 123 n. Chr., worin eine Frau Tayris für ein erhaltenes Darlehen anstelle der Zinsen ein Wohnrecht an den ihr in communio pro indiviso zustehenden Teilen eines Hauses einräumt. Das Haus ist aber, wie man an der Tafel P. Mich X S.30 sieht, dasselbe, das noch im Jahre 120 einem Manne namens Hermas zustand, s. P. Mich III 188. Dieser P. und die P. Mich X 583 – 585 sind also Belegurkunden, die an die Tayris gekommen sind, wenn auch die Kette der Belege für sie heute nicht mehr vollständig ist.

1.5 Eutychides, Sohn des Sarapion (sog. Sarapion-Archiv (177)). Die Zusammengehörigkeit erkannt zu haben und alle Stücke in mustergültiger Edition bzw. Neuedition vorgelegt zu haben, ist das Verdienst von Jacques Schwartz (103 Stücke). Nr.5, eine Viehsteuerdeklaration aus dem Jahre 133 n. Chr., ist die jüngste Urkunde; der Vater des Eutychides, Sarapion, war damals schon 10 Jahre tot. Die Familie wohnte im westlichen Teil von Hermupolis und hatte Landbesitz im nördlichen Teil des hermupolitanischen Gaues. Außer persönlichen Briefen enthält das Archiv Steuererklärungen und privatrechtliche Urkunden zu Viehkauf, Pacht, Darlehen. Nr.29 vom Jahr 90 n. Chr. ist das älteste Stück. Da so viele Sammlungen Urkunden daraus erhalten haben, ist es durchaus möglich, daß noch weitere dazugehörige auftauchen.

1.6 Tiberianus. Die P. Mich VIII 467 – 481 enthalten Soldatenbriefe des frühen II.Jhd. in lateinischer und griechischer Sprache. Es ist das älteste Archiv aus Karanis, das wir derzeit kennen.

1.7 Philippos, der Sohn des Aphrodisios, hob ein Archiv auf, das bis 144 n. Chr. reicht. Eine Schilderung gab P.M. Meyer, P. Neutest S.28. Möglicherweise stammen die Urkunden aus Theadelphia; daß noch weitere Stücke entdeckt werden, ist wahrscheinlich (P. Neutest 5 – 10 P. Arch 6, 176). Es gehören noch unveröffentlichte BGU dazu. Dem Volkstum nach dürfte die Familie griechisch sein.

1.8 Über zwei Archive aus Karanis berichtet Husselman (178). Sie wurden in der Nähe eines Kornspeichers gefunden. Das eine reicht von 86 n. Chr. bis etwa 136/37 n. Chr. und bezieht sich auf eine Staatsbauernfamilie, das andere gehörte dem Gaius Julius Apollinarius, Soldat in der 3.Kyrenäischen Legion (96 – 147). Möglicherweise stellen sie ein einheitliches Archiv dar.

---

176 Über diesen Ort s. Hohlwein, JJP 3 (1949) 63 – 99.
177 Jacques Schwartz, Les Archives de Sarapion et de ses fils. Le Caire 1961.
178 BASP 1 (1963/64) 3.

1.9 Gaius Iulius Agrippinus, Soldat der Leg. II Traiana Fortis, ist der letzte Besitzer eines kleinen, aber für die Rechtsgeschichte ungewöhnlich ergiebigen Archivs, wie Maehler festgestellt hat (179). Aus der jüngsten Urkunde, BGU I 195 (161 n. Chr.) sieht man, daß er der Sammler war. Er ist zu dieser Zeit noch Soldat, dürfte aber dem Veteranenalter schon nahegestanden sein. Mehrere Prozesse hatte er geführt, so mit den Frauen Heraus und Athenais; der wichtigste aber ging gegen Drusilla, vermutlich römischen Bürgerrechts gleich ihm selber. Im Jahre 118 nämlich hatte sein Vater dem Soldaten Apollinaris mehrere Darlehen auf Hypothek an Grundstücken gegeben; dieser lebte mit Drusilla zusammen. Nach dem Tode seines Vaters trat diese Frau mit dem Anspruch auf, die *πρωτοπραξία* an den verpfändeten Grundstücken im Vorrang vor den Hypotheken zu haben. Agrippinus macht gegenüber der Klage das ius deliberandi geltend, sowie das ius abstinendi, das ihm wegen seiner Minderjährigkeit noch zustehe, obwohl er sich des Nachlasses schon angenommen habe. Ferner beruft er sich auf Unzuständigkeit der Gaubehörden: als Soldat müsse er am Garnisonsort verklagt werden. Sein Haupteinwand aber betrifft die Tatsache, daß Drusilla mit Apollinaris nicht verheiratet gewesen sein könne, da den Soldaten die Ehe verboten sei; also könne auch von Mitgift und *πρωτοπραξία* für diese keine Rede sein. Dazu bringt er praeiudicia. Da alles in das Archiv des A. gekommen ist, wird er den Prozeß wohl gewonnen haben. In P. SB IV 7367, frühestens 133 n. Chr., spätestens 137, ist A. noch *γεούχων* und nicht Soldat. Im Jahre 129 n. Chr. war sein Vater noch am Leben: P. Chrest II 88 I 10.

1.10 Gaius Gemellus Horion (oder Horigenes) ist zuletzt im Jahre 214 n. Chr. durch P. SB IV 7360 belegt. Es ist dies eine *ἀπογραφή* der vom Großvater ererbten Grundstücke. Er ist wahrscheinlich der Sohn des Gaius Apollinarius Niger und Enkel des Gaius Iulius Niger (nach dem die Historiker das Archiv gerne benennen). Den Stammbaum der Familie und die Liste der dazugehörigen Urkunden findet man bei Youtie und Pearl, P. Mich VI S.118ff. (180). Steuerquittungen und Belege über Rechtsgeschäfte machen den Inhalt aus.

1.11 Ein wichtiges Archiv ist das Familienarchiv von Tebtynis (P. Fam Teb ed. van Groningen). Es erstreckt sich über einen langen Zeitraum (89 – 224 n. Chr.) und enthält 55 Urkunden. Sein letzter Inhaber war Philosarapis II. Die Mitglieder der Familie waren Katökenlandbesitzer, die im I. und III.Jhd. in Tebtynis wohnten; zwischendurch waren sie aber in der Stadt Antinoopolis ansässig, und zwar kurz nach der Gründung dieser Stadt. Schon dadurch sind sie eine bedeutende Quelle. Sie wurden aber zusammen mit an-

---

179 BGU XI zu Nr.2012 und 2013. Neue Documente zum Drusilla-Prozeß. XII.Int. Congr. Pap. Toronto 1970, 263. Frühere Bearbeitung von P.M. Meyer, AP 3 (1906) 91ff. u. 247f.

180 Dazu Biezunska, Eos 49 (1957/58) 155 – 164

deren Urkunden gefunden. Deshalb nimmt man an, daß die ganze Sammlung „ausgeschiedene Stücke“ aus einem Archiv darstellt, also Urkunden, die man zusammen weggeworfen hat, nachdem sie für ihre Inhaber keine Beweiskraft mehr hatten. Neben Steuerquittungen von 112 – 224 n. Chr. sind hier für das Privatrecht aufschlußreiche Urkunden erhalten. Besonders hervorzuheben sind aber Nr.24 (124 n. Chr.) und weitere dazugehörige Urkunden: die Erben der *βιβλιοφύλακες* und die ihres *γραμματεύς* wurden haftbar gemacht, weil die verwahrten Urkunden von Maden zerfressen waren. Schon zeigt sich hier, wie das Liturgiesystem zur Zerrüttung von Privatvermögen führen kann. Die in der Familie vorkommenden Namen sind fast ausnahmslos griechisch.

1.12 Kronion Presbyteros, der Sohn des Pakebkis, hob die Urkunden auf, die Vandoni in den P. Mil Vogl II 121ff. und ebenso in den folgenden Bänden als Archiv der Nachkommen des Pakebkis bezeichnet hat. Nr. IV 222 ist die derzeit jüngste Urkunde, datiert vom Jahre 157/159 n. Chr. Zur Zeit sind von diesen von Vogliano in Tebtynis archäologisch ausgegrabenen Texten Privatbriefe, Pachturkunden und Aufstellungen veröffentlicht.

1.13 Sasopis, der Sohn des Kronion, ist nach unserem Wissen der letzte Besitzer des Archivs der „Nachkommen des Harmiysis“ aus Tebtynis, das denselben Ausgrabungen verdankt wird. Vandoni gab einen Stammbaum P. Mil Vogl II 137. Oft handelt es sich um die Güter des Asklepiades, die die Familie gepachtet hatte (181). Die Pächter hatten wegen ihrer Haftung ein Interesse daran, daß der Verpächter die Steuern pünktlich entrichtete. So kam in dieses Archiv auch P. Mil Vogl III 182. Die Urkunden des Bruders des Vaters unseres Sasopis kamen, vielleicht durch Erbgang, in dieses Archiv, ebenso solche des Bruders des Sasopis, Pakebkis, die aber z.Z. nicht soweit reichen wie die des Sasopis.

1.14 Ptollarion II, der Sohn Ptollarion I. (nach der Stammtafel von Vandoni, P. Mil Vogl II 59), ist der letzte Inhaber des sog. Archivs der „Nachkommen des Laches“. Es ist das bedeutendste Archiv aus den Ausgrabungen Voglianos. Jüngste Urkunde ist P. Mil Vogl III 140 vom Jahre 176 n. Chr. Ein Mitglied der Familie Amatios II., Vetter zweiten Grades unseres Ptollarion II., ist nun auch in PSI VIII 961 vom Jahre 178 n. Chr. bekannt. Vandoni wies mich aber darauf hin, daß dieser Text schon publiziert war, ehe Vogliano mit seiner Ausgrabung begann. Auch in P. Teb II 338. 358 (sic) und 453 begegnet ein Patron, Sohn des Geminos, der sich in unseren Stammbaum einreihen ließe (Patron III.?). Diese drei Urkunden stammen aus den Jahren 194 – 196. Wir können aber keinen weiteren Schluß daraus ziehen als den, daß die Familie in Tebtynis verzweigt war. In den P. Mil Vogl

181 Vandoni, Inondazioni irregolari e rottura di contratti agrari. Acme 13 (1950) 101ff.

kommt nicht selten ein gewisser Turbo vor. Auf ihn beziehen sich mehrere Urkunden, z.B. der durchstrichene Schuldschein P. II 68 (154 n. Chr.). Er hat, wie mir Vandoni mitteilt, P. 63 und 64 geschrieben, stand also in den Diensten der Familie. Möglich wäre demnach, daß Turbo alle Urkunden aufgehoben hätte, solche, die er im Interesse Ptollarions verwahrte und solche, die ihn selbst angingen. Für die rechtsgeschichtliche Forschung ist es wichtig, daß hier ein ganzes Archiv von Pachturkunden vorliegt, das vom Verpächter aufbewahrt wurde. Die älteren solcher Papyri hat man wohl einmal ausgeschieden, wenn sie etwa 40 Jahre zurücklagen. Dagegen hob man sich Urkunden von größerer Wichtigkeit immer noch auf, z.B. P. Mil Vogl I 25, der belegt, wie Paulinos, der Großvater unseres Ptollarion II., einen Prozeß gewonnen hatte, oder die Erbteilung P. Mil Vogl I 23 aus dem Jahre 108 v. Chr. dieses Paulinos mit seinen Brüdern.

1.15 Aretus. Nach ihr wird eine kleine Gruppe von Urkunden aus der Zeit um 250 n. Chr. aus Antinoupolis genannt. Den Stammbaum gab Vitelli zu P. Flor I 46 (182).

1.16 Sarapion, auch Apollonianos genannt. Ausgrabungen von Breccia in Oxyrhynchos, genauer in Kom Ali Gamman, brachten Papyri zutage, die sich bei genauerem Studium vielleicht als ein Archiv erweisen könnten. Jedenfalls kommt darin eine Familie vor, die durch mehrere Generationen den Namen Sarapion und durch mindestens drei den Beinamen Apollonianos führte. Jedoch sind auch bei den britischen Ausgrabungen Urkunden zutage gekommen, die dieser Familie gehört hatten. Es muß sich daher nicht um ein „Archiv“ handeln; es könnte auch sein, daß nur die Bedeutung dieser Männer als Gymnasiarchen oder Strategen dazu führte, daß es soviele Urkunden von ihnen gab. Sie wurden auf mehrere Abfallhaufen weggeworfen, als sie nicht mehr gebraucht wurden. In Anbetracht der großen Schwierigkeit, in den P. Oxy Zusammengehöriges zu finden, mag es erlaubt sein, die Urkunden, die Turner (183) aufgefunden hat, als ein Archiv zu behandeln. Jüngste Urkunde scheint PSI XII 1249 (265 n. Chr.) zu sein. Darin verkaufen der jüngste uns bekannte Sarapion und seine Mutter Dioskuriaina = Sabina, die Tochter des Dioskurides, Wein. Ein Bruder, Spartiates = Pausanias, tut dasselbe. Wenn wir mit der Archiv-Hypothese recht haben, würde sie bedeuten: als der Wein geliefert war, erhielten die Brüder die Urkunde wieder zurück! Das ist jedenfalls wahrscheinlicher, als daß der sonst ganz unbekannte Käufer sie verwahrt hätte. Das z.Zt. älteste Dokument scheint P. Oxy XVII 2135 vom Jahre 188 n. Chr. zu sein, worin der Großvater Sarapion Empfänger einer Schuldurkunde ist.

---

182 Vgl. Mitteis, Chrest II S.110
183 JEA 38 (1952) 86f.

1.17 Serenus, auch Sarapion genannt, der Sohn des Agathinos (184). Dieses Archiv, von dem bis jetzt 10 Stück bekannt sind, erlaubt sehr deutlich zu sagen, warum es sein letzter Inhaber aufgehoben hatte. Die jüngste Urkunde ist P. Oxy XIV 1631, eine Verpachtung mit stark arbeitsrechtlichem Charakter von 280 n. Chr. Sie enthält die Annahme durch den Pächter; somit war sie eine wichtige Beweisurkunde für Serenus. Dasselbe gilt für P. Oxy XIV 1713 (279 n. Chr.): er hatte ein depositum irregulare erhalten, es aber zurückgegeben, worauf er die Urkunde zurückerhielt und sie nun durchkreuzt als Beleg für die Rückzahlung bewahrte. Auch P. XIV 1646 (268/69), eine Empfangsbestätigung für gezahlte *ἀργυρικοὶ φόροι*, war ihm in seinem Archiv von Nutzen. P. XII 1558 von 267 n. Chr. ist zwar zu fragmentarisch, um genau bestimmt zu werden; doch ist das Stück für uns von Bedeutung, weil es belegt, daß noch in dieser Zeit *οἱ τῶν Αἰγυπτίων νόμοι* geltendes Recht und vom römischen Recht verschieden waren. In P. IX 1209 (251 bis 253) verkauft er eine Sklavin; der Käufer unterschreibt die Urkunde. Wahrscheinlich brauchte er das Dokument, um der Steuerbehörde nachzuweisen, daß nun nicht er mehr die Kopfsteuer für sie zu zahlen pflichtig war. Nach P. XIV 1633 gab er ein Überangebot für verkäufliches Staatsland ab. Er scheint es aber dennoch nicht bekommen zu haben. Doch mag er zu dem Übergebot gedrängt worden sein; die Urkunde trägt den Vermerk, daß sie öffentlich ausgehängt worden war. Hauskäufe, in denen er der Erwerber ist, P. X 1276 (249) und XIV 1699, sind typische „Belegurkunden" für ihn. Dagegen ist er in der derzeit ältesten Urkunde P. XIV 1636 (249 n. Chr.) Verkäufer von Land, was ihm aber aus Gründen der Steuerpflicht der Erwerber bestätigen mußte.

1.18 Paniskos. Von diesem um 296 n. Chr. in Philadelphia lebenden Manne haben wir Briefe. Wer sie aufhob, ob er selber oder Heliodora, ist nicht ersichtlich; s. Winter, P. Mich III S.275 zu den P. 214 – 221.

1.19 Die Totengräber der Großen Oase hinterließen uns Urkunden der Zeit von 283 – 304 n. Chr., die Bingen, Chron 39 (1964) 157 – 166 als zusammengehörig erkannt hat. SB I 4651 – 4657. 5679 + BL. III. 7205. 7206. Dem Volkstum nach handelt es sich um Ägypter; merkwürdig ist, daß ihnen die Bezeichnung Aurelios fehlt.

1.20 Isidoros, s. oben S. 56.

1.21 Theophanes-Archiv: P. Ryl IV 616 – 651 P. Herm. Rees 2 – 6. Ein Beamter beim Präfekten, der in Oberägypten beheimatet ist, macht eine Dienstreise nach Antiocheia und läßt über die Ausgaben Buch führen (185). Er hat einen Empfehlungsbrief und eine Bittschrift an die Kaiser bei sich,

---

184 Nach der Liste bei Grenfell-Hunt, Anm. 1 zu P. Oxy XIV 1631, beschrieben von Hombert u. Préaux, Antiquité classique 17 (1948) 331 – 337.

185 Kirsten, Erdkunde 13 (1959) 411 – 428.

bringt sie aber unerledigt wieder zurück; die Kaiser waren vielleicht schon abgereist (317 – 323 n. Chr.).

1.22 Sakaon, der Sohn des Satabus in Theadelphia war im Jahre 342 n. Chr. der letzte Eigentümer eines Archivs, in das seine eigenen Urkunden kamen sowie die, die ihm als capitularius zugegangen waren. (P. Thead) Sie reichen bis 280 n. Chr. zurück (186) und sind wichtig als Quelle der diokletianischen Zeit. Theadelphia ging damals im Sandsturm zugrunde. Sakaon dürfte der letzte gewesen sein, der in dem unwirtlich gewordenen Dorfe noch aushielt. Die Namen der Leute, die sich Aurelii nennen, sind teils griechisch, teils ägyptisch, so daß sich über ihr Volkstum nichts aussagen läßt.

1.23 Das sog. Tetueis-Archiv aus Karanis (187). Es gibt einige von dieser Frau ausgestellte Schuldscheine (372 – 374 n. Chr.): P. Mert I 37. New York 24. SB VI 9603. Osl II 38. AJP 82 (1961) 185. Doch ist schwer zu erklären, weshalb sie zusammen auf uns gekommen sind. Die Gäubiger sind verschieden. Die Urkunden sind auch nicht durchkreuzt; dann wären wir sicher, daß Tetueis sie nach Zahlung zurückerhalten hätte.

1.24 Aus Aphrodito stammt das Archiv des Phoibammon, des Sohnes des Triadelphos: P. Michael 40 – 60 + PSI IV 283. 284. Lond 1841. Flor III 289. Ross Georg III 48. Die Urkunden reichen von 528 n. Chr. bis 527 (188).

1.25 Archiv des Dioskoros. Dieser *σχολαστικός* (Anwalt) und Gelegenheitspoet (189) gehörte einer Großgrundbesitzerfamilie an, die seit längerem in Aphrodito ansässig war. Die letzten datierten Urkunden aus dem Archiv – es enthält Stücke aus dem privaten und öffentlichen Bereich – stammen aus dem Jahre 585 (P. Cairo Masp I 67111 und III 67325). Die Urkunden sind in den London-Papyri, den Papyri Cairo Maspero sowie den P. Michaelidae zerstreut.

1.26 Archiv des Patermuthis aus Syene. Patermuthis, Soldat, Ehemann der Kako, hatte namentlich mit seinem Schwager Johannes fortwährend Streitigkeiten, die zu Prozeß und Vergleich führten. In der jüngsten Urkunde, P. Lond V 1737 (613 n. Chr.), erscheint er als Darlehensnehmer; er mag jedoch das Darlehen zurückgezahlt und seine Homologie daraufhin zurückbekommen haben. Dasselbe gilt für die zweitjüngste Urkunde, P. Lond V 1736 (611 n. Chr.). Im übrigen handelt es sich um ein typisches Familienarchiv. Man sieht die Gründe, die Patermuthis hatte, alle dazugehörigen Ur-

---

186 S. Jouguet, in der Einleitung zu den P. Thead.

187 Lewis, Greek Papyri in the Collection of New York University, Fourth Century documents from Karanis Leiden 1967, Preface (IX). – Bespr. von Préaux, Chron. d'Egypt. 43 (1968) 194 – 197.

188 Vgl. Crawford, P. Michael S.71f.

189 Keydell, Dioskoros, RE Suppl.6. – Wenger, Quellen, S.775. – Hardy, The large estates of Byzantine Egypt S.134ff.

kunden für Beweiszwecke aufzuheben, wie von Heisenberg und Wenger, P. Mon S. 12 – 14 ausführlich erörtert wurde. Dazu gehören die P. Mon und P. Lond V 1722 – 1737. Den Stammbaum der Familie gibt Sir Idris Bell, P. Lond V S.174. Älteste Urkunde dürfte P. Lond V 1722 von 573 n. Chr. sein.

2. Amtsarchive

2.1 Akten eines alexandrinischen Rechtsberaters. Dieses Archiv stammt aus Kartonnage, die in Abusir-el-Meleq gefunden wurde. Makulatur aus Alexandria wurde dabei benutzt. Es ist in Band IV der BGU zu lesen. Seine Zusammengehörigkeit hat Schubart (190) erkannt. Wenn auch einiges schon die Gegenwart von Römern ausweist, ist doch gerade dieses Archiv eine Fundgrube griechischen Rechts.

2.2 Ein anderes Amtsarchiv bilden die Akten des *γραφεῖον* von Tebtynis (P. Mich II und V PSI VIII 901 – 918 (191)). Die älteste Urkunde ist Nr.345 (7 n. Chr.), die jüngste Nr.335 (56 n. Chr.). Sie wurden alle in der Zeit aufgesetzt, in der Apion und sein Sohn Kronion *νομογράφοι* des *γραφεῖον* waren. Die Bedeutung dieses Archivs liegt darin, daß es uns Kenntnisse über die Errichtung und Registrierung der *δημόσιοι χρηματισμοί* dieser Zeit so ausgiebig vermittelt, wie sonst keine Fundgrube. Das Verso von Nr.121 enthält ein Register über das 2.Regierungsjahr des Kaisers Claudius (29.August 41 bis 28.August 42) mit 247 Eintragungen:

136 *ὁμολογίαι*
50 *μισθώσεις*
27 *δάνεια*
17 *συγγραφαὶ τροφίτιδες*
14 *πράσεις*
3 *συγγραφαὶ διδασκαλικαί*.

Auch einige demotische Urkunden gehören dazu. Das Archiv ist aus dem Handel erworben, stammt also von Laienausgräbern, so daß noch weitere Stücke bekannt werden könnten. Mrs. Husselman gelang es drei Familien festzustellen, die in diesen Urkunden auftreten (192). Daß es sich bei der einen, der Lysimachos-Familie, um Vorfahren der aus dem Familienarchiv von Tebtynis (193) bekannten Leute handeln könnte, wäre möglich, ist aber bei der Häufigkeit der Namen, die für Tebtynis typisch sind, nicht zu beweisen.

---

190 Alexandrinische Urkunden aus der Zeit des Augustus AP 5 (1913) 35 – 131.
191 Husselman, The record office of Tebtunis. XII.Int. Congr. Pap. Toronto 1970, 223ff.
192 P. Mich V S.14ff.
193 Oben S. 62.

2.3 Die P. Teb der Grenfell-Hunt'schen Ausgrabungen sind schwer in Archive einzuteilen; über die Fundstätten ist mir kein archäologisch genauer Bericht bekannt. Über Hypothesen kommt man nicht hinaus, obwohl die Herausgeber der P. Teb II zahlreiche Bemerkungen in den Kommentaren gegeben haben, die die Arbeit erleichtern.

Leider gelang die Feststellung eines kleinen Archivs nicht bei den jüngsten, sondern gerade bei den ältesten Stücken.

Eine Geburtsanzeige von 50 n. Chr., P. Teb II 299, ist an den Komogrammateus Areios, den Sohn des Lysimachos, gerichtet und könnte von diesem aufgehoben worden sein, wenn auch an sich der Einsender der Interessent an der Aufbewahrung sein müßte. Nun kann es sein, daß das Amt des Komogrammateus vom Vater auf den Sohn ging, denn einen Komogrammateus Lysimachos kennen wir aus der Steueraufstellung P. 346 (nach 16 n. Chr.) und aus einem an Akusilaos gerichteten Briefe P. 410 vom Jahre, in dem es heißt, daß er informiert werden solle; der Adressat mag das in der Weise getan haben, daß er ihm den Brief weitergab und dieser ihn in seinen Akten verwahrte (16 n. Chr.). Dasselbe mag aber auch mit zwei anderen an Akusilaos gerichteten Briefen der Fall sein, in denen er ebenfalls erwähnt wird: P. 409 (5. n. Chr.) und P. 408 (3 n. Chr.). P. 284 (I.Jhd.), ein Brief, der von einem Lysimachos an seine Schwester gerichtet ist, könnte hierher gehören. P. 462 möchte man hier unterbringen (27 n. Chr.), er könnte aber auf diesem Wege nur an den Nachfolger des Lysimachos gelangt sein, weil er in diesem Jahre nicht mehr Komogrammateus war. P. 289 vom Jahre 23 ist an Akusilaos gerichtet: der Stratege droht diesem, dem Toparchen, weil er die Steuerlisten nicht sorgfältig abgeliefert habe. In dem eben erwähnten P. 409 sind Akusilaos und Dorion genannt; das ist nun auch der Fall in P. 587 (16 vor bis 5 n. Chr.); dabei handelt es sich um die Grundsteuer bei Verkauf eines Hauses. Andererseits scheint der Soterichos, den wir aus P. 410 und 408 kennen, auch in P. 576 (14/13 v. Chr.) vorzukommen. Insgesamt könnte ein Offizialarchiv der Behörden von Tebtynis vorliegen, in dem, wie oft, auch Privatbriefe der Amtsträger aufbewahrt wurden.

2.4 Das Archiv des Strategen Apollonios umfaßt etwa die Jahre 114 – 119 n. Chr. Es enthält Briefe mit Eingaben an den Strategen des Apollinopolitischen Gaues, sowie *κατ' οἰκίαν ἀπογραφαί* (194).

2.5 P. Petaus. Urkunden, die zum Teil nach Köln, zum Teil nach Ann Arbor gekommen sind, wurden von den Herausgebern der P. Petaus als ein zusammengehöriges Archiv erkannt und in einer mustergültigen Edition vor-

---

194 Jacques Schwartz, Les archives du stratège Apollonios et les P. Gissenses inédits. Kurzberichte Gießen Nr.21 (1965). – Gundel, Atti Congr. Pap. Milano 1966, 107f. Jacques Schwartz, En marge du dossier d'Apollonios le stratège, Chron 74 (1962) 348.

gelegt (195). Den Titel gaben sie dem Archiv, weil die am häufigsten darin erwähnte Person der Komogrammateus Petaus ist, der kurioserweise aber des Schreibens unkundig (196) gewesen wäre. Er ist freilich bei den meisten Stücken, in denen sein Name vorkommt, nicht der Empfänger, sondern der Absender. Er müßte also Abschriften seiner Korrespondenz mit dem Strategen und dem *βασιλικὸς γραμματεύς* gesammelt haben; doch sind die Stükke nicht als Kopien gekennzeichnet. Wir haben eher ein Stück des Archivs des ihm vorgesetzten Strategen vor uns, in dem dieser alle auf die dem Petaus unterstehenden Dörfer bezüglichen Urkunden zusammengefaßt hatte. Die „Schreibübung" (Nr.121) wäre dann eine „Schriftprobe" für den Vorgesetzten. Die Urkunden stammen fast alle aus den Jahren 182 – 185 n. Chr. und beziehen sich auf Ptolemais Hormu im Faijum.

2.6 Aus Karanis gibt es sodann Archive aus der Zeit nach 328, die also später sind als das Isidoros-Archiv. Als letzte Inhaber kommen Valerius, der Sohn des Antinurios, und Aion, der Sohn des Sarapion, in Betracht (197). Die veröffentlichten Stücke beleuchten das Steuerrecht.

2.7 Flavius Abinnaeus (198) steht im Mittelpunkt eines kleinen Amtsarchivs aus Philadelphia (?). Es enthält Briefe und Urkunden aus der Zeit des Kaisers Konstantius II. (337 – 361). Darin finden sich gewöhnliche Rechtsgeschäfte, die in seinem privaten Interesse abgeschlossen worden waren, aber auch Abrechnungen und Petitionen an ihn.

2.8 Apa Johannes bekam und bewahrte die P. Herm Rees 7 – 10 (IV.Jhd., sonst nicht datierbar.) Fundort: Hermupolis.

3. Buchführungsarchive

3.1 Das Archiv des Heroninos (199) aus Theadelphia ist in verschiedene Sammlungen verstreut; am Zusammenfinden wird gearbeitet. Es gehören hinzu: SB VI 9052 – 9064. 9072 – 9083. 9361 – 9365. 9409 – 9415. P. Flor I – III und viele Einzelstücke in allen möglichen Publikationen. Eine Beschreibung bot zunächst Comparetti (200). Ein Landgut gehörte einem gewissen Alypios. Heroninos war der Gutsverwalter. Insofern liegt eine Parallele mit dem Landgut des Apollonios, das Zenon verwaltete, vor. Auch handelt es sich wohl ebenso, wie im Falle Zenons, um ein Buchführungs-, kein Familienarchiv. Eine Gruppe daraus behandelt die Herden, die von einer

---

195 U. und D. Hagedorn, L.C.und H.C. Youtie, Das Archiv des Petaus. Köln 1969.
196 H.C. Youtie, Pétaus, fils de Pétaus, ou le scribe qui ne savait pas ecrire. Chron 81 (1966) 127.
197 S. Lewis, P. New York, Preface S. IX
198 Bell, Martin, Turner, van Berchem, The Abinnaeus Archive. Oxford 1962.
199 Bingen, Chron 24 (1949) 148 – 150.
200 P. Flor II S.41 – 66.

Hirtenfamilie betreut wurden (201). Es umfaßt die Jahre 253 bis 305/06. Der Neubearbeitung des ganzen Archivs durch Stanghellini (202) wollen wir nicht vorgreifen.

3.2 Archiv der Apionen-Familie. Papyri aus Oxyrhynchos, aber auch solche aus anderen Fundorten brachten uns Belege für eine Familie des VI. und VII.Jhd., von der wir auch durch Schriftsteller wissen, daß sie im damaligen Ägypten eine bedeutende Rolle spielte. Ihr Stammbaum ist von Bell zu P. Oxy XVI 1829 gezeichnet worden, sodann hat sich Hardy mit ihr befaßt (203). Wir kennen auch ihren procurator in ihrem Gut in Oxyrhynchos, Dorotheos, und seinen Amtsvorgänger Menas. Dennoch liegt keine Parallele zu dem ptolemäischen Zenonarchiv vor. Die Urkunden, die sich auf das von den procuratores verwaltete Gut beziehen, sind nicht zahlreich genug, um in ihnen ein Buchführungsarchiv, wie das des Zenon, zu erblicken. Aus denselben Grabungen wurden auch Belege für andere Güter zutage gefördert. Oxyrhynchos wurde, wie wir schon erwähnten, zwar archäologisch ausgegraben, doch wurde kein Grabungsbericht veröffentlicht, der über die Herkunft der einzelnen Urkunden Bescheid gäbe. Es heißt nur, man sei auf einen Müllhaufen gestoßen, auf den man in alter Zeit die überflüssigen Urkunden geworfen habe (204). Die letzten Urkunden zum Gut der Apionenfamilie gehören in die Zeit der persischen Besetzung; in die Araberzeit reicht bis jetzt nichts hinüber. Von 497 ist das älteste Dokument P. Oxy XVI 1982, von 621 das jüngste, P. Oxy XVI 1921.

3.3 Anastasia. Außer den Apionen gibt es in Oxyrhynchos noch eine Großgrundbesitzerin, von der ebenfalls ein Buchführungsarchiv erhalten ist, von dem jedoch nur wenig publiziert ist; ca. 60 Stück sollen erst noch veröffentlicht werden (205). Es umfaßt bisher die Jahre 582 – 602 n. Chr.

4. Tempelarchive

4.1 Ein Priesterarchiv aus Bacchias von etwa 116 reicht bis 212 n.Chr.; am bequemsten zu finden als P. SB VI 9319 – 9348; S. Gilliam, Yale classical studies 10 (1947) 181 – 281.

---

201 Jacques Schwartz Une famille de chepteliers au IIIe S.p.C. Recherches de Papyrologie III (1964) 49 – 96.

202 Ann. Pisa II 19 (1960) 45 – 73. Vgl. ferner Bingen, Chron 26 (1951) 378 – 385.

203 The large estates of byzantine Egypt. New York 1931. Insbes. S.25 – 38. Ferner: Rouillard, L'amministration^{2} 204, 1, 203, 11. – Gerstinger, Wiener Studien 66 (1953) 171.

204 Turner, Greek Papyri, an Introduction (1968), S.27ff., insbesond. S.30 ist der Auffassung, die Müllhaufenhypothese könne nicht in Zweifel gezogen werden.

205 van Haelst, De nouvelles Archives: Anastasia, proprietaire à Oxyrhynchos. Atti Congr. Mil. 586 – 590. Chron 33 (1958) 327 – 342.

4.2 Als Tempelarchive wird man vorläufig die Masse der aus Soknopaiu Nesos stammenden P. ansehen müssen (206), aus den ersten 2 1/4 Jahrhunderten n. Chr. (207). Es ist bis heute leider nicht gelungen, größere Mengen zusammengehörender Urkunden zu finden. Dazu trägt die Zerstreuung der Papyri in verschiedene Museen bei, aber auch die fehlende Edition noch so vieler Stücke. Erkannt worden sind mehrere Urkunden als Teile eines Besitzstreites aus Soknopaiu Nesos aus dem ersten Regierungsjahre des Kaisers Tiberius, über den zuletzt Metzger (208) zusammenfassend aus Anlaß der Lesung eines weiteren Wiener Papyrus gehandelt hat.

§ 8 Die staatliche Beaufsichtigung des Urkundenwesens

Schon die ptolemäischen Könige hatten – wie wir annehmen, aus fiskalischen Gründen – Maßnahmen getroffen, daß alle wichtigen Rechtsurkunden amtlich deponiert werden sollten (209). Auch nahmen sie der ägyptischen Bevölkerung Ackerland einfach weg, um es ihren Soldaten als Lehen und damit als Entgelt für ihre militärischen Dienste zu geben. Das sind die *κλῆροι*, die schon im Laufe der Ptolemäerzeit vererblich und veräußerlich wurden. Dem fiskalischen Denken der ptolemäischen Verwaltung entspricht es, daß genaue Verzeichnisse über das Katökenland und seine Inhaber geführt wurden; auch kann man annehmen, daß die Urkunden über einen Besitzwechsel gesammelt wurden (210).

Die Römer haben das ganze Urkundenwesen einem Zentralismus in Alexandria unterworfen und es damit ungeheuer bürokratisch gemacht (211). Die Bezeichnungen *γραφεῖον*, *νομογράφος* und *ἀγορανόμος* blieben für die Notare, die eine öffentliche Urkunde, *δημόσιος χρηματισμός*, errichten konnten. Sie waren konzessioniert und verfügten über einen Mitarbeiterstab; man darf sie sich also nicht als arme Schreiber vorstellen, die auf dem Markte auf Kunden gewartet hätten (212).

---

206 Vgl. PtolRG²

207 Wessely, Karanis und Soknopaiu Nesos, Studien zur Geschichte antiker Kultur- und Personenverhältnisse, in Denkschriften Akad. Wien 47 (Wien 1902). – Reymond, Dime and its papyri. Bull. Rylands library 48 (1966) 433ff.

208 Metzger, Aus den Akten eines gräko-ägyptischen Liegenschaftsprozesses. Papyrus Vindobonensis D. 6. 889: Museum Helveticum 24 (1967) S.217ff.

209 PtolRG² 62 – 65.

210 Kießling, Streiflichter zur Katökenfrage. Actes du Vᵉ Congres international de papyrologie, Bruxelles 1938, 213. Vgl. P. Teb I 30 (115 v. Chr.). 31 (112 v. Chr.).

211 Die Quellen gestatten heute weder mit Sicherheit zu sagen, daß der Zentralismus nicht schon unter den letzten Ptolemäern versucht wurde, noch, daß die Römer damit nicht auch Erfahrungen aus anderen Provinzen verwerteten.

212 In der Darstellung des folgenden stützen wir uns auf Pierce, Grapheion Catalogue and Library in Roman Egypt. Symb. Osl. 43 (1968) 68ff. Dazu jetzt: Husselman, The record office of Tebtunis. XII.Int. Congr. Pap. Toronto 1970, 223.

Die Sekretäre des Büros nahmen die Urkunde griechisch oder demotisch auf und fertigten (mindestens) eine Kopie davon aus, die an die Partei hinausgegeben wurde. Die Originalurkunden wurden zu einer Rolle, einem *τόμος συγκολλήσιμος* zusammengeklebt. Dazu wurden alle in diesem Grapheion errichteten Urkunden in einer zeitlich geordneten Liste, dem *εἰρόμενον* aufgeführt (213). Diese Liste bekam wieder einen Index, der *ἀναγραφή* genannt wurde; in diesen wurden auch die Gebühren aufgenommen, die man dabei vereinnahmt hatte.

Der *τόμος συγκολλήσιμος* mit den Originalurkunden nahm sodann seinen Weg nach Alexandria zum *ἀρχιδικαστής*. Irgendetwas mußte wohl bei dem Grapheion bleiben, andererseits mußte auch das Zentralbüro in Alexandria sich in dem *τόμος* auskennen. Es wäre also möglich, daß auch das *εἰρόμενον* und die *ἀναγραφή* kopiert werden mußten. Der Archidikastes hatte ein umfangreiches Büro, von dem wir zwei Abteilungen, das *καταλογεῖον* und den *ὁ ἀπὸ διαλογῆς* mit Namen kennen. Sie prüften die Richtigkeit der Urkunde nach, insbesondere wohl die Sachlegitimation des Ausstellers, soweit sie sie nach früher eingereichten Urkunden ersehen konnten. War die Prüfung positiv ausgefallen, ging die Urkunde in das *Ναναῖον*, ein Zentralarchiv in Alexandria.

Das kommt uns schon umständlich genug vor. Doch genügte es dem Kaiser Hadrian nicht. Er schrieb 127 n. Chr. vor, daß in Zukunft nur mehr eine Abschrift ins *Ναναῖον*, das Original dagegen in eine neugegründete *Ἀδριανὴ βιβλιοθήκη* aufgenommen werden sollte.

Wurde dagegen eine Privaturkunde, ein *χειρόγραφον* errichtet, sollte dieses aber doch zu Beweiszwecken verwendet werden, so mußte es ebenfalls an das Büro des Archidikastes in Alexandria gesandt werden, wurde dann vom *ὁ ἀπὸ διαλογῆς* auf seine Richtigkeit überprüft, und in die beiden alexandrinischen Archive aufgenommen (214). Dann konnte die Partei nach erfolgter *δημοσίωσις* eine neue Ausfertigung erhalten; das Original ging wohl auch an die Alexandrinischen Zentralstellen (215).

Einen abgekürzten Verlauf konnte jedoch eine *συγχώρησις* nehmen, die vor dem Archidikastes selber errichtet worden war. Auch sie kam in die beiden Alexandrinischen Archive.

Noch umständlicher wurde die Sache, wenn die öffentliche Urkunde einen Sklaven, ein Haus oder Baugrundstück oder sonst ein veräußerliches Grundstück (*γῆ κατοικική* und *ἰδιόκτητος*) betraf und das Objekt über-

---

213 P. Mert III 105 (164 n. Chr.) dürfte z.B. das Fragment eines solchen Registers sein. Der Notar nahm Auszüge aus einem Testament, aus der Empfangsbestätigung über eine Mitgift und eine Paramone des Sohnes für ein dem Vater gegebenes Darlehen auf.

214 So enthält BGU XI 2026 (II.Jhd.) die Bitte an den Archidikastes, dem *χειρόγραφον* über ein Darlehen die *δημοσίωσις* zu erteilen.

215 Darüber ausführlich A.B. Schwarz, Die öffentliche und private Urkunde im römischen Ägypten. Abh. Akad. Leipzig 31 (1920) Nr.3.

eignet oder hypotheziert werden sollte. Denn dann war auch die *βιβλιοθήκη ἐγκτήσεων* zu berücksichtigen, die im I.Jahrhundert n. Chr. eingeführt und in den Gauhauptstädten eingerichtet wurde (216). Dann mußte zuerst die *β. ἐ.* um ein *ἐπίσταλμα* ersucht werden (217). Diese prüfte die Legimitation des Veräußerers, insbesondere auch, ob keine öffentlichrechtlichen oder privatrechtlichen Belastungen vorlagen. Waren keine Hindernisse zu ersehen, so erteilte sie das *ἐπίσταλμα*. Nun durfte der Notar die Übereignung (oder Belastung) in öffentlicher Urkunde, *δημόσιος χρηματισμός* protokollieren. Dazu mußte ihm auch eine Quittung über die Umsatzsteuer vorgelegt werden (218). Er nahm nun die oben besprochenen Eintragungen vor und übersandte das Original nach Alexandria. Nun war es an dem Erwerber mit Zustimmung des Veräußerers und mit Übersendung einer Ausfertigung der Übereignungsurkunde der *βιβλιοθήκη ἐγκτήσεων* eine *ἀπογραφή* (219) zuzuschicken. Daraufhin nahmen die *βιβλιοφύλακες* diese Urkunde in ihr Archiv auf.

Sie ordneten die Urkunden nach den einzelnen zum Gau gehörigen Orten. Innerhalb der Orte wurde nach den Anfangsbuchstaben der Grundeigentümer desjenigen Ortes, in dem sie ihr Heimatrecht, ihre *ἰδία* hatten, alphabetisch eingeteilt. Eine Rolle, *στοιχεῖον*, wurde aus den *κολλήματα* zusammengeklebt, die sich auf denselben Grundeigentümer bezogen. Wenn eine Urkunde eingereicht wird, so nennt man das *παράθεσις*, eigentlich „Hinterlegung“ (220). Die Archivare trugen sodann den Inhalt in den *διαστρώματα* beim Folium für den Erwerber und für den Veräußerer ein. Der Hypothekengläubiger wurde auf dem Personalfolium des Schuldners und außerdem noch auf einer besonders für ihn errichteten Personalfolie eingetragen und einregistriert. Eine weitere Ausfertigung der Übereignungsurkunde und der *ἀπογραφή* wurde mit einer Bestätigung des Empfangs zurückgesandt. Nun hatte der Erwerber alles, was er für einen etwaigen Prozeß brauchte.

---

216 Wichtigste neuere Literatur: Kießling, Ein Beitrag zum Grundbuchrecht im hellenistischen Ägypten. JJP 15 (1965) 73. Die Vormerkung im ägyptischen Grundbuchrecht. ZSS 82 (1965) 310. – v. Woeß, Untersuchungen über das Urkundenwesen und den Publizitätsschutz im römischen Ägypten. München 1924. – Harmon, Egyptian Property Returns. Yale Classical Studies 4 (1934) 135. – Avogadro, Aeg 15 (1935) 131. – Flore, Aeg. 8 (1927) 65ff. – Schönbauer, Beiträge zur Geschichte des Liegenschaftsrechtes, Leipzig 1924, 64ff. – P.M. Meyer, JurP S.195ff. – Wenger 741. – Hohlwein, Le Stratège du nome. Bruxelles 1969, 75ff. Vgl. ferner SHDI 33 (1967) 557. P. Straßb 370. – Ältere Literatur bei Taubenschlag, Law[2] 222. Eine zeitliche Abgrenzung gibt BGU IV 1114,9 (5 – 8 v. Chr.). Zu diesem Zeitpunkt gab es noch keine *βιβλιοθήκη ἐγκτήσεων*.

217 BGU V 1215 (sog. Gnomon) § 101. SelP II 219 = Oxy II 237 VII 27 (Mettius Rufus). – v. Woess 175. Das Gesuch wird *προσαγγελία* genannt.

218 v. Woeß 137

219 Beispiel P. Chrest II 172 – Lips 3 (256 n. Chr.). Belege bei v. Woeß 116.

220 Kießling, ZSS 82 (1965) 310.

Für eine öffentliche Urkunde, die ein Grundstück betrifft, sind danach 10 – 12 Nachweise in Archiven und Registern gegeben.

Die βιβλιοθήκη ἐγκτήσεων hat also den Zentralismus nicht beseitigt, sondern die Urkundenaufbewahrung nur noch um eine weitere Instanz vermehrt. Da dieselben Urkunden aber auch im Ναναῖον und später in der ῾Αδριανὴ βιβλιοθήκη lagen, war es möglich, aus diesen die β. ἐ. wieder herzustellen, wenn sie einmal von den in Ägypten so häufigen Maden bis zur Unbrauchbarkeit zerfressen war (221).

Aber das alles war kompliziert und wohl auch teuer. Daher haben es die Parteien sehr oft versäumt, den vorgeschriebenen Weg einzuschlagen, namentlich beim Erwerb durch Erbschaft.

Bei Grundstücken und Sklaven ist die καταγραφή wie wir oben gesehen haben, nicht notwendig für den Eigentumsübergang. Sie ist nur unumgänglich, wenn der Erwerber eine Beweisurkunde bekommen will, denn ἀγοράνομος und γραφεῖον dürfen ihm keine solche ausstellen, wenn nicht die καταγραφή stattgefunden hat.

Offensichtlich suchte man dieses Verbot zu umgehen. P. Mich VI 428 (154 n. Chr.), eine schöne vom γραφεῖον ausgefertigte Urkunde: ein Haus wird übertragen; über den Kaufpreis quittiert. Dem Erwerber wird das Recht eingeräumt, die ἀπογραφή bei der βιβλιοθήκη ἐγκτήσεων vorzunehmen. Ähnlich in einer Grapheionsnotiz P. Mich VI 427,29 (134 n. Chr.). Es scheint, die vorgeschriebene Evidenthaltung der β. ἐ. wird erst vorgenommen, wenn der Erwerber seinerseits veräußern will (?).

Wenn aber dann später einmal an dem nicht richtig apographierten Grundstück eine Veräußerung oder Belastung vorgenommen werden sollte, mußten die Eigentümer die βιβλιοθήκη ἐγκτήσεων um eine sog. Vormerkung angehen (222). Die βιβλιοφύλακες nahmen ein solches Gesuch jedenfalls zu ihren Akten. Die Eintragung des oder der Voreigentümer mußte erst noch nachgeholt werden, bis dann der Erwerber seine definitive ἀπογραφή vornehmen konnte. Die Bevölkerung hob die mit der Bestätigung versehenen ἀπογραφαί als Belegurkunde in den Familienarchiven auf, so z.B. P. Fam Teb 23 (123 n. Chr.) (223).

Für die β. ἐ. hat sich die Bezeichnung „Grundbuch" eingebürgert (224). Wie immer, wenn man eine antike Institution mit einer modernen vergleicht, muß man außer den Ähnlichkeiten einige Unterschiede im Auge behalten. Auch bei uns führt das Grundbuchamt nicht nur das Buch, sondern bewahrt

221 P. Fam Teb 15, 84.

222 Darüber ausführlich Kießling. Die Vormerkung im ägyptischen Grundbuch. ZSS 82 (1965) 310. JJP 15 (1965) 85.

223 Flore, Le apographai di proprietà nell' Egitto greco-romano. Aeg 15 (1935) 131.

224 Kießling, JJP a.a.O., – v. Woeß a.a.O. – Dagegen Preisigke, Girowesen 285. – Déléage, Les cadastres antiques jusqu'à Dioclétien. Et. Pap. 2 (1934) 145. – Für „Grundbuch" aber Schönbauer, a.a.O. S.64 – 130.

dazu die „Grundakten“ auf, die Urkunden, die dem Amt bei den Anträgen eingereicht worden waren. Bei der β. ἐ. dürfte, wie schon der Name sagt, auf dem Sammeln der Urkunden der Schwerpunkt liegen. Dem „Grundbuch“ ähnlicher sind die διαστρώματα, die Verzeichnisse, die von den βιβλιοφύλακες selbst geführt werden, um sich in den Urkunden zurecht zu finden. Als sie einmal in Unordnung geraten waren, ordnete Mettius Rufus an, daß sie innerhalb von 5 Jahren zu erneuern waren (225). Die Wichtigkeit dieser Register leuchtet ein; ohne peinliche Ordnung hätte die Sammelstelle für Urkunden über Grundstücke ihren Sinn nicht behalten. Im Gegensatz zu unserem „Grundbuch“ war aber die Umschreibung von einem Eigentümer auf den anderen zum Eigentumserwerb an dem Grundstück nicht erforderlich. Die Bezahlung genügte noch immer nach dem Prinzip der notwendigen Entgeltlichkeit dafür (226). Jedoch werden wir sehen, daß im Prozeß die Urkunde eine viel größere Rolle spielte, als in dem unsrigen. Eine Urkunde aber, die er im Prozeß verwerten konnte, vermochte der Erwerber nicht zu bekommen, wenn er nicht die Umschreibung erreicht hatte. So war ein indirekter Zwang zur καταγραφή gegeben. Außerdem drückte die Regierung mit schweren Strafen auf die Notare, den umständlichen Geschäftsgang einzuhalten, wie wir aus dem sog. Gnomon §§ 100 und 101 erfahren. Deshalb war die καταγραφή für die Erwerber nahezu so wichtig, wie die Umschreibung im Grundbuch heutzutage. Bei uns werden ferner Grundsteuerkataster und Grundbuch von verschiedenen Behörden selbständig geführt. In den Gauhauptstädten, in denen die βιβλιοθήκη ἐγκτήσεων für den ganzen Gau gehalten wurden, wurde dagegen von denselben βιβλιοφύλακες auch die βιβλιοθήκη δημοσίων λόγων geführt (227) (und dies ist der einzige Punkt, in welchem das heutige System umständlicher zu sein scheint als das alte). Desweiteren genießt das Grundbuch öffentlichen Glauben: auf die Richtigkeit und Vollständigkeit der Eintragungen kann sich ein jeder verlassen, der von einem, der eingetragen ist, ein Recht erwirbt. Nun ist zwar vertreten worden, daß auch die διαστρώματα solchen öffentlichen Glauben genossen hätten, aber das ließ sich nicht beweisen. Man wird es bei der prozessualen Situation belassen haben: wer keine Urkunde vorweisen konnte, konnte im Prozeß nichts ausrichten, wenn der Gegner Urkunden hatte. Sodann: wenn heute eine Hypothek auf einem Grundstück eingetragen ist, so kann der Eigentümer das Grundstück ohne weiteres veräußern: das Grundstück haftet dem Hypothekengläubiger auch in der Hand des Erwer-

225 So Kießling a.a.O. zu JurP 59 = Oxy II 237, VIII, 40ff. (89 n. Chr.). Andere verstehen den Passus „alle 5 Jahre zu erneuern“, z.B. Meyer JurP S.200.

226 a. M. v. Woeß. Über die καταγραφή existiert eine reiche Lit. Ihr Verzeichnis nimmt bei Taubenschlag, Law 317 eineinhalb Seiten ein.

227 Eger, Zum ägyptischen Grundbuchwesen in römischer Zeit. Leipzig 1909 18ff. Nach ihm sammelt die β. δ. λ. die κατ' οἰκίαν ἀπογραφαί die Personaldeklarationen zum census. v. Woeß 102.

bers genauso, wie in der Hand des Veräußerers. In der *βιβλιοθήκη ἐγκτήσεων* jedoch bedeutete die Belastung mit einer Hypothek, daß die Eintragung einer Veräußerung für den Eigentümer gesperrt war (228). Endlich sind unsere Grundbücher aus alten Hypothekenbüchern hervorgegangen. Schutz des Realkredits wird noch heute als ratio legis der Institution angegeben. In den Papyri gibt es aber nur eine Stelle, auf die man sich bezogen hat, um auch bei der *βιβλιοθήκη ἐγκτήσεων* den Schutz der Erwerberinteressen als ratio legis zu erweisen.

Im Edikt des Mettius Rufus, Sel P II 219 = P. Oxy II 237 VII 27 – 43 (89 n. Chr.) wird den Eigentümern eine einmalige Anzeige aller Grundstücke an die *βιβλιοθήκη ἐγκτήσεων* vorgeschrieben. Die Gläubiger von Hypotheken sowie andere Rechtsinhaber an Grundstücken sollen dasselbe machen. Endlich sollen Ehefrauen und Kinder (!), denen nach ägyptischen Urkunden die *κτῆσις* an Grundstücken zusteht, während der Mann bzw. Vater zu seinen Lebzeiten noch die *χρῆσις* hat, den Belegurkunden (*ὑποστάσεις*) etwas, (was ausgelassen ist), beifügen, *παρατιθέτωσαν* (229), *ἵνα οἱ συναλλάσσοντες μὴ κατ' ἄγνοιαν ἐνεδρεύωνται.* Grammatikalisch bezieht sich der Satz nur auf den letzten Fall. Die Übersetzung von P.M. Meyer JurP S.202 „benachteiligt werden" ist nicht genau: „behindert werden" wäre richtig. Auf diesem Sätzchen beruht die Theorie: die ganze *βιβλιοθήκη ἐγκτήσεων* sei eine Einrichtung zum Schutz der Grundstückserwerber vor Rechten, die ihnen nach dem Prioritätsprinzip vorgehen würden. Dann muß man es so verstehen: jederman weiß, daß Frauen und Kinder möglicherweise solche Rechte am Mannesvermögen haben. Kann er dann durch Einsicht in die Akten der *β. ἐ.* nicht feststellen, ob das so ist und wie weit diese Rechte gehen, dann muß er als vorsichtiger Mann von einem Erwerb oder einer Belehnung des Grundstücks absehen, dann ist er „gehindert". Aber sehr sinnvoll ist das nicht. Eher wird doch jemand dann am Erwerb gehindert, wenn er sieht, daß ihm die Rechte der Frau vorgehen, geradeso, wie vorausgesetzt wird, daß ein mit einer Hypothek belastetes Grundstück unveräußerlich ist (230). Vielleicht hatte der Präfekt im lateinischen Urtext etwas anderes gesagt: ut contrahentes non nescii impediantur, und der Übersetzer konnte nicht genügend Latein, um den Satz richtig wiederzugeben.

Immerhin wird hier der Schutz der Vertragschließenden erwähnt. Es ergibt sich daraus auch, daß die *β. ἐ.* keinen öffentlichen Glauben besaß. Die *πρωτοπραξία*, die Frau und Kinder des eingetragenen Eigentümers besaßen, wirkte von sich aus (231). Das bezieht sich zwar nur auf Frauen und Kinder und kann aber als eine dem Präfekten erwünschte Nebenwirkung der *β. ἐ.*

---

228 Kießling 82, 37.
229 Vielleicht soll damit das intransitiv gebrauchte accedunto wiedergegeben werden.
230 Dazu oben Anm. 228.
231 S. unten 221.

angesehen werden; es mußte nicht die ratio legis der ganzen Institution sein. Doch läßt sich die entgegengesetzte Ansicht vertreten, für die sich heute die meisten einsetzen. Die Vermeidung eines crimen falsi allein kann einen solchen Aufwand auch nicht rechtfertigen.

Will man die ratio legis nicht im Schutz des Güterverkehrs sehen, so kann man noch an folgendes denken: Wenn jeder Eigentumswechsel, jede Belastung eines Grundstücks und jede Änderung sonstiger wichtiger Rechte den alexandrinischen Zentralarchiven und ev. der *β. ἐ.* anzuzeigen war, so trug das Gebühren ein (232). Ferner konnte sich die Verwaltung über die Rechte an jedem in Privateigentum stehenden Grundstück orientieren. Das war nicht nur für die Steuerbehörde von Vorteil, sondern auch dann, wenn es galt, eine Liturgie einem Wohlhabenden aufzuerlegen, oder wenn Ausfälle des fiscus vom Vermögen der Liturgen gedeckt werden sollten, wenn der Idios Logos bona caduca einziehen wollte, oder wenn Maßnahmen gegen die Landflucht, *ἀναχώρησις*, getroffen werden mußten.

Unsere Sicht in diesen Fragen ist freilich dadurch erschwert, daß die Vorschriften, wie erwähnt, oft nicht eingehalten wurden. Bald wurde die Legitimationsprüfung bei Erteilung eines *ἐπίσταλμα* unterlassen (233), bald protokollierte der Notar die Veräußerung ohne ein *ἐπίσταλμα* zu haben (234). Andererseits ist es möglich, daß das System noch komplizierter war, als hier dargestellt, wenn die *βιβλιοθήκη ἐγκτήσεων* von einem Steuerkataster doch stärker zu unterscheiden ist (235). Gerichtliche Instanzen, vor allem der Stratege, konnten den *βιβλιοφύλακες* Einträge befehlen (236). Eine weitere Komplikation kann eintreten, wenn ein Grundstück von der Regierung beschlagnahmt wird. Dann wird es *βασιλικὴ γῆ*, aber mitunter durch Versteigerung oder freihändigen Verkauf wieder reprivatisiert (237).

Endlich sei nicht übersehen, daß die *βιβλιοθήκη ἐγκτήσεων* nicht nur für Grundstücke, sondern auch für alle Veräußerungen von Sklaven zuständig war (238).

Irgendwie muß das Kontrollsystem trotz seiner Kompliziertheit funktioniert haben, weil es über 250 Jahre in Kraft war. Zwar verschwand es in der

---

232 Man denke auch an die Umsatzsteuer, das *ἐγκύκλιον*, dazu unten S. 88.

233 v. Woeß 204

234 v. Woeß 217. Weitere Verstöße passim.

235 v. Woeß 63

236 P. Chrest II 199 = Lond 1157 (246 n. Chr.). Der Archidikastes in BGU I 73 (135 n. Chr.).

237 Wilcken, Grundzüge 287ff. ? Eger, Zum ägyptischen Grundbuchwesen S.37 meint, nur privateigene Grundstücke werden bei der *βιβλιοθήκη ἐγκτήσεων* verbucht. [s. dazu unten S. 241 Nachträge].

238 v. Woeß 169. BGU IV 1114,9 (5 – 8 v. Chr.). Zu diesem Zeitpunkt gab es noch keine *βιβλιοθήκη ἐγκτήσεων*. Man muß Sklaven nach alexandrinischem Recht *καταγραφεῖν*, dabei spielt es eine Rolle, daß, wie hier, der Nilschiffer sie auf einen falschen Namen eingetragen hatte.

Dominatszeit, aber es existierte selbst über die Steuerreform Diokletians hinaus und ist z.Z. im Jahre 319 n. Chr. zum letzten Mal durch P. SB VI 9219 belegt. Arangio-Ruiz übersetzt sodann FIRA III 101 = SB V 8246 (vom Jahre 340 n. Chr.) Z. 50 und 52 *τοῦ ὀνόματος* mit nomini inscriptus. Es ist sehr wohl möglich, daß die Übersetzung den Sinn richtig erfaßt. Dann gab es entweder immer noch das Grundarchiv oder das bezieht sich auf Steuerregister nach der Diokletianischen Reform. Es wäre dies der einzige Beleg dafür, daß man die Register im Prozeß als Beweismittel herangezogen hätte. Der Einwand, der heute noch gegen das „Grundbuch" gebracht wird, mußte auch gegen dieses Urkundenwesen gelten: es muß unverhältnismäßig teuer gewesen sein, insbesondere, wenn man noch an die Archive in Alexandria denkt. Unter der Voraussetzung, daß die Einrichtung ihren Zweck erreichte, – was wir nicht beurteilen können (239), – gewährte sie eine Publizität der Bodenrechte, die vorteilhaft sein konnte. Es ist möglich, daß die Institution nicht nur dem Provinzialrecht Ägyptens, sondern dem Reichsrecht angehört. Wir wissen von anderen Provinzen freilich wenig wie man dort eine Übersicht über die Grundstückseigentümer in der Prinzipatszeit zu bekommen trachtete; aber das kann eben auf dem Zufall der Funde beruhen (240).

Noch eines ist sicher: weder der Archidikastes noch die Bibliophylakes verstanden Ägyptisch oder konnten gar Demotisch lesen. Selbst wenn die Urkunde ursprünglich zweisprachig aufgenommen worden war, so war für sie doch nur der griechische Text maßgeblich. Das mußte dazu führen, daß die demotische Urkunde verschwand.

Ναναῖον und *Ἁδριανὴ βιβλιοθήκη* sind völlig zugrunde gegangen. Danach dürfen wir nicht hoffen, einen *δημόσιος χρηματισμός* im Original zu besitzen. Was wir haben, können nur Kopien sein.

---

239 Wenn man mit Meyer JurP S.195 annimmt, die *β. ἐ.* sei erst ca. 20 Jahre vor Mettius Rufus eingeführt worden, so war sie schon nach kurzer Zeit in Unordnung, wie er in der Einleitung zugibt.

240 Déléage, Les cadastres antiques jusqu'à Dioclétien. EtPap 2 (1934) 73 – 228 stellt die Belege für Steuerkataster außerhalb Ägyptens zusammen. Es sind nicht sehr viele; immerhin ist es möglich, daß in den Provinzen Africa oder Gallia u.a. ein der *β. ἐ.* ähnlicher Kataster geführt wurde. Vgl. auch Sachers, RE Tabularium.

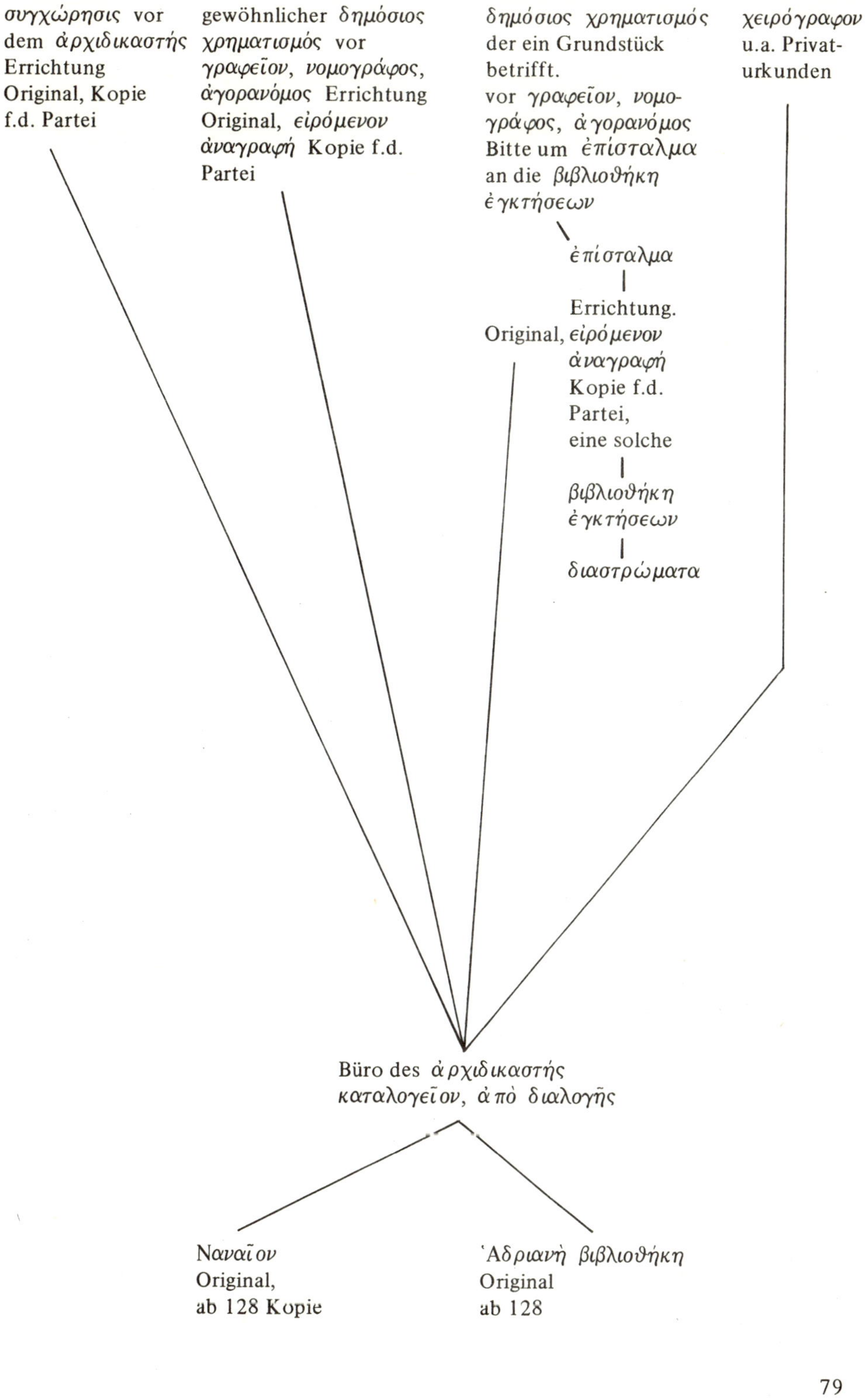

συγχώρησις vor
dem ἀρχιδικαστής
Errichtung
Original, Kopie
f.d. Partei
gewöhnlicher δημόσιος
χρηματισμός vor
γραφεῖον, νομογράφος,
ἀγορανόμος Errichtung
Original, εἰρόμενον
ἀναγραφή Kopie f.d.
Partei
δημόσιος χρηματισμός
der ein Grundstück
betrifft.
vor γραφεῖον, νομο-
γράφος, ἀγορανόμος
Bitte um ἐπίσταλμα
an die βιβλιοθήκη
ἐγκτήσεων
ἐπίσταλμα
Errichtung.
Original, εἰρόμενον
ἀναγραφή
Kopie f.d.
Partei,
eine solche
βιβλιοθήκη
ἐγκτήσεων
διαστρώματα
χειρόγραφον
u.a. Privat-
urkunden
Büro des ἀρχιδικαστής
καταλογεῖον, ἀπὸ διαλογῆς
Ναναῖον
Original,
ab 128 Kopie
Ἁδριανὴ βιβλιοθήκη
Original
ab 128

§ 9 Urkundenlehre

1. Griechische Urkunden

Die Diplomatik der Papyrusurkunden aus der Zeit der Römerherrschaft ist oft und gründlich behandelt worden. An erster Stelle ist die Darstellung Wengers zu nennen (241). Verdienstlich, wenn auch infolge ungünstiger Umstände bei der Entstehung unübersichtlich, ist das Werk von Steinacker (242). In meisterhafter Kürze referiert P.M. Meyer (243). Dazu sind noch Arbeiten von Segrè (244), A.B. Schwarz (245) und H.J. Wolff (246) gekommen. So wenig der Rechtshistoriker den Wert einer Urkundenlehre für seine Forschungen unterschätzen darf, so soll hier die Verweisung auf diese Arbeiten die Hauptsache bleiben (247).

Die wichtigsten Begriffe der Urkundenlehre sind uns in griechischer und lateinischer Sprache wohlbekannt (248). Die Urschrift ist das *αὐθεντικόν*. Das Wort wird auch ins Lateinische übernommen. *Ἴσον, ἰσότυπον* ist die amtliche Ausfertigung, die der im Archiv ruhenden Erstschrift gleichwertig ist. Ihm entspricht lateinisch pariculum. ev. exemplar. *Ἀντίγραφον* ist im Gegensatz dazu die Abschrift, doch kann es auch die gekürzte Abschrift, den Auszug und die Abschrift bei gleichzeitiger Übersetzung in eine andere Sprache bedeuten, lateinisch: exemplum. *Ἀντισύγγραφον* ist die gleichlautende Ausfertigung eines Vertrages für die andere Partei (249). In den Prozessen der Dominatszeit wird die Urkunde *γραμματεῖον* genannt (250). Nun sagen die Urkunden selbst nur in seltenen Fällen, daß sie eine Abschrift sind; der Papyrologe muß es aus anderen Umständen erkennen, etwa aus dem Fehlen wichtiger für das Original charakteristischer Klauseln oder aus den Fundumständen, wenn diese auf Aufbewahrung beim Aussteller statt beim Adressaten schließen lassen.

Die Kontinuität des Urkundenwesens mit dem ptolemäischen (251) ist nicht zu bestreiten. Doch erhalten sich manche ptolemäischen Arten nicht

---

241 Qu 735 – 755 mit Lit.

242 Die antiken Grundlagen der frühmittelalterlichen Privaturkunde. Leipzig 1927.

243 JurP S.88ff.

244 Note sul documento nel diritto greco-egizio. BIDR 34 (1925) 67.

245 Die öffentliche und private Urkunde im römischen Ägypten. Abh. Akad. Leipzig 31,3 (1920).

246 Der byzantinische Urkundenstil im Lichte der Funde von Nessana und Dura RIDA^3 8 (1961) 115.

247 Vgl. auch Talamanca. Documentatione e documento (diritto romano) in: Enciclopedia del diritto. Milano 1964.

248 Kübler, Studi Riccobono I (Palermo 1932) 443ff. – P.M. Meyer, ZSS 53 (1934) 357ff. – Kübler, ZSS 53 (1934) 64.

249 Wenger 738, 38.

250 FIRA III 172 = Bouriant 20 (nach 350), Z. 17. Die Urschrift ist das *αὐθεντικόν*. Das Wort wird auch ins Lateinische übernommen.

251 PtolRG^2 49ff.

über das I.Jhd. hinaus, und man muß überhaupt zwei Perioden unterscheiden:

A) Die Zeit bis zum Ende des III.Jhd.

In dieser Zeit wieder muß man zwischen öffentlichen und privaten Urkunden unterscheiden:

a) Öffentliche Urkunden:

1. Die Agoranomenurkunde. Der griechische Notar, Agoranomos (252) faßt über das, was ihm die Partei sagt, eine Urkunde ab, in der er sich selbst benennt, sodann die Parteien mit ihrem Signalement bezeichnet (ihren Kennzeichen, z.B. Verletzungen), ferner ihre Erklärung niederschreibt (253). Er behält aber eine Abschrift. Bei dieser läßt er seinen Namen und seine Unterschrift weg, die ihm selbstverständlich sind. Vor allem solche Abschriften sind uns erhalten.
2. Die *συγχώρησις*. Sie ist die an einen alexandrinischen Beamten, meistens den Archidikastes, gerichtete Erklärung mit einem rechtsverbindlichen Zugeständnis, hervorgegangen aus einem gerichtlichen Vergleich (254).
3. Die *διαγραφὴ τραπέζης*, die Bankurkunde, über die Umbuchung eines Betrages von einem Konto auf das andere. Je nachdem sie stärker auf das Kausalgeschäft Bezug nimmt oder nicht, spricht man von „selbständiger“ oder „unselbständiger“ Diagraphé (255).

b) Private Urkunden:

1. Die *ἑξαμάρτυρος συγγραφή*, die bald abstirbt. Man darf sie nicht als Syngraphophylaxurkunde bezeichnen, denn das ist sie nur bei Dauerverhältnissen (256).
2. Das *ὑπόμνημα*, die Eingabe an eine Behörde oder an einen sozial Höhergestellten (257).
3. Das *χειρόγραφον*, das sich an die Briefform anlehnt (258). Bei ihm kommt die *ἐκμαρτύρησις* vor: nun wurde noch eine öffentliche Urkunde zur Bestätigung errichtet, ferner die *δημοσίωσις*, die Bestätigung durch den Archidikastes in Alexandria (259). Eines von beiden war notwendig, wenn in der Urkunde verbriefte Rechte gerichtlich geltend gemacht werden sollten.

---

252 *Γραφεῖον* und *νομογράφος* stehen gleich, s. oben S.
253 Wenger 740. – Meyer 88. – Steinacker 33. – Belege bei Preisigke-Kießling WB III.
254 Wenger 743. – Meyer 77. – Steinacker 93. – Belege bei Preisigke-Kießling WB II.
255 Meyer 95. – Steinacker 31. 130. – Wenger 739.
256 $PtolRG^2$ 59f. Meyer 101. – Steinacker 128.
257 Meyer 110. – Steinacker 148. – Wenger 741. – Bickermann AP 9 (1930) 3, 164 vgl. unten S. 187 beim Pachtrecht.
258 Meyer 108. – Steinacker 129. – Wenger 736ff.
259 Wenger 741 vgl. oben S.

Wenn eine Urkunde die maßgebliche Erklärung mit dem Worte ὁμολογεῖ beginnen läßt, so ist es üblich geworden, sie als Homologie zu bezeichnen. Gewöhnlich ist es eine einseitige, keine bilaterale Erklärung. Doch zeigt auch hier wieder die Übersetzung ins Ägyptische deutlicher als etwas anderes, was gemeint ist (260). „Mit einem Munde" setzt zwei Personen voraus. Die erklärende Partei setzt also voraus, daß der Empfänger der Erklärung einverstanden ist, auch wenn er an der Errichtung nicht beteiligt ist: gewöhnlich enthält die Urkunde ja Bestimmungen zugunsten des Adressaten. Doch kommt es vor, daß der Plural gebraucht wird ὁμολογοῦσιν und sich auf die gegenseitig interessierten Parteien bezieht. Dann haben wir die bilaterale Urkunde. Auch sonst findet sich nicht selten bei Urkunden, die zunächst die Erklärung der einen Partei enthalten, am Schlusse die Erklärung der anderen. Z.B. ist P. SB X 10263 (205 n. Chr.) von den Verpächtern errichtet, dann aber in Z. 40 nimmt der Pächter die Bedingungen ausdrücklich an. Auch so kommt eine bilaterale Urkunde zustande. v. Woeß hat dazu festgestellt, daß die einseitige Homologie allmählich das Protokoll der Erklärungen beider Parteien verdrängt (261). Das dürfte, wie auch er annimmt, ein Erstarken der ägyptischen Mentalität sein, weil ja die demotische Urkunde grundsätzlich die Erklärung *einer* Partei ist.

c) Auch Eingaben an die Behörden lassen sich im Sinne einer Urkundenlehre zusammenfassen, weil sie nicht selten einem Schema folgen, das immer eingehalten wurde. So verdanken wir Kupiszewski (262) eine Urkundenlehre der zur Vollstreckung gehörigen Eingaben:

1. Die Vollstreckungsankündigung des Gläubigers, διαστολικόν.
2. Der entgegnende Schriftsatz des Schuldners, ἀντίρρησις.
3. Die Eingabe des Gläubigers an den Präfekten, die vollstreckbare Urkunde auszufertigen.
4. Diese selbst, die wieder χρηματισμὸς ἐνεχυρασίας oder χρηματισμὸς ἐμβαδείας sein kann.

B) Die Zeit nach Diokletian.

In ihr sind – bis auf das χειρόγραφον – die ägyptischen Formen verschwunden. Dagegen haben wir nun ein gemein spätantikes Urkundenwesen zugrundezulegen, das teils kaiserlichen Konstitutionen, teils der Praxis in der Hauptstadt Konstantinopel seine Prägung verdankt (263). Wir stehen damit auf dem Boden des Reichsrechts, wie es im Cod. Just. hervortritt. Kaiser Zeno schreibt schon 478 n. Chr.: superfluum est privatum testimonium, cum pub-

260 S. unten S. 84 f.
261 Urkundenwesen S.318.
262 Symb. Taubenschlag (Eos 48 [1956]) III 89.
263 Wenger 746. – Meyer 112. – Steinacker 29. 53

lica monumenta sufficiant. (Cod. Just. 8, 53, 31 pr) Wichtig ist vor allem die Konstitution von Justinian, Cod. Iust. 4, 21, 17 mit genauen Vorschriften über die Errichtung öffentlicher Urkunden. Merkwürdig ist dabei, daß wir Papyri aus der Zeit vor dieser Konstitution haben, die sich schon ganz an dasselbe Schema halten. Justinian hat also insofern kein neues Recht geschaffen, sondern nur ein bereits bestehendes in seiner Konstitution bestätigt.

Der gewerbsmäßige Urkundenschreiber, tabellio (*νομικός*, *συναλλαγματογράφος*) schreibt die nun wieder mit dem Datum beginnende Urkunde in mundum (Reinschrift) nieder. Die Parteien fügen die subscriptio an (also beide; die Konstitution geht von der bilateralen Urkunde aus). Sodann fügt er seine eigene completio hinzu; zuletzt geben die Parteien die absolutio. Doch kommt in der Praxis die completio des Notars meist zuletzt, wie es dann auch Nov. Just. 44,1 pr. voraussetzt. Endlich hat Justinian sich in Nov. Just. 73 des Urkundenwesens angenommen. Der tabellio muß seit Justinian konzessioniert sein. Über ihm steht noch der tabularius (264). Er schafft ein instrumentum publicum, während die vom tabellio aufgenommene Urkunde nur ein instrumentum publice confectum ist.

In Fällen, in denen man früher eine *συγχώρησις* errichtete, tritt jetzt die Erklärung vor dem defensor civitatis an ihre Stelle, wie man aus FIRA III 108 II = SB I 6000 (VI.Jhd.) sieht.

C) Die Protokollierung des gesprochenen Wortes

Bei den Untersuchungen von Bickermann (265) wurden zwei Möglichkeiten herausgestellt:

1. Es gab die römischen Amtstagebücher (commentarii) die griechischen *ὑπομνηματισμοί*, die auch *ὑπομνήματα* hießen. Sie haben den Zweck, Handlungen und Worte des jeweiligen Beamten in objektiver Form fortlaufend in der 3.Person zu registrieren. Geführt werden sie von einem Sekretär; aber nicht sein Name, sondern der des Beamten steht im possessiven Genitiv oder mit *ὑπό* in der Überschrift. Er wird dadurch als der eigentliche Urheber dieser Aufzeichnungen gekennzeichnet. Die äußere Form der *ὑπομνηματισμοί* ist wohl die eines geschlossenen Bandes. Leider besitzen wir nur Auszüge solcher Amtstagebücher in Abschrift. Doch weisen auch diese einen gleichbleibenden Stil auf, den Coles (266) analysiert hat.

2. *Ὑπόμνημα* (*ἐπὶ τοῦ δεῖνος*), auch *ὑπομνηματισμός* (singularisch also) heißen die Parteierklärungen (contestationes), die zu Protokoll der

---

264 Wenger 754.
265 Testificatio actorum. Aeg 13 (1933) 333 – 355.
266 Coles, Report of proceedings in papyri. Brüssel 1966. Die Belege der Römerzeit umfassen 8 Seiten.

kompetenten Behörde abgegeben werden. Die Stilisierung ist wie oben: Das Protokoll berichtet in der dritten Person über die vor dem Aussteller stattfindenden Vorgänge, die die Amtsperson bezeugt. Ihre römische Bezeichnung lautete acta. Hier wird der jeweilige Beamte mit einem lokal zu verstehenden *ἐπί* gekennzeichnet. Diese Einzelprotokolle treten häufig in der Gesuchsform auf, sie können aber auch die Niederschrift einer streitigen Verhandlung zum Gegenstand haben. Von einem im Amtsjournal festgehaltenen Prozeßtermin unterscheiden sie sich dadurch, daß der Beamte hier keine Entscheidung trifft. Die Parteiaussagen werden lediglich als Unterlagen für weitere Untersuchungen festgehalten.

Die Erklärung zu Protokoll erlangte, weil eine gewisse amtliche Kontrolle dabei vorhanden war und vorausgesetzt wurde, das Ansehen eines öffentlich beglaubigten Aktes (instrumentum publicum), also eine erhöhte Beweisfunktion. Verschiedene Beamte stellen sie aus (267). Die äußere Form ist die eines Einzelstückes, das mit sonstigen Akten, die sachlich zu demselben Geschäftsbetrieb gehören, zusammengeklebt wird.

D) Die byzantinische Zeit

In byzantinischer Zeit kommt das Wort *ὑπομνηματισμός* nicht mehr vor. Die commentarii werden von Diokletian abgeschafft. Gerichts- und Verwaltungsprotokolle heißen jetzt *ὑπομνήματα* (stets im Plural), auch wenn es sich um die Aufnahme einer Einzelverhandlung handelt. Die lateinische Bezeichnung lautet acta oder gesta. Die Änderung im Vergleich zu dem Zustand vor Diokletian geht auf das Reichsrecht zurück.

2. Die demotischen Urkunden

Noch sind so wenig demotische Urkunden der Prinzipatszeit veröffentlicht (268), daß es zu früh wäre, eine Urkundenlehre aus ihnen zu schreiben. Hunderte schlummern noch in den Museen. Nur einige Beobachtungen können heute schon gewagt werden.

A) Die demotische Schreiberurkunde lebt noch fort und hält die Kontinuität mit der ptolemäischen Schreiber- und Zeugenurkunde fest. Aber die Verso-Zeugen fehlen nun. Statt dessen ist meistens eine griechische Übersetzung oder Inhaltsangabe angefügt und der Anagraphé-Vermerk befindet sich auf dieser. Ferner ändert sich im Sprachgebrauch eine Nuance, die aber fortschreitende Gräzisierung bedeutet: in den ptolemäischen Urkunden heißt es dann, wenn mehrere Personen etwas abtreten, die sprächen w' r'

267 Bickerman, a.a.O. 341.
268 Eine vollständige Liste gibt Pestman, Chronologie S.85ff.

oder w' sp, „mit einem Munde" oder „mit einem Male". In den Urkunden der Prinzipatszeit dagegen wird der Ausdruck auch gebraucht, wenn nur eine Person etwas erklärt. Das ist dann eine Wiedergabe des griechischen ὁμολογῶ. Es wird so verstanden, daß der Angeredete die Rechtsänderung wünscht, und der Aussteller ist mit ihm einverstanden. Damit wird die Bilateralität angedeutet, wenn sie auch im Formular immer noch nicht erscheint.

Zur Zeit scheint die Schreiberurkunde alten Stils nur bis zum Jahre 70 n. Chr. belegt zu sein, während wir aus dem II.Jhd. Urkunden haben, die eigentlich in dieser Form hätten errichtet werden sollen, aber eine andere Form wählen. Bei der Spärlichkeit der Veröffentlichungen ist aber Vorsicht am Platz, wenn man daraus auf eine Abschaffung des alten Formulars schließen wollte.

Im einzelnen sind erhalten:

1. Die Geldbezahlungs- und Abstandsurkunde über ein Haus oder den Anteil an einem Hause: P. Eleph dem. 13. SB I 5246 (beide 3/2 v. Chr.) SB I 5231 = 5275 (11. n. Chr.). Mich V 249. 250 (beide 18 n. Chr.). 253. Berl 7058 (beide 30 n. Chr.). Ryl gr II 310 (34 n. Chr.). PSI VIII 909 (45 n. Chr.). Berl 7057 (49 n. Chr.). 6857 (50 n. Chr.). Straßb dem. 32 (56 n. Chr.). Mich V 308 (I.Jhd.).

2. Dasselbe, nur wird eine weitere griechische Urkunde angefügt, nach welcher der Kaufpreis, der gestundet wird, als *δάνειον* beurkundet wird. P. Ryl 44 + Ryl gr. II 160 (29 n. Chr.) 45 (43 n. Chr.). BGU III 910 (Grundstück – 69/70 n. Chr.).

3. Objekt ist in P. Chrest II 226 ein Esel; ein *δάνειον* kommt hinzu (7 n. Chr.).

4. Eine Eheurkunde: P. Mich V 347 (21 n. Chr.) = Ehev 12 D.

5. Eine Pachturkunde: P. Botti-Calderini 1 (4 n. Chr.) nur demotisch, mit einem griechischen Datum am Ende, das vielleicht den Anagraphé-Vermerk ersetzen soll (?).

6. In dem Graffito Philae 54 (30 n. Chr.) ist die Abschrift einer prozessualen Abstandsurkunde erhalten.

B) Im übrigen scheint, wie in den griechischen Urkunden, die Briefform vorzudringen. Bei ihr steht das Datum am Ende. Aus einigen unveröffentlichten Wiener Stücken (269) geht hervor, daß gerade solche Urkunden auch mit zahlreichen Zeugen versehen vorkommen, die dann auf dem Rekto stehen, und, wenn sie nicht Demotisch können, ihre Namen griechisch schreiben.

1. P. Botti-Calderini 2 (130 n. Chr.), etwa Erledigung einer Klage durch Vergleich (?), keine Zeugen.

---

269 PER Inv. 6859. 6860. 6861. 10084 (sive 1427), Zeit des Augustus.

2. P. Botti-Calderini 3 (175/76 n. Chr.), sollte eigentlich eine Geldbezahlungsurkunde über Priestereinkünfte sein. Man hält die alte Form nicht mehr ein. Vgl. auch P. Mich V 342 (41/42 n. Chr.).

3. P. Berl 7056 (113 n. Chr.): sollte eigentlich eine Teilungsurkunde sein.

C) In die Prinzipatszeit hinein wird das alte Formular der Tempeleide fortgesetzt (270). Auch sie scheinen nicht über das I.Jhd. n. Chr.hinauszureichen.

D) Ebenso zeigt sich an den Steuerempfangsbestätigungen die Kontinuität mit den ptolemäischen Formularen (271).

3. Die koptischen Urkunden

Die koptischen Urkunden, die heute mit Sicherheit der byzantinischen Zeit zugeschrieben werden, sind noch so wenig zahlreich, daß die Entwicklung einer besonderen Urkundenlehre an ihnen untunlich wäre. Im Zweifel wird man, Steinwenter folgend (272), annehmen, daß das byzantinische Urkundenwesen auch für sie maßgeblich war.

§ 10 Exkurs: Zum öffentlichen Recht (273)

Mit der Schlacht von Actium (30 v. Chr.) wurde Ägypten Provinz des Römerreiches (274), und zwar, weil dort immer eine stärkere Garnison stehen mußte, eine kaiserliche, keine Senatsprovinz. Augustus lehnte zunächst die Würde eines Pharaonen und den damit verbundenen Herrscherkult ab. Die Urkunden, die im Ptolemäerreich nach den Regierungsjahren des Königs datiert werden, rechnen nun nach der *κράτησις*, 't-t; (275). Doch bald taucht die alte Datierungsweise wieder auf. Allerdings fehlt bei Augustus und seinen Nachfolgern in den demotischen Urkunden die Königskartusche und die Bezeichnung Pharao.

---

270 S. Kaplony-Heckel, Tempeleide; auch unten S. 106 f.
271 O. Mattha. O. Wangstedt.
272 Das Recht der koptischen Urkunden. München 1955.
273 Ein umfassendes Lehrbuch fehlt. Teilgebiete sind gründlich behandelt: Wallace, Taxation in Egypt. Princeton 1938. – Oertel, Die Liturgie. Leipzig 1917. – Johnson-West, Byzantine Egypt. Economic studies. Amsterdam 1967. – Rouillard, L'administration civile de l'Égypte byzantine^2. Paris 1928. – Taubenschlag^2 567 – 961 (mit 3 Seiten Lit.) Neuere Lit. s. meine Berichte in den SDHI.
274 Mon. Anc. 27.
275 Spiegelberg, ZÄS 49 (1911) 87. Vgl. aber Bingen, Chron 39 (1964) 174.

Die Provinz bekommt einen Statthalter aus dem Ritterstand (276). Er darf nicht senatorischen Standes sein. Darüber setzt man sich erst in der späten Dominatszeit hinweg. Der Präfekt übt die kaiserlichen Rechte aus, wenn auch der Kaiser noch als höhere Instanz über ihm steht.

Ägypten ist in drei Epistrategien eingeteilt. Die nächst untere Instanz bilden die Strategien; unter ihnen stellen wir uns im wesentlichen die alten ägyptischen Gaue vor. Deren Untereinteilung waren die τόποι. Die unterste Verwaltungseinheit schließlich waren die κῶμαι, die Dörfer. Städte waren zunächst nur die alten Griechenstädte. Hadrian fügte ihnen Antinoupolis hinzu. Jedoch entwickelten sich die Vororte der Gaue, wie z.B. Oxyrhynchos, zu Städten, μητροπόλεις. Im Jahre 202 erhielten sie eine βουλή (277).

Der höhere Beamtenstab in der Hauptstadt Alexandria und in den einzelnen Gauen der Chora besteht aus Leuten, die das römische Bürgerrecht besitzen. Das trifft z.B. auch noch auf den Strategen zu, der als Oberhaupt eines Gaues wie in der Ptolemäerzeit fungierte. Militärische Aufgaben hatte er schon in dieser nicht mehr gehabt, doch hatte er die Verwaltung unter sich und bekam auch Justizsachen.

Die Römer schufen Ordnung im Lande, was gegenüber den letzten Ptolemäerzeiten für die Bevölkerung eine Erleichterung bedeutete (278). Weil aber Ägypten die Kornkammer des Reiches war, von der aus insbesondere die Stadt Rom selbst versorgt werden sollte, wurde die Römerherrschaft im Laufe der Zeit immer drückender. So nahm das Land am wirtschaftlichen und kulturellen Niedergang des römischen Reiches teil (279). Am deutlichsten mag die römische Verwaltung durch ihr Steuersystem und durch das Liturgiewesen gekennzeichnet sein.

Über das Steuersystem in der Prinzipatszeit gibt es ein ausgezeichnetes Buch von Wallace (280). Ein gleich gutes für das Steuersystem in Rom und in den anderen Provinzen fehlt leider, was schon Rostovtzeff bedauert hat (281). So muß man auf Untersuchungen zu einzelnen Steuern und mehr oder minder knappe Artikel in den Handwörterbüchern zurückgreifen. Gut

276 Reinmuth, The prefect of Egypt from Augustus to Diocletian^2. Aalen 1963. – Arthur Stein, Die Präfekten von Ägypten in der römischen Kaiserzeit. Bern 1950. – Hübner, Der praefectus Aegypti von Diokletian bis zum Ende der römischen Herrschaft. München 1952. – Vandersleyen, Chronologie des prefets d'Égypte de 284 à 395. Bruxelles 1962. – Dazu Hübner, Byz. Ztschr. 60 (1967) 114ff.

277 Wilcken, Grundzüge 38ff.

278 Riccobono Jr., Das römische Reichsrecht und der Gnomon des Idios Logos. Erlangen 1957.

279 Rostovtzeff, Gesellschaft und Wirtschaft im römischen Kaiserreich, übers. von Wickert, 2 Bde. Leipzig 1929. insbes. II 210ff.

280 Taxation in Egypt from Augustus to Diokletian. Princeton 1938. Auf diesem Werk beruhen die folgenden Ausführungen.

281 Rostovtzeff-Wickert, I 257 Anm.14.

studiert ist die Umsatzsteuer in dem Buch von Grabower (282). Danach hat Augustus eine centesima rerum venalium eingeführt, die von Tiberius auf 1/2 % ermäßigt, dann aber von ihm oder spätestens von Nero wieder auf 1 % heraufgesetzt wurde. In Ägypten dagegen gab es das ἐγκύκλιον schon zur Ptolemäerzeit, das mindestens auf den Umsatz von Grundstücken und Sklaven gelegt war, wenn nicht auf den Umsatz aller Güter. Es betrug in der frühen Ptolemäerzeit 5 % und wurde unter Euergetes II. auf 10 % erhöht (283). Aber die Römer dachten nicht im mindesten daran ihre in vernünftiger Höhe gehaltene Umsatzsteuer in Ägypten einzuführen, sondern sie behielten das ἐγκύκλιον bei (284). Ja, im Laufe der Zeit kommen noch Zuschläge hinzu. Nach finanzwissenschaftlicher Erfahrung mußte allein diese enorme Steuer ruinös auf die Steuerzahler wirken (285). Aber das mochte der römischen Verwaltung unbekannt sein. Sie dachte wohl nur: Steuern, an die die Provinzialen gewöhnt sind, kann man ruhig beibehalten; sie werden nicht als neuer Druck empfunden. Aber sie bringen angenehm hohen Finanzertrag. Die Constitutio Antoniniana hat sicherlich das ἐγκύκλιον nicht beseitigt (286). Das Steuerrecht unserer Provinz weist also mehr Kontinuität mit dem ptolemäischen als mit dem reichsrechtlichen auf.

Nicht weniger wichtig als diese in Geld zu entrichtende Steuer war den Römern die Abgabe in Getreide, die von jedem Grundstück geleistet werden mußte. Die διχοινικία betrug 1/20 einer Artabe auf 1 Arure Ackerlandes; das mag auf Land in Privateigentum zutreffen. Wenn es sich um δημοσία γῆ, Domanialland, handelte, mußten 7 Artaben je Arure abgeliefert werden – für den Kolonen mußte aber etwas zum Leben übrig bleiben. Konnte Domänenland nicht verpachtet werden, wurden Bauern zwangsweise angehalten, dieses zu bebauen, damit die Erträge nicht zurückgingen (ἐπιμερισμός) (287). Von dem Getreide, das nicht als Steuer an den Staat abzuliefern war, mußte wieder ein Teil an den Staat zu einem von diesem festgesetzten Preis verkauft werden: dabei merkt man deutlich die Wirkungen der fortschreitenden Inflation auf die Staatsfinanzen. Im Jahre 185 wurde noch die Annona auf die Getreidesteuer daraufgeschlagen; sie ist für die Ernährung der in Ägypten stationierten Legionen bestimmt.

Sodann gab es die ἐπιβολή: Wenn ein Grundeigentümer ἀναχώρησις beging und sein Land unbestellt blieb, mußten die anderen Dörfler dieses Land mitbestellen und nach der Größe ihres eigenen Besitzes die Grundsteuer entrichten, die der Flüchtige hätte entrichten sollen.

---

282 Grabower, Herting, Schwarz. Die Umsatzsteuer[2] Köln 1962.
283 Préaux, L'économie royale des Lagides. Bruxelles 1939, 332f.
284 Wallace 227f.
285 Lotz, Finanzwissenschaft. Tübingen 1917, 244.
286 P. Lips 4, 30 (mit BL) vom Jahre 293 n. Chr.
287 Poethke, Epimerismos. Bruxelles 1969. ders. Epimerismos von Bodenflächen verschiedener οὐσίαι der drei Bezirke des Arsinoites. AP 19 (1969) 77 – 84.

Damit dürfte die Steuerkraft des Getreidelandes aber aufs Äußerste ausgenützt sein, so daß den Bebauern für ihren eigenen Unterhalt und für die Aussaat nur wenig übrig blieb.

Zur Zeit des Augustus belieferte Ägypten fast ausschließlich Rom mit Getreide. In einem Jahr wurden 20 Millionen modii (zu 8 3/4 Litern) nach Rom verschifft.

Man durfte Getreide nicht einfach ausdreschen, wenn man wollte, sondern nur, wenn ein Aufsichtsbeamter zuschaute, damit nichts hinterzogen werden konnte. Außerdem mußte der Bauer, wenn er nur irgend Vieh hatte, auch den Abtransport selbst besorgen; nur wenn er keine Tiere hatte, wurde ihm Transportvieh gestellt. Das Getreide kam in große Speicher, *ϑησαυροί*, unter der Verwaltung der Sitologen und wurde dann von dort nach dem Hafen von Alexandria verfrachtet.

Auch in Ägypten wurde der Census abgehalten, der aus dem Neuen Testament bekannt ist, und zwar alle 14 Jahre. Man mußte dann durch *ἀπογραφαὶ κατ' οἰκίαν* deklarieren. Wenn jemand starb, mußte man das sofort anzeigen und die Bestätigung, daß man es angezeigt hatte, im eigenen Archiv aufheben. Wenn jemand geboren wurde, mußte man es auch anzeigen. Der sog. Gnomon des Idios Logos zählt Strafen auf, wenn man einen diesbezüglichen Vorgang verschwieg. Der verschwiegene Sklave wurde konfisziert. Durch *ἐπίκρισις* wurde nachgeprüft, ob niemand jemanden verschwiegen oder fälschlich als tot gemeldet hatte.

Darauf gründete sich die Kopfsteuer, *λαογραφία*. Sie wurde von Ägyptern in höherem Satz eingehoben als von Griechen. Das Differenzierungsmerkmal der Griechen war die Teilnahme am Gymnasium. Ganz befreit wurden privilegierte Berufe: Philosophen hatten *ἀτέλεια*. 20 Drachmen zahlte der Metropolit pro Jahr, 40 der Ägypter. Dazu kam das *συντάξιμον*, ein Zuschlag wegen der Inflation. Der *μερισμός* wurde für die, die *ἀναχώρησις* begangen hatten, auf die anderen Dorfbewohner verteilt.

Andere Steuern wurden in Geld erhoben: die Steuer auf Wein- und Gartenland, die Viehsteuer (für die es eigene Deklarationen gab), Gewerbesteuer der Weber, Färber, Kleidersteifer (fullones); sogar die Prostitution wurde mit dem *ἑταιρικόν* belegt. Auch Priester und Tempel entgingen der Besteuerung nicht. Die Juden zahlten eine besondere Steuer: den 1/2 Schekel, den sie früher an den Tempel von Jerusalem abführten, mußten sie nach Vespasian an den Jupiter Capitolinus, d.h. an den Kaiser, abführen. Im staatlichen Monopol wurde der Handel mit Salz, Öl und Bier und die Haltung der Bäder betrieben.

Mit Binnenzöllen wurde sowohl der Transport zur See, der Import und Export nach Ägypten aus anderen Teilen des Reiches und aus Ägypten belegt und zwar sehr hoch. Auch wer durch die Wüste eine Karawane brachte, die z.B. bei Soknopaiu Nesos im Faijum Ägypten erreichte, mußte Binnenzoll zahlen. Im Hafen von Memphis, also einem Nilhafen, mußte wieder hoher Zoll gezahlt werden: 1/5 des Wertes der Ware! Emmer, das billige Getreide, scheint davon ausgenommen gewesen zu sein.

Wenn ein Kaiser den Thron bestieg, wurde aurum coronarium erhoben: um ihm eine goldene Krone zu schicken, die er dann einschmelzen ließ.

Noch gab es Steuerpächter *πράκτορες ἀργυρικῶν* für die Geldeinkünfte; sie hatten *τελῶναι*. Ostraka zeigen das Jahr der Entrichtung, den Namen des Steuererhebers, den des Steuerzahlers, den der Steuer und die Höhe der Steuerleistung.

So drückend die Steuern gewesen sein mochten; noch mehr wurden die Einwohner des Landes durch das Liturgiesystem (288) belastet. Die Römer scheuten sich, den öffentlichen Arbeitsbedarf durch öffentliche Mittel zu bezahlen. Alles wurde im Wege des „versteckten Finanzbedarfs“ gedeckt. Dieser ist an sich etwas Griechisches: schon im alten Athen war es so, daß man einen reichen Mann zum Trierarchen wählte, wenn man ein Kriegsschiff instandhalten wollte. Er konnte dann aus seiner eigenen Tasche die Kosten dafür zahlen (289). Obwohl das eine offensichtlich kurzsichtige Finanzmethode ist, und obwohl die Ptolemäer darin vorsichtiger waren (290), machten die Römer in Ägypten den denkbar weitesten Gebrauch von dem „versteckten Finanzbedarf“.

Zwar gab es äußerlich den Unterschied zwischen honores und munera. Ratsherr in einer kleinen Landstadt zu werden, war honos. Nachtwächter oder Dammarbeiter dagegen waren munera. Aber ihre praktische Wirkung war dieselbe. Zwangsweise wurden geeignete Leute dazu herangezogen und keineswegs dafür besoldet. Für die römische Bürokratie war es fast ebenso wichtig wie die Durchführung des Amtes oder der Dienste, daß im Falle des Versagens ein Vermögen da war, aus dem man den möglichen Verlust des Staates decken wollte. Nur wohlhabende Leute sollten ein Amt bekommen, mit dem irgendein finanzielles Risiko verbunden war: z.B., sollte nur jemand Bibliophylax beim Grundarchiv werden, dessen Vermögen so groß war, daß man daraus den Schaden decken konnte, wenn die Maden die Urkunden auffraßen. Besonders wichtig waren die Posten, auf denen jemand Steuer einsammeln mußte. Kam nicht der erwartete Finanzertrag dabei heraus, so mußte der Steuererheber aus seiner Tasche das Manko decken, Dig. 50, 4, 18, 26f. Und weil bei der zunehmenden Verarmung immer weniger Leute da waren, die ein so großes Vermögen hatten, daß aus diesem ein etwaiges Manko zu holen war, nahm man nun ebenso zwangsweise andere Leute zu „Bürgen“ für den Steuererheber: wenn dessen Vermögen nicht alles brachte, was

---

288 Oertel, Die Liturgie. Leipzig 1917. – Lewis, Inventory of compulsory services in ptolemaic and roman Egypt. New Haven 1968 (in losen Blättern).

289 Andreades-Meyer, Geschichte der griechischen Staatswirtschaft, I. München 1931, 344.

290 Oertel 61.

im Voranschlag erwartet worden war, dann mußten auch diese „Bürgen" aus ihrem Vermögen das Manko decken.

Bei den niederen munera war es nicht anders. Ereignete sich irgendetwas den öffentlichen Finanzen Schädliches, so zog man nicht nach Verschuldensprinzip, sondern nur nach dem Prinzip der Haftung für Gefahrenbeherrschung den Liturgen heran, in dessen Arbeitsbereich das schädigende Ereignis lag. Deshalb hoben sich die Leute, z.B. Isidor von Karanis (291), vor allem die Bescheinigungen auf, aus denen sich ergab, daß sie ihre Liturgie durchgeführt hätten, und daß daraus kein Anspruch gegen sie erwachsen sei. Denn man konnte noch nach Jahren auf den Liturgen zurückgreifen.

Dieses Liturgiesystem ist nach der Ansicht von Rostovtzeff (292) eine der Ursachen für den Niedergang des Römerreiches und für die Verarmung der Provinz Ägypten im besonderen.

Der Kaiser Diokletian, mit dem wir die Dominatszeit beginnen, hat bekanntlich mit großen Reformen viel umgestaltet. Da ist zuerst die Reichsreform. Seit 314/15 n. Chr. gibt es anstelle der einheitlichen Provinz Ägypten deren drei: Aegyptus Herculia, Jovia und Thebais (293). Doch war die geographische Gestalt des Landes und seine ganze Geschichte so sehr auf eine einheitliche Beherrschung gerichtet, daß man den praefectus Aegypti nicht entbehren konnte. Er ist von Anfang an oder wenigstens sehr bald wieder der Vorgesetzte der praesides dieser neuen Provinzen. In anderen Provinzen gab es keine Zwischeninstanz zwischen dem vicarius der Diözese Oriens und den praesides. In christlicher Zeit heißen die Provinzen Aegyptus, Augustamnica, Arcadia, Thebais und Libyen; sie werden zwischen 380 und 382 zu einer eigenen Diözese unter einem Augustalis zusammengefaßt. Die Gaumetropolen sind civitates (294) geworden; das sie umgebende Land ist ein pagus (295). Justinian hat in Ed. XIII abermals eine Neueinteilung vorgenommen.

Diokletian hat sodann eine große Steuerreform durchgesetzt. Über diese gab es schon eine reichliche Literatur und manche Streitfrage, als der P. Cairo Isid 1 (297 n. Chr.) zum erstenmal veröffentlicht wurde (296). Danach setzte der Kaiser Steuereinheiten fest: ein Grundstück, iugum, sollte eine solche bilden; die Größe desselben richtete sich nach der Bodenbeschaffenheit, die in einem Bonitätsverfahren festgestellt wurde. Ein Weinlandgrundstück als iugum war demnach kleiner als ein Getreidefeld, oder

---

291 Vgl. oben S. 56 ff.
292 Rostovtzeff-Wickert II 135.
293 Hübner, Praefectus 1ff. – Vandersleyen 98ff.
294 Johnson-West 100ff. – Rouillard 62ff.
295 Nach Johnson-West 99 im Jahre 307/8 eingeführt.
296 Im Kommentar zu P. Cairo Isid 1 ist die neuere, nunmehr allein maßgebliche Literatur aufgeführt. Von der älteren wurde durch den Neufund allein eine Diss. von Hermann Bott, Die Grundzüge der Diokletianischen Steuerverfassung. Frankfurt 1928 gerechtfertigt, nachdem die herrschende Meinung sie früher abgelehnt hatte.

gar Bergwiesen. Eine gleiche Steuereinheit war das caput, die Arbeitskraft des Mannes. Eine Frau war 1/2 caput. Nun wurde je nach Bedarf des Staates in Ansagen, Indiktionen, bekanntgegeben, wieviel von einer Steuereinheit zu leisten war. Doch handelte es sich nicht um eine Geldsumme. Vielmehr mußten die Bodenerzeugnisse abgeliefert werden. Die Inflation war ja schon weit fortgeschritten. Das Edikt des Kaisers wurde zunächst als eine große Erleichterung gegenüber dem verfahrenen und drückenden Steuersystem empfunden. Kopf- und Grundsteuer alter Art fielen weg. Die anderen Steuern blieben oder wurden bald unter einem anderen Namen wieder eingeführt (297). Insbesondere blieb eine Umsatzsteuer ἐπὶ τοῖς ὠνίοις: PSI VIII 965 (um 300 n. Chr.).

Der Inflation suchte der Kaiser durch sein Höchstpreisedikt Herr zu werden (298). Es gibt dazu Papyrusurkunden, die zeigen, wie Händler gezwungen wurden, ihre Erzeugnisse zu dem festgesetzten Preis auf den Markt zu bringen. Das Liturgiesystem blieb erhalten (299).

Eine soziale Umwälzung bedeutete für das ganze öffentliche Recht die Autopragie (300). Sie ist das Recht, die Steuern selbständig, ohne Mitwirkung eines compulsor, an die Provinzkasse zu zahlen, sie andererseits auch von den Kolonen einzutreiben. Die Macht dieser Autoprakten wurde damit staatlich anerkannt. Sie setzte sich zwischen 429 und 474 durch. Der Staat wälzte damit das Risiko der Nichterfüllung auf mächtige Personen, vor allem die Großgrundbesitzer ab. Diese werden Pagarchen (301) und treiben die Steuern mit Anwendung aller Gewalt, auch privater Gefängnisse, ein, und bald nicht nur von ihren Kolonen, sondern auch von den Bewohnern der kleineren Städte. Die ständische Gliederung des Mittelalters deutet sich hier zum erstenmal an.

---

297 Johnson-West, Byzantine Egypt 295 – 321 zählt eine Liste der Steuern und Gebühren auf und erörtert kritisch den Stand der Überlieferung. Vgl. auch für die Zeit Justinians Rouillard 75ff.

298 Th. Mommsen et H. Blümmer, Edictum Diocletiani de pretiis rerum. Neudruck 1961. – Schönbauer, JJP 9/10 (1956) 53.

299 Johnson-West 321ff. – Rouillard 73f.

300 Gelzer, Studien zur byzantinischen Verwaltung Ägyptens. Leipzig 1909, 89ff. – Seidl, Der Eid im römisch-ägyptischen Provinzialrecht II, München 1935, 60ff.

301 Rouillard 52ff.

II. Gerichtsverfassung und Prozeßrecht

§ 11 Gerichtsverfassungsrecht

Vorbemerkung: in den Darstellungen des römischen Zivilprozeßrechts werden meistens vier verschiedene Prozeßarten unterschieden (1):

1. der klassische ordo iudiciorum, in welchem die Parteien durch die Richterwahl und die litiscontestatio einen entscheidenden Einfluß auf das Verfahren apud iudicem haben. In der Provinz Ägypten ist diese Verfahrensart niemals, auch nicht bei Prozessen unter Römern, zur Anwendung gekommen.

2. den Kognitionsprozeß. Er geht von der richterlichen Gewalt des Kaisers aus. Die Personen, die richterlich tätig werden, sind den Parteien aufoktroyiert. Aber wie im klassischen ordo iudiciorum beginnt der Prozeß mit der editio actionis, d.h. mit der Bekanntgabe des Streitgegenstandes an den Beklagten. Die Form der editio ist gleichgültig, man muß nur beweisen können, daß sie vorgenommen wurde.

3. der Litisdenuntiationsprozeß. Es ist üblich geworden, die „Streitansage" durch ein Gerichtsorgan vornehmen zu lassen. In ihr wird der Beklagte angesprochen.

4. der Libellprozeß. Die nächste Entwicklungsstufe ist dann die, daß sich der Kläger sogleich an eine richterliche Instanz mit einem Schriftsatz, libellus, wendet, und daß das Gericht selbst den Beklagten davon verständigt.

Man kann aber nach diesen Kriterien keine genaue Periodeneinteilung in unseren Papyrusurkunden vornehmen. Steinwenter und Kaser sind vielmehr mit Recht der Ansicht, daß die Entwicklung sich allmählich und organisch vollzog.

Das Gerichtsverfassungs- und Prozeßrecht der Provinz Ägypten (2) soll hier von den typisch ägyptischen Bedürfnissen her erklärt werden.

---

1 Kaser, Das römische Zivilprozeßrecht. München 1966. – Boyé, La denuntiatio introductive d'instance sous le principat. Bordeaux 1922. – Wlassak, Zum römischen Provinzialprozeß. Sitz. Ber. Akad. Wien 190 (1919) 4. – Collinet, La procédure par libelle. Paris 1932. – Steinwenter, Die Anfänge des Libellprozesses. SDHI 1 (1935) 133. – Wenger, Qu 836.

2 Prinzipatszeit: letzte, lebensvolle Schilderung von Humbert, in: Burdeau, Charbonel, Humbert, Aspects de l'empire romain. Paris 1964, 95 – 144. – Coroi, Actes Oxford (1938) 615ff. Dominatszeit: Rouillard, L'administration civile de l'Égypte Byzantine[2] Paris 1928, 149ff. – Schiller, The courts are no more. Studi Volterra I (1969) 469.

Diese sind gegenüber der Ptolemäerzeit nicht anders geworden. Wie der ptolemäische König, um das Land zu beherrschen, die Kontrolle der Rechtsprechung in seiner Hand halten wollte, so wollte sie auch der Kaiser durch seinen Statthalter möglichst zentralisieren. Jedoch war Ägypten wegen seines Getreidereichtums in der Lagidenzeit eine ergiebige Einnahmequelle für seinen Herrscher, in der Römerzeit die Kornkammer der Stadt und nicht minder fiskalisches Ausbeutungsobjekt. Das aber wiederum verlangte, daß man die landwirtschaftliche Bevölkerung an ihrer Arbeit festhielt und ihr nicht erlaubte, von ihr fortzugehen, um an der zentralen Stelle Prozeß zu führen. In der Ptolemäerzeit hatte das fiskalische Interesse dazu geführt, daß der König die *ἐντεύξεις εἰς τὸ τοῦ βασιλέως ὄνομα* niemals wirklich zu Gesicht bekam, sondern sie durch den Gaustrategen erledigen ließ (3) und später das Wandergericht der Chrematisten schuf, das an seiner Stelle definitiv judizierte (4). Das Gerichtsverfassungsrecht der Römerzeit ist ebenso ein Ausgleich zwischen dem politischen Bedürfnis nach Zentralisation und dem fiskalischen nach Dezentralisation.

1. Der *Kaiser* kann im Reskriptenverfahren mit einem Prozeß angegangen werden (5). Kaser meint, dieses Verfahren sei erst seit Hadrian üblich geworden (6) Aus den Papyrusurkunden würde bisher dem nichts widersprechen; doch gibt es literarische Belege, die ein mindestens ähnliches Verfahren schon in der Zeit des Augustus nachweisen lassen (7). Der Kaiser entscheidet aber nur nach dem Vorbringen der Prozeßpartei, die ihn angegangen hat, über die Rechtsfrage mit dem Vorbehalt: si preces veritate nituntur. Beweisaufnahme und Urteil überläßt er, wie der republikanische Prätor, dem gewöhnlichen Verfahren. Jedoch der Weg von Ägypten nach Rom ist weit und die Reise kostspielig; so kam diese Bitte um ein Reskript wohl nur selten vor. Etwas anderes ist es, wenn der Kaiser eine Reise nach Ägypten macht, wie Septimius Severus um das Jahr 200 herum; dann kommen die Einwohner des Landes und benachbarter Provinzen zu ihm. Auch wenn bereits ein richterliches Urteil vorliegt, kann man den Kaiser in dieser Weise um Korrektur bitten (8). Insofern ist er die höchste Instanz. Das Reskriptenverfahren existiert bis zu Justinian (9, 10).

---

3 PtolRG^2 78.

4 PtolRG^2 74. Auch die Sondergerichte sind hierher zu stellen, s. Berneker, Die Sondergerichtsbarkeit. München 1935.

5 Hauptbeleg sind die Apokrimata s. oben S. 31. : S. ferner Wenger, Rechtstheoretische Fragen. Actes v[e] congr. Pap. Oxford 1937, 557 zu dem fragmentarischen P. Harr 67 (ca. 150 n. Chr.).

6 ZP 352.

7 Volkmann, Zur Rechtsprechung im Prinzipat des Augustus. München 1935, 202ff.

8 Apokr. § 2 und 3. BGU II, 628 Ro, s. oben S. 41.

9 SelP II 210 = Cairo Masp 67024 (551 n. Chr.).

10 Der fragmentarische P. Chrest II 380 = Amh 27 sagt leider zu wenig über ein erschlichenes Reskript.

Aber in dieser Zeit der Spannungen zwischen Katholiken und Monophysiten ist es vorbei mit dem tiefen Respekt, mit dem man in der Prinzipatszeit ein kaiserliches Reskript entgegennahm. Die potentiores tun doch, was sie mögen. Also muß die Partei, die ein ihr günstiges Reskript erlangt hat, noch ein oder zwei Hofleute von hohem Rang, z.B. comites bezahlen, daß sie als exsecutor nach Oberägypten reisen und dort das Reskript auch durchsetzen. (FIRA III 179 = Cairo Masp 67032 vom Jahre 551) (11).

Nach den alexandrinischen Märtyrerakten richtet der Kaiser in Kapitalsachen als einzige Instanz (12).

2. Dem *Statthalter* (13) obliegt die Beherrschung der Provinz. Dazu gehört auch die Kontrolle über die Rechtsprechung (14). Wenn er schon den Kaiser repräsentiert, muß er dem Volke zugänglich sein, wie dieser. Er läßt sich de plano et pro tribunali die Anliegen der Leute vortragen (15). Er kann sie abweisen; er kann ein Rechtsgutachten über den Fall erteilen, aber die Frage, si preces veritate nituntur, anderen zur Untersuchung überlassen, oder, er kann den Prozeß von Anfang an bis zum Ende durchführen. Er kann auch alles tun, was in Rom dem Prätor kraft seines imperium gestattet ist (16). Ferner hält er alljährlich nicht nur an seinem Amtssitz in Alexandria, sondern auch in anderen Städten des Landes Konvent ab (17): in Pelusium für das östliche Delta und in Memphis für die Heptanomia und die Thebais zusammen, wobei es ihm aber überlassen bleibt, gelegentlich auch an einem anderen Ort, etwa in der Thebais Konvent zu halten, wenn er Zeit und Lust dazu hat. Der Konvent ist eine gut römische Institution, die aus republikanischer Zeit stammt (18). Kontinuität mit der Rechtsprechung des Ptolemäerkönigs besteht also nicht. Eine Ankündigung des Ortes und der Zeit geht alljährlich rechtzeitig dem Konvent voraus. Doch dient er nicht nur der Rechtsprechung, sondern auch der Kontrolle der Verwaltung des Bezirks, daher der Name διαλογισμός; die Rechtsprechung ist nur ein kleiner Teil der Aufgaben, die auf dem Konvent zu erledigen sind. Die Dauer dieser Versammlung ist bald kürzer als ein Monat, bald beträgt sie bis zu 41 Tagen (19).

---

11 Partsch, Nachg. Schriften 225ff.
12 S. oben S. 55.
13 Bureth, Documents papyrologiques relatifs aux préfets d'Égypte. RHD 47 (1968) 246ff.
14 Tac. Ann. 12, 60. Dig. 40, 2, 21. 1, 17, 1. – Bonneau, Études Macqueron. Aix-en-Provence 1970, 141.
15 Wenger, Ein Papyrus zum Verfahren de plano und pro tribunali. ZSS 59 (1939) 376.
16 Er hat ein imperium ad similitudinem proconsulis. Ulpian, Dig. 1, 17, 1. – Wlassak, Provinzialprozeß, 7, 10.
17 Wilcken AP 4 (1908) 366. Der dort S.384 angeführte älteste Beleg ist SB I 982 (4 v. Chr.).
18 Cic. in Verr. 2, 5, 11, 28. – Costa, Cicerone Giureconsulto^2 II 22, 3. – Kaser, ZP 370, 30.
19 Steinwenter, Studien zum römischen Versäumnisverfahren. München 1914, 76, 1.

In dieser kurzen Zeit sämtliche Prozesse eines großen Bezirks zu erledigen (20), ist keine leichte Aufgabe, sondern dazu ist es notwendig, daß die Prozesse zunächst von den Lokalinstanzen gut vorbereitet sind, daß sie „verhandlungsreif“ sind, ehe sie überhaupt auf den Konvent kommen (21). Auch kann sich der Statthalter oder sein Vertreter dann nicht um die Beweisaufnahme kümmern, wenn die zeitraubend ist, d.h. wenn die Beweise nicht sofort an Ort und Stelle erhoben werden können. Wenn aber der Fall liquid ist, etwa so, daß die Beweisfragen unumstritten sind, so kann er ihn selbst auf dem Konvent sofort erledigen. Im Gegensatz zum klassischen Prozeß muß also der Statthalter kein Verfahren vor einem iudex herbeiführen, sondern kann über die Tatsachenfragen ebenso wie über die Rechtsfrage selbst entscheiden. Callistratus sagt Dig. 1, 18, 9 vom Statthalter: sed is aestimare debet, utrum ipse cognoscat an iudicem dare debeat.

Dazu hat er nun einen Stab von Beratern. In der frühen Prinzipatszeit scheint er sich diesen ganz persönlich ausgewählt zu haben. Im P. Oxy XXXVI 2754, 8 (111 n. Chr.) werden die Berater *φίλοι* genannt. Der Präfekt, Sulpicius Similis spricht davon, daß sie als *κριταί* eingesetzt wurden, aber die ihnen anvertrauten Prozesse nicht erledigt hätten. Da die Urkunde etwa aus der Mitte seiner Statthalterschaft stammt, müssen es nicht unbedingt die *φίλοι* seines Amtsvorgängers sein, die etwa mit diesem zusammen aus Ägypten abgereist wären (22). Es könnten auch seine eigenen sein, mit deren Amtsführung er unzufrieden war. An ihrer Stelle wird ein Befehlshaber der statthalterlichen Leibwache, der auch *φίλος* genannt wird, mit der Erledigung dieser schwebenden Sachen betraut. Ob er Jurist war, wissen wir nicht. *φίλοι* heißen auch die Mitglieder des statthalterlichen consilium in FIRA III 19b = Chrest II 372 IV 13 (II.Jhd.) doch erscheinen sie in demselben P. in Col. III Z. 18 als *νομικοί*. Diese Belege sind wahrscheinlich älter als die Institution des Juridicus. Die späteren nennen die assessores *οἱ ἐν τῷ συμβουλείῳ*: P. SB V 7696, 30 (250 n. Chr.) (23).

Vom Standpunkt des Reichsrechts kann man dieses Verfahren einen Kognitionsprozeß nennen, weil alles von der Amtsgewalt der Präfekten ausgeht; das Provinzialrecht ist dabei in Einzelheiten dem Reichsrecht vorausgegangen, das in einer Entwicklung bis zur Mitte des 3.Jhd. allmählich den Kognitionsprozeß an die Stelle des klassischen Prozesses treten läßt (24).

Betrachten wir zunächst Fälle, in denen der Präfekt selbst entscheidet. In P. Chrest II 80 = Flor I 61 sind 100 Artaben Weizen Streitgegenstand (85 n. Chr.). Diese Menge war also groß genug, um sich an den Statthalter

20 Subatianus Aquila bekam nach P. Yale 61 (209 n. Chr.) nicht weniger als 1804 Eingaben, wenn es auch nur zum Teil Klagen gewesen sein mögen.
21 JurP 82b = P. Ryl II 74 (133/7 n. Chr.).
22 Vibius Maximus wurde möglicherweise mit Schande abgesetzt: P. Musurillo 7.
23 Vielleicht auch schon BGU I 288 (+ BL), Zeit des Antoninus.
24 Wenger, Institutionen des römischen Zivilprozeßrechts. München 1925, 59.

selbst wenden zu dürfen. Dasselbe gilt für die 20 Talente, um die in PSI IV 281, 40 (136/41 n. Chr.) gestritten wird. In P. Oxy II 237 VII 20 (128 n. Chr.) geht es darum, ob ein Vater nach enchorischem Recht dem Schwiegersohn die Tochter wegnehmen dürfe. Man möchte auch SelP II 259 = Ryl II 75 (150 n. Chr.) hier anreihen, doch ist die Wiedergabe dessen, was der Präfekt gesagt hat, so kurz, daß wir nicht erfahren, ob seine Worte der Instruktion eines iudex pedaneus, einer eigenen denegatio actionis oder einer von ihm selbst gefällten sententia entnommen sind. Es handelt sich aber um eine cessio bonorum, für den Betroffenen sicherlich keine Bagatellsache.

Beweisaufnahme durch den Statthalter finden wir ferner in P. Teb II 287 (161 – 69 n. Chr.). Die Entscheidung könnte hier als praeiudicium für den Fiskus Folgen haben, weil sie die Steuern der Färber betrifft. Auch in der Stadt Rom wäre dieser Fall nicht im ordo iudiciorum, sondern im Kognitionsverfahren behandelt worden. In PSI XII 1245 (207 n. Chr.) entscheidet der Präfekt ebenfalls selbst. Es geht, wie in unseren Urkunden oft, um eine Liturgie. Darüber wurde, jedenfalls zur Zeit des Callistratus im Kognitionsprozeß entschieden: Dig 50, 13, 5 pr. (25). Dasselbe gilt für SB IV 7696 (249/50 n. Chr.), worin wiederum die Liturgiepflichten streitig sind.

In P. Chrest II 81 = Oxy IV 706 (115 n. Chr.) verurteilt der Präfekt einen Freigelassenen zu operae für seinen Patron. Der Streitwert allein könnte schon die Zuständigkeit des Statthalters bedingt haben. Noch mehr aber spricht die allgemeine Bedeutung der Rechtsfrage dafür (26): ob nämlich bei den Freigelassenen ägyptischer Patrone dasselbe zu gelten habe, was bei solchen römischer Freilasser rechtens war: in Rom selbst wäre der Prozeß vermutlich in cognitio extraordinaria entschieden worden. Zwar findet sich der Fall nicht in Bekkers Liste (27); aber es gibt immerhin einen analogen Fall: Prozesse von Haussöhnen und Sklaven gegen ihre Gewalthaber (Ziff.2 bei Bekker). Dem Kognitionsprozeß wurden solche Fälle zugewiesen, in denen die eine Partei wesentlich schwächer war als die andere, bei der also der vom Kaiser eingesetzte Beamte als ein Verteidiger der Schwachen erscheint. Das dürfte beim Freigelassenen ebenso gewesen sein wie beim Haussohn.

Doch ist Ägypten eine große Provinz; der Statthalter konnte nicht alles entscheiden.

a) Also hatte er Vertreter in seiner Tätigkeit: Juridicus, Idios Logos, Archidikastes und Epistratege. Wir nehmen sie anschließend an den Statthalter für sich durch.

---

25 Scherillo, Lezioni sul processo. 1960, 207f. – Bonini, I 'Libri de cognitionibus' di Callistrato I (1964) 32ff.

26 Humbert a.a.O. 121, 127f.

27 Bekker, Die Aktionen des römischen Privatrechts II (1873) 194f.

b) Er konnte einen Prozeß zuerst mit den Parteien verhandeln, wie es der Prätor in iure machte, dann aber einen iudex pedaneus einsetzen und ihm mit einer wirksamen Instruktion versehen (28). Die Instruktion kann die Rechtsfrage entscheiden, den iudex pedaneus also auf die Tatsachenfeststellung beschränken: dann hat sie Ähnlichkeit mit der formula des römischen Prätors und dem Reskript des Kaisers. Sie kann aber dem Unterrichter auch Rechtsfragen überlassen.

c) Er kann ferner ohne Verhandlung vor ihm selbst einen iudex pedaneus mit der Verhandlung und Entscheidung des Falles betrauen. Dann wird dem Dezentralisationsbedürfnis stärker Rechnung getragen.

d) Möglicherweise konnte er auch von vornherein bestimmte Prozesse, – in lokaler oder sachlicher Abgrenzung – bestimmten Unterrichtern zuweisen (29).

Die Fälle, in denen er zunächst selbst auf dem Konvent verhandelte, müßten die wichtigeren sein. In FIRA III 19a = P. Catt Ro (117 n. Chr.) verheißt der Statthalter, iudicem dare, wenn die Parteien zugäben, daß es um die fingierte dos eines Soldaten gehe (30). Die Parteien haben römisches Bürgerrecht. Da es dabei auf die Durchführung von Benefizien des regierenden Kaisers ankam (31), wird der Fall auch in Rom selbst eher zum Kognitionsprozeß als zum ordo iudiciorum gehört haben. Der Prozeßgegenstand hatte jedenfalls erhebliche politische Bedeutung, selbst wenn der Streitwert, den wir nicht erfahren, gering gewesen sein sollte.

Im P. Fam. Teb 24 (124 n. Chr.) erfahren wir aus dem Vortrag der ersten Rhetoren, daß sich der Präfekt mit der Sache, die unter Peregrinen ausgetragen wird, befaßt und den iudex pedaneus delegiert habe (Z. 34). Dieser hat hier zu untersuchen, welche Personen die erheblichen Beträge zahlen mußten, die zur Wiederherstellung des von Maden zerfressenen Grundarchivs notwendig geworden waren. Eine Bagatellsache war es sicherlich nicht; der Streitwert belief sich schließlich auf 1 Talent 375 Dr. (Z. 111). Zwar streiten sich die Erben des γραμματεύς mit den Erben der βιβλιοφύλακες in der Verhandlung; dahinter aber steht das Staatsinteresse, daß die Kosten aus irgendwelchen privaten Mitteln bezahlt werden. Als Fiskalsache wäre sie auch in Rom im Kognitionsprozeß entschieden worden (32). Der Präfekt hat sodann im Falle des P. Chrest II 90 (= Oxy III 653 – 160/61 n. Chr.) selbst zunächst mit den Parteien, römischen Bürgern, verhandelt. Streitig ist,

28 Humbert, a.a.O. 109.

29 Arangio-Ruiz, P. Mil Vogl I S.212 vertritt die Auffassung, daß bei Verfahren ἐξ ἀναπομπῆς immer eine allgemeine Delegation solcher Prozesse an den Unterrichter vorliege.

30 Diese Auslegung ist umstritten, vgl. Arangio-Ruiz FIRA III a.a.O. Doch kommt es hier darauf an, daß κριτὴν δίδωμι dasteht.

31 Studi Paoli (1955) 667.

32 Bekker 196 Ziff.6.

ob ein in ein Landgut eingewiesener Hypothekengläubiger dasselbe herausgeben muß, wenn ihm das Kapital angeboten wird, oder ob er es auch für die Zinsen zurückbehalten kann, obwohl er die Nutzung des Gutes seit seiner Einweisung hatte. Der Statthalter, Volusius Maecianus, eröffnet den Parteien die Richterwahl. Diese wissen nichts damit anzufangen; sie ist ihnen offensichtlich ungewohnt; und so überlassen sie die Richterwahl dem Statthalter selbst. Das mag auch im ordo iudiciorum in Rom oft genug vorgekommen sein. Der Präfekt macht davon Gebrauch; aber – und darin zeigt sich doch der Kognitionsprozeß – er gibt dem iudex pedaneus, einem Offizier, Vollmacht zur weiteren Delegation: *ὃν μεταπέμπειν δικαιοῦμεν* (33). Der für die Freiheit der Richterwahl entscheidende Satz ist ergänzt, doch durch den Gleichlaut mit P. Chrest II 87 (= P. Lond II p. 152 Nr. 196) gesichert (ca. 141 n. Chr.). Die Parteien sind ebenfalls Römer. War der berühmte Pandektenjurist vom alten ordo iudiciorum so begeistert, daß er die freie Richterwahl in seiner Provinz einführen wollte? Denn im Rom selbst wäre der Prozeß wohl im ordo iudiciorum verhandelt worden.

Der viel umstrittene Wertpapierpapyrus, P. Mil Vogl I 25 I – IV (127 n. Chr.) gibt eine Verhandlung vor dem Strategen wieder. Aber es fehlt die 1. Kolumne. In dieser vermutet Arangio-Ruiz in der Erstedition des P. die Wiedergabe einer Verhandlung vor dem Statthalter, der den *ἐξ ἀναφορίου* (Z. II,2) handelnden Strategen eingesetzt habe. Ob das aufgrund einer Verhandlung vor ihm geschah, oder ob er nur schriftlich auf die beiden Klagen des Klägers an ihn seine Weisung gegeben hatte, ist nicht zu ersehen. Der Streitwert beträgt 2000 Dr.; die Parteien sind Peregrine. Es ist eine reine Geldangelegenheit; in Rom wäre sie also im ordo iudiciorum verhandelt worden.

Nach der Diokletianischen Reichsreform müßten die Aufgaben des Statthalters (34) an die praesides der neuen Provinzen übergegangen sein. Doch die erwähnte Sonderstellung des *ἔπαρχος* (35) zeigt sich auch in der Gerichtsverfassung. Cod. Iust. 2, 7, 13 pr setzt die Zahl der beim Augustalis amtierenden Advokaten auf 50 fest. Diese Konstitution ist unsere beste Quelle für eine umfangreiche richterliche Tätigkeit der Statthalter nachdiokletianischer Zeit. Urkundliche Belege sind wenig zahlreich: PSI VII 767 (ca. 331 n. Chr.), leider fragmentarisch, P. Oxy XII 1504, der möglicherweise der Dominatszeit angehört. P. SB IV 7338 (300 n. Chr.), erzählt, daß der Präfekt (ergänzt) die Sache an den Prohedros von Lykopolis abgegeben habe. Den Statthalter anzugehen war eine kostspielige Sache; die Konvente scheinen nicht mehr abgehalten worden zu sein. Also mußte man seine Klage dem Statthalter in Alexandria persönlich überreichen (36). So klingt es

33 Vgl. zu Cod. Just. 3, 1, 5: Scherillo 351.
34 Hübner Der Praefectus Aegypti. Diss. Erlangen 1952, 61ff. – Schiller a.a.O.
35 Oben S. 91.
36 Hübner 62.

wie eine Drohung mit einem seltenen Ereignis, wenn der Beklagte in P. Oxy XII 1417 (Anfang des IV.Jhd.) erklärt (Z. 9): τὴν ἔξοδον ποιοῦμαι ἐπεὶ τὸν κύριόν [μου ἡγεμόνα] (37).

Die Armut hatte zugenommen und vielen Leuten aus unseren oberägyptischen Fundstätten mag die Reise nicht mehr möglich gewesen sein. Wenn der Präfekt dann doch keine Instruktion mehr gab, sondern einen Offizier delegierte, war er vom Standpunkt der Parteien aus höchst überflüssig. Dann konnte man ja gleich die militärische Stelle angehen. Das mußte erst wieder durch P. Oxy VIII 1101 (367 – 370) verboten werden. In späterer Zeit, vor allem im VI.Jhd. kam die Abneigung der Monophysiten hinzu, vor dem katholischen Statthalter und seinen Delegierten Recht zu nehmen.

Während der kurzen Regierungszeit des Gegenkaisers Domitius Domitianus übte der ἐπανορθωτής Achilleus die Statthalterbefugnisse aus. P. Cairo Isid 62.Mich III 220 (beide 296 n. Chr.).

3. *Vertreter des Präfekten.* Oft sehen wir, daß in Alexandria oder auf einem Konvent andere die Aufgaben wahrnehmen, die der Statthalter hatte. Sie sind von den iudices pedanei dadurch zu unterscheiden, daß sie, wie der Statthalter den Prozeß entweder bis zum Urteil in ihrer Hand behalten oder nur ein Rechtsgutachten abgeben und einen iudex pedaneus bestimmen können.

a) So gibt es auch in Ägypten den Juridicus, δικαιοδότης. In Italien wurde dieses Amt etwa 164 n. Chr. geschaffen (38). Dort gehörten zu seinen Aufgaben die freiwillige Gerichtsbarkeit, wie wir heute sagen würden, ferner Erbschafts- und Konkursprozesse. In Ägypten ist das Amt schon früher nachweisbar (39). Wieder liegt also ein Fall vor, in dem das Provinzialrecht dem Reichsrecht vorauseilte. Bald ist der Juridicus in Ägypten aufgrund einer Delegation durch den Statthalter nachzuweisen (40), bald hat er ihn als vornehmster Beamter nach ihm zu vertreten (41). Sein Aufgabenkreis dürfte aber mit dem des Juridicus des Reichsrechts übereinstimmen. Ebenso wird der im Rang nächste höhere Beamte der Provinz, der Idios Logos, dessen Titel später διοικητής ist, aufgrund einer Delegation in der Rechtsprechung tätig (42), oder in Prozessen, die mit den Finanzen oder mit der

37 Ἡγεμών kann sowohl den Präfekten wie den Praeses bezeichnen: Hübner 16f.

38 Rosenberg, RE Juridicus. – Kupiszewski, The iuridicus Alexandreae, JJP 7/8 (1953/54) 187ff.

39 SB I 982 (4 v. Chr.); danach gab es mehrere; ob zu gleicher Zeit, sieht man daraus nicht.

40 P. Chrest II 60 = BGU 378 (ca. 141 n. Chr.) mit Kommentar von Mitteis.

41 Chrest II 61 = BGU 372 (166 n. Chr).

42 Plaumann, RE Idios Logos. Chrest II 91 = BGU 388 (II.Jhd.). 87 = Lond II 196 (141 n. Chr.). Er verweist seinerseits an einen iudex pedaneus. Im BGU XI 2059 (1.Jhd.) ist derselbe Mann δικαιοδότης καὶ πρὸς τῷ ἰδίῳ λόγῳ.

Priesterschaft, seinen Ressorts, zusammenhängen, oder als Vertreter des Juridicus.

Der δικαιοδότης geht vor wie der Präfekt selbst. Sein Amtsverweser in P. Chrest II 87 und 88 verhandelt zunächst mit den Parteien (Römern). Dann überläßt er ihnen die freie Richterwahl. Mit dem gewählten μεσίτης, arbiter, erklärt er sich einverstanden. Der Streitwert ist hoch; es sind mehrere Ölgärten, die für ein Kapital von mehreren Talenten hypotheziert sind. In P. Chrest II 60 sind es mehr als 10 Talente; in Nr.61 zwanzigtausend Drachmen. Der iuridicus Alexandreae hat die Diokletianische Reichsreform überlebt: in der Verhandlung FIRA III 172 = Bouriant 20 (nach 350 n. Chr.) hat er die Aufgaben, die auch in Rom der iuridicus ausgeführt hätte.

b) Zu den höheren Jurisdiktionsmagistraten möchte man auch den ἀρχιδικαστής rechnen (43). Der Titel könnte aus der späteren Ptolemäerzeit stammen. Sein Wirkungskreis könnte etwa zuerst Alexandria gewesen sein und sich später auf Ägypten erstreckt haben. Die Träger des Amtes sind römische Bürger. Wir fanden ihn schon an der Spitze der für das Urkundenwesen eingesetzten Behörden (44). Er begegnet auch in Prozessen, die nichts mit Urkunden zu tun haben. In P. Chrest II 86 = BGU I 136 (vom Jahre 135 n. Chr.) ist Intestaterbfolge und redliche Vormundschaftsführung Streitgegenstand. Den Wert der Objekte kennen wir nicht. Er verweist, aber nur durch ὑπογραφή, an den Strategen, an den häufig ja auch der Statthalter verweist. Dasselbe geschieht in P. Mil Vogl I 25, IV 18ff. (127 n. Chr.). In P. BGU II 614 (217 n. Chr.) wurde der Archidikastes vom Präfekten durch ὑπογραφή delegiert. Der Streitwert dieser Nachlaßsache wird auf 4000 Dr. angegeben. Der Kläger rechnet damit, daß es in der Verhandlung vor dem Archidikastes zur Bestellung eines δικαστής kommen könnte (Z. 26). In diesen drei Prozessen möchte man den Juridicus für zuständig halten. Dazu kommt, daß der ἀ. häufig auch ἀρχιερεύς ist, ein Amt, das ursprünglich mit dem Idios Logos verbunden war. Die Zuständigkeitsgrenzen sind also fließend. Wir wissen nur nicht, auf wen die Änderungen zurückzuführen sind, ob auf die Kaiser oder auf die Statthalter selbst. Vom IV.Jhd. an erscheint der ἀ. nicht mehr.

c) Der Präfekt konnte auch eine Einzelperson mit seiner Vertretung betrauen. Das ist der Fall bei P. Chrest II 84 = CPR 18 (124 n. Chr.). Als es gilt in einem Erbschaftsprozeß unter Peregrinen zu entscheiden, ob nach enchorischem Recht ein Sohn aus schriftloser Ehe zu Lebzeiten des Vaters ein Testament errichten könne, sehen wir einen Offizier als Richter. Er ist nicht

---

43 Calabi, Aeg. 32 (1952) 406ff. Die Liste der Belege umfaßt 9 Seiten und reicht bis zur 2.Hälfte des III.Jhd. Nachzuweisen, daß er für eine besondere Verfahrensart zuständig war, ist der Gegenstand einer Artikelserie von Jörs, Erzrichter und Chrematisten. ZSS 36 (1915) 230. 39 (1918) 52. 40 (1919) 1.

44 S. oben S. 72.

iudex pedaneus. Das sehen wir nicht nur daraus, daß er auch die Rechtsfrage des Falles zu beurteilen hat, sondern daraus, daß er dem ὑπηρέτης des Statthalters in Z. 35 einen Befehl erteilen kann. Er mag zu den oben erwähnten φίλοι des Präfekten gehört haben. Er beruft sich auf ἀναπομπή des Präfekten (45). In Alexandria findet diese Verhandlung wohl nicht statt; man könnte sich aber denken, daß sie auf einem Konvent für das Faijum verlaufen war.

d) Besondere Erwähnung verdient sodann P. Mich III 159 (= FIRA III 64. 41 n. Chr.). Ein Veteran streitet mit einem aktiven Kavalleristen über eine Intestaterbfolge. In der Stadt Rom und unter Zivilisten und römischen Bürgern wäre der Fall im Ordo iudiciorum entschieden worden. Hier aber ist von freier Richterwahl keine Rede. Es handelt sich deutlich um Kognitionsprozeß, obwohl uns das Urteil römisch anmutet. Der praefectus castrorum – nicht der Statthalter – hat einen centurio zur Urteilsfällung delegiert. Man nahm an, daß der Statthalter dem Lagerkommandanten eine Generaldelegation für solche Fälle erteilt hätte. Ob diese Vermutung notwendig ist, wissen wir nicht. Es könnte ebensogut sein, daß die Kommandanten einer Legion überall im Reiche befugt waren, solche Fälle im Kognitionsprozeß zu entscheiden; nimmt man doch sogar für die republikanische Zeit an, daß die tribuni militum consulari potestate ohne Richterwahl entscheiden konnten (46). Diese Befugnis konnte im Laufe der Zeit auch den praefecti castrorum zugekommen sein.

Bisher sahen wir Zentralisation der Gerichtsverfassung. Nun müssen wir uns auch den dezentralisierten richterlichen Behörden zuwenden:

4. Der *Epistratege,* der an der Spitze einer Mehrheit von Gauen steht, wird auch als solcher Richter tätig, der die Rechtsfrage zu entscheiden hat. In P. SB I 5343 (182 n. Chr.) verweist er den Rechtsstreit an den Nomarchen der Stadt Antinoupolis. Peregrine streiten um nur 240 Dr. und Zinsen. Aber schon 131 n. Chr. war er nach JurP 84 = Oxy III 486 = Chrest II 59 mit einem Prozeß befaßt. Hier ist unter Peregrinen streitig, ob ein Grundstück nur fiduziarisch übereignet ist oder unbedingt. In Rom wäre es in diesem Falle wohl zu einem normalen Prozeß gekommen. Der Epistratege übergab die Sache dem Statthalter (47). Dieser aber schrieb auf ein Gesuch der einen Partei, von der Anwesenheitspflicht entbunden zu werden: Ἔντυχε τῷ ἐπιστρατήγῳ. Ob man daraus schließen darf, daß er den ganzen Prozeß dem Epistrategen überlassen wollte, ist nicht sicher.

45 Vgl. Arangio-Ruiz, oben S. 98, 29.
46 Wenger ZP 51, 73.
47 Möglicherweise geschah dies auf dem Konvent (P.M. Meyer), der in Memphis, der Amtsstätte des Epistrategen, stattfand?

5. In der Dominatszeit waren anstelle der Epistrategen die *praesides* der neugebildeten Provinzen getreten; sie wären damit nun iudices ordinarii. In FIRA III 173 (338 n. Chr.) = Oxy I 67 = JurP 87 = Chrest II 56 führt der praeses den Prozeß bis zur Instruktion des iudex pedaneus durch und verweist die Sache dann an ihn. Ebenso verhandelt er in FIRA III 174 = Lips 38 (390 n. Chr.) mit den Parteien und verweist, indem er auf die editio actionis verzichtet, an den *προπολιτευόμενος* von Antinoupolis.

6. Der *Stratege,* Vorsteher eines Gaues, ist in mehrfacher Weise in die Gerichtsverfassung eingereiht:

a) Er ist mit der Vorbereitung eines Prozesses befaßt, der dann auf dem Konvent vor dem Statthalter oder seinem Vertreter ausgetragen werden soll. Die Parteien wenden sich an ihn zur editio actionis (48). Vermutlich wird er einen Güteversuch unter den Parteien nicht versäumt haben. Auch sonst wird er in Prozessen tätig, die vor einer höheren Instanz schweben. So hat er nach P. Mert III 117 (141 n. Chr.) befohlen: die res litigiosa habe bei einem sequester zu bleiben, bis der Prozeß vor dem Epistrategen entschieden sei.

b) Er wird vom Statthalter nicht selten, vor allem in Prozessen unter Peregrinen, zum iudex pedaneus bestellt. Doch ist er nicht immer iudex pedaneus; auch Offiziere kommen häufig vor, vor allem, wenn Römer Partei sind (49).

c) Es kann auch sein, daß er für geringere Streitwerte allein zuständig war (50) und in dem, was wir heute freiwillige Gerichtsbarkeit nennen, die Kompetenz hatte.

Zweifelhaft bleibt ein Prozeß aus dem I.Jhd. FIRA III 170 = Oxy I 37 = JurP 90 (49 n. Chr.). Der Stratege verhandelt in der Rechts- und Tatsachenfrage, als es darum geht, ob ein bestimmtes Kind ein der Amme übergebenes Sklavenkind sei, oder deren eigenes freies Kind. Auch in Rom wäre dieser Prozeß als Statussache im Kognitionsprozeß entschieden worden (51). Die Delegation des Strategen durch den Präfekten entnimmt Mitteis den Worten *κατὰ τὰ ὑπὸ τοῦ κυρίου ἡγεμόνος κριθέντα,* wobei denn auch Arangio-Ruiz *κριθέντα* mit „decreta" übersetzt. Aber das wäre ungewöhnlich. Viel wahrscheinlicher ist, daß sich der Stratege damit auf ein Präjudiz des Präfekten in einer gleichartigen Sache beziehen will. Dann müssen wir den Fall zu denen stellen, in denen der Unterrichter von Anfang an den Prozeß zu führen hat.

---

48 JurP 83 = Lond II 358 (150 – 54 n. Chr.). Vgl. unten S. 116 ff.

49 S. oben S. 99 f. 101 f. und unten S. 105.

50 In P. Fam Teb 19 (118 n. Chr.) erfahren wir nichts über eine Delegation. Es handelt sich um eine geringe Geldsumme (*ἀργυρίδιον*).

51 Bekker 197 Ziff.A

Schon im Jahre 140 n. Chr. wendet sich eine Partei an den Archidikastes mit der Bitte, er möge den Strategen zum iudex pedaneus im Streit eines Mannes mit Frau und Tochter wegen res amotae bestellen (P. Mil Vogl IV 229). Das sieht nach einer unerhörten Durchbrechung des Grundsatzes des beiderseitigen Gehörs aus: wie kann die eine Partei den iudex pedaneus bestimmen wollen, ohne daß die andere gefragt worden ist? Erträglich ist das nur, wenn von vornherein feststand, daß der Stratege den Fall entscheiden werde, so wie es in den ptolemäischen *ἐντεύξεις εἰς τὸ τοῦ βασιλέως ὄνομα* geschieht (52). Nun könnte es in einer einzelnen Urkunde ein Versehen einer Partei sein. Dasselbe kommt aber auch später vor. Also werden geringere Fälle von vornherein und nur an den Strategen gegangen sein.

Ein Rätsel gibt BGU VII 1575 (189/90 n. Chr.) auf. Die Petentin, eine Römerin, hatte mit ihrer Schwester eine Nachlaßteilung durchgeführt. Aber sie wurde von dieser im Genuß der ihr zugefallenen Grundstücke gestört. Jetzt wendet sie sich an den Strategen mit der Bitte er möge den *κωμογραμματεύς* veranlassen, ihr gegen diese Miterbin beizustehen. Irgendetwas ist dabei nicht juristisch präzis ausgedrückt. Wahrscheinlich sollte kein Prozeß damit eingeleitet werden, sondern nur eine polizeiliche Ermahnung der Gegnerin beabsichtigt sein. Weniger wahrscheinlich dünkt es mich, daß die Teilungsurkunde eine sog. „vollstreckbare" war, der Stratege bereits vom Archidikastes die nötige Ausfertigung erhalten und der *κωμογραμματεύς* nur als exsecutor beauftragt werden solle.

7. Als in der Dominatszeit die Strategen verschwinden, tritt ein *Justizorgan der Hauptstadt des pagus* an ihre Stelle. So fanden wir schon im Jahre 300 den Prohedros von Lykopolis (P. SB IV 7338). In FIRA III 173 = JurP 87 = Oxy I 67 (338 n. Chr.) steht an dieser Stelle der *προπολιτευόμενος* von Oxyrhynchos. Wieder ist es so, daß die Partei in ihrer Eingabe von vornherein damit rechnet, daß der Präfekt keinen anderen betrauen werde, auch wenn der Gegner nicht gefragt sei. Diese juristischen Organe der Landstädte hatten also eine gewisse Jurisdiktion; die Eingabe an den Statthalter war dann wohl nur eine Formsache.

8. Der Delegierte, den wir *iudex pedaneus* (53) nennen, hat in den Papyri verschiedene Bezeichnungen. Der größte Jurist, der in ihnen zu Worte kommt, Volusius Maecianus, nennt ihn *δικαστής* (P. Chrest II 90). Das steht m.W. bisher vereinzelt da (54), ist aber sicher die Übersetzung von iudex. Ob diese Benennung davon kommt, daß hier eine freie Richterwahl

---

52 PtolRG² 78.

53 *Χαμαιδικαστής* mutet wie eine Übersetzung von i.p. ins Griechische an. Doch kommt dieser Ausdruck nur in wenigen Urkunden vor, die die Delegation nicht klar erkennen lassen.

54 Vgl. aber BGU II 614, 26 (217 n. Chr.).

gestattet wurde, läßt sich nicht entscheiden; dazu müßte man auf neues Quellenmaterial warten. Am häufigsten wird der Delegierte κριτής genannt. Dementsprechend lautet die Übersetzung der meisten (55) iudex. Doch van Groningen übersetzt: „arbiter“ (56). Wir haben aber auch noch den μεσίτης, den man gewöhnlich mit arbiter übersetzt (57). Der Delegierte in P. Chrest II 87 wird so genannt; dann heißt es von ihm: μεσιτεῦσαι ὑμῶν καὶ κρινεῖ. So ist gerade diese Urkunde ein Beleg dafür, daß man keine reine Terminologie einhielt, sondern römische Bezeichnungen in freier Übersetzung wiedergab. Der letztgenannte Papyrus erinnert freilich auch an „iudex arbiterve“ (58). In P. Fam Teb 24,2 wird der Unterrichter nun gar κριτὴς καὶ ἐπὶ τῆς ἀνακτήσεως τῶν ἀλλοτριουμένων genannt. Auch das muß eine Übersetzung aus dem Lateinischen sein, die dann nur lauten kann: „arbiter et recuperator“. Das Wort steht aber im Singular. Dafür gibt es zwar Beispiele, worauf Bongert (59) hingewiesen hat; doch sah man bisher gerade darin einen wesentlichen Unterschied zwischen iudex und recuperator, daß eben der eine allein, die anderen dagegen immer in der Mehrzahl den zweiten Teil des Verfahrens durchzuführen hätten (60). Dagegen paßt es zu dem wenigen, was man über den Aufgabenkreis der Rekuperatoren weiß (61), daß er hier dazu da ist, dem Staat entgangenes Vermögen wiederzuverschaffen und gleichzeitig unter zwei eventuell Haftenden zu entscheiden. Es handelt sich darum, wer die Wiederherstellung des von Maden zerfressenen Grundarchivs zahlen solle.

Wenn wir auch für die spätere Zeit wenig Belege haben, so sehen wir doch noch in P. Mon 14 (594 n. Chr.) den iudex pedaneus: den τοποτηρητής Ammonios, also einen Offizier, wie so oft in der Prinzipatszeit. An seiner Stelle wird sein militärischer Vertreter Kallinikos tätig (62).

---

55 Mitteis, Grundzüge 43. – Arangio Ruiz, FIRA III 19a.

56 P. Fam Teb S.91.

57 Mitteis, Grundzüge 43; – Modrzejewski, Private arbitration, JJP 6 (1952) 247. Ein Beispiel für einen arbiter ex compromisso bringt BGU VII 1676, ein sprachlich und sachlich leider recht unklarer Brief des II.Jhd.

58 Broggini, Judex arbiterve. Köln 1957. 199ff. polemisiert gegen alle, die aus Cic. Mur. 27 „die völlige Verwischung von arbiter und iudex für Ciceros Zeiten entnehmen wollen“. Aber die Papyri sind ihm unbekannt. Vgl. zu den anderen Provinzen: Bozza, in De Ruggiero, DE 4, 158 H.

59 Bongert, Recherches sur les recuperateurs, in Sautel, Bongert, Perrin, Varia. Etudes de droit romain (1952) 248.

60 Wichtigster weiterer Beleg ist der unus recuperator in CIL VI 2.10298; VI – VII (= Bruns 7, 178). Dort: „vom 1.Jhd. n. Chr., unbekannter Herkunft.“ – Arangio-Ruiz, FIRA III 32, „ultimis liberae reip. temporibus vel Augusti aetate ... sine dubio Romae inventum.“

61 Wenger, RE, „Reciperatio“, 245. – Bongert, a.a.O. – Schmidlin, Das Rekuperatorenverfahren. Freiburg 1963. Dazu Seidl, Ztschr. vgl. RW 67 (1965) 245. Zur Oratio Claudii s. oben S. 40

62 Über ihn unten S. 109 bei der episcoalis audientia.

9. Noch *Mitteis* glaubte nicht, daß es in Ägypten am Beginn der Römerherrschaft neben der statthalterischen Gerichtsbarkeit eine *niedere* gegeben hat (63). Sie ist aber jetzt deutlich durch demotische Urkunden erwiesen.

Für die ersten 45 Jahre der Römerherrschaft kennen wir nämlich eine Reihe von Prozessen, deren Entscheidung von einem Tempeleid, d.h. einem Eid, in dem ein Gott angerufen wird, nach ptolemäischer Art abhängig gemacht wurde (64). Wir erfahren in diesen Fällen freilich ebensowenig, wie bei den ptolemäischen Parallelen, welches das Gericht war, das diese bedingten Urteile gefällt hatte. Aus der Ptolemäerzeit wissen wir nur, daß einerseits die Laokriten solche Eide auferlegen konnten, und daß andererseits die Vereinsgerichte von ihnen Gebrauch machten. Wir dürfen aber keineswegs alle diese Entscheidungen den Laokriten zuschreiben, noch dürfen wir umgekehrt alle zur Vereinsgerichtsbarkeit rechnen. Und wir haben keinen Anlaß zu sagen, daß in der Ptolemäerzeit andere Gerichte, die Sondergerichte, sowie die Beamten, die vor Eintritt in das Streitverfahren eine Einigung der Parteien herbeizuführen hatten, Stratege und Epistates, keine solchen Eide auferlegt hätten, geschweige denn die mehr oder weniger obskuren Dorfgerichte (65), die im verfallenden Ptolemäerreich auftauchen. Es kann auch überall sein, daß sich die Parteien in einem Vergleich auf den Tempeleid einigten.

Die meisten dieser durch Tempeleid entschiedenen Prozesse sind Bagatellsachen. Ein Beispiel für einen schwereren Fall ist aber folgender: Nr.215 (18/17 v. Chr.): „Was die Türe betrifft, die am Tempel des Hauses des Mont von Mtn durchschnitten worden ist,so habe ich sie nicht durchschnitten noch durchschneiden lassen. Ich kenne niemanden, der sie durchschnitten hat. Man hat mir davon (also an der Beute!) keinen Anteil gemacht." Der Verdacht geht demnach auf Einbruchsdiebstahl in einem Tempel; das wäre römisch sacrilegium, und wäre sicherlich mit einer schweren Strafe geahndet worden. Die Empfänger des Eides tragen griechische Namen. Sie sind jedenfalls keine Priester des Tempels, könnten aber allenfalls Polizeibeamte gewesen sein.

So gut das römische Recht seit Jahrhunderten studiert worden ist, so schwierig ist es, die Frage zu beantworten, vor welches Gericht unsere Streitsachen gekommen wären, wenn der Prozeß in der Stadt Rom selbst, sei es unter Bürgern, sei es unter Peregrinen, anhängig gemacht worden wäre. Zwar ist der Satz: „minima non curat praetor" in aller Munde, doch aus den lateinischen Quellen des römischen Rechts schwer zu beweisen. Gewöhnlich wird er nur auf die restitutio in integrum bezogen. Doch hatten die Römer eine Abneigung gegen Bagatellsachen auch sonst, z.B. Ulpian, D.16, 3, 1, 5:

63 Grundz. 29.
64 Labeo 11 (1965) 316.
65 Vgl. PtolRG^2 83.

ein Sklavenkleid, ein Pferdehalfter werden dort außerhalb des Rechtsschutzes gestellt (66). Es läßt sich auch schwer vorstellen, daß man in Rom wegen einer geringen Getreidemenge oder Geldsumme zum praetor gehen konnte, der immerhin in republikanischer Zeit einer der höchsten und vornehmsten Beamten war; doch läßt sich der Ausschluß der Bagatellsachen vom ordo iudiciorum nicht beweisen.

Der Prozeß um res amotae Nr.12 (6/7 n. Chr.) entspricht zwar genau dem römischen Verfahren (67) „mit der Besonderheit, daß der Kläger der Beklagten über die Entwendung den Eid zuschieben kann", doch ist durch mehrere ptolemäische Beispiele gleicher Art die Herkunft aus diesem Recht gesichert. Man nimmt an, daß dieser Tatbestand zu Beginn der Prinzipatszeit in der Stadt Rom nach ordo iudiciorum behandelt wurde.

Das sacrilegium von Nr.215 dagegen wäre in Rom im Kognitionsprozeß behandelt worden, wenigstens sagt dies eine spätere Quelle: Marcian, D.48, 13, 4, 2: „constitutionibus cavetur, ut sacrilegi extra ordinem digna poena puniantur". Wir wissen aber nicht einmal, ob die lex Iulia peculatus 18/17 v. Chr. bereits erlassen war, wissen nicht, ob sie in der Provinz Ägypten anwendbar war und wissen erst recht nicht, wann die erwähnten Konstitutionen ergangen sind.

Nichts deutet auf eine Delegation richterlicher Macht von Seiten des Statthalters. Auch kann man sich schwer vorstellen, daß wegen eines halben Kruges Emmer (68) oder der Zinsen für eine einzige Artabe Weizen (69) der Statthalter auf dem Konvent bemüht worden wäre. Drittens ist die Ähnlichkeit der Formulare mit den ptolemäischen Parallelen so groß, daß man in erster Linie an das Fortleben einer ptolemäischen Institution denken muß.

Wir können also für die erste Zeit der Römerherrschaft feststellen, daß man, wie in anderen Provinzen (70), so auch in Ägypten, eine niedere Gerichtsbarkeit der einheimischen Gerichte toleriert hat. Doch wurde das etwa im II.Jhd. anders. Das sieht man daraus, daß das spätptolemäische Rechtsbuch aus Hermopolis Makulatur geworden war, so daß man seine Rückseite zu mathematischen Texten, geschrieben in der Schrift der Römerzeit, benützte (71).

10. Wenn das für die Chora gilt, muß es auch in der Stadt Alexandria so gewesen sein. Dort gab es noch Gerichtsbehörden, deren Name in die Ptolemäerzeit zurückweist: Chrematisten und Kriterion (72). Die Chrematisten

---

66 RömPrivR² (1962) 109.
67 Wacke, Actio rerum amotarum. Köln 1963. Insbes. S.61ff.
68 TempE 202.
69 TempE 101. Vgl. ferner 74. 97.151.224.109.70.127.27.98.192. O BM 31986.
70 Wenger, ZP 69.
71 Deren Veröffentlichung Parker vorbereitet.
72 Volkmann, Zur Rechtsprechung im Prinzipat des Augustus. München 1935, 135.

begegnen uns in Urkunden, in denen sie sich als ein Gericht bezeichnen, das Urteile erlassen kann; doch handelt es sich in den überlieferten Fällen immer nur um Vollstreckungs- und Beurkundungsfragen (73). Von dem Kriterion wissen wir sonst nichts. Sodann verhandelt einmal ein Archiereus in prozessualen Formen (74).

Aber unsere Belege für die niedere Gerichtsbarkeit sind, nachdem die demotischen Tempeleide verschwinden, spärlich (75).

11. Immerhin wollen wir hier einen Text anführen, der zeigt, wann die Dezentralisation ein Ende haben mußte:

Den *κριτὴς Μένανδρος*, dem Titel nach nur früher einmal *βασιλικὸς γραμματεύς* gewesen, in P. Chrest II 85 = BGU 19 (II.Jhd.)wird man sich gern als einen iudex pedaneus vorstellen; er ist wohl selber Peregrine. Doch wird er *ἐξ ἀναπομπῆς* des Statthalters tätig, was nach der Lehre von Arangio-Ruiz (76) ständige Betreuung mit einem Aufgabenkreis bedeuten würde. In seiner Verhandlung findet er eine schwierige Rechtsfrage: ob nämlich eine kaiserliche Konstitution rückwirkende Kraft habe oder nicht. Das will er nicht selber entscheiden, also schreibt er an den Statthalter; denn *τὸ πρᾶγμα καθολικὸν ἦν* (Z. 5). Hier hätten wir einen Hinweis darauf, wann der Präfekt, und wann niedrigere Instanzen zuständig waren.

12. In der Dominatszeit wird die niedere Gerichtsbarkeit vom *ἔκδικος* = *defensor civitatis* ausgeübt (77). Seine Aufgabe war es ursprünglich, die niedere Bevölkerung gegenüber den potentiores, den Großgrundbesitzern, zu schützen. Aber bald wird er zu einem richterlichen Staatsorgan. Er ist meistens ein *σχολαστικός* (78), d.h. ein gebildeter Mann, der eine höhere Schule durchlaufen hat. Das wird in der Regel nicht eine Rednerschule, sondern eine juristische Fakultät gewesen sein. Jemand wendet sich an ihn, als er von seinem Gläubiger eingesperrt wurde: P. Oxy VI 902 (465 n. Chr.), auch P.

---

73 JurP 48 (133 n. Chr.). P. Aberdeen 19 (II./III.Jhd.). BGU 1038 = Chrest II 240. BL I S.29 = BGU 239. (159/60 n. Chr.).

74 SelP II 244 = BGU 347 (171 n. Chr.).

75 Anhangsweise sei das Graffito Dak 15,4 erwähnt. Es stammt aus der Zeit eines unbekannten Meroitenkönigs, etwa eines Zeitgenossen des Augustus und enthält die Abschrift einer Urkunde, in der Gottesdienste für Isis als Lohn für das Leben des Königs festgesetzt worden sind. Dann heißt es nach Griffith's Abschrift: „Die große Gerichtsversammlung machte diese Urkunde des Urteils" mtw tꜣ ḳnb.t ʿꜣ.t ʾr pꜣj sh̲ n wpj. Unmöglich wäre es nicht, daß man in dieser Umgebung eine altägyptische Institution hätte aufleben lassen. – Doch bezweifelt Hughes MDAIK 16 (1958) 152 die Richtigkeit der Abschrift. Wenn seine Vermutung richtig sein sollte, daß statt knb.t sn.t zu lesen sei, hätten wir einen Beleg für die Vereinsgerichtsbarkeit.

76 S. oben S. 98, 29.

77 Rees, The defensor civitatis in Egypt. JJP 6 (1952) 73. – Düll, Vom vindex zum iudex. ZSS 55 (1935) 32.

78 Claus, Ὁ *σχολαστικός*. Diss. Köln 1965, insbes. S.101f.

Chrest II 71 (462 n. Chr.). Man erwartet ferner freiwillige Gerichtsbarkeit von ihm; so läßt man die Verstoßung, ἀποκήρυξις einer Tochter in JurP 11 = Cairo Masp I 67097 (567 n. Chr.) durch den defensor civitatis zum öffentlichen Aushang bringen. Urteile von ihm haben wir in P. SB V 8246 (340 n. Chr.) und – entgegen Schillers Meinung (79) in P. Mon 6 (583 n. Chr.). Das Urteil ist so genau begründet, hält sich insbesondere an die vorgeschriebene Beweistheorie, daß es nicht von einem bloßen Schiedsrichter herrühren kann.

13. *Episcopalis audientia* kam, sobald das Christentum heimisch wurde, zu immer größerer Bedeutung (80). Der Schiedsrichter in P. Chrest II 98 = Lips 43 (IV. Jhd.) wird in einer Kirche tätig, die ausdrücklich als katholisch bezeichnet wurde. Aber die Bedeutung wuchs mit dem Gegensatz der monophysitischen Bevölkerung zum katholischen Kaiser im VI.Jhd. (81). Eine Partei hatte ihren Gegner bei dem eben erwähnten, wohl katholischen Offizier verklagt. Der Gegner war vermutlich ausgeblieben, worauf ihn der Richter zu einer Ordnungsstrafe von 7 Solidi wegen Mißachtung des Gerichts verurteilt hatte. Daraufhin wandte sich der Verurteilte an den monophysitischen Priester Seren von Omboi, als er sich gerade in Syene aufhielt. Dieser mochte dem Kläger wohl mit der Exkommunikation und so mit dem Ausschluß aus seiner monophysitischen Umgebung gedroht haben. Damit erreichte er einen Vergleich, P. Mon 14 (594 n. Chr.) nach dem der Kläger fünf von den sieben Goldsolidi dem Beklagten erstattete. Die Schwäche des staatlichen Gerichts wird dadurch deutlich. Die geistlichen Herren zitieren niemals das Recht, weder das weltliche noch irgendwelche Nomokanones; sie geben uns nicht einmal den Tatbestand, so daß wir ihre Jurisprudenz nachkontrollieren könnten. Wenger (82) und Partsch (83) haben wohl die Entscheidung des Presbyters Seren in P. Mon. 14 nach dem justinianischen Recht eingehend nachgedacht und zu rechtfertigen versucht, im Zusammenhalten mit P. Lips 43 aber wird man den Eindruck haben: die Geistlichen halten in der Urteilsfindung an ihrer Freiheit vom Gesetz fest, an der Freiheit, die eben den Schiedsrichter vom staatlichen Richter unterscheidet, wie schon Aristoteles zum Ausdruck gebracht hat (84). Mit anderen Worten, wir können nicht beweisen, daß sie etwas anderes als reine Gefühlsjurisprudenz angewandt haben.

---

79 Studi Volterra I 469.

80 Lammeyer, Die audientia episcopalis in Zivilsachen der Laien im römischen Kaiserrecht und in den Papyri. Aeg 13 (1933) 193. -- Bell, The episcopalis audientia in Byzantine Egypt. Byzantion 1 (1924) 139. P. SB IV 7449 (V.Jhd.). – Meyer, ZSS 46 (1926) 346. – Kaser ZP 527 mit Lit.

81 Darauf hat Schiller a.a.O. hingewiesen.

82 Im Kommentar der Ed.

83 Aus nachgelassenen und kleineren verstreuten Schriften (Berlin 1931) 340f.

84 Rhetorik I, 13, 18.

§ 12 Prozeßgrundsätze

Der Statthalter ist der Provinz aufoktroyiert; seine Rechtsprechung kann von keiner Partei abgelehnt werden. Dabei ist es ihm nach Reichsrecht nicht einmal verboten, Geschenke anzunehmen (85). Dazu scheinen Rechtssätze, die die Objektivität gerade dieses obersten Richters irgendwie sichern, zunächst zu fehlen (86). Für die anderen in der Rechtsprechung tätigen Beamten mag es Vorschriften zur Sicherung ihrer Objektivität gegeben haben, doch ist uns aus Ägypten nur das Verbot, im Amtsbezirk eine ὠνή zu betätigen, erhalten (87). Augustus gab wohl für die Provinz Kyrene Vorschriften über die Auswahl und Ablehnung von Richtern (88), aber etwas Entsprechendes aus Ägypten fehlt uns. Es hat den Anschein, daß die Auswahl geeigneter objektiver iudices pedanei dem Statthalter zu freiem Ermessen anheim gestellt war.

Sämtliche heute erhaltenen Verhandlungsprotokolle, etwa 30 besser konservierte Stücke (89), zeigen, obwohl wir nur Auszüge haben, wie die Vorsitzenden stets beide Parteien zu Wort kommen lassen. An dem Grundsatz des beiderseitigen Gehörs ist schon danach nicht zu zweifeln. Jedoch ist er in der Anwendung auf das Versäumnisurteil nicht so nachgiebig durchgeführt, wie im ptolemäischen Recht. Zwar sieht der Statthalter streng darauf, daß vor Erlaß eines Versäumnisurteils der Nachweis der Ladung erbracht wird, daß die Partei also die Möglichkeit hatte, sich auf dem Konvent zu verteidigen (90). Aber da der Konvent immer nur eine gewisse Anzahl von Tagen dauerte, mußte man das Versäumnisurteil für das Ausbleiben beim dritten Termin androhen, wenn die Partei nicht erschienen war. Die neuen Termine wurden vermutlich noch innerhalb desselben Konvents angesetzt (91). Diese Regelung entspricht dem Reichsrecht (92). Steinwenter hält es auch für wahrscheinlich, daß der iudex pedaneus nach gleichen Grundsätzen ein Versäumnisurteil erlassen konnte, doch dürfte auch jetzt noch kein Beweis dafür vorliegen (93).

---

85 Ulpian Dig. 1, 16, 6, 3. Diese für den Prokonsul aufgestellte Regel ist gemäß Dig. 1, 17, 1 auf den Statthalter von Ägypten zu übertragen.

86 Für die Dominatszeit vgl. Kaser ZP 424.

87 Oben S. 28.

88 Stroux und Wenger, Die Augustusinschrift auf dem Marktplatz von Kyrene. Abhd. Akad. München 34 (1928) 2 passim. – de Visscher, Les édits d'Auguste découverts à Cyrène. Louvain 1940.

89 Vgl. Coles, Reports of proceedings in papyri. Bruxelles 1966. Das Verzeichnis S.56 – 63 umfaßt auch die Fragmente.

90 JurP 85 = Hamb. I 29 (89 – 94 n. Chr.).

91 Ulpian, Dig. 5, 1, 68 – 70

92 Steinwenter, Studien zum römischen Versäumnisverfahren. München 1914, 75. JurP 85, vgl. oben Anm. 91. SB V 7696, 35. – Kaser ZP 379.

93 P. Ant II 88 (221 n. Chr.) ist an den Strategen gerichtet. Die Prozeßgegnerin ist trotz eidlichem Gestellungsversprechen nicht gekommen. Beantragt wird aber nur Registrierung dieser Tatsache.

Auch wenn der Beklagte auf dem Konvent erschienen war, durfte es nicht vorkommen, daß er gesagt hätte: ich habe wohl eine Ladung erhalten und bin gekommen, ich wußte aber nicht genau genug, um welchen Anspruch es sich handelte, und habe daher weder die richtigen Beweismittel, Urkunden, Zeugen usw. mitbringen können, noch mir an ihrer Hand überlegen können, welche exceptiones, duplicationes ich der Klage entgegensetzen kann. Auch dann hätte eine Sentenz oder eine Instruktion des Präfekten dem Grundsatz des beiderseitigen Gehörs widersprochen. Im reichsrechtlichen Prozeß ist daher die editio actionis vorgeschrieben (94). Zur notwendigen Vorbereitung des Prozesses gehörte es, einen Urkundenbeweis zu schaffen, daß die editio actionis an den Beklagten erfolgt war (95).

Dennoch kommt es vor, daß der Grundsatz des beiderseitigen Gehörs nicht eingehalten zu sein scheint: das sind die Fälle, in denen eine Partei einseitig dem Präfekten den iudex pedaneus benennt, den er betrauen möge. So geschieht es schon in P. Mil Vogl IV 229 (140 n. Chr.) (96), oder später in FIRA III 173 = JurP 87 = Oxy I 67 von 338 n. Chr. Der Kläger wandte sich an den Präfekten und schlug ihm vor, den προπολιτευόμενος Aetius von Oxyrhynchos zum δικαστής in seiner Streitsache zu machen. Immerhin ist mit unserem Falle der Präfekt tatsächlich befaßt worden und hat der Verweisung zugestimmt. Er macht aber den Aetius nicht nur zum iudex, sondern zum Gerichtsmagistrat, denn er trägt ihm auf, die προκάταρξις herbeizuführen (97). Die ganzen Schriftstücke bringt der Kläger zu Aetius. Dieser veranlaßt die editio actionis an die Beklagten (98), und diese bestätigen die Kenntnisnahme von dem Inhalt. Der P. ist keine Ladung; denn von einem Verhandlungstermin ist nicht die Rede. Aber erst jetzt erfahren die Beklagten etwas von dem Verfahren. Die litisdenuntiatio ist daher nichts anderes als die editio actionis (99). Diese aber mehr in dem Sinne einer Tatbestandserzählung (Substantiierungstheorie) als nach strengem Digestenrecht (reine Individualisierungstheorie!). Denn nach Ulpian, Dig. 2, 13, 1 pr. hätte die rei vindicatio oder actio Publiciana oder ein Interdikt genannt werden müssen. Der P. aber stellt nur die Behauptung auf, daß sich die Beklagten zu Unrecht im Besitz der Häuser des Klägers befänden.

Der Satz „Iura novit curia" galt im ägyptischen Provinzialrecht so wenig wie sonst in der Antike. Vielmehr muß die Partei nicht nur die für sie gün-

---

94 Kaser ZP 467.

95 Besonders deutlich sieht man das an dem aus Arabia Petraea stammenden P. SB X 10288 (125 n. Chr.). Vgl. Studi Grosso II 345.

96 S. oben S. 104.

97 In dieser sieht Biscardi, Le papyrus de la prokatarxis. SDHI 33 (1967) 320 die narratio negotii apud iudicem.

98 oder der Kläger macht das?

99 Collinet 89, 107ff. – Steinwenter, Die Anfänge des Libellprozesses. SDHI 1 (1935) 150.

stigen Tatsachen, sondern auch die zu ihren Gunsten sprechenden Rechtssätze beweisen (100). Das gilt begreiflicherweise vom Volksrecht, weil es den römischen Beamten nicht geläufig sein konnte (101). Es gilt aber auch von kaiserlichen Konstitutionen (102), und es gilt insbesondere von Entscheidungen früherer Präfekten und anderer hoher Provinzbeamter, die in gewissem Umfang ein „Case-Law" schaffen (103). Freilich verläßt sich der Kläger in dem eben erwähnten FIRA III 173 (338 n. Chr.) darauf, daß der Stadtrichter von Oxyrhynchus in seinem einfachen Falle das Gesetz finden werde.

Prozeßvergleiche sind aus der Prinzipatszeit bisher nur wenige ans Licht gekommen (104), während sie sonst aus allen übrigen Epochen der ägyptischen Geschichte zahlreich belegt sind (105). Der Gütegedanke mag, wie im klassischen römischen Recht etwas zurückgetreten sein gegenüber der Schnelligkeit der statthalterlichen Rechtsprechung. In der Dominatszeit dagegen ist dies höchste Weisheit des Richters, einen Vergleich zwischen den Streitenden zustande zu bringen. Dann wird sich niemand über ihn bei einer höheren Instanz beschweren. Der Richter von P. Mon 6 z.B. hatte sich große Mühe gegeben und ein schönes Urteil niedergeschrieben, als er erfuhr, die eine Partei behaupte den Abschluß eines Vergleichs. Also ließ er sein Urteil stehen – das mithin ganz überflüssigerweise erhalten ist – und nahm den Beweisbeschluß über den Vergleich in sein Protokoll auf.

Compromissum (106) (Μεσιτία). Wie für den Vergleich, so sind auch für den Schiedsvertrag unsere Belege aus der Byzantinerzeit reichlicher als aus der Prinzipatszeit. Beispiel: SelP I 61 = Lond 992 (507 n. Chr.): dieser Schiedsvertrag ist beschworen. Zwei Scholastici sollen den Erbstreit entscheiden. Wir haben wahrscheinlich nur die Ausfertigung für die eine Partei vor uns; denn sie trägt nur die Unterschrift der anderen. Für diese mag eine verlorene Ausfertigung die Unterschrift der ersteren enthalten haben. Die completio des Notars schließt die Urkunde ab. In P. Oxy VIII 1164 (VI./VII.Jhd.) berichtet eine Amtsperson dem Comes, daß sie nicht imstande war, einen Streit zu beenden, weil beide Parteien Zeugen dafür gebracht hätten,

---

100 Weiss, Recitatio und responsum ZSS 33 (1912) 212.

101 So wird in der Petitio der Dionysia zuerst der *νόμος Αἰγυπτίων* zitiert und auf Aufforderung des Präfekten verlesen: P. Oxy II 237, VII 33 – 38. Ebenso in JurP 89 = CPR I 18, 17.

102 SB V 7696.

103 H.F. Jolowicz, Case Law in roman Egypt. The Journal of the society of public teachers of law 1937, S.4 des Sond.-Abd. Beispiel die oben Anm. 101 zitierte Petition der Dionysia u.a.: eine Entscheidung des ehemaligen Präfekten von Ägypten Titianus wird zitiert und auf Aufforderung hin verlesen.

104 Es sei denn, man nähme die oben S. 81 erwähnten Synchoreseis als solche.

105 P. Chrest II 94 = Straßb 20 (III.Jhd.). SB 6611 (120/21 n. Chr., dem Archidikastes eingereicht).

106 Modrzejewski, Private arbitration in the law of greco-roman Egypt. JJP 6 (1952) 239.

daß das streitige Kamel ihr Eigentum sei. Er rät, die Parteien sollten εἰς διαιταν gehen.

Belege für receptum arbitri scheinen zu fehlen (107).

In den uns vorliegenden Texten benützen die Richter auch nur solchen Tatsachenstoff, den ihnen die Parteien vorgetragen haben, so daß wir insoweit von einer Verhandlungsmaxime sprechen können, verbunden mit einem Fragerecht der Richter, um die Parteien zu fördern. Doch soll „Verhandlungsmaxime" nicht bedeuten, daß der Richter an Anträge der Parteien gebunden gewesen wäre. Die Petitionen der Parteien sind nämlich oft unscharf gefaßt, sie bitten den Richter nur „nach dem Rechten zu sehen", z.B. P. Chrest II 57 = Lond II 177 (40/41 n. Chr.): διαλαβεῖν ὅπως τύχω τῶν δικαίων. Außer den Protokollen der höheren Gerichte (108) ist das von dem Strategen P. Mil Vogl I 25 (126/27 n. Chr.) hier zu erwähnen. Für die Dominatszeit ist FIRA III 172 = Bouriant 20 (nach 350) ein deutliches Beispiel der Verhandlungsmaxime. Die Anwälte plädieren und stellen Anträge, die der iuridicus bald genehmigt, bald ablehnt.

Ganz offensichtlich herrscht das Prinzip der mündlichen Verhandlung. Die Akten bedeuten nichts, sondern stets fordert der Vorsitzende die Parteien auf, zu verlesen, was an Beweismaterial oder an Rechtssätzen zu ihren Gunsten spricht und ihm wichtig genug erscheint (109). Diese Mündlichkeit dient wohl auch der Kontrollierbarkeit des ganzen Verfahrens. Die Verhandlung dürfte, wie wir freilich nur aus der Verlesung schließen, eine öffentliche gewesen sein, so daß sich jedermann überzeugen konnte, wie nach dem Recht verfahren wurde. Aber, aufdaß auch später eine genaue Nachprüfung des Verfahrens möglich sei, wurde der ganze Prozeß sorgfältig protokolliert. Gewiß sind diese Protokolle nicht wörtlich, aber sie sind juristisch präzis, nehmen das Wichtige der Vorgänge klar auf. Wahrscheinlich benützte man Stenographie (110). Die Protokolle wurden dann in die „Amtstagebücher", ὑπομνηματισμοί, eingetragen, wie sie alle höheren Beamten, aber auch die Gaustrategen oder die iudices pedanei von Rang führen. Sie sind heute unsere Hauptquelle für das Prozeßrecht der Prinzipatszeit. Der Öffentlichkeit wurden sie zugänglich gemacht, ehe sie in die Archive gelangten (111). Advokaten nahmen sich dabei sofort Abschriften (112), die später als Beweismittel oder juristische Autoritäten von den Parteien gebraucht werden konnten (113). Jeder höheren Instanz, dem Statthalter oder der

---

107 A.M. Modrzejewski; seine Belege lassen sich aber auch anders erklären.

108 Oben S. 110, 89.

109 P. SB V 7696 (250 n. Chr.). FIRA III 172 = Bouriant 20 (nach 350 n. Chr.).

110 Coles, Shorthand and the use of recta in reports of proceedings in the Papyri. Atti dell' XI Congresso Int. di Papirologia. Milano 1966, 118.

111 Jolowicz, a.a.O.

112 Nomographoi wurden nach P. Oxy XIV 1955 (um 150 n. Chr.) für solche Abschriften bezahlt.

113 Vgl. oben S. 112.

kaiserlichen Kanzlei, war es möglich, die juristische Richtigkeit und Sauberkeit des Verfahrens später noch aufgrund der Amtstagebücher nachzuprüfen.

Von einer Eventualmaxime erfahren wir durch das Edikt des Eudaimon P. Oxy II 237 VIII 13. Sobald eine Urkunde von einer Partei vorgebracht wird, müssen Urkundenfälschung, exceptio doli generalis und specialis gebracht werden: *πλαστῶν γραμμάτων ἢ ῥαδιουργίας ἢ περιγραφῆς*. Spätere Erhebung dieser Einwände soll nutzlos sein (114).

Es gab auch Vorschriften über den Gerichtsstand. In BGU XI - 2012,25 beanstandet der Juridicus, daß der Prozeß gegen einen Soldaten, der in Alexandria Dienst tat, dem Gaustrategen abgegeben wurde (115). Ebenso P. Chrest II 87 I 9.

§ 13 Die Parteien und ihre Vertreter im Prozeß

In der Stellung der Parteien im Prozeß können wir nach dem heutigen Stand des Materials keine wesentlichen Abweichungen des Provinzialrechts vom Reichsrecht feststellen. Wir haben z.B. für das republikanische und klassische Reichsrecht keine direkten Belege, wieweit Frauen trotz der notwendigen tutela mulierum als Prozeßparteien zugelassen wurden (116). Unsere Papyri aber zeigen Frauen häufig als Prozeßparteien (117). Nur in einem Fall ist die Frau in Begleitung ihres Mannes, der als *ἔκδικος* bezeichnet wird (118), doch stehen der Frau in den anderen Fällen stets Rhetoren zur Seite.

Wir finden in unseren Urkunden einmal einen Streit zwischen einem Freigelassenen und seinem Patron, allerdings nicht in einer infamierenden Sache (119). Der Vorsitzende ist mit einem solchen die pietas immerhin berührenden Prozeß nicht einverstanden; er behandelt den Freigelassenen ganz offensichtlich schlecht und droht ihm Stockprügel an.

Einmal begegnet uns ein curator furiosi. In FIRA III 172 ist eine der von dem Fideikommiss begünstigten Personen, Dionysios, schwachsinnig, so daß er dem Prozeß nicht folgen kann, wohl aber anwesend. Die Gegenpartei wendet ein, daß er einen curator habe, dessen consensus zur Gültigkeit seiner Prozeßführung notwendig sei. Dem folgt der Iuridicus insoweit, als er die Gestellung des curator in bestimmter Frist anordnet. Sollte er aber nicht erscheinen, so entscheidet der iuridicus in der für den Schwachsinnigen

---

114 Zu anderen Übersetzungen s. unten S. 120, 149.
115 Vgl. Kaser, ZP 182.
116 Kaser ZP 46 u.ö.
117 P. Chrest II 93 (Klägerin). 91. 85. SelP II 262. 257 (Beklagte). JurP 85.
118 P. Chrest II 86.
119 P. Chrest II 81 = Oxy 706.

günstigeren Weise. Das ist sehr bemerkenswert und zeigt gut römische Jurisprudenz: der consensus curatoris ist nur zum Schutze des Beschränkten da; man braucht ihn von Amtswegen nicht, wenn das Gericht sowieso das tun will, was für ihn am günstigsten ist (120).

Bei der editio actionis durch μαρτυροποίημα kommt es nur darauf an, daß der Beklagte an den Prozeßstoff erinnert wird, während die Handlung selbst den, der sie vornimmt, nicht verpflichtet. Also kann auch ein anderer als der Kläger selbst sie vornehmen. Der Vater kann, wie in BGU IV 1093 (265 n. Chr.), den Sohn „bevollmächtigen", solche Schritte vorzunehmen (121). Zwischen einem Prozeß-Prokurator und einem Anwalt ist zu unterscheiden. Der – freilich späte – P.FIRA III 172 = Bouriant 20 (nach 350 n. Chr.), zeigt dies deutlich. Für die eine Partei, Eustorgion, tritt ein gewisser Horos als procurator auf. Er bleibt aber stumm. Für ihn sprechen Rhetores, von denen sich einer ausdrücklich auf die ἐντολή des Horos beruft. Solche Prokuratur ersehen wir auch schon in P. Oxy 2349 (70 n. Chr.). Ein Legionssoldat, römischer Bürger, der früher Alexandriner war, benannte seinen Freigelassenen. Die Chrematisten von Alexandria bestätigten das und so war er bevollmächtigt. Praktisch kam das auf eine Generalvollmacht hinaus. Auf den procurator weist auch P. Mil Vogl I 25, II. Teil hin. Der Archidikastes, der den Prozeß an den zuständigen Strategen verweist, läßt sich einen Eid beim Kaiser geben, daß die Parteien auch vor demselben erscheinen werden. Dabei ist der Eid aber so formuliert, daß ihm Genüge getan ist, wenn nur τὶς ἀντ' ἐμοῦ für die Partei erscheint.

Die Tätigkeit der Anwälte sehen wir an folgender Urkunde deutlich: In SB V 7696 (250 n. Chr.) treten 7 Personen auf, die als Redner bezeichnet werden: Ischyrion, Lucius, Sarapion, Philippos, Chaireis, Serenos und Kastor. Nur der letztere erhält auch die Titulatur νομικός. Er war also Jurist, die anderen nur in Rhetorenschulen ausgebildete Leute. Die Dörfler, hier also Streitgenossen, haben dagegen einen Synegoros Seleukos, (Z. 56) was etwa dem lateinischen patronus entsprechen müßte; denn die Titulatur hebt ihn deutlich von den anderen ab. Er hat die besten Rechtskenntnisse, zitiert eine kaiserliche Konstitution und gewinnt damit den Prozeß.

Auch sonst fehlen Anwälte in den größeren Sachen so gut wie nie, wenn man deshalb auch noch nicht an einen Anwaltszwang denken darf (122). Der Idee nach verteidigt sich die Partei selbst; sie beteiligt sich auch gewöhnlich neben dem Anwalt an der Prozeßführung, aber diesem obliegt die Darlegung und juristische Würdigung des Prozeßstoffes (123). Die anwesende

120 Vgl. auch Taubenschlag, Die Prozesse der juristischen Personen. Op. Min. II 669.

121 Vgl. unten S. 117.

122 RE Synegoros 2.Taubenschlag, The legal profession in Greco-Roman Egypt. Op. Min. II 159.

123 Belege: Chrest II 80. 85. 86. 90. 91. 93. 372. SelP II 246. 257. 262. JurP 54. 85. Mil Vogl I 25.

Partei kann, wenn der Rhetor den Stoff vollständig vorbringt, sich darauf beschränken, dem Prozeß stumm anzuwohnen (124), dagegen ist es nicht Aufgabe des Synegoros, anstelle der Partei zu handeln, also ihr „Vertreter" im Sinne des modernen Anwaltsprozesses zu sein (125). Nur die literarischen Papyri, wie die sog. heidnischen Märtyrerakten (126), stellen die Vertretung der Parteien durch die Synegoroi als solche im modernen Sinne dar. Hat jedoch zu Justinians Zeiten eine Partei ein kaiserliches Reskript zu ihren Gunsten erlangt, so genügt es nicht mehr, daß dieses im Stil einer Randbemerkung auf die Bittschrift gesetzt worden wäre, wie man es sich nach den Apokrimata vorstellen könnte. Sondern jetzt verlangt die kaiserliche Autorität, daß nichts verfälscht werde. Also muß sich die Partei nach FIRA III 179 = Cairo Masp I 67032 gegen Erfolgshonorar zwei comites sacri consistorii als exsecutores verpflichten (127); sie müssen die Reise von Konstantinopel nach Ägypten unternehmen. Im Vertrag versprechen sie aber die Interessen der Mandanten wahrzunehmen.

Unterschiede zwischen Reichsrecht und Provinzialrecht können wir bisher auch in der Behandlung der Streitgenossenschaft (128) nicht bemerken. In einem Beleg dafür sind mehrere Dörfler die eine Prozeßpartei: sie wollen nicht zu Liturgen einer benachbarten Stadt herangezogen werden (129). Sie haben also nicht nur denselben Prozeßgegner, sondern ihrer Klage (oder Verteidigung?) liegt auch dieselbe Rechtsfrage zugrunde (130).

§ 14 Der Gang des Prozesses

Der Beklagte durfte, damit auf dem Konvent der Fall möglichst entscheidungsreif war, mit der Klage nicht überfallen werden. Daher war, wie wir gesehen haben, die editio actionis gerade in Ägypten von besonderer Wichtigkeit. Der P. SB X 10288 (125 n. Chr. aus Arabia Petraea) gebraucht für sie das Wort *μαρτυροποίημα*. Das ist keine Übersetzung, sondern eine Bezeichnung vom äußeren Vorgang her: damit diese wichtige Voraussetzung eines Prozesses auch nachgewiesen werden konnte, mußte sie vor Zeugen gemacht werden. Deshalb ist das sonst testatio übersetzende Wort hier hereingekommen. Und in der Tat finden wir das *μαρτυροποίημα* im Sinne

---

124 P. Chrest II 86 = BGU 136.

125 JurP 85 = Hamb 29. vgl. Seidl a.a.O. Der Präfekt wäre durch die Anwesenheit des Synegoros bei Abwesenheit der Partei nicht gehindert gewesen, ein Versäumnisurteil zu erlassen.

126 P. Musurillo 8 = P. Oxy III 471 (II.Jhd.). – Oxy X 1242 (III.Jhd.).

127 Ausführliche Schilderung von Partsch, Nachgel. Schriften 225ff. Collinet 79ff.

128 Taubenschlag, Die Streitgenossenschaft im Rechte der Papyri. Op. Min. II 683.

129 P. SB V 7696 (250 n. Chr.).

130 Zu P. Oxy 1408 s. unten S. 125 und Cantarella, La fideiussione reciproca. Milano 1965, 68, 38.

einer außergerichtlichen editio actionis auch in Ägypten gebraucht. In CPR 20 II 13 = Chrest I 402 (250 n. Chr.) übersetzte Mitteis das Wort mit „Protesterklärung". Ein Vater, dessen Sohn wider die gesetzlichen Bestimmungen zum Amt des Kosmeten benannt wurde, will vor dem Statthalter gegen den Buleuten prozessieren, von dem die Benennung ausging. Dieser ist durch die beiden Kolumnen des P. deutlich über den Klageantrag informiert.

In BGU IV 1093 (265 n. Chr.) wird ein Sohn von dem verreisenden Vater bevollmächtigt *μαρτυροποίημα ποιῆσαι*; das wird sich ebenfalls darauf beziehen, daß der Sohn außergerichtliche editiones actionis mit Schutzwirkung für den dann daraufhin prozessierenden Vater als dessen procurator vornehmen dürfe.

Wir können also annehmen, daß im provinzialen Prozeßrecht Ägyptens der Satz bestand, der Gegner müsse vor Beginn eines Prozesses im Sinne von Ulpian, Dig. 2, 13, 1 notwendigerweise informiert werden. Da es aber dabei vor allem darauf ankommt, daß der Kläger im Prozeß den Nachweis dieser Information führen kann, kommt es schon im II.Jhd. dazu, daß er sich anstelle von Zeugen der Hilfe des Gerichts bedient. Das sieht man schon aus P. SB IV 7339, 19 (69/70 n. Chr.). Der Hyperetes bestätigt auf der an den Strategen gerichteten Schilderung des Klagegrundes, daß er dem Beklagten eine Abschrift davon überreicht habe (131). Die editio wird damit zur „gerichtlichen", zur *παραγγελία* oder litis denuntiatio. Man sollte diese Texte nicht als „Ladungen" bezeichnen (132). Denn sie enthalten keinen genauen Termin, sondern sprechen nur ganz allgemein von dem Konvent oder dem Statthalter (133). Wichtig ist vielmehr die Unterschrift des Beklagten (134) oder des Zustellungsbeamten (135). Wann die Bestimmung in Kraft trat, daß binnen 4 Monate der Prozeß beginnen mußte, läßt sich auch aus den Papyri nicht ersehen (136).

Die Ladung begegnet uns in dem Produkt, das ihre Folge ausspricht und damit den Beweis für das Gericht enthält, daß die Ladung durchgeführt wurde: die Erklärungen der Geladenen. Diese laufen wieder unter einem an-

---

131 Im ptolemäischen Prozeß bestand kein Bedürfnis nach einer editio actionis. Das obligate Güteverfahren, zu dem der Beklagte von Amts wegen geladen wurde, genügte, ihn über den Prozeßgegenstand vor dem Streitverfahren rechtzeitig zu informieren.

132 Meyer, JurP S.286. – Mitteis, Grundzüge 36. – Tomulescu, Über die Entwicklung des römischen Zivilprozeßrechts. Labeo 13 (1967) 349ff.

133 P. Chrest II 50 = BGU 226 (99 n. Chr.) JurP 83 = Lond 358 (150/54 n. Chr.). Chrest II 53 = Teb 303 (170/80 n. Chr.) 54 = Amh 81 (247 n. Chr.).

134 P. FIRA III 173 (338 n. Chr.) Auch die Unterschrift in CPR 20 II 21: 'A. Ἡρωδίων ἔσχον ἴσον könnte so gedeutet werden, nur wissen wir nicht, inwiefern er für den Beklagten zu handeln zuständig war (250 n. Chr.). Vgl. oben S. 80.

135 P. Chrest II 51 = Teb 434 (104 n. Chr.) enthält die Unterschrift Ἁρποχρᾶς Σουχίωνος ὑπηρέτης μεταδέδωκα.

136 Kaser ZP 412, 11. 456ff.

deren Namen, vadimonium (137). Das vadimonium des römischen Prozeßrechts wird jedoch dem Gegner geleistet (138). Die so bezeichneten Papyri richten sich aber an das Gericht. Im Gegensatz zu den editiones enthalten sie ein genaues Datum. Gewöhnlich sind es χειρογραφίαι, Kaisereide. Im P. Oxy II 260 (59 n. Chr.) schwört der Geladene den Gehilfen des Strategen, daß er beim Gericht des Archidikastes erscheinen werde „ἕως τριακάδος τοῦ ἐνεστῶτος μηνὸς Ἐπείφ“ (139). Ähnlich im umgekehrten Fall, daß nämlich der Archidikastes die Sache an den Strategen abgibt und die Parteien zu einem genauen Termin vor diesen lädt: P. Mil Vogl I 25 V 7 (126/27 n. Chr.) (140). In der Verhandlung kann damit die Ladung durch eine Urkunde bewiesen werden, die man verlesen kann (141).

Mitunter begnügt sich der Beamte nicht mit einer solchen Bestätigung der Ladung, sondern verlangt Gestellungsbürgen (142).

Wenn sich die Parteien nun vor dem Richter eingefunden haben, beginnt die mündliche Verhandlung, von der wir uns durch die erhaltenen Auszüge aus Protokollen (143) ein Bild machen können. Diese geben freilich nur das Wichtigste wieder; manches müssen wir durch Vergleich ergänzen. Das Datum und die Benennung des Richters machen den Anfang.

Dann folgt die Feststellung der Anwesenheit von Parteien und Rhetoren (144). Sie dient dem Beweis, daß das Prinzip des beiderseitigen Gehörs gewahrt ist. In P. FIRA III 172 tritt ein Anwalt der Kläger auf, der dabei seine Anwesenheit begründet, und zu diesem Zweck die bereits in die commentarii aufgenommene (also genehmigte) Beauftragung eines procurator verliest, der neben ihm erscheint.

Der nächste Schritt ist der Klagevortrag, der narratio (145). Ἀξιοῦμεν sagt P. FIRA III 172, 5 und nun kommt das, was die Klägerin zu erhalten wünscht. Die Beklagte macht einen Einwand, nämlich, daß sie schon eines der verschiedenen Klagebegehren erfüllt habe. Damit ist die litis contestatio, die προκάταρξις vollzogen (146).

Mehr scheint des Protokollierens im Falle des P. FIRA III 172 nicht wert zu sein. Denn dort erfolgt nun sogleich eine Entscheidung des Richters in

---

137 Taubenschlag, Op. Min. II 183f. – Franca La Rosa, L'ἐγγυητής della παράστασις. JJP 13 (1961) 67. Il vindex nella in ius vocatio e il garante del vadimonium. Studi Betti. III 297.

138 Kaser, ZP 167.

139 Vgl. P. Ant 88 (221 n. Chr.).

140 Ferner: Hamb I 4 (87 n. Chr.) BGU II 592 (2.Jhd.). I 5, 62 (138 n. Chr.) III 891 (144 n. Chr.) Oxy IX 1195 (135 n. Chr.) Lips 52. 53 (372 n. Chr.).

141 Keinen Termin enthält dagegen dei Gestellungseid P. Mil Vogl IV 237 (211 n. Chr.).

142 La Rosa, a.a.O. führt auf: BGU II 581. Grenf II 62. 79. PSI XII 1329. Flor I 34.

143 Gesammelt von Coles, s. oben S. 83, 266.

144 Collinet, Procédure par libelle 174.

145 Collinet 208.

146 Cod. Iust. 3, 1, 14, 4. – Collinet a.a.O. über die widersprechenden Stellen. – Biscardi, SDHJ 33 (1967) 320.

einem der verschiedenen Streitpunkte (Interlocut). Er ist also nicht veranlaßt über die ganze Klage auf einmal zu entscheiden, sondern kann ein einzelnes Klagebegehren, sobald es ihm entscheidungsreif vorkommt, erledigen. Natürlich muß in der Verhandlung mehr gesagt worden sein, als der Auszug aus den Amtstagebüchern ausweist; vielleicht ist sogar ein Urkundenbeweis inzwischen zur Verlesung gekommen.

Nach der ersten Entscheidung des iuridicus trägt der Anwalt der Klägerin das zweite Klagebegehren, das noch nicht erledigt ist, vor. Der Richter stellt an die Beklagte die Frage, was sie denn dazu sage? Diese Frage hat er wohl auch schon im ersten Teil der Verhandlung gestellt, aber das war eben als unwichtig nicht protokolliert worden. Die Beklagte gibt eine confessio, ein Anerkenntnis ab. Damit ist aber der Anwalt der Klägerin nicht zufrieden; er bezieht sich auf einen Urkundenbeweis. Sodann entscheidet der Richter auch über den zweiten Streitpunkt.

Immer noch ist die Verhandlung damit nicht aus. Der Anwalt der Klägerin führt nun einen weiteren Kläger ein, der zwar schon in der Anwesenheitsliste am Anfang genannt wurde, aber bis jetzt stumm blieb. Nach einigen Plädoyers vertagt der iuridicus die Entscheidung über dessen Klage.

In P. SB V 7696 schließt der Präfekt die Verhandlung mit den Worten λέλυται. Coles führt auch – für die früheren Zeiten – die Formel ἐξῆλθεν ὁ δεῖνα ὑπηρέτης als Schluß des Protokolls auf (147).

§ 15 Der Beweis

Statthalter, Juridicus, Idios Logos waren Römer. Der Statthalter war sicher, die beiden anderen waren wahrscheinlich direkt vom Kaiser ernannt. So üben sie ihre Rechtsprechung wie Träger eines Imperiums aus. Anscheinend folgen sie zunächst einer freien Beweiswürdigung nach ihrem Gewissen. Aber sie sind an Gewohnheiten gebunden. Sodann wird die römische Regierung immer mißtrauischer und bindet die provinzialen Richter von Fall zu Fall an Beweisregeln, bis wir in der Dominatszeit mit einer Beweistheorie rechnen müssen, die dem Ermessen des Richters nur mehr geringen Spielraum läßt. Im einzelnen sehen wir:

1. Die Confessio. Sie ist in unserer Provinz nicht regina probationum, denn die Zustimmung des Gegners erledigt den streitigen Punkt der Verhandlung. Dies sehen wir deutlich in FIRA III 172 = Bouriant 20 (nach 350 n. Chr.). Obwohl die Beklagte Nonna in Z. 7 – 8 gegenüber dem einen Klagebegehren eingewandt hatte, sie habe schon 1/4 des [παραρτ]ύδιων geleistet, erklärt sie

147 A.a.O. 52.

sich in Z. 15 mit dem Begehren einverstanden, ohne daß ihr Einwand berücksichtigt wäre. Der Vorsitzende äußert sich aber des Weiteren nicht dazu. Offensichtlich gilt noch der Satz, daß die confessio in iure Vollstreckungstitel sei, so daß ein Urteil daraufhin überflüssig wäre.

2. Der Urkundenbeweis. Die Urkunde ist in den Prozessen vor höheren Gerichten das wichtigste Beweismittel. Die Partei bietet sie an; der Vorsitzende befiehlt darauf die Verlesung. Im Gegensatz zum ptolemäischen Laokritenprozeß werden aber die Urkunden nicht mehr ganz in das Protokoll abgeschrieben, sondern nur mit den Anfangsworten bezeichnet. (Allerdings haben wir ja nur Abschriften aus den Amtstagebüchern, kein Originalprotokoll, so daß Vorsicht bei diesem Schlusse am Platz ist.) So geschieht es in P. SB V 7696 (250 n. Chr.), und zwar auch dann, wenn es sich um behördliche Verfügungen (*ὑποτεταγμένα*) handelt, die Beweis erbringen, ja sogar bei der kaiserlichen Konstitution des Severus (*νόμος*, Z.82) oder der des Konstantin SB V 8246, 22. Nirgends steht da, daß diese verlesenen Schriftstücke zu den Akten genommen würden; aber es ist wahrscheinlich, daß dies geschah, weil sonst die Bezugnahme mit den Anfangsworten unverständlich bliebe (wie sie auch uns heute Rätsel aufgibt).

Nicht anders ist es in FIRA III 172 = Bouriant 20 (nach 350 n. Chr.), z.B. Z. 17 – 19 (148).

Wie sehr der Urkundenbeweis überbewertet wurde, zeigt das Edikt des Statthalters Valerius Eudaimon (P. Oxy II 237 VIII 7 – 138 n. Chr.) (149). Wenn im Prozeß eine Urkunde vorgelegt werde, so müsse der Gegner sofort erklären, daß sie gefälscht sei oder die exceptio doli erheben, und gleichzeitig den Strafprozeß gegen den Produzenten beginnen. Anderenfalls müsse er sofort zahlen oder hinterlegen (150).

In der Petition der Dionysia, in der uns das Edikt erhalten ist, geht der Präfekt Munatius Felix vielleicht noch einen Schritt weiter, indem er das „sofort“ *παραυτίκα*, beiseite schiebt und erklärt Kol. VIII 20:

οὐκ ἀπέχεται τὰ χρηματικὰ διὰ τούτων τῶν ἐνκλημάτων· εἰ δὲ μή, πάντες ἐροῦσιν ὅτι κατηγορῶ.

Dies entspricht dann schon einem Reskript von Alexander Severus von 223 n. Chr. Cod. Just. 9, 22, 2. Andererseits haben die zit. Verfasser auch dar-

---

148 Weitere Belege bei Coles, Reports of proceedings 47.

149 Collinet, L'édit du préfet d'Egypte Valerius Eudaemon. Atti IV Congr. Pap. Milano 1936, 89. – Lemosse, Querela non numeratae pecuniae et contradictio. Studi Solazzi 470. – Archi, In Tema di falso documentale. Scritti Ferrini, Milano 1 (1947) 1. – Menkman, Symbolae van Oven. Leyden 1946, 191. – Collinet wendet sich gegen die Deutung der *ῥαδιουργία* als exceptio doli S.100, 2. – Lemosse denkt an Hinterlegen auch bei rechtzeitig erhobenem Einwand.

150 Überbewertung ergibt sich auch aus Apokrimata § 8 Z.28 – 34: der Testamentsurkunde wird Beweiskraft prima facie zugeschrieben. Vgl. Schiller, Chron 30 (1955) 333ff.

auf hingewiesen, daß die ἀναργυρία, der typische Einwand, daß die Urkunde nicht honoriert worden sei, hier zu fehlen scheint. Daß die exceptio non numeratae pecuniae im Cod. Just. erst mit den Severischen Kaisern beginnt (4, 30), will nichts mehr besagen, seit bekannt ist, daß sie schon in der Ptolemäerzeit erhoben wurde (151). Für die Römerzeit ist sie m.W. nur durch literarische P. belegt (152). Das spricht dafür, daß man in dem Einwand zunächst nur die exceptio doli gesehen hat, und daß diese eben im Edikt des Valerius Eudaimon in den Worten ῥαδιουργία und περιγραφή enthalten ist. Die eine Bezeichnung wird die exceptio doli generalis, die andere die specialis bedeuten. Aber dadurch, daß eine Urkunde erst nach einem Jahr vom Einwand der ἀναργυρία befreit wurde, wurde die Überbewertung des Urkundenbeweises wieder abgeschwächt.

Wir sehen in dieser Entwicklung deutlich das Vordringen der Beweistheorie: darauf, ob dem Richter die Urkunde nach seinem Ermessen als falsch oder erschlichen vorkommt, wird kein Gewicht gelegt: alles ist von oben her generell geregelt. Gordian III.wendet sich in dem Reskript P. Chrest II 379 = Teb 285 (239 n. Chr.) gegen die Überschätzung des Urkundenbeweises (In diesem Falle der Personenstands-ἀπογραφαί).

In Urkunden der Ptolemäerzeit sehen wir das Bestreben der Aussteller, das Gericht von vornherein durch vorweggenommene Erklärungen über die Beweislast zu binden (153). Dem römischen Recht entspricht solche Bindung des Gerichts nicht. Nun hat aber Düwel (154) festgestellt, daß auch in der Prinzipatszeit in Urkunden jeder Einwand gegen das verbriefte Recht als παρεύρεσις bezeichnet wird, und daß das gerade dann der Fall ist, wenn man an der Gültigkeit Zweifel haben kann (155). Da wird man aber sagen dürfen: ein Statthalter wie Rutilius Lupus oder ein Idios Logos, wie Claudius Geminus, die das Scheingeschäft sofort durchschauten, haben sich sicherlich auf eine solche Bindung nicht eingelassen. Also handelt es sich in diesen Urkunden wohl um eine tote Reminiszenz des Notariatsstiles, der an Ptolemäischem festhielt, aber keine juristische Bedeutung mehr hatte.

3. Der Zeugenbeweis spielt eine geringere Rolle als bei uns. In den höheren Gerichten wird er in der Form des „Affidavit" dem Richter unterbreitet: schon vor der Verhandlung legt der Zeuge seine Aussage in einer Urkunde nieder und beeidet sie; dann wird in der Verhandlung darauf wie auf andere Urkunden Bezug genommen und man läßt sie verlesen: P. SB I 5240 (14 n. Chr.) z.B. zeigt, daß das Prinzip der Unmittelbarkeit des Beweises nicht be-

---

151 TempE 32 (103/102 v. Chr.) s. SDHI 30 (1964) 512. Dort kommt der Gläubiger zum Eid, daß er das verbriefte Geld tatsächlich hingegeben habe.

152 S. oben S. 52f.

153 PtolRG^2 93f.

154 Die παρεύρεσις-Klausel. Diss. Köln 1969.

155 Z.B. SelP I 38 = Lond 1164. (Verpachtung eines Schiffes auf 60 Jahre) vgl. unten 169.

stand (156). Ein gutes Beispiel einer schriftlich aufgenommenen Zeugenaussage ist ferner P. SB V 7523 (153 n. Chr.). Andererseits fehlt es am Beleg für eine mündlich vor Gericht geleistete und beeidete Zeugenaussage. Auch in der Dominatszeit wird von dem schriftlich deponierten Zeugnis Gebrauch gemacht (157). P. Mon 6 (583 n. Chr.) wiederholt (Z. 59) die Regel, daß eines einzigen Mannes Zeugnis nach der nun herrschenden Beweistheorie keinen Beweis erbringe (Cod. Just. 4, 20, 9): drei Zeugen müßten es sein, auf die sich ein Urteil stützen könne (Z. 80).

4. Sachverständige. Die Belege über Fachleute in den P. hat Kupiszewski (158) gesammelt; nicht alle diese Urkunden beziehen sich aber auf Gutachten im Zivilprozeß (159). Man wird immerhin bei einem ärztlichen Bericht, wie P. Oslo III 95 (96 n. Chr.), der auf Befehl des Strategen eingesandt wurde, annehmen dürfen, daß ein Prozeß den Anlaß dazu geboten hatte. Wie Eitrem und Amundsen im Kommentar dazu ausführen, fehlt im Gegensatz zu den Zeugnissen der Eid dann, wenn der Sachverständige Amtsperson ist (z. B. δημόσιος ἰατρός), dagegen nicht, wenn er etwa Privatarzt ist, wie in BGU 647 (ἔχων ἰατρεῖον). Wie das Zeugnis erscheint das Sachverständigengutachten dann in der Verhandlung als Urkunde.

5. Der Augenschein als Beweismittel, der uns für die Ptolemäerzeit aus dem Rechtsbuch von Hermopolis bekannt ist, ist für die Römerzeit fast nicht belegt (160). Im Streit um ein Kind sagt der Stratege P. Oxy I 37 II 3 = JurP 90 (49 n. Chr.):

ἐκ τῆς ὄψεως φαίνεται τῆς Σαραεῦτος εἶναι τὸ παιδίον.

In P. Mil Vogl I 25 IV 27 erkennt der Archidikastes, daß eine Partei noch minderjährig ist (127 n. Chr.). Es fehlt aber der Fall, daß sich ein Gericht irgendwohin begeben würde, um etwas festzustellen.

6. Der Eid der Partei (161) begegnet zunächst einmal in seiner ptolemäischen Form in den frührömischen Tempeleiden (162). Dort ist er durch den Spruch eines Richters der untersten Kategorie in einem bedingten Urteil oder durch eine Parteivereinbarung auferlegt. Wird der Eid geleistet, gewinnt die Partei

---

156 Belege bei Seidl, Der Eid im römisch-ägyptischen Provinzialrecht I. München 1933, 94ff.

157 dto. II. München 1935, 92ff. Festschr. Rabel II 238.

158 Surveyorship in the law of greco-roman Egypt. JJP 6 (1952) 257.

159 Die ἀρχιτέκτωνες in P. Teb II 286, 19 sind z.B. eher als Zeugen anzusehen, da sie über das Eigentum, nicht die bauliche Beschaffenheit aussagen.

160 Taubenschlag, Law^2 518, 40 – 41, aber dabei sind auch Feststellungen eines Rechtszustandes wie P. Teb II 286, 20.

161 Seidl, Der Eid I 92ff. II 87ff.

162 Labeo 11 (1965) 316ff.

den Prozeß; wird er nicht geleistet, verliert sie ihn. Die Belege dafür reichen nicht über die Mitte des I. Jhd. n. Chr. hinaus.

Das Graffito Dak 12 (57 n. Chr.) gibt einen Eid der Priester der Isis von Abaton und Philae wieder. Eine Leistung der Leute von Kurte zum Tempelschatz der Isis von Philae, die streitig gewesen sein mag, wird darin bestätigt.

Doch verfuhr der als iudex pedaneus vom Statthalter delegierte Stratege ebenso in JurP 90 = Oxy 37 (49 n. Chr.), was vom römischen Recht abweicht (163). Nur wird das Urteil nun vom schriftlichen Kaisereid *χειρογραφία*, anstelle des Tempeleides abhängig gemacht. Aus der Byzantinerzeit ist uns durch das Urteil des Markos P. Mon 6 (583 n. Chr.) ein Manifestationseid belegt (164).

In demselben P. findet sich auch ein Beweisvergleich.

§ 16 Urteil, Rechtskraft und Vollstreckung

Urteil. Es ist bedauerlich, daß wir zunächst nicht sagen können, wie ein Urteil (sententia) ausgesehen hat. Denn wir haben nur kurzgefaßte Auszüge aus Amtstagebüchern als Material. In diesen erscheint die Entscheidung des Richters meist nur in einem Satze. Ob ein solcher einzelner Satz zu einem pronuntiare der vorher schriftlich aufgesetzten sententia genügte, wissen wir nicht. Klagen, die dem Präfekten auf dem Konvent überreicht worden waren, konnte er schon deshalb nicht alle endgültig verbescheiden, weil ihre Zahl zu groß war (1804 Eingaben nach P. Yale 61. [209 n. Chr.]). Die Verkündung der statthalterlichen Entscheidung erfolgte dann durch Aushang in Alexandria. Die Petenten wurden dorfweise benachrichtigt, so daß sie sich dort eine Abschrift anfertigen lassen konnten.

Der Statthalter und seine Vertreter haben auch Interdikte erlassen; in späterer Zeit auch niedrigere Gerichte (165).

Durchsichtiger werden unsere Quellen erst in der Dominatszeit. Wir finden ein decretum ut restituatur im Sinne von Gai Inst 4,140 in P. Berl Zill 4 (Mitte des 4. Jhd.); erlassen vom praeses Thebaidis (Z. 24:)

ἀποδώσει ἃ μόνος καταβέβληκας ὑπὲρ τῶν χρεωστουμένων.

Dazu werden aber keine Beweise aufgenommen, so daß es später streitig werden kann, ob dem Dekret zuwidergehandelt worden ist, oder nicht. Mit Rücksicht auf dieses mögliche „Nachverfahren" wird dem Petenten eine Ausfertigung, und zwar ein recht oberflächlicher Auszug aus dem Verhandlungsprotokoll erteilt, auf die der Vermerk gesetzt wird: edantur (166).

---

163 Seidl, Eid I 102.

164 s. Festschrift Rabel II 236.

165 Vgl. oben S. 38 f. zu Apokrimata § 4 und unten S. 162 beim Schutz des Kontinuitätsinteresses.

166 Vgl. oben S. 119 Ferner: Taubenschlag, The provisional legal protection. Op. Min. II 649.

FIRA III 172 = Bouriant 20 (350 n. Chr.) zeigt, wie der iuridicus nach und nach einen um den anderen der Streitpunkte entscheidet (167) und zuletzt gar sein Urteil von einer Bedingung abhängig macht, nämlich, daß der curator der einen Streitpartei noch innerhalb von 40 Tagen erscheine (168). Der P. selbst wird am Schluß als exemplum gekennzeichnet, d.i. als die einer Partei ausgefolgte Abschrift (169). Aber ob diese Bedingung in dem letzten Punkte eingetreten ist oder nicht, kann man aus dem P. nicht ersehen, dazu brauchte die interessierte Partei noch eine weitere Urkunde.

Das einzig wirklich schöne und mit langer Begründung versehene Urteil ist das des Markos P. Mon 6, von dem aber Schiller annimmt, es sei der Schiedsspruch eines arbiter (170) (583 n. Chr.). Es schließt: ἐδέδωκα und dann folgt die Unterschrift des Markos.

Rechtskraft (171). Apokrimata § 2 (172) rechnet damit, daß um 200 n. Chr. ein Urteil im Instanzenzug angegriffen werden kann. Hat jedoch der Verurteilte das Urteil anerkannt, so sind die Feststellungen desselben für alle Zeiten bindend für ihn (materielle Rechtskraft).

Daß die Appellation an den Kaiser auch gegen Urteile der provinzialen Richter schon zur Zeit der Severischen Kaiser möglich war, lehrt BGU II 628 Ro I in der neuen Datierung und Auslegung durch Schiller (173). Desgleichen die Konstitution von Alexander Severus, die in P. Oxy XVII 2104 und Dig.49, 1, 25 erhalten ist (174).

Daß der Satz bis de eadem re ne sit actio (175) auch in Ägypten Geltung hatte, sieht man aus § 2 der Apokrimata = P. Amh 63. Wenn der Verurteilte sich auf den Boden des gerichtlich Erkannten gestellt hatte, z.B. Stundung erbeten hatte, oder Teilzahlung geleistet, so kann er nicht mehr von einem Rechtsmittel Gebrauch machen (176). Das gilt sogar von der Anrufung des Kaisers. Doch sind es wenige Belege, die uns vom Instanzenzug

---

167 Vgl. oben S. 114 f.

168 Kupiszewski, Bedingte Urteile in den griechischen Papyri. JJP 9/10 (1956) 329 – 338.

169 Kübler, Studi Riccobono I 437. Oben S. 80, 248.

170 Oben S. 109.

171 Taubenschlag, L'autorité de la chose jugée dans le droit gréco-égyptien. Op. Min. II 7023. (vorwiegend zu ptolemäischen Texten).

172 Oben S. 38.

173 Oben S. 41.

174 Oben S. 41.

175 Ihn haben nach Liebs, Die Herkunft der Regel bis de eadem re ne sit actio. ZSS 84 (1967) 104ff. die Römer von den Griechen übernommen. Vgl. P. Lond II p. 164 Nr.354 (10 v. Chr.). Edikt des Ti. Jul. Alex. § 8 speziell zu Urteilen des Präfekten auf dem Konvent.

176 S. oben S. 38.

etwas berichten (177). In P. Oxy 1408,7 wird einer Partei in den Mund gelegt:

ἀλληλέγγυοί εἰσιν· μία γὰρ ἔκκλητος καὶ ἓν πρόστειμόν ἐστιν.

Grenfell-Hunt und Cantarella (178) übersetzen „sie sind gegenseitig Bürgen, also gibt es nur eine Berufung und nur eine Vertragsstrafe". Aber was soll hier die Berufung? Was man erwartet, ist die „Haftung" ἔγκλητος und nicht δίκη sondern ἐγγύη als Subintelligendum. Die beiden haben etwas gekauft und den Prozeßgegner, indem sie sich ihm gegenseitig verbürgten, zum Bürgen gegenüber dem Verkäufer gewonnen. Dann ist leider auch das kein Beleg für die Berufung. Es bleiben also die von Taubenschlag (179) als fiskalische Sachen bezeichneten Fälle und P. Ryl II 113 (133 n. Chr.), den auch er für unsicher hält. Daß der Appell vom delegierten Richter an den Delegierenden möglich sei, bleibt einstweilen eine Hypothese.

Wird der Rechtskraft zuwider der Prozeß von neuem aufgerollt, so wendet sich die dadurch benachteiligte Partei nach P. Mert III 104 (frühe Römerzeit) an den Präfekten. Er möge dem Strategen befehlen, den Gegner zum ἐμμενεῖν zu zwingen.

In dem Graffito Philae 54 wurde im Jahr 30 n. Chr. eine Abstandsurkunde kopiert. Der Aussteller erklärt, daß er von dem Recht aus einem Urteil, das ihm 1/10 des Gewinnes der Angesprochenen zugesprochen hatte (vielleicht als Pfand?) nunmehr entfernt sei. Der Verzicht auf den Prozeßgegenstand erfolgte jedenfalls nach dem Urteil.

Vollstreckung. (180). Im klassischen ordo iudiciorum galt der Satz: omnis condemnatio pecuniaria. Davon wurde nichts ins Provinzialrecht Ägyptens übernommen. Die Vollstreckung von Geldforderungen oder anderen Ansprüchen erfolgt durch psychischen Zwang. Dessen stärkstes Drohmittel ist die Personalhaft. Aber Augustus hatte gestattet, daß der zahlungsunfähige Schuldner ihr durch die cessio bonorum entgehen könne, ebenso der Infamie (181). Das schärfte der Präfekt Tiberius Julius Alexander wieder ein im Jahre

---

177 P. Fam Teb 24 (124 n. Chr.) Z.105 wird als Beweis herangezogen von Taubenschlag 521 u.a. Jedoch kann ἐὰν μέντοι βούλονται πρὸς ἑτέρους τινὰς λέγειν, δύνανται ἐπὶ τῆς μίζωνας ἐξουσίας. auch heißen: Wenn die Parteien gegen andere Leute klagen wollen, so können sie das bei einer höheren Behörde (als ich recuperator es bin), tun. Es kann sich also um bloße Erklärung der Unzuständigkeit handeln.

178 La fideiussione reciproca. Milano 1965, 68, 38. Für die Gesamtinterpretation des P. sei hierauf verwiesen.

179 Law 521, 14.

180 Weiss, RE Katenechyrasia, der freilich das Recht der Papyri der Römerzeit aus griechischer Sicht darstellt. Die zur Vollstreckung notwendigen Urkunden hat Kupiszewski (s. oben S. 82) untersucht.

181 Wlassak, RE Cessio bonorum. Belege bei Taubenschlag, Law^2 530, 24. Zu SelP II 259 = Ryl II 75 s. unten S. 235.

68 n. Chr., beließ es aber bei der Personalhaft der Fiskalschuldner (182). So muß der Präfekt in § 4 (Z.15 – 18) seines Edikts dagegen einschreiten, daß Gläubiger eine Fiskalmult in die Schuldurkunde aufnehmen, um auf diese Weise die Schuldhaft zugunsten ihrer Forderung anwenden zu lassen (183). Erst Severus und Caracalla entschieden in einem Reskript, BGU II 473 = Chrest II 375 (200 n. Chr.), daß auch die Fiskalschuldner durch cessio bonorum der Personalhaft entgehen könnten. Sie scheint, wie im übrigen Reich, nichtsdestoweniger immer wieder vorgekommen zu sein.

Wie der klassische ordo iudiciorum rechnet auch das provinziale Prozeßrecht in Ägypten damit, daß ein Verurteilter das Urteil nun freiwillig erfüllen werde. Tut er das nicht, so wendet sich der Gläubiger an den Strategen, dem der Präfekt sowieso die Vollstreckung aufgetragen hatte, als er erklärte, die Sache werde ex officio vollstreckt werden. So wenigstens legt Wilcken P. Brem 18 (113 – 210 n. Chr.) aus, vgl. dazu P. FIRA III 172, 12 = Bouriant 20 (350 n. Chr.): *προνοουμένης εἰς τοῦτο τῆς τάξεως* (184). Was Arangio-Ruiz mit quarum rerum exsecutionem officium curabit übersetzt. Confessio in iure wird ebenso behandelt worden sein. Dabei kann es natürlich leicht zu Anlässen für eine Widerspruchsklage kommen, aber noch scheint es dafür keinen Beleg zu geben.

Dagegen können wir dem Verlauf einer Vollstreckung folgen, wenn sich der Gläubiger auf eine Urkunde stützt, in der sich der Schuldner der sofortigen Vollstreckung unterworfen hatte (185). Wir sehen dann, daß sich der Gläubiger an die alexandrinischen Chrematisten oder den Archidikastes wendet. Das *καταλογεῖον*, dem Archidikastes untergeordnet (186), möge ein *ὑπόμνημα* an den *πράκτωρ ξενικῶν* ausstellen. Die Urkunde liegt ja im *Ναναῖον*, später in der *βιβλιοθήκη Ἁδριανή*. So kann der Bitte entsprochen werden. P. Oxy IX 1203 (spätes I.Jhd.). Vgl. auch: JurP 47 = Oxy 68 (131 n. Chr.). BGU VII 1574 (177 n. Chr.). Auch hier ist aber eine Situation gegeben, durch die der Schuldner nicht überfallen werden darf: deshalb muß ihm, parallel zur oben behandelten editio actionis, das Gesuch um Vollstreckung mitgeteilt werden, was der Hyperetes des Archidikastes besorgt und dann auf einem Exemplar des zugestellten Schriftsatzes vermerkt BGU VII 1574, 23 – 24. Das Gesuch um amtliche Mitteilung ist das

---

182 § 2 (Z.15 – 18) vgl. oben S. 46. Chalon, L'édit etc. S.110 – 122 mit reicher Bibliographie.

183 Mitteis (und Revillout), Reichsrecht und Volksrecht 448, 1. Fiskalmulten sind demotisch in der Ptolemäerzeit (P. Bürgsch 9, 23 [129 v. Chr.]) belegt: „3 Talente für die Brandopfer des Königs". In der Prinzipatszeit m.W. nur in griechischen Urkunden: Berger, Die Strafklauseln. Leipzig 1911, 32.

184 Vgl. auch Z.25.

185 A.B. Schwarz, Sicherungsübereignung und Zwangsvollstreckung. Aeg 17 (1937) 241. – Kupiszewski, s. oben S. 82.

186 S. oben S. 72.

διαστολικόν. (187). Der Schuldner kann aber Widerspruch einlegen ἀντίρρησις. In P. Oxy IX 1203 wendet er sich an den Strategen (?), er solle den πράκτωρ ξενικῶν anweisen, bis zum Ausgang des Prozesses nichts zu unternehmen. Der Schriftsatz, muß ebenso dem Gläubiger zugestellt werden, was der Hyperetes bestätigen muß. Dann kommt es zu einem Prozeß, den man mit der actio iudicati vergleichen kann. P. Oxy IX 1203 zeigt, wie sich ein solcher Schuldner wehrt: er bestreitet die geltend gemachte Forderung und macht Gegenforderungen zur Aufrechnung geltend.

Wehrt sich der Schuldner jedoch nicht oder wird sein Widerspruch im Prozeß verworfen, kommt es zur pignoris capio λῆμψις ἐνεχύρων durch den Gläubiger oder zur Einweisung in den Besitz eines Grundstücks, ἐμβαδεία. Auch dazu muß der Gläubiger den Präfekten in einem Gesuch angehen, der dann eine vollstreckbare Ausfertigung, χρηματισμός, erteilt.

Ein Grundstück wird dem Gläubiger im Grundarchiv zugeschrieben (188) (μετάθεσις). Das kann auch während des noch schwebenden Prozesses über die ἀντίρρησις geschehen, geschieht aber dann, wie in BGU VII 1573, 8 κινδύνῳ des Vollstreckungsgläubigers. Das deutet auf eine Haftung für etwaigen Schaden des Schuldners, wenn er den Prozeß über die ἀντίρρησις gewinnen sollte. Diese vom Verschuldensprinzip abweichende Haftung aus Gefahrenbeherrschung wird dem betreibenden Gläubiger ausdrücklich auferlegt. Wird der Gläubiger später befriedigt, so muß er das pignus wieder herausgeben; es kann dann immer noch zu einem neuen Prozeß über den Umfang der Leistungen des Schuldners kommen, z.B. ob Zinsen durch die Nutzungen des der ἐμβαδεία unterlegenen Grundstücks abgegolten sind, oder nicht. P. Chrest II 90 = Oxy 653 (160/161 n. Chr.).

Hauptsache ist der psychische Zwang auf den Schuldner. So wurde auch in P. Oxy VIII 1102 (146 n. Chr.) ein Grundstück gepfändet, bis der Schuldner dem Urteil Genüge getan hatte.

Über die Beendigung der Vollstreckung fehlt es an Quellen. Wir wissen weder, wann das durch ἐμβαδεία erworbene Pfandrecht in Eigentum übergehen konnte, noch ist uns von einer Versteigerung des Objekts etwas bekannt (189).

Aus der Dominatszeit fehlt es uns sehr an Quellen zum Vollstreckungsrecht (190). Der vom Zufall der Funde abhängige Eindruck ist der: die Kaiser und die Statthalter bemühten sich, die Schuldner mit Vollstreckungen möglichst zu verschonen. Der fragmentarische PSI VII 767 (331 n. Chr.)

---

187 Zu diesem und den folgenden Urkunden s. Kupiszewski, Symb. Taubenschlag (= Eos 48 [1957]) III 88.

188 Vgl. die ausführliche Schilderung von H.J. Wolff BGU VII S.81ff.

189 Die Beispiele, die Talamanca bringt: Contributi allo studio delle vendite all'asta nel mondo classico. Mem. Accad. Lincei Ser. VIII Vol. VI Fasc. 2, Roma 1954, 176ff., haben alle Versteigerungen im Interesse des Fiskus zum Gegenstand.

190 Kaser, ZP 511ff.

wird so ausgelegt, daß hier der Statthalter einem Vollstreckungsschuldner anstelle der cessio bonorum (191) ein moratorium von fünf Jahren gewährt habe, und dies unter Durchbrechung des Grundsatzes des beiderseitigen Gehörs (192). Auf der anderen Seite sehen wir die Schwäche der Regierung gegenüber den potentiores mit Autopragie seit der Mitte des V.Jhd.. Wenn ein Großgrundbesitzer die kleinen Leute wegen Steuerschulden ins Gefängnis werfen konnte, so braucht man sich nicht über Klagen zu wundern, daß ein Schuldner wegen einer privaten Schuld dorthinein kam (193).

Abschließend haben wir für Gerichtsverfassung und Prozeßrecht festzustellen: obwohl in der frühen Prinzipatszeit in den Tempeleiden und den Graffiti aus Unternubien noch etwas ägyptisch erscheint, so ist doch sehr bald das ganze Recht römisch geworden. Gerade diese Romanisierung des Prozesses war neben dem Verschwinden der demotischen Urkunde zugunsten des griechischen Urkundenwesens eine wichtige Ursache für die Verdrängung des ägyptischen Rechts.

---

191 Eine solche liegt in FIRA III 180 = P. Chrest II 71 (462 n. Chr.) vor. Ein Bürge nimmt sie vor.

192 Taubenschlag, Op. Min. II 665. Freilich steht die Regel entgegen: was man nicht ergänzen kann, soll man nicht interpretieren.

193 In P. Cairo Masp I 67005 (Justinians Zeit) ist nicht klar zu ersehen, ob die zur Verhaftung führende Schuld dem öffentlichen oder privaten Recht angehörte. – Partsch, Nachgel. Schriften 248. P. Oxy XVI 1882 (504 n. Chr.). Oxy VI 902 = Chrest II 72 (465 n. Chr.). An Ägypten richtet sich auch das Verbot der Privatkerker Cod. Just. 9, 5, 1 (486 n. Chr.), wie schon Cod. Theod. 9, 11, 1. (388 n. Chr.)

III. Privatrecht

§ 17 Personenrecht; status civitatis; status libertatis. Religion

Die Isonomie, Gleichheit vor dem Gesetz, ist zwar eine Idee, die Griechen nach unserem heutigen Wissen als erste durchdachten (194), doch haben bekanntlich weder sie noch die Römer folgerichtigen Gebrauch von ihr gemacht. Noch viel weniger wurde sie in der Provinz Ägypten wirklich durchgeführt. Legen wir zunächst römisches Recht vor der Constitutio Antoniniana zugrunde, so sehen wir, allein vom status civitatis und libertatis ausgehend, folgende Klassen:

1. Römische Bürger

2. Peregrini
   a) (Latini – diese beste Klasse kommt in den Papyri bisher nicht vor.)
   b) ἀστοί einer πόλις
   c) gewöhnliche Peregrinen, die keine Bürger einer anerkannten Stadt sind
   d) dediticii

3. Libertini
   a) Romani
   b) Latini Iuniani
   c) Freigelassene von Nichtrömern
   d) dediticii

4. Sklaven

Exkurs: das Namenrecht. Die Zugehörigkeit zu einer dieser Gruppen möchte man gerne aus den Namen erkennen. Doch ist hier Vorsicht am Platze. Der Römer hat drei Namen: praenomen, gentile, cognomen (195, 196). Der Grieche hat zwei Namen: den eigenen und den des Vaters (197); beim Ägyp-

---

194 RömRG[2] 4.
195 Doer, Die römsiche Namengebung. Stuttgart 1937.
196 z.B. Γάιος Ἰούλιος Σατορνεῖλος P. Oxy XXII 2349, 2.
197 Vor Erwerb des Bürgerrechts hieß der in P. Oxy XXII 2349 genannte Mann Πτολεμαῖος Πτολεμαίου (Z.5), war Alexandrinischer Bürger.

ter ist es nicht anders, doch da die ägyptischen Namen in einer bestimmten Region häufig sind, setzt man oft den Namen der Mutter hinzu. Griechen tragen mitunter ägyptische Namen und umgekehrt haben Ägypter griechische und römische Namen (198). Namensänderung kommt vor. Häufig sind Doppelnamen, wie von jeher in Ägypten (199). Mitunter führte eine Person einen ägyptischen und einen griechischen Namen, aber auch zwei ägyptische oder zwei griechische Namen werden angegeben. Eine Sicherheit in der Zuschreibung zu einer bestimmten Gruppe von Personen läßt sich nur durch die Archivzugehörigkeit erreichen (200).

1. Römische Bürger. Zunächst waren sie die bevorzugte Klasse in der Provinz. Die höheren Beamten wurden aus ihnen genommen. Von ihnen dürfen wir annehmen, daß sie von außerhalb Ägyptens in die Provinz entsandt wurden und nach Ablauf ihrer Amtszeit wieder aus Ägypten verschwanden. Aber bald gab es auch in der Provinz heimische römische Bürger, die selbst oder deren Vorfahren das römische Bürgerrecht verliehen bekommen hatten. Freigelassene des Kaisers oder anderer Römer und ihre Nachkommen mögen diese Schicht verstärkt haben. Nach der oben bereits erwähnten (201) Constitutio Antoniniana aber hörte das auf: nun waren alle freien Einwohner (202) der Provinz Aurelier und alles war nivelliert.

Ein Oxyrhynchus-P. XXII 2349 (70 n. Chr.) zeigt uns, wie ein Alexandriner anläßlich des Eintritts in die römische Armee römischer Bürger wurde. Doch war das ein Ausnahmefall. Für die Regel blieb auch ein in die Armee Eingereihter peregrinus, erhielt aber dann bei der honesta missio das römische Bürgerrecht (203). Aus Plinius Ep. X,5 und X,6 pflegt man zu schließen, daß ein Ägypter noch zur Zeit Trajans nur dann das römische Bürgerrecht erwerben konnte, wenn er zuvor das alexandrinische bekommen hatte. Dagegen hat Sasse (204) gefunden, daß sich diese Bestimmung nur auf Freigelassene von Ägyptern beziehen kann. Dann hat sie eine vernünftige ratio legis: ein römischer Bürger soll nicht einem Ägypter als Patron verpflichtet sein. Wir sind immer dafür eingetreten, daß das ägyptische Recht eine starke patria potestas gekannt hat (205). Die Hypothese liegt nicht fern, daß eine

198 Holm, Griechisch-ägyptische Namenstudien. Uppsala 1936. Dazu kommen die wahrscheinlich zahlreichen Mischlinge (sog. „Gräco-Ägypter“). Es ist aber sicherlich irreführend, wenn viele Gelehrte von einem gräco-ägyptischen Recht schreiben.

199 Rita Calderini, Ricerche sul doppio nome personale nell'Egitto greco-romano. Aeg.21 (1941) 221. 22 (1942) 3.

200 S. aber die wertvollen Zusammenstellungen bei Taubenschlag, Op. Min. I 182ff.

201 S. 41f.

202 Ausnahmen in beschränktem Umfang läßt Sasse, Die constitutio Antoniniana. Wiesbaden 1958, 127 zu. – An größeren Umfang denkt Vandoni, Appunti dalle lezioni di papirologia. Milano 1966, 45 – 47.

203 Wenger, Qu. 402f. 458

204 a.a.O. 76ff.

205 ÄgRGSait[2] 54ff.

solche auch gegenüber Freigelassenen bestand, wenn wir auch nichts darüber wissen. Das alexandrinische Recht dagegen mag den Freigelassenen günstiger gewesen sein (206).

Doppelbürgerschaft war möglich (207). So sehen wir in BGU XI 2058 (II.Jhd.), 6 einen Ῥωμαῖος καὶ Ἀλεξανδρεύς.

2. Einwohner ohne römisches Bürgerrecht. Wer nicht das römische Bürgerrecht hatte, war vom Standpunkt des römischen Rechts *peregrinus.* Unter diesen gab es wieder verschiedene Klassen, deren schlechteste die peregrini dediticii waren. Die Meinung, daß seit der Einnahme Alexandrias durch Oktavian alle Bewohner Ägyptens zu dieser Klasse gehört haben, ließ sich nicht halten (208). Die gebildeten Römer sprachen aber alle griechisch. Von den unteren Schichten hatten viele als Seeleute, Kaufleute oder Soldaten Griechisch gelernt. Ägyptisch konnte wohl kaum jemals einer. So stützten sich die Römer natürlicherweise auf die griechisch sprechende Bevölkerung des Landes, wie wir auch oben beim Steuerrecht gesehen haben (209).

Das Bürgerrecht einer der einstmals „autonomen" Städte hatte aber einen besonderen Wert: Alexandria, Naukratis, vielleicht Ptolemais, jedenfalls nach Hadrian Antinoupolis, sowie das etwas nebelhafte Krene waren vom römischen Staat anerkannte „πόλεις", während die übrigen größeren Ansiedlungen nur κῶμαι waren, mochten sie auch die Metropole eines Gaues sein. Andererseits war nicht jeder, der in einer solchen privilegierten Stadt wohnte, schon Bürger dieser Stadt: für Alexandria können wir deutlich zwischen ἀστοί und Ἀλεξανδρεῖς unterscheiden (210).

Wer das Bürgerrecht einer Polis hatte, unterlag deren Stadtrecht, was, wie wir gesehen haben (211), im Laufe der Zeit immer mehr ein privilegium odiosum geworden war: die Constitutio Antoniniana mochte diesen Leuten sehr willkommen gewesen sein.

Wer aber nun nicht Bürger einer solchen Stadt war, war deshalb noch lange nicht ein dediticius. In den Urkunden sehen wir ja nur selten Städtebürger, sondern häufiger Griechen, die in der Chôra siedelten. Vom Standpunkt des römischen Rechts hätten wir für sie nur die Bezeichnung peregrinus; doch waren Griechen immer noch eine privilegierte Klasse. Wer zum Gymnasium gehörte, wurde als solcher anerkannt (212). Die Abgrenzung zum Ägypter müssen wir uns weniger rasse- als vielmehr kulturbedingt vor-

---

206 Vgl. Thalheim RE Freigelassene Sp.96: Freigelassene des Staates.
207 Lit. bei Schönbauer, Die Doppelbürgerschaft im römischen Reiche und ihre Wirkung auf die Rechtsentwicklung. Anz. Akad. Wien 1949 Nr.17.
208 s. Sasse a.a.O.
209 Oben S. 89.
210 Arangio-Ruiz, Intorno agli ἀστοί dell'Egitto greco-romano. RIDA[1] 3, 4 (1950) 7.
211 Oben S. 28.
212 Wilcken, Grundzüge 140ff.

stellen (213). Von einem Zusammenschluß zu πολιτεύματα, wie er für die Ptolemäerzeit angenommen wird, sehen wir in der Römerzeit nichts mehr (214).

Die Ägypter auf dem Lande dürften auch nicht dediticii gewesen sein. Nach der CA sind sie Aurelier. Das spricht nicht für ihre Einreihung in die schlechteste Klasse der peregrini (215). Doch waren sie steuerlich am schwersten belastet (216) und durch die sprachliche Bevorzugung der Griechen benachteiligt. Aber ihre Stellung erstarkte mit dem Eindringen und schließlichem Sieg des Christentums vom 3.Jhd. ab. Im 6.Jhd. überwog, wie Rouillard schrieb (217), das Koptische wieder das Griechische.

Unter den Zugewanderten jedoch können sich sehr wohl Deditizier befinden. Ja, es ist sogar anzunehmen, daß diejenigen, die nach 212 n. Chr. immer noch nicht Aurelier sind (218) – und bei denen dies nicht auf Nachlässigkeit des Schreibers beruht, – als Angehörige von zugewanderten Stämmen zu verstehen sind, sog. dediticii barbari. Die Juden dürften nur dazu gehören, soweit sie nach der Zerstörung Jerusalems nach Ägypten ausgewandert waren (219). Die in der Provinz ansässigen Familien (220) – wie die berühmte Philo-Familie – waren sicherlich keine Deditizier, stieg doch Tiberius Julius Alexander, der zu ihr gehörte, bis zum praefectus praetorio auf (221), was ihm unmöglich gewesen wäre, wenn er Deditizier gewesen wäre (Gai Inst.1, 15). Sonst wird man Blemmyer, Nubier und von außerhalb des Reiches zugewanderte Araber hierher rechnen müssen. In der Byzantinerzeit jedoch verschwand die Klasse der Deditizier (222).

Πέρσαι τῆς ἐπιγονῆς (223) werden immer noch in den Urkunden erwähnt, obwohl sie keine von der römischen Regierung anerkannte Bevölkerungsgruppe mehr darstellten. Die Bezeichnung verschwindet etwa mit den Parthereinfällen von 162 n. Chr. Sie mag nun politisch anstößig geworden sein (224).

3. Freigelassene (225). Aus dem sog. Gnomon des Idios Logos ersehen wir, daß ein jeder Freie einen in seinem Eigentum stehenden Sklaven freilassen

213 Damit soll aber nicht bestritten sein, daß in der Ptolemäerzeit die Ägypter manches Griechische übernommen haben und umgekehrt (Droysens Hellenismus).
214 Preisigke-Kießling s.v.
215 Die Frage ist bei Sasse a.a.O. erörtert.
216 Oben S. 89.
217 L'administration civile de l'Égypte Byzantine^2. Paris 1928, 185.
218 Z.B. die Totengräber der Großen Oase, oben S. 65.
219 Schönbauer, Reichsrecht, Volksrecht und Provinzialrecht. ZSS 57 (1937) 342
220 Zu SelP II 212 (41 n. Chr.) vgl. oben S. 45.
221 Turner, Tiberius Julius Alexander, JRS 44 (1954) 54
222 Sasse, a.a.O.
223 PtolRG^2 107. ÄgRGSait^2 28.
224 Vortrag von Frl. Vandoni auf dem Kongreß der SIDA in Wien 1970.
225 Biezunska-Malowist, Les affranchis. Atti Congr. Mil. 433 – 443. – Calderini. La manomissione. Roma 1965, zieht auch einige P. heran.

konnte. Um in die leicht verwirrende Fülle von Verschiedenheiten einen Leitfaden zu bringen, wollen wir uns an folgende Sätze halten: 1. nemo plus iuris transferre potest quam ipse habet: der Freigelassene kann keine bessere Position erhalten, als sie sein Patron hat, wohl aber eine geringere. 2. Die Römer wollten ferner den Freigelassenen der Nichtrömer keine bessere Stellung einräumen als solchen der Römer.

Der Freigelassene eines Römers wurde entweder römischer Bürger (226) oder Latinus Iunianus (227) oder dediticius (228). Der Freigelassene eines alexandrinischen Bürgers dagegen wurde nur Metöke, also Einwohner Alexandrias ohne Bürgerrecht (229). Beschränkungen, denen sein Patron unterlag, unterlag aber auch er; z.B. hatte er nicht die *ἐπιγαμία* mit Ägyptern: BGU V 1210, § 49. Wenn ein Grieche der Chôra oder ein Ägypter Patron ist, müssen wir annehmen, daß der Sklave jedenfalls in keine bessere Stellung als sein ehemaliger Herr kam (230).

Das ägyptische Recht (*οἱ τῶν Αἰγυπτίων νόμοι*) enthielt nichts über die Verpflichtung der Freigelassenen zu operae für den Patron. Das stellt der Statthalter M. Rutilius Lupus in P. Oxy IV 706 (= Chrest II 81, vgl. BL) etwa vom Jahre 115 n. Chr. fest. Weil aber der ägyptische Freigelassene nicht besser dastehen soll als ein libertinus Romanus, verurteilt er ihn zu operae.

Nachdem also Freigelassene verschiedene Rechtsstellungen haben konnten und sie für einen Status-Prozeß mindestens so gut gesichert sein mußten, wie der Käufer einer Sache gegenüber einem Entwehrungsverfahren, hatten sie ein Bedürfnis, ihre Freiheit durch eine Urkunde im Prozeß beweisen zu können. Eine solche Urkunde brauchte nicht konstitutiv zu sein, es genügte, wenn sie deklaratorisch war.

Bei P. Freib II 10, ca. 196 n. Chr. (231) fand die Freilassung unter Griechen mit Anrufung von Zeus, Gê und Helios, unter Zahlung der Umsatzsteuer (232) und allem übrigen, was sich gehört, sowie einem Heroldsruf statt. In einer Agoranomenurkunde bestätigt dies die Freilasserin und übernimmt eine Vertragsstrafe, falls sie auf die Freigelassene als Sklavin Ansprü-

---

226 Ditt. Syll[3] 543, 32 (214 v. Chr.) Röm. PrivR[2] 9.

227 Steinwenter, RE Latini Juniani.

228 Gai Inst. 1, 13. Im Gegensatz dazu behandelt BGU V 1210 § 20 Latini Juniani und dediticii ex lege Aelia Sentia gleich. – Vgl. Riccobono Jr. ad § 20.

229 Das ist richtig nur unter zwei Voraussetzungen: 1. daß das alexandrinische Recht dem athenischen glich (s. oben S. 28) 2. daß nach athenischem Recht der Freigelassene Metöke wurde. Letzteres ist wahrscheinlich, vgl. Aristot. Pol.III 1, 10 (1275 b) und dazu Westerman, Slavery and the elements of freedom in Ancient Greece. Quarterly Bull. of the Polish Inst. in America 1943 14, 1.

230 Der in den Pliniusbriefen (oben S. 130) erwähnte Arzt Harpokras war Freigelassener der Thermuthis Theonos. Plinius nennt ihn Aegyptius.

231 = JurP 7 = SB III 6293. BL II S.123. – Wilcken P. Freib III S.105.

232 *'Εγκύκλιον*. Denn die Freilassung ist steuerrechtlich eine Veräußerung des Sklaven.

che erheben sollte (233). Über die rechtliche Stellung der Freigelassenen erfahren wir nichts.

Der Agoranomos durfte aber nicht ohne weiteres eine solche deklaratorische Urkunde ausstellen, sondern bedurfte einer Erlaubnis. Da die Sklaven in die βιβλιοθήκη ἐγκτήσεων eingetragen waren, möchte man nach Analogie des Grundstücksverkehrs an ein ἐπίσταλμα dieser Behörde denken (234). Aber das genügte wohl nicht. Vermutlich kamen der Pächter des ἐγκύκλιον und der Bankier, bei dem das Lösegeld eingegangen war, hinzu. Letzterer Fall ist erhalten in P. Oxy I 48 (86 n. Chr.). 49 (100 n. Chr.) und 50 (100 n. Chr.). Das Lösegeld ist im griechischen Recht wichtiger als im römischen (in dem es aber auch häufig von den Juristen behandelt wird). Wo das Prinzip der notwendigen Entgeltlichkeit anzuwenden ist, ist die Freilassung eine Leistung, der eine Gegenleistung entsprechen muß (235). Daher ist regelmäßig ein Lösegeld genannt, λύτρα o.ä., was vielleicht auch wichtiger als die Anrufung der Gottheiten und der Heroldsruf ist. Einmal wird uns ein Freigelassener des Gottes Sarapis genannt (BGU VI 1564,2 [138 n. Chr.]). Er mag durch Zahlung des Lösegeldes an diesen zur Freiheit gekommen sein (236). Das ägyptische Freilassungsrecht ist uns unbekannt (237); nachdem aber dort das formelle Prinzip der notwendigen Entgeltlichkeit galt, dürfte eine Gegenleistung wenigstens fiktiv in den Urkunden genannt worden sein.

Die Freilassung kann auch in einem Testament von einem Griechen angeordnet worden sein. Die Freilassungszeremonien werden dann nachgefolgt sein. P. Oxy III 494 (= JurP 24.156 – 165 n. Chr.). P. Strassb II 122 (161 – 169 n. Chr.). Ein Entgelt fällt hier wohl weg, aber nicht die Zahlung der Steuer (238).

Das Prinzip der notwendigen Entgeltlichkeit ermöglicht aber etwas, wodurch die Freigelassenen der Griechen (und der Ägypter?) sogar günstiger gestellt sind als die libertini Romani: die Teilfreilassung (239): P. Oxy IV 722 (91 oder 107 n. Chr. = Chrest II 358). 716 (186 n. Chr. = Chrest II 360). Hat der Herr einen Teil des Lösegeldes angenommen, ist der Sklave berechtigt, über einen entsprechenden Teil seiner Arbeitskraft frei zu verfügen.

---

233 Vgl. ferner P. Oxy IV 722 (91 oder 107 n. Chr.)

234 S. oben S. 79.

235 Arangio-Ruiz, Persone e famiglia. Milano 1930, 7ff.

236 A.M. die Herausgeber. Sie nehmen Verkauf an den Gott an.

237 U IV 408 liegt zu weit zurück und ist auch nicht aufschlußreich; s. SDHJ 27, (1961) 470.

238 In FIRA III 47, 36 (142 n. Chr.), einem Testament, wird Zahlung der Steuer aus dem Nachlaß vermacht.

239 Wenger, Römisches oder orientalisches Rechtsgut in c. 1 Cod. Just. 7, 7 de servo communi manumisso? Acta congr. iur. int. Rom 1935 I 203ff.

Wie nach römischem Recht bekommt der Freigelassene auch nach griechischem den bisherigen Herrn zum Patron und ist ihm zu Diensten (und wohl auch pietas) verpflichtet (240). Das ist insbesondere dann der Fall, wenn die Freilassung durch Testament, also unentgeltlich erfolgt war (P. Oxy III 494). Doch ist der Patronat verzichtbar; sei es, daß das Lösegeld für die Freiheit so hoch ist, daß es auch den Patronat entgilt, sei es, daß später dem Patron eine eigene Ablösung seiner Rechte gezahlt wird.

Nach der Const. Ant. hätte nun in der Theorie nur mehr römisches Freilassungsrecht gelten sollen. Aber demgegenüber erweist das Volksrecht wie auf anderen Gebieten seine zähe Lebenskraft. Die Teilfreilassung (241) lebt weiter: P. Chrest II 361 (360 n. Chr.). Die Klausel der acceptilatio *ἐπερωτηθεὶς ὡμολόγησα*, römischer Import, deutet daraufhin, daß ein Lösegeld immer noch als wichtig angesehen wurde (242). In P. Oxy IX 1205 (291 n. Chr.) gibt ein Herr zwei jüdischen Sklaven die Freiheit und verzichtet auf Patronatsrechte, weil ihm die jüdische Gemeinde dafür ein Entgelt gezahlt hat (243). Dabei wird die römische Formel *μεταξὺ φίλων* gebraucht. Hierunter darf man nicht etwa Freilassungszeugen verstehen (244), sondern das ist nur der Ausdruck dafür, daß nicht die vornehmste Art der Freilassung, die manumissio vindicta, vorlag. Wohl aber wurden solche Freigelassenen Latini Juniani, nicht römische Bürger (245). Im Testament PSI IX 1040 (III.Jhd.) wird ein Sklave freigelassen und von Patronatsrechten ledig erklärt.

In christlicher Zeit fand auch die Freilassung in der Kirche statt (247).

4. Sklaven (247). Wer Eigentum haben kann, kann auch Sklaven halten. Doch kommen diese in den P. relativ wenig vor. In der Provinz Ägypten hat man den Arbeitsbedarf überwiegend durch Freie gedeckt. Man wird Sklave durch die Geburt von einer Sklavin (248); Einfuhr aus anderen Provinzen kam ebenso vor. In jedem Falle wird der Sklave beim ersten Eigentums-

---

240 Harada, Der Verzicht auf den Patronat. ZSS 58 (1938) 138. Im Griechischen bedient man sich des Ausdrucks *παραμονή* = „sich ⟨für Dienste⟩ zur Verfügung halten", praktisch wohl dasselbe.

241 Zu dieser: Wenger, a.a.O.

242 Vgl. auch PSI V 452 (IV.Jhd.) und die scharfsinnige Auslegung von Taubenschlag 100.

243 Vgl. auch BGU I 96 (III.Jhd.).

244 Biscardi, *Μεταξὺ φίλων*. Clausola di stile nei documenti di manomissione dell' Egitto Romano. Atti Congr. Mil. 396ff.

245 So auch Chrest II 362 = FIRA III 11 (211 n. Chr.) Wenger 807.

246 Fabbrini, La manumissio in ecclesia. Milano 1965. In den Papyri ist sie nicht direkt belegt.

247 Westermann, The slave systems of Greek and Roman antiquity. Philadelphia 1955. Vgl. SDHI 24 (1958) 433. Sehr ausführlich auch Taubenschlag, Law^2 66 – 101. Das Sklavenrecht. Op. Min. II 223.

248 *Οἰκογενής* s. Preisigke-Kiessling.

wechsel einer behördlichen Anakrisis unterzogen (249). Wer ein Kind vom Müllhaufen aufhebt, kann es als Sklave großziehen (250). Da nun die Lebensaussichten eines kleinen Kindes im Lande so vieler Geier und Schakale auf dem Müllhaufen gleich Null sind, werden in diesen Fällen die Mutter und der „Retter" von vornherein einig gewesen sein; der Müllhaufen hatte also nur symbolische Bedeutung und der Vorgang ist juristisch als Verkauf des Kindes anzusehen. Auch sonst fand dem Reichsrecht entgegen Kindesverkauf statt (251, 252).

Das römische Recht hatte ein fein durchdachtes System der Noxalhaftung des Herrn für Delikte des Sklaven einschließlich des servus fugitivus (δραπετικός) (253). Bisher fehlt es aber an Material um zu beurteilen, ob dieses in Ägypten zur Anwendung kam (254).

5. *Glebae adscripticii* (255). Cod. Theod. 11, 24, 1 (360 n. Chr.) und 11, 24, 3 (395 n. Chr.) belegen, daß in Ägypten Großgrundbesitzer ganze Dörfer in ihr patrocinium überführt hatten, was die Kaiser – wahrscheinlich vergeblich – restituieren wollten (256).

6. Wer zum ägyptischen *heidnischen Priesterstand* gehörte, unterlag starken Vorschriften kultrechtlichen Charakters. Die Nachträge zum Gnomon geben uns sicherlich nur einen kleinen Ausschnitt daraus bekannt (257).

7. *Zugehörigkeit zur Kirche.* Von den Christen, die nach 451 n. Chr. in ägyptischen Papyri begegnen, muß man zunächst einmal annehmen, daß es sich um Monophysiten handelt (258). Das bedeutet an sich, daß das Reichs-Kirchenrecht auf sie nicht anwendbar wäre. Offensichtlich ist es aber nicht so. Die byzantinische Regierung tolerierte die Monophysiten; unter der Regierung Justinians trat die Kaiserin Theodora sicherlich mit Willen ihres Gemahls als ihre Protektorin auf (259). Man achtete das monophysitische Mönchsgelübde: wer in ein coenobitisches Kloster eintrat, konnte nicht

---

249 Wolff, Die Anakrisis. ZSS 83 (1966) 340 zu P. Herm Rees 18. Die merkwürdige Urkunde über die οἰκογένεια einer Sklavin PSI VI 690 mag zu diesem Zweck errichtet worden sein.

250 P. Oxy I 37 = JurP 90 (49 n. Chr.). PSI XII 1230 (203 n. Chr.). – Taubenschlag a.a.O. 74, 30. Zum sog. Gnomon vgl. oben S. 25.

251 Taubenschlag a.a.O. 74, 33, 36.

252 Über die Vermögensfähigkeit der servi Caesaris s. Taubenschlag, Op. min. I 203.

253 Lisowski, Noxae deditio RE Suppl 7. Zum fugitivus vgl. oben S. 29.

254 Vgl. aber BGU III 887 (151 n. Chr.). BGU II 316 (359 n. Chr.), beide außerhalb Ägyptens beurkundet.

255 Diósdi, Zur Frage der Entwicklung des Patrociniums in Ägypten, JJP 14 (1962) 57. P. Oxy XXVII 2479.

256 Vgl. zur Apionenfamilie oben S. 70.

257 Dieser ist oben S. 15 ff. erörtert.

258 Wilcken, Grundzüge 133.

259 Rubin, Das Zeitalter Justinians I. Berlin 1960, 112.

mehr über sein bisheriges Eigentum verfügen, auch kein Testament mehr gültig errichten (260). Wurde er Eremit, so galt dies regelmäßig nicht; ihm blieb Eigentum und Testierfreiheit erhalten. Im V.Jhd. sehen wir eine religiöse Gemeinschaft (*τόπος*), die den Zölibat übt: P. Herm Rees 16, ein Brief, dessen Absender bittet, einen anderen in die Gemeinschaft aufzunehmen, ohne daß er sich deshalb von seiner Frau scheiden lassen müsse. Die *ἀναχώρησις*, das Mittel, mit dem sich die allzu belasteten Bauern allezeit in Ägypten dem Zwang entzogen, wurde nun, wie uns Cod. Theod. 12, 1, 63 (etwa 370 n. Chr.) bezeugt, durch Aufnahme gemeinsamen Lebens mit Mönchen verschleiert. Mehr oder weniger zahlreich existierten daneben andere von der Reichskirche nicht anerkannte Religionsgemeinschaften. Im Faijûm gab es Manichäer (261). Samaritaner geben sich ganz offiziell als solche kund (262).

§ 18 Personenrecht, status familiae

1. Kinder (263). Zwar mochte das enchorische Recht eine lange dauernde patria potestas gekannt haben (264). Bei den Griechen aber hörte sie mit dem Erreichen eines gewissen Lebensalters auf (265). Die Römer endlich hatten die lebenslängliche patria potestas ausgebildet (266). Nach der Lehre von Volterra (267) bekamen peregrine Veteranen bei missio honesta auch für ihre Kinder das römische Bürgerrecht, jedoch nicht die patria potestas.

Daß die Eltern den Kindern gegenüber das ius vitae ac necis haben, zeigt sich in der Praxis, Neugeborene auszusetzen oder unter dem Schein einer Aussetzung zu verkaufen (268). Ägyptische Quellen älterer Zeit sagen dar-

260 Ballini, Osservazioni giuridiche a recenti indagini papirologiche sui monasteri Egiziani. Aeg 19 (1939) 77. – Barison, Ricerche sui monasteri dell'Egitto bizantino etc. Aeg 18 (1938) 29. – Steinwenter, Byzantinische Mönchstestamente. Aeg 12 (1932) 55.

261 Dort fand man die koptischen Κεφάλαια Mani's. Vgl. Polotsky, RE Suppl VI s.v. Manichäismus.

262 SB VI 9278, 7 (586 n. Chr.) Vgl. dazu Cod. Just. 1, 5.

263 Christophilopoulos, *Σχέσεις γονέων καὶ τέκνων κατὰ τὸ βυζαντινὸν δίκαιον*. Athen 1946. – Taubenschlag, Patria potestas. Op. Min. II 261. Wenger 812.

264 ÄgRGSait[2] 54ff.

265 Christophilopoulos, *Οὐδέπω ὢν τῶν ἐτῶν*. Festschrift für Konstantin Amantos. Athen 1940, 378.

266 RömPR[2] 12.

267 Un osservazione in tema di tollere liberos. Festschr. Schulz I 388. Sulla condizione dei figli dei peregrini cui veniva concessa la cittadinanza romana. Studi Cicu 2 (Milano 1951) 645. Zu P. Chrest II 373 = BGU I 140 (cf. BL IV – 119 n. Chr.).

268 Vgl. oben S.23 ff Tolles, Untersuchungen zur Kindesaussetzung bei den Griechen Breslau 1941, 64ff. – Volterra, L'efficacia delle costituzioni imperiali emanate per le provincie e l'istituto dell'exposito. Studi Besta I 449. – Maroi, Racc. Lumbroso 377.

über nichts, so daß dieser Brauch vermutlich von den Griechen stammt. Vermögen würde das Kind nach römischem Recht nicht haben, wenn es nicht etwa emanzipiert worden wäre. Dem widerspricht nun eine Urkunde von 291 n. Chr., also einer Zeit, in der alles schon das römische Bürgerrecht hat, P. Oxy IX 1208: in dieser kauft ein Kind, vertreten durch den Vater (269). Vermutlich sind bona materna sein Eigentum, aber der Vater ist gesetzlicher Vertreter, solange es noch nicht das Alter der Volljährigkeit erreicht hat. Er kann es also verpflichten und sein Vermögen haftbar machen. Das nützt die Verwaltung aus: wird der Vater zu einer Liturgie bestimmt, so soll nicht nur sein Vermögen haften, sondern auch das seiner ὑποχείρια τέκνα: P. Oxy XIV 1642 (289 n. Chr.). Obwohl die Leute das römische Bürgerrecht haben, und man geneigt wäre, in ὑποχείρια das lateinische Wort manus zu sehen, wird man besser tun, eine Weiterentwicklung griechischen Volksrechts durch das Provinzialrecht anzunehmen. Andererseits wird in der Eingabe PSI VII 807 (280 n. Chr.) behauptet, die Gesetze verböten die Haftung des Sohnes für den Vater und umgekehrt. So kommt Verkauf und Verpfändung der Kinder noch in später christlicher Zeit vor: SelP I 160 = Lond 1915 (330 – 340 n. Chr.). Lond 1916 (270). P. Herm Rees 7 (IV.Jhd.). JurP 71 = Cairo Masp I 67023 (569 n. Chr.). Schon 24/25 n. Chr. wird eine Tochter dem Gläubiger zur Dienstleistung übergeben, die anstelle der Zinsen für ein von den Eltern empfangenes Darlehen stehen solle. Die Eltern übernehmen dabei,die Gewähr für die παραμονή des Mädchens: P. Mich X 587.

Ein lateinischer P. aus Oxyrhynchos, JurP 9 = FIRA III 14, enthält eine richtige römische emancipatio durch dreimaligen Scheinverkauf nach dem Zwölftafelgesetz. Er stammt aus dem Ende des III. Jhd., zeigt also, daß eingewanderte römische Familien trotz der CA sich noch von der Vermischung freihielten. Das griechische Recht dagegen hat in der ἀποκήρυξις ein etwa vergleichbares Institut (271) das die Familienbande zwischen Eltern und Kindern löst. Jedoch liegt der Schwerpunkt dabei auf dem Entzug des Erbrechts. – während dem römischen emancipatus sogar ein prätorisches Erbrecht zusteht. In byzantinischer Zeit ist der „Herold" durch einen Aushang der Urkunde ersetzt: P. Cairo Masp III 67353 Vo (569 n. Chr.) (272). I 67097 = JurP 11 (567 n. Chr.). Erbrecht zur Strafe für unsoziales Verhalten zu entziehen, ist dem ägyptischen Rechtsdenken gewohnt (273). Es mag hier mit dem griechischen übereingestimmt haben.

---

269 So auch Meyer, ZvglRW 39
270 Meyer, ZSS 46 (1926) 314.
271 Düll, Iudicium domesticum, abdicatio und apokeryxis. ZSS 63 (1943) 54.
272 Albertoni, L'apokeryxis. Bologna 1923. – Meyer, ZVglRW 39 (1921) 226. ZSS 46 (1926) 319.
273 ZDMG 107 (1957) 270ff.

Das Gegenstück, die Einkindung, zeigt sich in mannigfachen Formen (274). Die Homologie JurP 10 = Oxy 1206 von 335 n. Chr. stellt bei der *υἱοθεσία* das Erbrecht des Adoptivsohnes, der 2 Jahre alt ist, in den Vordergrund. Die Urkunde stammt demgemäß aus dem Archiv der leiblichen Eltern. Sie können die Einhaltung dieser Leistung des Adoptivvaters überwachen. Im P. Chrest II 363 = Lips 28 (381 n. Chr.) gibt die Großmutter den Enkel vom vorverstorbenen Sohn ihrem jüngeren Sohn in *υἱοθεσία*, der ihn als eigenen Erstgeborenen (*πρωτότοκον*) halten will. Das deutet auf ägyptische Rechtsvorstellungen hin (275). Noch weiter entfernt sich vom römischen Recht P. Oxy XVI 1895 (554 n. Chr.). Die Mutter gibt das Kind den Adoptiveltern, weil sie zu arm ist, es zu ernähren. Für den Fall, daß sie es diesen doch wieder wegnehme, verspricht sie die Bezahlung aller Unterhaltskosten als Vertragsstrafe. Da sie das Kind, ohne ein Entgelt zu empfangen, hingegeben hat, erscheint ihr die Adoption als nicht bindend; die Bezahlung der von den Adoptiveltern ausgelegten Unterhaltskosten mag trotz der Formulierung als Vertragsstrafe mehr den Charakter eines Reugeldes haben.

Ob die Eltern den Kindern kraft Gesetzes unterhaltspflichtig waren, mag zweifelhaft bleiben (276). Das Recht zur Aussetzung der Neugeborenen, die starke patria potestas passen wenig dazu. Die Kinder dagegen waren den Eltern unterhaltspflichtig; doch scheint die Sanktion nur in apokeryxis und Enterbung bestanden zu haben. Vgl. aber BGU IV 1024 IV 12: (IV.Jhd.): *παραμυθία* wird für die Mutter der ermordeten Dirne, die sie erhalten hat, gewährt.

2. Frauen (277). Das alte ägyptische Recht kannte keine Vormundschaft über erwachsene Frauen. Dagegen hatten die Griechen die Frauentutel. Im ptolemäischen Reich ist es so, daß die Frau einen *κύριος* anführt, wenn sie eine griechische und keinen, wenn sie eine demotische Urkunde errichtet (278). Die Römer hatten die tutela mulierum (279). Augustus bereits gab kinderreichen Frauen das ius liberorum, d.h. die Befreiung von der Vor-

---

274 Wenger, RAC Adoption. Qu 814.

275 La preminente posizione successoria del figlio maggiore. Rend. Ist. Lomb. 99 (1965) 185. Daß der Adoptivsohn später geborenen eigenen Söhnen vorgeht, ist zwar für Ägypten bisher nicht belegt, aber anzunehmen. Vgl. David, Die Adoption. Leipzig 1927, 43 für Babylonien.

276 Taubenschlag, Die Alimentationspflicht im Rechte der Papyri. Stud. Riccobono I 507. = Op. Min. II 53 q.

277 Bringmann, Die Frau im ptolemäisch-kaiserlichen Ägypten. Bonn 1939, 61. – Préaux, Le statut de la femme à l'époque hellénistique. Rec. Soc. Jean Bodin 11 (1959) 127. – Sijpesteijn, Die *χωρὶς κυρίου χρηματίζουσαι δικαίῳ τέκνων* in den Papyri. Aeg 45 (1965) 171 (mit übersichtlichen Tafeln).

278 PtolRG[2] 109.

279 Luzzatto, A proposito di una datio tutoris muliebris da parte del praefectus Aegypti. Studi Arangio-Ruiz 4, 377.

mundschaft. Von Claudius heißt es, daß er sie beseitigt habe (Gai Inst I 157. Ulp XI 8). Doch treten die Frauen in den Papyri der Römerzeit meistens in einem κύριος auf. Wenn es sich um eine Römerin handelt, wie in BGU 717 (149 n. Chr.) so hören wir in einzelnen Fällen, daß sie nach römischem Recht wegen Kinderreichtums keinen κύριος braucht, ebenso P. Hamb I 100 (II.Jhd.). Diese Belege sind aber wesentlich später als Claudius, daher hat man die Angabe Gai Inst I 157 als verdorben und falsch angesehen. Im III.Jhd. und später, als alle Einwohner Ägyptens das römische Bürgerrecht haben, geschieht es häufiger, daß sich irgendeine Frau auf das ius liberorum beruft (280).

So haben wir wieder ein Beispiel dafür vor uns, daß uns die Papyri das römische Reichsrecht besser verstehen lehren: was – natürlich Claudius I. – abgeschafft hat, war nicht die tutela mulierum als Institution, sondern nur das Recht der Agnaten ipso iure tutor der alleinstehenden Frau zu werden.

Dementsprechend wird man die Frauentutel richtigerweise nicht als Institution zum Schutze der Frau, sondern zum Schutze des Familienvermögens auffassen müssen. Damit stimmt überein, daß nach Untersuchungen von Taubenschlag nur bei wichtigeren Geschäften ein Kyrios nachweislich ist (281, 282): dann war es die Gegenpartei, die die Mitwirkung eines Kyrios verlangte, um gegen spätere Angriffe vonseiten der Verwandten gesichert zu sein, so, wie man in der Ptolemäerzeit ein „Rufen auf die Urkunde“ von den nächsten Verwandten verlangt hatte.

Im Jahre 46 n. Chr. wurde die Rechtsstellung der Frauen durch das SC Velleianum (283) stark betroffen. Sie konnten, wenn sie ein intercedere vorgenommen hatten, einem Gläubiger eine Einrede entgegenhalten. Intercedere ist das Sichverbürgen für die Schuld eines anderen und darüberhinaus jeder Vertrag, bei dem die Frau nichts in ihr Vermögen bekam, ein anderer aber den Vorteil von ihrer Verpflichtung hatte. Nun wissen wir durch Apokrimata Nr.5 (Z.18ff.) daß das SC mindestens seit Septimius Severus, wahrscheinlich aber von Anfang an, auch auf peregrine Frauen angewandt wurde

---

280 Darin sind auch viele Urkunden, die später als Claudius II. sind. z.B. P SB I 5271 von 615 n. Chr. Man kann also die Stelle bei Gai Inst. nicht für eine Interpolation halten.

281 AHDO 2 (1938) 293.

282 Schließt man sich der obengenannten Deutung von Gai Inst I 157 nicht an, müßte man annehmen: Claudius habe zwar die tutela mulierum für die Römerinnen beseitigt, nicht aber für die peregrinen Frauen, soweit diese nach ihrem Volksrecht einer ähnlichen Institution unterlagen. Wohl aber wurde die lex Iulia et Papia Poppaea (Gai Inst. 1, 145) als Rechtswohltat auf sie angewandt. Die kinderreiche Peregrine hätte sich darauf berufen können.

283 Medicus, Zur Geschichte des SC Velleianum. Köln 1957. – Vogt, Studien zum SC Velleianum. Bonn 1952. TR 35 (1967) 90. – Talamanca, Arch. Giur. 143 (1952) 175.

(284). O.dem. Med Habu 156 dagegen belegt die Interzession einer Ägypterin aus dem Jahre 39 des Augustus (285), also 7 Jahre vor dem SC.

Nach Justinian kann die Frau bei Abschluß eines Geschäfts auf die Einrede aus dem SC wirksam verzichten (Cod. Just. 4, 29, 23); das geschieht in P. Herm Rees 35 (VII.Jhd.) bei dem Verkauf eines Hauses. Inwiefern aber könnte ein solcher in den Verdacht kommen, eine Interzession zu sein? Das ließe sich nur bei einer fiduziarischen Übertragung zugunsten eines Dritten denken; aber davon sagt der Text nichts. Es kann also auch bloße gedankenlose Notariatspraxis vorliegen.

3. Ἀπάτορες (286). Diod I 80, 3 erzählt, daß die Ägypter zwischen ehelichen und unehelichen Kindern keinen Unterschied machten, daß also der Zustand bestanden habe, den unser Grundgesetz als wünschenswert benennt. In der Tat können wir bis zur Römerzeit nicht viel über die Stellung der Unehelichen sagen als nur, daß gelegentlich bei einem Namen das Patronymikon fehlt. Das dürfte dann jemand sein, von dem man nicht weiß, wer der Vater sein könnte, weil es die Mutter auch nicht wußte, oder weil sie mit so vielen Männern Verkehr hatte, daß man nicht sagen kann, von wem das Kind stammt.

Das wird jedoch anders in der Römerzeit. Den Soldaten war die Ehe verboten, sie hatten aber Konkubinen, Sklavinnen oder auch Freie (287). Deren Kinder heißen nun *ἀπάτωρ*, obwohl man recht gut weiß, wer der Vater ist: das Wort bezeichnet in der Römerzeit offensichtlich den Unehelichen. In dem P. Chrest II 372 III 11ff. (114/15 n. Chr.) (288) möchte der Veteran Longinus vom Präfekten haben, daß er seine zwei Söhne für legitim erkläre. Die Mutter hat das römische Bürgerrecht, aber die Söhne sind während des Militärdienstes auf die Welt gekommen. Der Präfekt erkennt an, daß die Söhne das römische Bürgerrecht haben, weil die Mutter es hat, „aber“, sagt er, „ihren Vater kann ich nicht legitim machen“. In einem anderen Fall, P. Chrest II 372 IV 16 (141/42 n. Chr.) will der Soldat Octavius Valens haben, daß seine drei Söhne das alexandrinische Bürgerrecht bekämen. Das wird abgelehnt, weil sie unehelich seien. Das römische und das griechische Recht waren also offensichtlich den Unehelichen ungünstiger als das ägyptische. Die *ἀπάτορες* scheinen nach Calderinis Berechnungen gelegentlich 1 % der Bevölkerung eines Dorfes ausgemacht zu haben, in anderen Dörfern sind überhaupt keine solchen bekannt. In dem lateinischen

---

284 S. oben S. 35.
285 SDHI 24 (1958) 406.
286 Calderini, Aeg 33 (1953) 358. Neueres Material vor allem in den P. Petaus.
287 S. unten 217.
288 Vgl. Volterra oben S. 137 Anm. 267.

P. Mich III 169 (145 n. Chr.) erstattet eine Römerin die Geburtsanzeige von Zwillingen ex incerto patre (289).

4. Jugendliche. Zunächst wurde ein jugendlicher Nichtrömer von einer Vormundschaft frei, wenn er das 14.Lebensjahr erreicht und damit kopfsteuerpflichtig geworden war: P. Brem 39 (Anfang des II.Jhd.) (290). Jedoch war zum mindesten der Kaiser Septimius Severus willens, Rechtswohltaten des Reichsrechts auch den Provinzialen zugute kommen zu lassen (291). Dazu gehörte die restitutio in integrum, wenn ein Jugendlicher übervorteilt worden war. Apokrimata § 11, Z.52ff., zweifellos an Peregrine gerichtet, spricht dies aus. Dasselbe beweist P. Oxy VII 1020 (292). Da die restitutio in integrum aus dem imperium fließt, kann der Statthalter eine solche Vertragskorrektur überall vornehmen, wo er sie für gerecht hält (293). Damit wieder ergibt sich die Gefahr für die Jugendlichen, daß niemand mit ihnen ein Geschäft abschließen würde und daraus wieder das Bedürfnis nach einem curator, der Einreden aus der lex Plaetoria abschneidet (294).

In der Tat finden wir in P. Oxy XIV 1637 (257/59 n. Chr.) die Unterscheidung zwischen impubes und pubes minor: der Sohn, der minor ist, hat Z.3 einen *κουράτωρ*, die Tochter dagegen in Z.5 einen *ἐπίτροπος* (295).

§ 19 Die Wahrnehmung fremder Interessen

Niemand kann selbst alle Interessen wahrnehmen. Er muß sich dazu anderer Personen bedienen. Das moderne Recht hat dafür das Institut der Stellvertretung. Der Bevollmächtigte gibt eine Willenserklärung ab, die dem Vollmachtgeber gegenüber wirksam ist. Diese Konstruktion ist jedoch der Antike fremd.

Das ägyptische Recht kannte in der Ptolemäerzeit das Problem der Stellvertretung offensichtlich nicht, weil der Rechtserwerb in der Person dessen eintrat, der die Gegenleistung bestritten hatte (296). Im Laokritenprozeß sehen wir einmal, daß die Klägerin Chrateanch einen Mann namens Wertes

289 Dazu Wenger, Qu 817.
290 Wilcken im Kommentar. S. ferner Christophilopoulos, a.a.O. – Taubenschlag, Op. Min.II 347. Zu dem dort erörterten P. Oxy XVII, 2134 s. aber Montevecchi, Aeg 15 (1935) 304.
291 S. oben S. 36.
292 S. oben S. 41.
293 Ob *Κλαυδία Ζωσίμη* in P. Oxy XVII 2111, 13 – 15 (135 n. Chr.) das römische Bürgerrecht hatte, ist nicht sicher. Sie beruft sich auf die lex Plaetoria.
294 Paulus, Dig.4, 4, 24, 1. RömPR^2 16.
295 Meyer, ZvglRW 39 (1921) 227.
296 PtolRG^2 156f.

(297) „ihre Stimme“ machen läßt (298), sie bleibt aber anwesend; er ist also das, was wir einen Beistand nennen würden.

Das römische Recht hat bekanntlich in der Theorie den Rechtserwerb durch andere Personen verboten und somit die direkte Stellvertretung und den Vertrag zugunsten Dritter für ungültig erklärt (299).

Ein in Ägypten gefundener literarischer Pap. zeigt uns, daß man diese Lehre in der Dominatszeit auch in der Rechtsschule von Alexandria wiedergab (300). Doch kannten die Römer einzelne Fälle, in denen jemand für ein Geschäft haften mußte, das ein anderer in seinem Interesse abgeschlossen hatte, in den sog. actiones adiecticiae qualitatis (301): sie sind eine Weiterentwicklung des Gedankens: wer Aufwendungen auf eine fremde Sache gemacht hat, hat dadurch Rechte an ihr erworben (de in rem verso). Sodann sah man in der Bestellung eines Sachwalters für einen Kreis von Aufgaben ein mandatum an die Geschäftsgegner (Doppelmandatstheorie). Papinian gibt Dig. 14, 3, 19 pr bei jedem Auftrag, ein bestimmtes Geschäft auszuführen, eine actio utilis ad exemplum institutoriae gegen den Auftraggeber. Schließlich finden wir im Prozeßrecht die Cognitur und die Procuratur. Ob ein procurator mit oder ohne Sicherheitsleistung zugelassen wurde, darüber hatte der Prätor zu entscheiden.

Die Urkunden aus Ägypten beweisen nicht, daß man die moderne Konstruktion von der Vertretung im Willen entwickelt hätte (302). Sie zeigen aber die praktische Auswirkung der römischen Ideen. Der Prätor ist das Vorbild für den Statthalter. Also nimmt er sich das Recht procuratores aus seiner Befehlsgewalt heraus zuzulassen und diese Macht auch zu delegieren. In der Zeit nach Papinian dient ferner eine Urkunde über das mandatum als Beleg dafür, daß der Mandant dem Geschäftsgegner haften müsse. Eine solche Urkunde sieht einer Vollmacht sehr ähnlich und erfüllt praktisch denselben Zweck.

Was das Stadtrecht Alexandrias zu dieser Frage gesagt hatte, ist uns aus ptolemäischen Texten nicht bekannt. Jedoch gibt uns eine Urkunde aus der Prinzipatszeit einen Hinweis darauf: P. Oxy XXII 2349 (70 n. Chr.): ein Alexandriner mit 28 Jahren, der erst vor kurzem das römische Bürgerrecht erlangt haben kann, wollte, als er den status civitatis noch nicht hatte,

---

297 Εὐαρέτης?
298 BM 10591, VI 11.
299 Kaser, Das Röm. Privatrecht 225ff.
300 S. oben S. 54.
301 Rabel, Die Stellvertretung in den hellenistischen Rechten und in Rom. Atti Congr. Dir. Rom. 1933. Pavia 1934 I, 237.
302 Wenger, Die Stellvertretung im Rechte der Papyri. Leipzig 1906. – Kritik bei Rabel, a.a.O. Ferner: Eine neue Vollmachtsurkunde. Aeg 13 (1933) 374 (= SB V 7573). Systasis. AHDO 1 (1937) 213.

seinen Freigelassenen zum *συνιστάμενος* haben (303). Dazu wandte er sich an die Chrematisten von Alexandria, die einen diesbezüglichen Beschluß faßten. Dieser scheint die Hauptsache zu sein: es handelt sich, römisch gesprochen, um einen curator absentis; daß ihn der „Vertretene" vorgeschlagen hatte, dürfte weniger wichtig sein. Der Archidikastes teilte den Beschluß dem Agoranomen von Oxyrhynchus offiziell mit, wo der Freigelassene eine Pachtangelegenheit seines Patrons abzuwickeln hatte (304).

Bereits in dieser Urkunde wird das Verbum *συνιστάναι* gebraucht. Sein ursprünglicher Sinn muß „mithinstellen" gewesen sein. Es heißt auch „anbieten", z.B. kann man einen Bürgen *συνιστάναι* (305). Beide Bedeutungen ließen sich verstehen, wenn wir die sog. Vollmachtsurkunden ansehen: von dem „mithingestellten" Beistand kann in leichtem Bedeutungswandel der Vertreter genommen sein, der auch in Abwesenheit der Partei tätig werden kann. Doch könnte die Denkform auch wie bei der römischen Cognitur die sein, daß man dem Gegner (ev. dem Gericht?) jemanden „anbietet", damit dieser in Abwesenheit des eigentlich Legitimierten Prozeß führen kann.

Die Urkunden, die uns darüber Auskunft geben könnten, sind zudem mannigfaltig. P. Chrest II 346 = Oxy 261 vom Jahre 55 n. Chr., ist eine Homologie, die aber keinen Agoranomen nennt (306). Die Großmutter will das Prozessieren mit einer bestimmten Partei ihrem Enkel überlassen. Sie gibt ausdrücklich an, daß sie es selbst wegen eines Frauenleidens nicht könne. Der Enkel stimmt zu. Wie Rabel schon ausführte, ist beides vom Standpunkt der direkten Vertretung nicht nötig. Die Begründung führt uns dahin, daß jemand, etwa das Gericht, allenfalls der Gegner, seine Zustimmung geben müsse und dabei einen Ermessenspielraum habe. Die Zustimmung des Enkels würde besser zu einem „Anbieten" passen. Der Enkel wird als *ἔκδικος* bezeichnet; das ist derselbe Ausdruck, der uns in der Dominatszeit für „defensor civitatis" begegnet ist (307). Er ist der Verteidiger der Interessen seiner Großmutter. Doch ist auch nicht die Form eines Hypomnema gewählt. Dennoch wird man am ehesten einen Vorschlag an das Gericht in

---

303 Auch in einer frühen alexandrinischen Urkunde, BGU IV 1114 (5 v. Chr.) wird ein Freigelassener für seinen Patron tätig: er überbringt 5 Sklaven als Geschenk Das könnte indirekte Stellvertretung sein. Dagegen spricht aber, daß erzählt wird, der Schiffer habe die Sklaven beim Transport irrtümlich als dem Freigelassenen gehörig ins Schiffsbuch eingetragen.

304 Den fragmentarischen P. Teb III, 1, 770 (210 v. Chr.) legt Wenger, Papyrologische Miszellen, Aeg 13 (1933) 586 in gleicher Weise aus.

305 Liddell-Scott s.v.

306 Steinacker, Die antiken Grundlagen. Leipzig 1927, 33 nennt auch solche Urkunden Agoranomenurkunden. Wahrscheinlich ist es ein Auszug aus einer Agoranomenurkunde, den sich der Agoranomon selber machte. Vgl. oben S. 72. Dann dürfen wir annehmen, daß das Original mit der Unterschrift des Agoranomen vorgelegt wurde.

307 S. oben S. 108.

dieser *σύστασις* (308) sehen. Daß der Enkel für die Großmutter prozessieren darf, wird erst das Gericht sagen (309).

Im Formular gleich ist P. Chrest II 344 = Oxy I 94 (83 n. Chr.); nur ist der Aussteller römischer Bürger. Wieder fehlt ein Agoranom, vorhanden ist dagegen die Zustimmung dessen, der die Sklaven des Ausstellers verkaufen soll. Dem Käufer muß daran gelegen sein, daß der bisherige Herr die Sklaven nicht wieder vindiziert und daß er die Haftung für Entwehrung durch Dritte und für Epilepsie übernimmt.

Die Urkunde ist wesentlich älter als die oben erwähnte Papinianstelle, verfolgt aber schon den Zweck, den noch unbekannten Käufer zu sichern, der dem Verkäufer daraufhin vertraut (310).

Wieder etwas später, 116 n. Chr., ist die von einer Ägypterin ausgestellte Urkunde SB V 7573. Sie nennt sogar Agoranomen, vor denen sie errichtet sei, doch fehlt seine Unterschrift (311). Die nur zum Teil entzifferte demotische (unveröffentlichte) Subskription kann nur von der Partei selbst herrühren. Damit Pachompetenephotes den Sklaven der Ausstellerin verkaufen könne, solle er zum *ἐπίτροπος* bestellt werden, obwohl die Frau einen *κύριος* hat. Das wäre ein tutor ad actum, aber dazu kann weder die Frau noch der Agoranom jemanden bestellen, sondern das muß eine gerichtliche Behörde tun (312).

Vielleicht führt uns die nächste Urkunde, P. Mil Vogl I 26 von 127/28 n. Chr. weiter, eine *συγχώρησις*. Vor dem Archidikastes veräußert die anwesende Partei an eine Frau Katökenland. Die Zahlung des Preises durch die Frau ist bereits nachgewiesen. Sie ist aber nun bei dem Abschluß der Übertragung der Grundstücke durch einen *διαπεμφθείς* vertreten, was der Archidikastes gelten läßt. Das kann er leichten Herzens tun, denn ihre Rechtsstellung wird durch den Vorgang nur verbessert. Ob sich der *διαπεμφθείς* durch eine *σύστασις* dem Archidikastes empfohlen hatte, wissen wir nicht; nach den vorhergehenden Urkunden ist es anzunehmen.

Ein Cheirographon ist P. Chrest II 345 = BGU I 300 = FIRA III 159, (148 n. Chr.). Ein römischer Bürger erklärt einem anderen: *συνέστησά* ⟨*σε*⟩ für die Verwaltung seiner Grundstücke und des ihm übertragenen Mün-

---

308 Empfehlung? s. Liddell-Scott.

309 Aus dem Jahre 135 n. Chr. haben wir P. Oxy IV 726. Ein Grieche kann wegen Krankheit nicht zum Konvent kommen. Die Urkunde nennt keinen Agoranomen, und läßt den Namen dessen, der in der *σύστασις* empfohlen wird, sowie das Datum blank. Sie ist wie P. Chrest II 346 zu erklären.

310 Der Lehre von Serrao, Il procurator. Milano 1947, 41, von der ‚postclassicità del procurator unius rei' ist die Urkunde hinderlich.

311 Wiederum müssen wir annehmen, daß wir nur den Auszug einer Agoranomenurkunde vor uns haben.

312 In einem Cheirographon, BGU I 191, von 143 n. Chr., erneuert ein Römer einem Griechen das *συστατικόν*, von dem er erzählt, daß er es im Grapheion ausgestellt habe. Wozu, erfahren wir nicht.

delvermögens; der Bezogene nimmt an. Für Wenger ist es eine Vollmachtsurkunde, für Arangio-Ruiz ein mandatum. Wahrscheinlich ist es das letztere, verbunden mit der Mitteilung, daß er den Beauftragten in einer anderen Urkunde einer Gerichtsbehörde zum curator absentis vorgeschlagen habe (313).

P. Chrest II 348 = Teb II 317 (174/75 n. Chr.) wird allgemein zum enchorischen Recht gerechnet. Die Weiderechte, um die Prozeß geführt werden soll, gehören dem Manne. Aber er hatte sie durch Alimentationsurkunde der Frau verschrieben. Ohne ihre Zustimmung könnte er sie nicht an Dritte übertragen. Diese Zustimmung gibt die Frau von vornherein.

Der römischen Konstruktion, in der Vollmacht einen Auftrag an den Geschäftsgegner zu sehen und diesen zuzulassen, entspricht P. Oxy XXXIII 2680 (II. bis III.Jhd.). In diesem Briefe erklärt sich eine Frau bereit, für eine andere den Pachtzins von einem Bauern einzutreiben. Sie zweifelt aber, ob sie ihn erhalten wird und bittet daher die Adressatin, ihr einen Brief an den Bauern zu schicken. Die Doppelmandatstheorie erklärt auch BGU I 305 (556 n. Chr.) worin der Verpächter und BGU I 3 (605 n. Chr.), worin der Vermieter durch seinen ständigen procurator handelt.

Dagegen entspricht der oben erwähnten Papinianstelle Dig. 14, 3, 19 pr die ἐπιτροπικὴ ἐντολή, wie sich P. Oxy XXXVI 2771 (323 n. Chr.) nennt. Hier handelt es sich darum, daß der Mann eine bestimmte Sklavin der Frau verkaufen solle. Das ist sicherlich geschehen. Die Urkunde ist in Kos ausgestellt und dann als Begleitpapier mit der Sklavin nach Oxyrhynchos gekommen. Ich würde nicht sagen: ἐντολή sei hier gleich „Vollmacht", sondern sie bleibt im Innenverhältnis mandatum, aber ein solches würde dem Käufer, der auf sie vertraut, die actio utilis Papinians ermöglichen. Ein paralleles Beispiel dazu ist P. Cairo Masp I 67124: Auftrag, Darlehen aufzunehmen (VI.Jhd.). Solche Urkunden sprechen nicht dafür, die Papinianstelle als interpoliert anzusehen.

Sodann läßt das Wertpapierrecht eine Möglichkeit offen, fremde Interessen zu verteidigen. Weist jemand im Prozeß eine Urkunde vor, so wird nicht gefragt, ob sie auf seinen Namen lautet, oder auf den eines anderen: die Innehabung legitimiert ihn, wie wir aus P. Mil Vogl I 25 wissen (314). Das sagt auch ganz klar P. Mert I 23, 7 (II.Jhd.). Jemand hat einem anderen den Auftrag gegeben, einem Dritten ein Darlehen zu geben. Daraus haftet er dem Beauftragten. Und so mag es gleichgültig sein, (ἀδιάφορον), ob in der Urkunde der Auftraggeber oder der Beauftragte als Gläubiger benannt wird. Derjenige, dessen Geld in dem Darlehen steckt, zunächst der Beauftragte, später, nach dessen Schadloshaltung, der Auftraggeber, kann das

313 Vgl. ferner P. Mert I 18 (161 n. Chr.).
314 S. unten S. 181.

Darlehen geltend machen, denn die Innehabung der Urkunde genügt als Legitimation. Das läßt sich, wenn es auch m.W. nicht belegt ist, zur Stellvertretung benützen (315).

Urkunden, die sich nicht in die römische Entwicklung einreihen lassen, können nicht als ägyptisches Volksrecht erklärt werden. Konfus ist der Fall des P. Flor I 75 (380 n. Chr.). Die ἐπιμεληταί hatten sicherlich ein Formular, nach dem sie die Verpflichtungen von Nilschiffern zur Verfrachtung von Getreide entgegennahmen. Der schriftliche Kaisereid und die Stipulationsklausel war darin vorgesehen. Das Schiffergewerbe mag erblich gewesen sein; die Familie so etwas wie eine Firma dargestellt haben. Aber in der vorliegenden Urkunde ist es der Vater, der für den Sohn die Verpflichtung übernimmt, einschließlich Eid und Stipulationsklausel. Letzteres widerspricht ausdrücklich der klassischen Lehre; beim Eid ist die Ableistung durch einen Vertreter nicht weniger problematisch. Gedankenlose Übernahme eines Formulars wird wohl die einfachste Erklärung sein; juristische Schlüsse wird man daraus nicht ziehen dürfen (316).

Auf die nach römischem Recht durchaus mögliche Vertretung durch Sklaven hat Wenger anhand der P. Oxy I 133 – 138 (6. bis frühes 7.Jhd. aus dem Apionenarchiv) hingewiesen (S.261ff.) (317). Folgerichtig verpönt das römische Recht ebenso wie die direkte Stellvertretung den Vertrag zugunsten Dritter. Einen solchen wollte aber Wenger in P. Straßb 2 (217 n. Chr.) (318) feststellen, worin der Schuldner verspricht als Lohn des Knechtes des Gläubigers 1 Keramion Wein zu geben. Doch kann wahrscheinlich nur der Gläubiger selbst diese Forderung geltend machen.

§ 20 Sachenrecht

Nicht alle Sachen unterlagen dem Rechtsverkehr. Domänen des Kaisers sollten res extra commercium sein, Dig. 30, 39, 10. Davon gab es vielleicht Ausnahmen. In später Zeit verboten die Kaiser Arcadius und Honorius nach Cod. Iust. 11, 78, 1, einen arbor Perseae in Ägypten durch Kauf zu erwerben oder zu verkaufen. Ratio legis dafür war sicherlich nicht der Naturschutzgedanke, sondern ein Aberglaube aus heidnischer Zeit. Zu Ehren der alten Götter wurden Altäre errichtet und Persea-Bäume gepflanzt (319).

---

315 Im Prozeß P. Mil Vogl I 25 III 19 tritt Demetrios nach seinen Worten für Deios auf, obwohl die Urkunde auf den Namen des Atrenos lautet (Kol.II 17).

316 Der von Wenger 255 angeführte umgekehrte Fall des P. Grenf I 57 (561 n. Chr.), daß der Sohn für den Vater eine Pachterklärung unterzeichnete, bleibt wegen der Lücken hypothetisch.

317 Zur Vertretung der juristischen Personen s. unten S. 195 f.

318 Zum Wohn- und Wirtschaftsrecht in den Papyri. Festschrift Bekker (1907), 10.

319 SB V 8873 (Ptol.) Dazu die ägyptischen Belege für swb bei Erman-Grapow.

Noch im Jahre 323 n. Chr. verpflichtete man Leute nach Liturgenart, für einen solchen Baum zu sorgen: P. Oxy XXXVI 2767.

Ursprünglich konnte eine Sache auch nach Alexandrinischen Stiftungsrecht dem Rechtsverkehr entzogen werden. So hatte die Pompeia Musa nach SB VIII 10044 = SEG XVIII 646 (vor 90 n. Chr.) ein Grab für ihre Angehörigen und Freigelassenen bestimmt, und, damit es dauernd gepflegt werde, einen Garten dazu gegeben, von dessen Nutzungen die Aufwendungen für das Grab zu bestreiten waren. Um die Dauer der „Stiftung" zu gewährleisten, sollte das ganze Gartengrab ἀκαταχρημάτιστος sein (320). Das ist gut athenisch-alexandrinisches Recht (321), aber widerspricht dem römischen seit den Adoptivkaisern.

Zunächst möchte man meinen, am Grund und Boden habe es in Ägypten Eigentum Privater nicht gegeben, denn Gai Inst II 7 erzählt uns: sed in provinciali solo placet plerisque solum religiosum non fieri, quia in eo solo dominium populi Romani est vel Caesaris, nos autem possessionem tantum et usumfructum habere videmur (322). Wir haben aber zahllose Urkunden, in denen ägyptische Grundstücke verkauft und übertragen, vererbt, besteuert, verpachtet oder verpfändet wurden, sodaß alle Äußerungen des Privateigentums belegt sind. Nirgends heißt es, daß etwa nur der ususfructus an einem Grundstück übertragen werde, sondern das Grundstück ist selbst das Objekt (323). Was Gaius insoweit erzählt, ist Doktrinarismus; wir werden aber sehen, daß er Niederschlag in den Urkunden gefunden hat.

„Iniquum est ingenuis hominibus non esse liberam rerum suarum alienationem" lautet ein weiteres Dogma, das uns Gaius überliefert (Dig.37, 12, 2). BGU V 1210 § 2 führt es auf den Kaiser Hadrian zurück: ὁ γὰρ θε[ὸς 'A]δρι[ανὸ]ς εἶπεν μηδὲν εἶναι παρὰ Ῥωμαίοις [ἀκ]α[τ]αχ[ρημ]άτιστον (324). Der P. zeigt auch die Anwendung dieses Dogmas, wie sie mit Gai Inst. 2,7 übereinstimmt: [λόγῳ ἐνεχ]υρασίας τάφους ἀκαταχρηματίστους [πω]λε[ῖν οὐδ]ενὶ ἐξὸν ἢ μόνοις Ῥωμαίοις. Das Grab in Ägypten ist also nicht res religiosa nach römischem Reichsrecht, wohl aber kann es nach Volksrecht Gräber geben, deren Eigentümer ihren Erben, soweit sie Peregrinen waren, rechtsgültig die Veräußerung verbieten konnten (325).

---

320 Darüber ausführlicher unten S. 199.

321 Vgl. Mannzmann, Griechische Stiftungsurkunden. Münster 1962, 127.

322 locum für solum? David und Nelson, Gai Inst. Kommentar. 233 – 235. Leiden 1960.

232 a.M. Luzzatto, La riscossione tributaria in Roma e l'ipotesi della proprietàsobranità. Atti Congr. Verona IV, 91.

324 Daß die Freigelassenen auszunehmen sind, ergab sich oben S. 26 aus einer anderen Stelle desselben P.A.M. die bei Riccobono Jr. im Kommentar aufgeführten Schriftsteller, die ἀκαταχρημάτιστος als res extra commercium auffassen. – Dazu de Visscher, Le droit des tombeaux romains. Milano 1963. S.204ff. u.s. Reg.

325 L. Zancan, Il diritto di sepolcro nel Gnomon. Aeg. 16 (1936) 148. – De Visscher, a.a.O. nimmt Unveräußerlichkeit nur zu profanen Zwecken, nicht zu religiösen an. Vgl. ferner Düll, Festschrift Schulz, I 191 und Atti Congr. Verona 3 (1951) 161.

Die Adoptivkaiser schränkten also die Gewalt der „toten Hand“ nur zugunsten der Römer ein, während sie vor ihnen auch für Römer verbindlich war.

Der Fiskus geht nach dem ihm günstigeren Recht vor. Er nimmt auch einmal in Anspruch „Römer“ zu sein: § 1 des sog. Gnomon. Trajan wollte nicht, daß üppige Grabausstattungen zum Schaden des Fiskus und der Gläubiger des Verstorbenen errichtet würden, also gestattete er die Exekution in ein Grab mit Ausnahme der *μνήματα*; das sollte nur nicht für eine privilegierte Art von Fiskalschuldnern gelten, hinter denen wir die aus pollicitatio sehen möchten (326).

Von diesen Grundgedanken aus wollen wir die mehreren Arten von *γῆ* ansehen, die in den Urkunden unterschieden werden. Wilckens ausführliche Darstellung (327) ist auch heute noch die Grundlage des Verständnisses und durch keine umfassende Monographie ersetzt (328). Doch sind infolge der Neufunde einige Korrekturen anzubringen. In der Kaiserzeit begegnet noch die *γῆ ἐν ἀφέσει*, P. Oxy XVII 2134, 15 (ca. 170 n. Chr.), womit die von uns vorgeschlagene Deutung als Land, das die Bewirtschaftungspflichtigen verlassen haben (329), bestätigt wird. In dieser Urkunde wird angegeben, daß das Grundstück aus dem Kleros des Pausanias (330) stamme, ursprünglich Katökenland war, nun aber der Frau gehöre, die es zu Hypothek für eine Schuld gibt. Irgendwann muß ein Übergang von Zwangsbewirtschaftung in Eigentum stattgefunden haben; leider sagt uns der Text nichts darüber, wie. Auch die bisher umstrittenen Belegstellen für *γῆ ἀφειμένη* sind mit Preisigke auf solches Land zu beziehen, das die ursprünglichen Besitzer verlassen haben (331).

Es gibt also in Ägypten:

1. Domänenland (332). Dazu gehören: *βασιλική*, *δημοσία*, *προσόδου* und *οὐσιακή γῆ*. In Akten, die mit der *βιβλιοθηκη ἐγκήσεων* zu tun haben, kommt dieses Land nicht vor; höchstens in der Weise, daß einem Eigentümer von Privatland die Verpflichtung auferlegt wird, ein Stück des Domänenlandes mitzubewirtschaften. Auch scheint der Charakter als res extra commercium durchgeführt worden zu sein, in Einzelfällen vielleicht nicht.

---

326 [*χαριζόμε*]*νος μόνοις χρεώ*[*σ*]*ταις τοῦ φίσκου* [*ἐκ ἐλ*]*εημ*[*οσύνη*]*ς*? letzteres freilich nur Vermutung. Doch hatten diese auch das beneficium competentiae etwa seit Antoninus Pius s. Levet, Le bénéfice de compétence. Paris 1927 97 ff.

327 Grundzüge 287 – 326.

328 s. aber die Übersicht von Tomsin, Les continuitès historiques dans le cadre des mesures prises par les Romains en Égypte concernant la propriété de la terre. Actes Xe Congr. Pap. 81 – 95.

329 PtolRG[2] 111.

330 Er ist, wie auch Hunt annimmt, nicht mit dem Z.2. 6. 10 erwähnten Sohn des Sarapion identisch.

331 P. Teb II 325 (um 145 n. Chr.) und die dort angegebenen Stellen.

332 Darüber ist eine Kölner Diss. von Christian Kuhnke in Vorbereitung.

Veteranen wurden nach römischem Brauche nach missio honesta mit Land entlohnt. Der Fall, daß dazu βασιλικὴ γῆ verwendet wurde, ließ sich aber bisher in den Papyrusurkunden nicht nachweisen (333). Immerhin hören wir von βασιλικὴ γῆ εἰς τάξιν ἰδιοκτήτου ἀναγραφομένη P. Chrest I 341, 15 (Hadrian's Zeit). Dabei könnte es sich um Überführung in Privatland handeln, aber auch darum, daß man aus Mangel an Arbeitskräften den Bauern auf Privatland kaiserliches Land zwangsweise zur Bewirtschaftung übergeben hätte, ohne daß dieses seinen unveräußerlichen Charakter eingebüßt hätte. Das letztere ist wohl der Fall in P. New York 20 (302 n. Chr.). Da tritt jemand (Z.6) ἰδιωτικὴ γῆ ab und gleichzeitig (Z.9) βασιλικὴ γῆ. Die Abtretung des ersteren wird παραχώρησις, die des letzteren ἐκχώρησις genannt (334), das wird eine genaue Terminologie bedeuten, die man gewöhnlich in solchen Urkunden nicht voraussetzen darf. Solche zwangsweise Zuteilung von kaiserlichem Land lastete auf den privaten Grundstücken wie eine Servitut, weshalb bei Veräußerungen von Privatland oft versichert wird, daß eine solche nicht bestehe, z.B. P. SB I 4298 (204 n. Chr.) καθαρὰς ἀπὸ βασιλικῆς καὶ παντὸς εἴδους. Umgekehrt sehen wir es als terminologisch unrichtig an, wenn in P. SB IV 7474, 4 (254 n. Chr.) ein Pachtwilliger von dem Land des Verpächters sagt, es sei Königsland, das ihm „gehöre": ὑπαρχούσας σοι . . . σιτικὰς βασιλικῆς γῆς.

2. Tempelland wurde offensichtlich wie das Domänenland behandelt (335). Doch hat das römische Reichsrecht später das Kirchenland starken Bindungen unterworfen (336).

3. Gemeindeland, gelegentlich aus Stiftungen Privater entstanden, könnte eher wie Privatland behandelt worden sein. Doch ist es in Akten, die sich an die βιβλιοθήκη ἐγκτήσεων wenden, nicht nachzuweisen.

4. Privatland (337). Als solches finden wir

a) κατοικικὴ γῆ, die aus der Ptolemäerzeit stammt und erst allmählich verschwindet (338). In den Akten, die mit der β. ἐ. zu tun haben, kommt dieses Katökenland vor (339).

b) Häuser, Bauland und Wohnungen: auch die Urkunden über diese Grundstücke wurden der β. ἐ. eingereicht.

---

333 P. Chrest I 461 (Anfang des III.Jhd.) ist an den entscheidenden Stellen leider lückenhaft.
334 Vgl. den ausführlichen Kommentai von Lewis.
335 Wilcken a.a.O.
336 Cod. Inst. 1, 2.
337 Darüber ist eine Kölner Diss. von Arno Stollwerck in Vorbereitung.
338 Vgl. oben S. 48 zu PSI X 1118, 12.
339 Vgl. Zucker, Beobachtungen zu den permanenten Klerosnamen. Stud. Oertel 101. – Tomsin, a.a.O.

c) ἰδιωτικὴ γῆ, das ist vielleicht ein Oberbegriff für κατοικικὴ γῆ und ἰδιόκτητος γῆ. Dann wäre nur dies letztere reines Privatland, aber in den Akten, die mit der β. ἐ. zu tun haben, ist es kaum nachzuweisen. Vielleicht kann man Land, dessen nähere Bezeichnung fehlt, das aber in den Akten der β. ἐ. vorkommt, zu diesem rechnen. In späterer Zeit sind große Güter in der Hand von Privaten entstanden.

5. Herrenloses Land. Wie in der Ptolemäerzeit durfte sich aber noch zur Zeit des Tiberius niemand solches aneignen, sondern mußte es dem Idios Logos bezahlen (340). Die römische Idee vom dominium Caesaris mag der Kontinuität dieser – rechtspolitisch sicher verfehlten – Institution günstig gewesen sein. Nov. Theod. 20, 1 (440 n. Chr.) verbietet mit Bezugnahme auf Ägypten wenigstens, Alluvialland fiskalisch zu verwerten.

Zahlreiche Sätze des Reichsrechts, wie etwa die über Bestandteile und Zubehör lassen sich auf die Idee zurückführen: das Recht ist nicht dazu da, einmal geschaffene Organisationswerte zu zerstören, sondern vielmehr, sie zu erhalten. Einiges zu diesem Gedanken vermögen auch die Papyri beizutragen, wie in dem klassischen Werk von Steinwenter, Fundus cum instrumento (341), ausgeführt ist. Für Grundstücke erfahren wir aus der Arbeit von July (342): χάλασμα ist Land, das nicht abgabepflichtig war, aber mit dem abgabepflichtigen Grundstück zusammen übertragen wurde, also ein Mehr an nicht kultiviertem Land. Man überträgt Grundstücke auch so, daß man ihrer Beschreibung die Klausel ἢ ὅσαι ἐὰν ὦσιν zusetzt, um die Urkunde gegen Anfechtung zu schützen, wenn die Maßangabe nicht genau zutrifft. Bäume sind, unserer Vorstellung entgegen, selbständige Sachen gegenüber dem Grundstück (343).

Aber auch wenn wir Sachen vor uns haben, die im Rechtsverkehr stehen, wie bewegliche Sachen und Privatland, dürfen wir doch nicht ohne weiteres den römischen Begriff von Eigentum, dominium oder proprietas, zugrundelegen. Die griechische Bezeichnung dafür, δεσποτεία kommt nur ganz vereinzelt schon in hellenistischer Zeit im Sinne von Eigentum vor (344) und wird erst dann in gleich weitem Sinne gebraucht, als sich Griechen mit römischem Recht beschäftigen. Auch die Ägypter hatten einen Ausdruck für Eigentum nicht. Der Fall, daß jemandem eine Sache gehört, die er in Händen hat, erscheint unproblematisch. Nur wenn ein anderer die Sache innehat, zeigt sich ein dem Eigentum vergleichbares Recht an ihr. Im aktionenrechtlichen Denken wird das dann kasuistisch ausgedrückt: jemand hat die

340 Metzger, Museum Helveticum 24 (1967) 217 – 220.
341 Sitz, Ber. Akad. Wien 221 (1942) I.
342 Die Klauseln hinter den Maßangaben der Papyrusurkunden. Diss. Köln 1966.
343 Maroi, SDHI 1, 349
344 Kießling, WB IV 485 weist auf UPZ II 162 VIII 26 hin.

Vindikation, ἐπαφή oder die πρωτοπραξία an der Sache. Hat der Ehemann der Frau bei der Eheschließung eine Urkunde ausgestellt, in der er ihr den Empfang der Mitgift bestätigt, so gehört ihr ein entsprechender Teil seines Vermögens. Sie hat dann κτῆσις, der Mann nur χρῆσις, sagt das Edikt des Mettius Rufus (345). Aber es macht einen Unterschied, ob die Frau die Mitgift tatsächlich geleistet hat, oder ob ihr Empfang nur fingiert wurde, um eine Wittumsversorgung der Frau zu begründen. Hat sie wirklich geleistet, so hat sie die πρωτοπραξία sogar in Konkurrenz mit fiskalischen Rechten. Ist die Mitgift nur fingiert, so hat sie keine solche, wie man aus dem Edikt des Tiberius Julius Alexander sieht (346). Die πρωτοπραξία ist aber dann eine Wertvindikation, die es im römischen Recht dieser Zeit nicht gibt. Das Recht aus der fingierten Mitgift dagegen faßt der Römer als eine gewöhnliche actio in personam auf; das könnte eine Umbildung des enchorischen Rechts darstellen. Will jemand ein Grundstück veräußern, so kann er es nicht, wenn es mit einer Hypothek belastet ist. Er kann es aber auch dann nicht,wenn er nur durch ein sog. „ungesichertes" Darlehen Schulden hat (347). Den Unterschied zwischen einem dinglichen Recht und einem bloß obligatorischen, kennt das Recht der Peregrinen in der Provinz Ägypten zunächst noch nicht.

Von der Diokletianischen Zeit an möchte man annehmen, daß nun der römische Eigentumsbegriff auch in Ägypten herrschend geworden wäre. Doch widerspricht dem römischen Recht das Stockwerkseigentum (348). Im römischen Recht galt der Satz: superficies solo cedit. Was auf einem Grundstück gebaut ist, ist Eigentum des Grundeigentümers, mögen es die Beteiligten so wollen oder nicht.

Ägypten ist aber, wenn man die unbewohnbaren Wüsten abzieht, ein dicht besiedeltes Land und war es wohl auch im Altertum. Wohnraum war immer knapp. Zwar wollte Wenger aus einem ptolemäischen Papyrus den Schluß ziehen, daß der Satz superficies solo cedit schon im ptolemäischen königlichen Recht gegolten habe (349), aber man wird die Vorschrift kasuistischer auffassen müssen: nur wer auf fremdem Grund baut, soll des Bauwerkes verlustig gehen. Dagegen kann der Hauseigentümer Teile des Hauses, z.B. einzelne Wohnräume, verkaufen. Ausführliche demotische Urkunden sprechen dann wohl von Bruchteilen des Miteigentums (etwa 1/7), die übertragen werden, wozu dann die Beschreibung der Wohnräume als eine nähere Vereinbarung über die Ausübung des Miteigentums paßt. Aber das wird

345 Oben S. 46 und 76 und unten S. 204.
346 S. unten S. 221 auch § 36 des sog. Gnomons.
347 S. unten S. 203.
348 Wenger, Quellen 766. – Drath, Untersuchungen zum Wohnungseigentum auf Grund der gräko-ägyptischen Papyri. Diss. Marburg 1970.
349 PtolRG^2 110.

auch vereinfacht. P. Strassb I 14 (211 n. Chr.) spricht nur vom Festsaal, der gegen Bezahlung übertragen wird. Die Homologie folgt übrigens nicht dem Formular für Grundstücke, sondern dem für bewegliche Sachen. Wenn man sachenrechtliches Eigentum und obligatorischen Anspruch nicht unterscheidet, mag die Frage nach einem Stockwerks-„eigentum" müßig bleiben. In der nachdiokletianischen Zeit sollte das römische Recht allein gelten, das das Eigentum nur dem Grundeigentümer zuspricht und das Stockwerkseigentum nicht kennt.

Aber zu unserem Erstaunen erhält sich hierin das „Volksrecht": das Bedürfnis nach Wohnraum war stärker. Im P. Mon 9 wird (585, also nach Justinians Gesetzgebung!) verkauft: die der Verkäuferin gehörige Hälfte des Speisesaals und der Wohnungsanteil im vierten Stockwerk über dem Schlafgemach mit dem ihr gehörigen Teil des gesamten Zubehörs. Ähnlich wird in einer Schenkung auf den Todesfall P. Mon 8 (VI.Jhd.) übertragen: die Hälfte einer cella, die Hälfte eines Speisesaals über dieser cella und die Hälfte des Luftraums im vierten Stock oberhalb des Schlafgemachs des A.

Während man aber beim Stockwerkseigentum an ein Fortleben oder Wiederaufleben des enchorischen Rechts denken darf, ist eine andere Erscheinung als Vulgarrecht zu erklären, d.h. als eine Entwicklung des römischen Rechts, die zwar vom klassischen und Justinianischen Recht abweicht, aber noch im ganzen Reiche vorkommt: daß man nämlich das Eigentum mit possessio, griechisch *νομή* bezeichnete (350). Die saubere terminologische Trennung von Eigentum und Besitz wurde in der Provinz also wieder nicht erreicht.

Res incorporales sind in Ägypten von alters her die Priesterämter, die als Pfründen aufgefaßt werden. Der Verf. des sog. Gnomons hat sich mit ihnen in den §§ 77. 78 und 184 befaßt (351); auch der § 7 Apokrimata handelt von ihnen.

§ 21 Der Erwerb von Rechten

In anderen Provinzen, z.B. in Siebenbürgen, kam auch die mancipatio des römischen Rechts vor; in Ägypten dagegen ist sie noch nicht belegt. So bleibt zum Vergleich aus dem römischen Recht die traditio übrig, die zum Eigentumsübergang führt (352),

1. wenn eine iusta causa zugrunde liegt,

---

350 Einen deutlichen Beleg dafür besprechen wir unten S. 208 beim Pfandrecht.
351 S. oben S. 19 ff.
352 Fuchs, Iusta causa traditionis in der romanistischen Wissenschaft. Basel 1952. – Weitere Literatur bei Kaser, Das römische Privatrecht I. München 1955, 351ff.

2. wenn, falls Kauf diese causa ist, der Preis bezahlt ist,(worauf verzichtet werden kann (353).

Demgegenüber geht das Eigentum nach griechischem Recht über, wenn das Entgelt geleistet worden ist, wobei die Übergabe keine Rolle spielt (354). Freilich hatte das ägyptische Recht das formelle Prinzip der Entgeltlichkeit (355): es genügte, wenn der Veräußerer bestätigte, daß er ein befriedigendes Entgelt bekommen habe. Aber die nun griechisch abgefaßten Urkunden ägyptischer Parteien lassen das fallen. Sie geben nach griechischer Notariatspraxis das Entgelt an. Wir könnten also die Romanisierung des Rechts des Eigentumsübergangs feststellen, wenn uns ein Text die Notwendigkeit der Übergabe belegen würde.

Pringsheim fand nur drei Belege aus dem IV.Jhd., in denen *πεπρακέναι καὶ παρδεδωκέναι* einem römischen vendidisse et tradidisse entspricht (356). So kann man zunächst nicht mehr als ein Eindringen des gemeinspätantiken Notariatsstils annehmen.

Daß eine *ἀπογραφή* an die *βιβλιοθήκη ἐγκτήσεων* und eine *καταγραφή* daselbst für den Erwerb von Privatland oder Sklaven nicht notwendig, sondern nur wegen des dadurch ermöglichten Urkundenbeweises nützlich war, haben wir bereits oben gesehen (357).

Das Eigentum an Grundstücken bringt aber schwere öffentlich-rechtliche Lasten mit sich. Daher hat in Zeiten, in denen dieser Druck empfindlich war, der Verkäufer ein Interesse daran, nun eine Urkunde in der Hand zu haben, aus der sich ergibt, daß nicht er mehr der Pflichtige ist: P. New York 20 (302 n. Chr.). Dem dient die *ἀντίπρασις*, von der wir in P. SB III 6612 ein Beispiel aus dem Jahre 365 n. Chr. haben, und die schon in P. Jand VII 136 (135/36 n. Chr.) erwähnt wird. In P. SB VI 8246 = FIRA III 101 (340 n. Chr.) sehen wir gar einen Prozeß, in dem es darum geht, wer nicht Eigentümer von Getreideland sein muß (358).

Wo man Belegurkunden hat, kann man den Eigentumsbeweis leichter führen. Wir sahen aber, daß die Familienarchive unseres Zeitabschnitts nicht mehr in gleichem Maße auf Belegurkunden für das Eigentum aufgebaut sind,

---

353 Nach Pringsheim, Der Kauf mit fremdem Geld. Leipzig 1916, eine Interpolation. – Zustimmend Meyer, ZvglRW 39 (1921) 251. – S. auch Mitteis, ZSS 37 (1916) 369. Für die Echtheit spricht das Sicherungsbedürfnis des Verkäufers. Man sieht das daraus, daß im Geltungsbereich des deutschen bürgerlichen Gesetzbuches bei Kreditkäufen der „Eigentumsvorbehalt“ gang und gäbe ist. – Kaser, a.a.O. nimmt ebenso für das klassische römische Recht an, daß der Nachweis des bezahlten Preises verlangt wurde.

354 Pringsheim, Greek Law of Sale. Weimar 1950.

355 PtolRG[2] 114.

356 Law 224, 2.

357 S. 74.

358 Erörtert unten S. 156.

wie in der Ptolemäerzeit (359). Typische zusammengehörige Urkunden sehen wir am Anfang der Prinzipatszeit (360), und dazu kommt nun ein Bericht aus ganz später Zeit P. ST 48 (625 oder 640 n. Chr.) Eine Frau hatte ein kleines umfriedetes Grundstück von ihrem Manne als donatio propter nuptias erhalten. Als sie Geld brauchte und der Mann abwesend war, verkaufte sie es. Der Käufer verlangte aber die Belegurkunde über die donatio. In P. ST 48 bestätigt der Käufer, daß er diese Urkunde bekommen habe. Dafür verpflichtet er sich, sie der Verkäuferin vorzuweisen, wenn sie sie als Beweismittel für andere in der Urkunde verbrieften Rechte brauchen sollte. Sobald aber der Mann zurückkehrt und auf die Verkaufsurkunde seine Zustimmungserklärung setzt, wolle der Käufer die über die donatio errichtete Urkunde der Frau zurückgeben. Denn dann ist ja die Unterschrift des Mannes genügend Sicherung für den Käufer (361).

Auf das constitutum possessorium, das bei einer Schenkung mit Vorbehalt des ususfructus das Eigentum sofort auf den Beschenkten übergehen ließ (Cod. Theod. 8, 12, 9) hat Mitteis im Kommentar zu P. Chrest II 367 = Lond 1044 (VI.Jhd.) hingewiesen.

Bei diesem wichtigen Rechtsvorgang, dem abgeleiteten Erwerb von Sachen sehen wir zunächst eine Gräzisierung durch Rückkehr zum materiellen Prinzip der Entgeltlichkeit; die Romanisierung in nachdiokletianischer Zeit ist noch ungewiß.

Wenn man aber keine Urkunden hat, um sein Recht zu beweisen, so kann man sich noch auf eine längere Zeit dauernde tatsächliche Gewohnheit berufen (362). Nach dem Bastian'schen Gesetz wird man annehmen dürfen, daß eine längere Zeit nachweisbare Ausübung eines Rechts überall einen prima-facie-Beweis für die Rechtmäßigkeit der Ausübung erbringt. Auctoritatem vetustas daret tametsi ius non probaretur, sagt Scaevola, Dig.39, 3, 26. Taubenschlag hat die Belege dafür unter dem Gesichtspunkt des Gewohnheitsrechtes gesammelt (363). Aber darunter verstehen wir eine allgemein gültige, nur nicht schriftlich abgefaßte Rechtsnorm. Hier dagegen würde es sich um ein „subjektives Gewohnheitsrecht" an einer bestimmten Sache oder an dem Wasser eines bestimmten Kanals u. dgl. handeln.

Severus und Caracalla haben dieses Recht romanisiert, indem sie es den Erfordernissen der römischen usucapio annäherten und feste Fristen für die nun praescriptio longi temporis genannte Institution festsetzten (364). Ihr Reskript ist in JurP 54 = Straßb 22 erhalten. Derselbe P. bringt uns im An-

359 S. oben S. 59.
360 Archiv aus Bacchias s. oben S. 61.
361 Till, Erbrechtliche Untersuchungen. Sitz. Ber. Akad. Wien 229 (1954) II 221.
362 Hans-Dieter Schmitz, Ἔϑος in den Papyrusurkunden. Diss. Köln 1969. Seine Belege reichen in die Ptolemäerzeit zurück.
363 Op. Min.II 91.
364 Nörr, Die Entstehung der longi temporis praescriptio. Köln 1969.

schluß daran eine Anwendung durch den Präfekten Subatianus Aquila (365) sieben Jahre später. Somit ist die provinzielle Entwicklung ins Reichsrecht übergeleitet. Und zur römischen, nicht zur ägyptischen Rechtsgeschichte gehört es auch, wenn der Präfekt in Z.16 fragt: *Τί ἀποκρείνῃ πρὸς .... τὴν ἐν τούτω σιωπήν*, was er in seiner Entscheidung Z.21 wieder aufnimmt. Also gab es in dieser Zeit eine Jurisprudenz, die die Begründung der longi temporis praescriptio in der Untätigkeit, dem „Schweigen“ des Inhabers des Rechtes sah. In den Digesten wird „schweigen“ oft für ein willentliches Schweigen gebraucht (366). Man kann die Entscheidung des Aquila als ein Indiz für das Eindringen der Willenslehre in das römische Recht ansehen. Eine ergänzende Konstitution von Konstantin ist uns in dem P. SB VI 8246 = FIRA III 101 (340 n. Chr.) erhalten (367), der zugleich ihre Anwendung zum Nachteil der Besitzer zeigt. Dauert der Besitz bei einem Grundstück 40 Jahre, ist der Nachweis eines iustus titulus entbehrlich. Dauert er 10 oder 20 Jahre und kann der iustus titulus bewiesen werden, so kann aus dem fehlenden Willen dessen, der den iustus titulus gegeben hat, kein Einwand mehr erhoben werden (letzteres ist gegenüber dem aus dem Corpus Iuris bekannten Recht etwas Neues).

Den Sachverhalt geben Wenger und Arangio-Ruiz (368) ausführlich an, so daß wir uns hier kurz fassen können. Eine Frau erhebt gegen die Dorfgenossen die negative Feststellungsklage, daß gewisse Grundstücke nicht ihr gehörten. Die schwere Belastung der Grundstücke mit Abgaben und Liturgien in dieser Zeit ist der innere Grund, weshalb sie nicht Eigentümerin sein will. Als der Erblasser der Klägerin aus diesem Grunde das Land verlassen hatte und flüchtig gegangen war, hatten die Dörfler die Bebauung und die Lasten seines Bodens nach dem Prinzip der Repartition übernehmen müssen. Nun kehrt die Erbin zurück, aber nach ihrer Behauptung geben ihr die Dörfler mehr Land zurück, als dem Erblasser gehört hatte.

Der *defensor* weist die Klage ab. Er zitiert die gesetzliche Grundlage seiner Entscheidung: Z.48. *Θείου καί προσκυνητοῦ νόμου τῶν δεσποτῶν ἡμῶν αἰωνίων βασιλαίων παρατεθέντος ἐπὶ τῶν ὑπομνημάτων τῆς ἐ[μ]ῆς μετριότητος διαρρήδην προστάτ⟨τον⟩τος εἰ τεσσερακονταετὴς παρέλθοιεν χρόνος νεμομένου τινὸς πράγματα μηδὲ δικαίαν ἀρχὴν ζητῖσθαι.* Das vor ihm rezitierte Reskript steht Z.23: abgedruckt oben S. 43. Dazu stellt er an Tatsachen fest: ein Zeuge habe bestätigt, daß die streitigen Grundstücke dem Ἀτίσιος gehört hätten, und da auch ein Haus,

365 Vandoni, Il P. Oxy 2708 e la carriera di Ti. Claudio Subaziano Aquila. Mem. Ist. Lombardo 103 (1969) 678.

366 Mühl, Tacere, tacitus und taciturnitas. Diss. Erlangen 1961.

367 Abgedruckt oben S. 43.

368 Wenger, Hist. Jahrb. 60 (1940) 359. – Arangio-Ruiz, Aegyptus 21 (1941) Wenger, Quellen 470, 479. – Weitere bei Arangio-Ruiz, FIRA III 101. – Nörr, a.a.O. 92f.

das unbestritten von der Klägerin als Eigentum in Anspruch genommen wurde, dem *᾽Ατίσιος* gehört habe, wie ihr Ehemann und *procurator* zugegeben habe, ist für ihn der vierzigjährige Besitz auch an den Grundstücken bewiesen.

Aus einer Untersuchung von Weiß (369), die sich auf das damals allein vorhandene Material der Prinzipatszeit stützt, wissen wir, daß es üblich, wenn auch nicht notwendig war, daß die Parteien die ihnen günstigen Rechtsnormen in der Verhandlung rezitierten und zu den Akten gaben, sich aber nicht auf den Satz *iura novit curia* verließen. So geschieht es auch in unserem Prozeß, und unser defensor zeigt auch unverhohlen, daß er daher seine Rechtskenntnis habe. Also legt er das Reskript seinem Urteil bedenkenlos zugrunde, Z.54: *οὐ γάρ ἐστιν τῆς ἐμῆς μετριότητος ϑείου παρατεϑέντος νόμου πολυχρόνιον παρασαλεύειν νομήν.* Er scheint dabei zu wissen, was nach den Dig.49, 8, 1, 2, Macer libro secundo de appellationibus geschrieben hat: . . . cum contra sacras constitutiones iudicatur, appellationis necessitas remittitur (370). Er will nicht, daß sein Urteil der schlechthinnigen Nichtigkeit verfalle, und so wagt er es einfach nicht, anders zu entscheiden, als ihm Alexandros, der schlaue Anwalt der Dörfler angetragen hat.

Aber damit wird seine Jurisprudenz sehr oberflächlich, schlechter als wenn er bloß nach dem Rechtsgefühl an die Sache herangegangen wäre. Das Reskript spricht von einem *βοηϑεῖσϑαι τὴν κάτοχον* (lies: *τὸν κάτοχον* oder *τὴν κατοχήν*, Arangio-Ruiz). Es legt einwandfrei den Fall zugrunde, daß ein Besitzer seinen Stand gegen Prätendenten verteidigen will. So hat auch m.W. die ganze Literatur seit jeher usucapio, longi und longissimi temporis praescriptio behandelt. In unserem Prozeß aber ist die Interessenlage genau umgekehrt: die angebliche Besitzerin wehrt sich dagegen, als Eigentümerin behandelt zu werden. Dieser Gegensatz ist Arangio-Ruiz (371) wohl aufgefallen, er meint aber: „forse già nello spirito dei consiglieri del principe prevaleva l'intenzione di difendere il fisco contro la diserzione dei possessori, evitando che questi si trincassero dietro l'illegittimità della loro propria signoria.“ Arangio-Ruiz meint also, die Auslegung, die die Interessenlage derart verquert, sei dem Gesetzgeber schon bewußt und erwünscht gewesen. Dies hätte sich aber irgendwo in unseren Quellen verraten müssen. So liegt es wohl näher, die Verkennung der Interessenlage unserem defensor zur Last zu legen, wie Herwald Schmidt (372) schreibt:

369 „Recitatio und Responsum in römischen Privinzialprozeß, ein Beitrag zum Gerichtsgebrauch“, in ZSS.33 (1912) 212.

370 Wenger, Inst. § 30 Anm.34.

371 a.a.O. 273.

372 Herwald Schmidt, Der Einfluß der Rhetorik auf das Recht der Papyri Ägyptens. Diss. Erlangen 1949 S.69 des Manuskripts. (In den gedruckten Auszug JJP 4 (1950) 165 nicht aufgenommen).

„Alexandros jedoch versucht, die an und für sich zum Schutze des Besitzes geschaffene praescriptio longissimi temporis gegen diese ins Feld zu führen. Er konstruiert eine Art Umkehrschluß, den man als verbotene Analogie ansprechen könnte. Wir haben es im vorliegenden Fall mit einer althergebrachten rhetorischen Gepflogenheit zu tun. Man wird nicht annehmen können, daß Alexandros so schlechte juristische Kenntnisse besaß, daß er nicht von dem wirklichen Anwendungsgrund der praescriptio longissimi temporis gewußt hätte. Im Gegenteil, Alexandros nützt die mangelnde Rechtskenntnis des Gerichts dahingehend aus, unter Anführung des *θεῖος καὶ προσκυνητὸς νόμος* als gleichsam apodiktischer Redewendung, den Schutz des Gesetzes, der den Gegnern zukäme, für seine Mandanten in Anspruch zu nehmen. Das Gericht fällt auf den Advokatentrick herein, wie das Urteil beweist.“ Dieser Auffassung meines Schülers möchte ich den Vorzug geben. Unser defensor merkte vor Respekt vor dem kaiserlichen Reskript nicht, daß er es bei dieser Art Anwendung in sein Gegenteil verkehrte. Seine juristischen Fähigkeiten und Kenntnisse müssen wir als gering veranschlagen, sein Fehler liegt auf der Linie einer „Begriffsjurisprudenz“, d.h. einer Anwendung von Rechtsnormen ohne Beachtung der von ihnen vorausgesetzten Interessenlage. Seine Rechtskenntnisse beschränken sich hier auf das Wissen von einer Dig. 49, 8, 1, 2 entsprechenden regula (373).

Der Zeitablauf kann auch dazu führen, daß ein bestehendes Recht seine Wirksamkeit verliert (bei uns: „Verjährung“).

Von Septimius Vegetus, der 85 – 88 n. Chr. Präfekt war, ist uns eine Abschrift aus seinen Amtstagebüchern in P. Chrest II 80 = Flor 61 erhalten. Er weist darin eine Darlehensklage ab, die auf eine vor 40 Jahren errichtete Urkunde gestützt wird, und befiehlt, die Urkunde zu entwerten. Z.65: *χιασθῆναι.* Eine Begründung seiner Entscheidung bekommen wir nicht. Nur aus dem, was er nach dem Protokoll vor der Entscheidung erklärt hat, können wir seinen Gedankengang etwas verfolgen. Nach einigem Hin und Her der Rhetoren sagte er nämlich, er wolle zuerst die Echtheit der Urkunde festgestellt haben, und dann, Z.42: *δεύτερον, διὰ τί ἕως σήμερον οὐκ ἀπῄτησας;* Auf diese letztere Frage bekommt er nach dem Protokoll keine befriedigende Antwort. Kurz gesagt, er behandelt die Darlehensforderung nun als verjährt.

Außerdem erfahren wir aus dem Vortrag eines Redners in diesem Text, daß das Provinzialedikt in Ägypten Verjährungsfristen aufgestellt hatte: (Z. 45): *ἡγεμόνες πενταετίαν ὥρισαν περὶ τῶν πολυχρωνίων. ἀλλ' οἱ δεκαετίαν, οὐχ ὅπου διαλογισμοὶ καὶ ἡγεμόνες παραγενόμενοι.*

---

373 Auch Wenger, a.a.O. 366, 56 dürfte dieser Auffassung zuneigen, wenn er meint, in vielen Fällen war mit der Verlesung eines Reskripts die Sache eben entschieden: die Fähigkeit der Richter, die Anwendbarkeit auf den einzelnen Fall nachzuprüfen, schätzt so auch er nicht hoch ein.

§ 22 Servituten (374)

In nachbarlichen Verhältnissen entsteht leicht das Bedürfnis, daß jemand das angrenzende Grundstück, das ihm nicht gehört, doch in einer bestimmten Art benützen möchte. Beispiel aus den Papyri ist *εἴσοδος* und *ἔξοδος*, d.h. der Eigentümer eines Grundstückes braucht das andere Grundstück, um aus seinem Hause herausgehen zu können. Das römische Recht vermag dieses Bedürfnis dadurch zu befriedigen, daß dem jeweiligen Eigentümer des einen Grundstücks an dem Nachbargrundstück ein dingliches, gegen jedermann durchsetzbares Recht eingeräumt wird, eine Servitut, ein dingliches ius in re aliena (375). Das setzt aber die Unterscheidung zwischen dinglichem Recht und obligatorischem Anspruch voraus, die dem ägyptischen Volksrecht fremd ist.

Demgegenüber hat man für das Recht der Papyri die Idee eines „obligatorischen" Rechts dieser Art für wahr haben wollen. Es würde sich dann nur darum handeln, daß der derzeitige Eigentümer des einen Grundstücks den derzeitigen Eigentümer des anderen persönlich verpflichtete, ihm den Durchgang zu gestatten. Allenfalls wären an die Abmachung die jeweiligen Rechtsnachfolger gebunden (376). Damit wäre aber dem Berechtigten zu wenig geholfen.

Vom ägyptischen Recht her bietet sich eine dritte Konstruktion an, wie man dem, der in ruhigem Genuß ein Durchgangsrecht haben wollte, helfen konnte: dem Eigentümer des sog. „dienenden" Grundstücks konnte eine Dauerleistung geboten werden, z.B. das Recht, Balken in die Mauer des „herrschenden" Grundstücks einzufügen, und für diese Dauerleistung konnte dann als Gegenleistung der Durchgang ausgemacht werden (377).

In der Kaiserzeit gibt es u.W. nur einen schwachen Beleg dafür, daß ein Durchgangsrecht in dieser Weise begründet werden konnte. Das ist die einzige Prozeßurkunde zu diesem Thema: P. Oxf 14 (II.Jhd.), die aber gerade im entscheidenden Teil fragmentarisch ist. Danach hatten Ptolemaios, der auch Petheus genannt wird, und Dios einen Prozeß über ein Durchgangsrecht gehabt. Ptolemaios war unterlegen (*αὐτόθεν λειφθείς* Z.12) und nun räumt er den Siegern ein (378) (*συγχωρεῖ τοῖς δικαίοις*), ihnen das Durchgangsrecht ungeschmälert zuzugestehen (Z.13). In Z.3 wird aber von einer Gegenleistung der Dios gesprochen *ἀντιδότω*; leider läßt sich nicht mehr sehen, worin sie bestand. Es könnte wohl eine Dauerleistung gewesen sein.

---

374 Wenger 769.

375 Bei uns wird die Servitut ins Grundbuch eingetragen; dagegen ist sie nach den bisher vorliegenden Belegen nicht in die *διαστρώματα* der *βιβλιοθήκη ἐγκτήσεων* eingetragen worden.

376 Taubenschlag, Op. Min.II 405. Law^{2} 256.

377 Vgl. PtolRG^{2} 113.

378 Entgegen Zucker, AP 16 (1952) 243 ist *τοῖς δικαίοις* nicht zu *λειφθείς* zu ziehen. *Οἱ δίκαιοι* sind die, deren Schriftsatz als m[illegible]t erkannt wurde.

Endlich gab es noch eine vierte Möglichkeit ein Servitutenrecht zu sichern: von der Urkunde her, und diese scheint sich in der Römerzeit in Ägypten vor allem durchgesetzt zu haben. Sie steht in engem Zusammenhang mit der ptolemäischen Entwicklung. Wenn das sog. „dienende" Grundstück übertragen wurde, so konnte sich der Veräußerer z.B. das Durchgangsrecht vorbehalten. Dann konnte weder der Erwerber noch irgendein erb- oder verkehrsrechtlicher Nachfolger sein „Eigentum" an diesem Grundstück belegen, ohne damit auch das Durchgangsrecht des Nachbarn anzuerkennen. Denn zum Beweise des Eigentums mußte er ja die Belegurkunden vorweisen, dabei mußte man aber auf die Urkunde zurückkommen, in der der Veräußerer sich das Durchgangsrecht vorbehalten hatte. Wir erinnern dazu an das in ptolemäischen Urkunden häufige „Sichberühmen" in einer Urkunde (379). So enthält die nur in Handschein ausgesprochene Teilung Sel P I 52 = P. Ryl II 157 (135 n. Chr.) Abmachungen über Durchgangsrecht und Wasserzufuhr (380). In PSI IX 1035 (179 n. Chr.) findet sich eine Klausel über den Gebrauch einer Mauer. Diese Begründung der Servitut entspricht durchaus römischem Recht: nur ob die Folge dann ein dingliches ius in re aliena sein soll, ist für Ägypten zweifelhaft. Die Belege für das Durchgangsrecht hat Taubenschlag (381) gesammelt: es sind Erbteilungs- und Veräußerungsurkunden, die vom Beginn der Kaiserzeit bis zum VI.Jhd. reichen. Wenn das „herrschende" Grundstück übertragen wird, so wird das Durchgangsrecht in der Urkunde darüber besonders erwähnt.

In dieser Weise kann jedes Bedürfnis nach einer Rural- oder Urbanservitut befriedigt werden. Das Recht auf der Mauer des Nachbarn Balken aufzulegen, ist sehr spät in einem sicheren Beleg bestellt worden: P. Mon 16 (Ende des VI.Jhd.). Bei der Veräußerung eines Hofes wird ausdrücklich bestimmt, daß die Grenzmauer Eigentum des Veräußerers bleibt, aber dem Erwerber diese Servitut eingeräumt werde (382). Die Urkunde ist schon in dem sich an das römische Recht anschließenden spätantiken Notariatsstil abgefaßt. Nichtsdestoweniger ist die Bestellung mit der ägyptischen Entwicklung kontinuierlich (383).

Sonst fehlt es m.W. an Belegen, die sich mit den iura in re aliena des römischen Rechts vergleichen ließen. Die χρῆσις in dem Edikt des Mettius Rufus ist sicherlich nicht als das dingliche Recht usus zu verstehen, sondern als das starke Verwaltungs- und Nutznießungsrecht des ägyptischen Rechts, das dem Manne zustand, der in einer Alimentationsurkunde sein ganzes Ver-

---

379 PtolRG[2] 5f 55.
380 Wenger 769.
381 Op. Min.II 405. Law[2] 256.
382 Wenger, Quellen 770. – Taubenschlag Op. Min.II 421.
383 Zur emphyteusis s. unten S. 192.

mögen der Frau übertragen hatte (384). Auch der *καρπιστής*, der in der Inschrift über das Gartengrab der Musa als Kläger auftritt (385), ist nicht der römische usufructuarius, dessen Recht unvererblich wäre. Sondern seine Stellung ist aus dem alexandrinischen Recht zu erklären: ihm stehen die Nutzungen zu, weil er für das unveräußerliche Grab zu sorgen hat. Allerdings meint auch Gai Inst 2,7 unter ususfructus am provinzialen Boden offensichtlich nicht den unvererblichen Nießbrauch, sondern ein dem Eigentum nahestehendes Recht.

In späterer Zeit jedoch zeigt sich der römische ususfructus (386), z.B. in P. Chrest II 367 = Lond 1044 (VI.Jhd.), 20: *οὐσούφρουκτον ἤτοι χρῆσιν καὶ ἐπικαρπίαν.*

Die habitatio, die vom römischen Recht nur zögernd als eigene Servitut anerkannt wurde (387), läßt sich schon in P. Chrest II 288 = CPR 24 (136 n. Chr.) feststellen. In diesem Vertrag über die Bestellung einer Mitgift behält sich die Schwiegermutter das Wohnrecht auf Lebenszeit an dem Hausanteil, der Bestandteil der Mitgift ist, vor. Sie soll ihn auch vermieten dürfen und die Mietzinsen daraus genießen.

§ 23 Der Schutz des Kontinuitätsinteresses

Daß man zwischen dem Recht an einer Sache und der tatsächlichen Herrschaft über sie unterscheiden muß, ist allzu selbstverständlich, und gilt auch für eine Rechtsordnung, die Eigentum und obligatorischen Anspruch nicht unterscheidet. Beispiel ist die gestohlene Sache: das Recht an ihr geht dem Bestohlenen nicht verloren, aber die Sachherrschaft hat nun der Dieb. Doch hat das römische Recht einen gewissen Rechtsschutz auch an eine Sachherrschaft geknüpft, die zunächst schutzwürdig erschien: die possessio im Gegensatz zur naturalis possessio (detentio). Die schutzwürdig erscheinende Sachherrschaft wurde durch die interdicta geschützt (388). Die Urkunden der Ptolemäerzeit lassen bisher interdicta nur undeutlich ahnen (389). Vom griechischen Recht hat Wolff gar behauptet, daß ihm der Besitzschutz fremd gewesen sei (390). Jedoch widerspricht das dem Anfang des Gortynischen Gesetzes, wonach dem, der glaubt, an einem Sklaven das Eigentum zu haben, der sich aber in der Sachherrschaft eines anderen befindet, ver-

384 PtolRG[2] 175
385 Kniepkamp, Ὁ *καρπός* in den Papyri. Diss. Köln 1970 S.80ff. Anders: de Visscher und Arangio-Ruiz; vgl. unten S. 199.
386 Wenger 770, 379.
387 Wenger 770, 382. Dort weitere Beispiele.
388 RömPrivR[2], Randziff.245 – 261.
389 PtolRG[2] 112.
390 In der Besprechung von Kränzlein, Eigentum und Besitz im griechischen Recht. Berlin 1963. in ZSS 81 (1964) 338: „Den Griechen selbst lag der Gedanke den Besitzer als solchen zu schützen, – m.a.W. der bloßen faktischen Innehabung um ihrer selbst willen den Rang einer u.U. beachtlichen Rechtsfolge zuzubilligen, –

boten ist, denselben einfach „wegzuführen“. Wenn er es jedoch tut, ist er durch Geldstrafen anzuhalten, den Sklaven zurückzugeben. Und vor allem widerspricht diese Meinung Polybius XII, 16, wo ein Fall aus Lokroi geschildert wird. Wiederum handelt es sich darum, daß das Eigentum zwischen zwei Parteien streitig ist. Wenn danach einer zur Selbsthilfe griff und den Sklaven dem wegführte, der die Sachherrschaft hatte, so mußte er ihn zurückgeben. Nun hatte aber der eine Eigentumsprätendent dem anderen den Sklaven weggenommen. Zwei Tage später hatte der andere umgekehrt dem eigenmächtigen Begründer der Sachherrschaft den Sklaven weggeführt und ihn vor den Archonten gebracht. Dem Wortlaut des Gesetzes nach hätte der Sklave dem ersten Eigenmächtigen zurückgegeben werden müssen. Ein Rechtsweiser (der Kosmopolis), entschied aber, daß der zweite Gewalttätige, der die Sachherrschaft früher gehabt hatte, ihn während des Prozesses an sich nehmen solle. Der Kosmopolis erkannte also auch die Berechtigung einer exceptio vitiosae possessionis an: der erste Eigenmächtige hatte zwar eine Sachherrschaft, aber eine nicht schutzwürdige, begründet. Danach ist es wahrscheinlich, daß wir dort, wo griechischer Einfluß vorherrschte, z.B. in der Stadt Alexandria, nur durch den Zufall der Funde keine interdicta bekommen haben, die aus vorrömischer Zeit stammen würden.

In der Prinzipatszeit haben wir einen Beleg für ein Interdikt vor allem in Apokrimata § 4, also aus der Zeit des Kaisers Severus (391). Es handelt sich wohl um das interdictum unde vi. Die Schwierigkeit der Auslegung liegt aber im animus possidendi. Wenn der, der aus dem Grundstück mit Gewalt herausgeworfen wurde, sich zunächst nicht dagegen wandte, also nicht sofort ein interdictum begehrte, so hatte er offensichtlich den animus possidendi aufgegeben. Nach der Lehre des doch nur wenig später lebenden Ulpian ist aber der animus possidendi für den Besitz notwendig. Wenn der Kaiser römisches Recht zugrunde legte, so ist er hier nur vom schutzwürdigen Interesse an der Sachherrschaft, nicht vom animus possidendi ausgegangen. Wir hätten dann wieder einen Beleg dafür aus den Papyri bekommen, daß die Willenslehre im römischen Recht spätklassisch ist, und daß man in hochklassischer Zeit den in seiner Brauchbarkeit doch recht zweifelhaften animus possidendi noch nicht zugrunde legte.

Der § wendet sich an Peregrine. Septimius Severus sah wohl in den Interdikten eine Rechtswohltat des römischen Reichsrechts, die daher auch auf Peregrine anwendbar war (392, 393).

---

noch fern. Ihnen lag an der Repression des Delikts etc.“ Weitere Besprechungen des Buches von Kränzlein: – Welles, Gnomon 37 (1965) 63. – Luzzatto, SDHI 30 (1964) 397. – Triantaphyllopoulos, Rev. Hellénique 18 (1965) 200. Vgl. ferner SDHI 33 (1967) 540. – Christophilopoulos, Festschrift Orlandos 250.

391 S. oben S. 38.

392 Zu den anderen Auslegungen des § s. oben S. 39, 98 – 100.

393 Dasselbe gilt für ein Reskript Hadrians P. Chrest II 83 = Teb II 286 (121 – 138 n. Chr.). Er sagt darin in Z.7: *νομὴ ἄδικος [οὐ]δὲν εἰσχύει.*

Sodann gibt es im Isidorus-Archiv eine Urkunde, die ein Interdikt in Ägypten belegt: Nr.63 von 296 n. Chr. Da enthielt jemand den Erben den Nachlaß eines Verstorbenen vor. Diese wandten sich an den beneficiarius als den Vertreter des Dekadarchen, also an einen Mann aus dem Gefolge des Statthalters. Dieser befahl dem Gegner, er solle alles, was er sich angeeignet hätte, zurückgeben. Das entspricht dem interdictum quam hereditatem. Dem entspricht ferner, daß die Erben, als der Gegner nichts tat, sich neuerdings an den beneficiarius wenden mußten: auch nach dem römischen Recht kommt es erst jetzt zum eigentlichen Prozeß. Prozeßgegenstand ist dann die Frage, ob dem interdictum Folge geleistet worden war oder nicht. In der diokletianischen Zeit, aus der die Urkunde stammt, ist ja eine Erklärung mit rein römischem Recht möglich; wir müssen aber annehmen, daß nunmehr ein Interdikt auch von einem geringeren Richter, der kein imperium hatte, ausgesprochen werden konnte.

In den Urkunden wird das lateinische possessio mit *νομή* wiedergegeben (394), insbesondere in dem Ausdruck *μακρᾶς νομῆς παραγραφή* für longi temporis praescriptio (395); auch *κατοχή* kommt vor.

§ 24 Die Rechtsausübung

Der vom geltenden Recht und der Pandektistik des 19.Jhd. herkommende Leser wird erwarten, einen Abschnitt über „Willensmängel" beim Rechtsgeschäft zu finden. So dürfen wir aber nicht schreiben. Das wäre ein Anachronismus. Wir finden die Berücksichtigung des konkreten, individuellen Willens nur langsam und allmählich in der Provinz Ägypten vordringen; erst um dic Wende vom II. zum III.Jhd. können wir sie feststellen (396). Wir müssen daher, wollen wir mit der Zeit des Augustus beginnen, kasuistisch vorgehen.

1. Reichsrecht, Provinzialrecht und Volksrecht enthielten zahlreiche *Verbote.* Wenn ein Rechtsgeschäft direkt dagegen verstieß, wurde es als ungültig behandelt. Doch liegt es in der Natur unserer Quellen, daß wir nur selten einen solchen Fall nachweisen können. Verboten war z.B. nach § 70 des sog. Gnomon des Idioslogos den Beamten in ihrem Amtsbereich Käufe und Darlehensgeschäfte vorzunehmen, was in der Hauptsache mit dem Reichsrecht übereinstimmt (397). Ratio legis ist Zwang zu unbestechlicher Amtsführung; auch sollen die Beamten keine materiellen Interessen in ihrem Bereich

---

394 Auch dort, wo possessio vulgarrechtlich als „Eigentum" verstanden werden soll, s. Oben S. 153.

395 Taubenschlag, Law^2 231.

396 Vgl. untcn S. 235.

397 Ausführlich Riccobono Jr. im Kommentar.

haben. Unter ὠνεῖσθαι wird man den Kauf von Grundstücken und Wertgegenständen, sowie die Steuerpacht zu verstehen haben. Der Text ist verstümmelt. Denn Lebensmittel mußten sie kaufen dürfen, sonst wären sie ja verhungert. Dazu bietet P. Oxy XXIV 2411, 43ff. (etwa 173 n. Chr.) eine Illustration: wenn Apollonius das Darlehen nahm, ehe er Stratege wurde, ist es gültig (ἀπερίλυτον), anderenfalls nicht.

2. Scheingeschäfte in fraudem legis. Bei der übermäßigen Wertschätzung des Urkundenbeweises im Prozeß versuchten die Parteien in Ägypten seit alter Zeit, das Gericht von vornherein festzulegen, ihm die Erhebung von Beweisen abzuschneiden (398). Diese Gewohnheit konnte leicht dazu verführen, ein Scheingeschäft abzuschließen, um damit ein verbotenes Geschäft zu dissimulieren. Die zentralen Gerichte am Sitze des Statthalters ließen sich aber darauf nicht ein. Schon der Idios Logos Claudius Geminus im Fall des Gartengrabes der Pompeia Musa (P. SB VIII 10044 = SEG XVIII 646, ca. 90 n. Chr.) hatte eine μίσθωσις als Verschleierung einer verbotenen Eigentumsübertragung durch Verkauf durchschaut und für nichtig erklärt (399). Ebenso ließ sich der Präfekt Rutilius Lupus nicht darüber täuschen, daß ein in der Urkunde verbrieftes depositum irregulare in Wirklichkeit eine Mitgift sei (FIRA III 19 = Chrest II 372 – 117 n. Chr.) (400).

Λου[κ]ίας Μακρίνας διὰ Φανείου ῥ[ήτ]ορος εἰπούσης ἀπαιτεῖν παρακαταθήκην ἐξ ὑπαρχόντων Ἀντωνίου Γερμανοῦ στρατιώτου τετελευτηκότος Λοῦπος εἶπεν· "Νοοῦμεν ὅτι αἱ παρακαταθῆκαι προῖκές εἰσιν. ἐκ τῶν τοιούτων αἰτιῶν κριτὴν οὐ δίδωμι. οὐ γὰρ ἔξεστιν στρατιώτην γαμεῖν. ἐκ τῶ δὲ προῖκα ἀπαιτεῖς, κριτὴν δίδωμ[ι], δόξω πεπεῖσθαι νόμιμον εἶναι τὸν γάμον.

Der Fall lag wohl so: der Soldat und seine Konkubine wußten sehr wohl, daß sie eine gültige Ehe nicht eingehen konnten, daß ihr also auch der Soldat keine gültige „Mitgift" bestellen konnte. Nun hätte es sich bei dieser Mitgift nicht um eine Zuwendung vonseiten des Vaters oder eines Verwandten der Konkubine an den Soldaten gehandelt, sondern um die Anerkennung einer in Wirklichkeit nicht eingebrachten Mitgift durch den Soldaten, die sich dann bei dem Tode des Soldaten als eine Witwenversorgung ausgewirkt hätte (401). Weil aber die beiden wußten, daß sie dieses Rechtsgeschäft nicht abschließen konnten, so versuchten sie folgendes: es wurde eine Urkunde errichtet, in der der Soldat anerkannte, eine Summe als depositum irregulare von der Konkubine erhalten zu haben, wenn er auch in

---

398 ÄgRgSait² 41. PtolRG² 93ff.
399 S. unten S. 199.
400 Exegese bei Mitteis, Grundzüge, 281ff. und Meyer, Jur. P. S.22 mit Lit. – Wenger, Quellen, 863, 88. und 811, 855 mit Lit., ferner „Anz. Akad. Wien", 1945, 107. – Weitere Lit. bei Arangio-Ruiz, FIRA III, a.a.O.
401 Vgl. unten S. 220 ff.

Wirklichkeit nichts erhalten hatte. Beim Tode des Soldaten sollte dann die Konkubine dieses depositum irregulare verlangen können, und damit eine Witwenversorgung haben. Dies hat Lupus durchschaut.

Also versagt er dem depositum irregulare den Rechtsschutz durch Versagen der Bestellung eines judex pedaneus. Soweit ist die Deutung unumstritten.

Dagegen ist die Erklärung des letzten zitierten Satzes umstritten. Er wird einmal übersetzt: „Wenn du die *προίξ* verlangst und ich einen Richter gebe, so muß man mir die (irrige) Meinung zuschreiben, daß die Ehe gültig sei" (402). Diese Übersetzung halte ich für grammatikalisch unrichtig. Es müßte dazu konjiziert werden: *εἰ δὲ προῖκα ἀπαιτεῖς ⟨καὶ⟩ κριτὴν δίδωμι* (= *δίδοιμι*), *δόξω κτλ*. Aber das ist unzulässig, solange man mit dem unveränderten Text auch zu einem guten Sinn kommen kann. Denn die wörtliche Übersetzung lautet: „Wenn du eine Mitgift verlangst, werde ich einen iudex geben: ich werde (dann) zu glauben scheinen, daß die Ehe gültig sei" (403).

Auch wenn man von dieser Übersetzung ausgeht, sind noch zwei verschiedene Deutungen möglich: die Bemerkung kann reflektierend oder konstitutiv gemeint sein.

Sollte der Sinn reflektierend sein, so will der Präfekt sagen: ich bin bereit, einen judex pedaneus zu geben und ihn anzuweisen, in seiner Entscheidung vom Recht der Mitgift auszugehen: er wird dann untersuchen, ob eine gültige Ehe vorlag und je nachdem abweisen oder zusprechen. Auch in unserem Fall könnte etwa wie in Co. VI 1 – 23 unseres Papyrus der Soldat nach der Entlassung die Verbindung mit consensus maritalis fortgesetzt haben, und so die Unwirksamkeit der Witwenversorgung geheilt worden sein: über solche Tatsachen hätte der judex pedaneus Beweis zu erheben und zu entscheiden. Der Präfekt sagt vielleicht nur, er wolle keine actio depositi, aber eine actio rei uxoriae geben: wenn er das tue, müsse er zunächst einmal unterstellen, die Ehe sei gültig gewesen, aber ob das wirklich so sei, werde die Beweisaufnahme dann schon ergeben.

Besser ist es aber wohl, mit Mitteis anzunehmen, der Präfekt wolle mit einer Fiktion den judex pedaneus anweisen, die Ehe zwischen dem Soldaten und der Konkubine als gültig zu behandeln, obwohl sie ungültig ist: er dürfe also nur etwaige dem Mitgiftrecht angehörige Einwände berücksichtigen.

Schließen wir uns auch hierin Mitteis an, so kommen wir zu der bisher m.W. noch nicht behandelten Frage nach der juristischen Methode des Lupus. Er versagt dem depositum irregulare die Wirksamkeit, aber er deutet es in eine Mitgiftbestellung um, die er dann, gleichviel in welchem Umfange

---

402 Mitteis, Grundzüge, 284

403 Mitteis a.a.O. 284, 1. Für diese Übersetzung auch Wenger, Quellen, 863, 88.

als gültig zu behandeln bereit sei. Das heißt doch, er sieht in dem depositum irregulare ein simuliertes Rechtsgeschäft, das er mit dem Kunstgriff der Konversion in ein gültiges Rechtsgeschäft umdeutet.

Die Pandektendoktrin ist gewohnt, beide Fragen von der Willenslehre aus zu betrachten. Die Parteien wußten recht wohl, daß sie nicht verheiratet waren, sie wollten aber eine Witwenversorgung der Konkubine erreichen. Argumentierte also Lupus wie Dernburg (404), so kam er dazu, das depositum irregulare als ein simuliertes Geschäft für nichtig zu erklären, dafür die Witwenversorgung als das dissimulierte Geschäft als gültig zu behandeln, „wenn es den gesetzlichen Voraussetzungen der Geschäfte seiner Art entspricht". Die Belege dafür bei Dernburg stammen aber alle aus dem Cod. Just. und sind Konstitutionen des späten 3.Jahrhunderts. Und auch an und für sich muß man vorsichtig sein, wenn man die Willenslehre schon bei einer Entscheidung von 117 n. Chr. zugrunde legen will. Dazu kommt, daß Partsch (405), den Nachweis zu führen versuchte, daß die Lehre vom simulierten Rechtsgeschäft und seiner Umdeutung nach Maßgabe des verdeckten Geschäfts nachklassisch sei (406).

Versuchen wir also einmal, die Entscheidung des Lupus ohne Zuhilfenahme der Willenslehre zu begründen. Mit dem Eheverbot wollte der Gesetzgeber der militärischen Brauchbarkeit der Soldaten dienen: er wollte nicht, daß Rücksichten auf eine Familie ihre Tapferkeit psychisch beeinflussen könnten; auch sollte Versetzung in entlegene Provinzen auf keinen Widerstand aus solchen Motiven stoßen. Er wollte aber nicht die Soldaten in der Verfügung über ihr Eigentum behindern, im Gegenteil, in dieser Beziehung kam er ihnen durch die Bestimmungen über das peculium castrense und das Soldatentestament sogar entgegen. Hat also ein Richter über die Gültigkiet von Witwenversorgungsverträgen an Konkubinen zu entscheiden, so hat er eine Interessenabwägung vorzunehmen. Er muß zwischen dem Bedürfnis der Soldaten, mit ihrer Habe tun und lassen zu können, was sie wollten, und dem Interesse des Staates an der militärischen Brauchbarkeit der Soldaten eine Mitte finden. Dabei muß er im Normalfalle dem öffentlichen Interesse, das dem Eheverbot der Soldaten zugrundeliegt, den Vorrang einräumen; er darf nicht soweit gehen, daß der Konkubinat des Soldaten dieselben wirtschaftlichen und psychischen Wirkungen wie eine Ehe hervorbringen kann. Für Ägypten kommt noch hinzu, daß die Bevölkerung den Unterschied zwischen einer ehelichen und einer unehelichen Verbindung vor allem darin sah, daß bei der Ehe auch eine güterrechtliche Versorgung der Frau stattfand, beim Konkubinat dagegen nicht (407). Also waren die

---

404 Pandekten^3, 232.

405 Die Lehre vom Scheingeschäfte, ZSS 42 (1921), 227, fortgesetzt: Nachgelass. Schriften, Berlin, 1931, 122ff.

406 Diesen P. hat Partsch in der ja unvollendeten Abhandlung nicht behandelt.

407 Setna I 5/19 – 20, vgl. PtolRG^2 170.

Entscheidungen im allgemeinen streng, verhinderten rechtliche Bindungen der Soldaten an ihre Konkubinen. So entscheidet in demselben Papyrus, Col. I 14, III 10 im Jahre 134 Ulpius Asklepiades, Archidikastes, daß Bankdiagraphai, die eine verkappte Witwenversorgung enthielten, nichtig seien. Der Idios Logos Claudius Claudianus entscheidet Col. VI 1 – 23 im Jahre 136: Schenkungen eines Soldaten an seine Konkubine sind gültig und fallen nicht unter das Verbot der Ehegattenschenkungen. Setzt dagegen der Soldat nach der Entlassung mit consensus maritalis die Verbindung fort, so ist sie von nun an Ehe, und Schenkungen während dieser Zeit sind verboten (408). Wenn man als ratio legis dieses Verbotes, was ja auch nicht unumstritten ist (409), annimmt, daß solche Schenkungen die Scheidung erleichtern könnten, so ist es folgerichtig, diesen gesetzlichen Schutz des Ehebandes dem Soldatenkonkubinat nicht zukommen zu lassen. In allen diesen Fällen entspricht es guter Jurisprudenz, richtiger Durchsetzung des gesetzgeberischen Willens, ein Geschäft anderer Art, welches die Bande zwischen dem Soldaten und der Konkubine gleich einer Ehe verstärken könnte, für ebenso verboten zu erklären, wie die Soldatenehe selbst.

Hat aber der Soldat aufgehört, dem Heere anzugehören, weil er entlassen wurde oder gestorben ist, so ist das Bedürfnis, seine Tapferkeit und seine Beweglichkeit zu schützen, weggefallen. Er hätte ja in den erleichterten Formen des Soldatentestaments der Konkubine etwas vermachen können. Wenn es sich also nur mehr darum handelt, wer aus dem Nachlaß etwas zu bekommen hat, kann der Richter nun umgekehrt, gestützt auf die ratio legis des Soldatentestamentsrechts das Bedürfnis des Soldaten, seine Habe geben zu können, wem er wolle, höher werten: er kann dann danach trachten, daß aus dem Nachlaß alle das bekommen, was der Soldat ihnen zugedacht hat. Das kann in der Weise gemacht werden, daß nun nachträglich die Witwenversorgung so behandelt wird, als ob eine gültige Ehe bestanden hätte, daß also der Bestand der Ehe als gültig fingiert wird. Diese umgekehrte Wertung der Interessen mag etwas bedenklich bleiben. Denn eine solche Rechtsprechung wird, wenn sie sich einmal durchgesetzt hat, dann doch als Fernwirkung eine Stärkung des Konkubinates mit sich bringen. Aber sie ist wenigstens nicht unverständlich.

Nun fällt die Entscheidung gerade in die Regierungszeit Trajans, der nach Dig.29, 1, 1 pr. erklärt hatte: secutus animi mei integritudinem erga optimos fidelissimosque commilitones simplicitati eorum consulendum existimavi. Wenn Lupus also in seiner Entscheidung seinem regierenden Kaiser besonders getreu sein wollte, und deshalb eine Witwenversorgung durch einen Soldaten für nach seinem Tode gültig erklärt hat, kann man seine

---

408 S. des Näheren Mitteis, Grundzüge, 285f.

409 Lauria, Il divieto delle donazioni fra coniugi, „Studi Albertoni", II, Padova, 1937, 513.

Minderberücksichtigung der Fernwirkung aus der Situation des geschichtlichen Augenblicks heraus erfassen.

Er hat aber über ein depositum irregulare zu entscheiden. Dieses erklärt er für nichtig. Als *προίξ*, Witwenversorgung dagegen will er es für gültig hinnehmen. So wendet er nicht nur das Kunstmittel der Fiktion der Gültigkeit der Ehe an, sondern auch den Kunstgriff der Konversion.

Die Digesten enthalten bekanntlich keine allgemeine Lehre über die Konversion, sondern nur casus ihrer Anwendung. So behandelt auch F. Schulz (410) die Konversion nur im Zusammenhang erbrechtlicher Fälle. Beseler gar hat erklärt (411): „Der Gedanke, daß der Jurist aus eigener Macht zu einer auslegenden kumulativen oder privativen Konversion eines Rechtsgeschäftes in ein anderes Rechtsgeschäft befugt sein könne, ist unklassisch". Mit diesem Satze hat zwar Beseler sowieso nicht viel Zustimmung gefunden (412), eine ausführliche Widerlegung gab Betti (413), wobei er schon die nichterbrechtlichen Belege aus der klassischen Überlieferung mit vorsichtiger Behandlung der Interpolationenfrage zusammenstellte.

Lupus hat also in einer uns direkt aus der klassischen Zeit überlieferten Entscheidung sowohl die Nichtigkeit des simulierten Geschäfts, als auch seine Konversion in ein gültiges dissimuliertes Geschäft gehandhabt, und zwar in einem Falle, den uns unsere Überlieferung des klassischen Rechts sonst nicht vermittelt hat. Ob er dabei von der Willenslehre ausging, oder ob er im Sinne moderner Jurisprudenz eine Interessenwertung vornahm, ist uns nicht ersichtlich. Aber seine Entscheidung erweist auf jeden Fall, daß die Juristen trajanischer Zeit Simulation und Konversion weit allgemeiner durchdacht haben, als nur in den wenigen casus, die uns die Digesten überliefern, zu belegen ist.

Es spricht sogar einiges dafür, daß die Nichtigkeit des simulierten Geschäfts und die Konversion schon der griechischen Jurisprudenz bekannt waren (414). Sodann hat Düwel (415) die Urkunden untersucht, in denen die Parteien Einwände gegen das vollzogene Rechtsgeschäft von vornherein als *παρεύρεσις* erklärt haben. Er kam aufgrund einer Bilingue zu dem Schluß, daß dieses Wort dem lateinischen fraus gleichzusetzen sei. Offensichtlich wollen die Parteien in den Urkunden damit den Richter von vornherein binden, Einwände nicht zuzulassen. Dabei zeigte sich erstaunlicherweise, daß es sich oft um Rechtsvorgänge handelte, in denen man ein simuliertes Geschäft argwöhnen kann. Z.B. P. Flor I 47 (213 n. Chr.): ein Tausch ist wohl

---

410 Classical Roman Law, Oxford, 1951, 319.

411 ZSS 47 (1927), 357.

412 Jörs-Kunkel, Römisches Privatrecht^3, 110.

413 Istituzioni^2, 187f.

414 Egon Weiß, Griechisches Privatrecht, I (1923), 239.

415 Hans-Christian Düwel, Die *παρεύρεσις*-Klausel in Urkunden des ptolemäischen und römischen Ägypten. Diss. Köln 1969.

fingiert, um eine Erbteilung zu verdecken. In P. Lond III p. 164 Nr.1164 h = SelP I 38 wird ein Schiff auf 60 Jahre verpachtet, was zweifellos einen Verkauf desselben verschleiert (416) (212 n. Chr.). Kontinuität solcher Versuche mit den Urkunden der Ptolemäerzeit ist zweifellos gegeben. Aber wir dürfen annehmen, daß sich die Gerichte davon nicht haben blenden lassen (417).

3. Der Präfekt L. Munatius Felix (150 – 153 n. Chr.) zitiert SelP II 259 = Ryl II 75 eine regula, nach der er entscheidet: *εἴ τι ἐπὶ περιγραφῇ τῶν δανειστῶν ἐποίησαν, ἄκυρον εἶναι* (418). Im stadtrömischen Edikt waren Geschäfte zu dem Zweck den Gläubigern Haftungsobjekte zu entziehen, verboten, vgl. Dig.26, 7. Auch P. Lond III p. 111 (Nr.1157, von 246 n. Chr.) bestätigt das (419). Da diese Normen den Charakter von Rechtswohltaten haben, konnten sie ungehemmt auf Peregrine auch angewandt werden; sie waren wohl auch im Provinzialedikt in Alexandria zu finden. An ihrem römischen Ursprung ist kaum zu zweifeln. Die Lehre, daß die sog. actio Pauliana interpoliert sei (420), ist nach den P. wenig wahrscheinlich.

4. Lex Plaetoria (421). P. Lond I S.199 Nr.113 (+ BL!) (6.Jhd.). Hier streiten zwei Parteien zunächst vor Schiedsmännern, die einen gültigen Vergleich versuchen. Am Ende kommt es zum Abschluß eines solchen. Objekt sind Sachen, die die eine Partei an die andere verkauft und längst übergeben hat. Nunmehr behauptet sie, sie habe, als sie noch minderjährig war, einen zu geringen Preis dafür erhalten; sie stützt sich also auf ein circumvenire, das der Lex Plaetoria und der Auslegung derselben im prätorischen Edikt widerspreche. Der Verkauf wird im Vergleich bestätigt, aber die Gegenpartei zahlt noch einige Goldstücke zu dem früheren Preis hinzu. Auf laesio enormis stützt sich die Partei nicht ausdrücklich, doch könnte sie auch vorgelegen haben. An der Tatsache, daß der Kauf schon beiderseitig erfüllt, die res also nicht mehr integra war, hat man sich nicht gestoßen, sondern ihn durch contrarius consensus aufgehoben und zu neuen Bedingungen wieder abgeschlossen (422). Dem römischen Ursprung dieses Rechtsbehelfs nach dürfen

416 Weitere Beispiele bei Düwel a.a.O.

417 S. oben S. 164.

418 Studi Paoli 668. Dagegen Solazzi SDHI 22 (1956) 333ff: nicht die in fraudem creditorum vorgenommenen Geschäfte, sondern die Cessio bonorum, die im vorliegenden Fall vorgenommen wurde, habe der Statthalter für unwirksam erklärt. Vgl. auch SDHI 24 (1958) 414. – Wie oben Taubenschlag, Op. Min.II 204.

419 Weitere Fälle bei Taubenschlag Op. Min.II 202ff. Zur *ῥαδιουργία* im Edikt des Valerius Eudaimon im Sinne von dolus des römischen Rechts s. oben S. 120 f.

420 Kaser, Das Röm. Priv. R II 63

421 Vgl. auch JurP 17 = Oxy VII 1020 (198/201 n. Chr.) sowie oben S. 142.

422 Knütel, Contrarius consensus. Köln 1968, sagt nichts über das Verhältnis der transactio zum contrarius consensus und vermag auch keine Erklärung dafür zu geben, warum der contrarius consensus nur re integra gestattet wurde.

wir hier annehmen, daß der Präfekt in solchen Fällen eine restitutio in integrum vornahm, wenn die Sache vor ihn kam.

5. Das römische Recht kennt einerseits die Berücksichtigung einer *Zwangslage*, wenn sie zu metus führt, andererseits in den Interdikten unter der Bezeichnung vis. Unsere Urkunden sprechen in solchen Fällen in Kontinuität mit dem Sprachgebrauch der Ptolemäerzeit von *βία* (423). In P. Chrest II 52 = Lond 358 (um 150 n. Chr.) erzählt der Petent in Z.8, die Gegner hätten *ἐπαναγκάσαι με μετὰ ὕβρεων καὶ πληγῶν* und so die Herausgabe von Urkunden erzwungen. Er ist Ägypter aus Soknopaiu Nesos. Was er will, dürfte ein interdictum utrubi sein (424). Den Zwang sehen wir ferner in P. Chrest II 60 = BGU 378 (146/47 n. Chr.) – dort wird allerdings gleichzeitig die lex Plaetoria geltend gemacht. Ferner P. Chrest II 123 = Amh 78 (184 n. Chr.); aus späterer Zeit, verquickt mit der querela non numeratae pecuniae: PSI 872 (VI.Jhd.) (425). Dahlmann verweist ferner auf die zahllosen Beispiele byzantinischer Zeit, in denen der Aussteller einer Urkunde erklärt, er handle *δίχα παντὸς δόλου καὶ φόβου καὶ βίας καὶ ἀνάγκης κτλ.* Der römische Einfluß ist hier unverkennbar. Umgekehrt hat Zilletti die Klauseln der P., die die Freiwilligkeit betonen, gesammelt (426).

6. Ehe sich die Willenslehre Ulpianischer Prägung in Ägypten durchgesetzt hatte, konnte auch der „Willensmangel" Irrtum keine besondere Bedeutung haben (427). Aus den Edikten des Mettius Rufus und des Sulpicius Similis sieht man, daß den Erwerbern von Grundstücken der gute Glaube nichts nützt, wenn ihnen nach dem Prioritätsprinzip Rechte der Frau des Veräußerers vorgehen (428). Ging aber ein Beamter bei einer behördlichen Maßnahme von irrigen Voraussetzungen aus, so konnte der Geschädigte Abhilfe erlangen (429). Eingereiht unter andere „Willensmängel" erscheint *πλάνη* im Formular der Vertragsurkunden des VI.Jhd., z.B. P. Michael 40, 49 (544 – 559 n. Chr.).

---

423 Wolfgang Dahlmann, Ἡ *βία* im Recht der Papyri. Diss. Köln 1968.

424 Es könnte auch sein, daß ein solches schon zu seinen Gunsten ergangen war, die Gegner es aber ignoriert hätten, so daß der Nachprozeß um den Ungehorsam gegen das Interdikt stattfinden soll.

425 Vitelli vermutet in der Ed., daß die an den Defensor civitatis gerichtete Eingabe an den praeses weiterzugeben war. Doch sahen wir schon oben S. 163 einen Fall, in dem ein niederes Gericht der Dominatszeit Rechte wahrnahm, die eigentlich imperium voraussetzten.

426 Zilletti, La dottrina del errore. Milano 1961 (s. Reg.)

427 Darüber eine Kölner Diss. von Klaus Wiese, „Irrtum und Unkenntnis im Recht der griechischen und lateinischen Papyrusurkunden", 1971.

428 S. oben S. 76.

429 Taubenschlag, Errors of officials in Roman Egypt. Op. Min.II 189. – Zilletti, a.a.O.

Die übrigen römischen Restitutionsgründe (430) scheinen nicht belegt zu sein. In der bereits erwähnten Eingabe P. Chrest II 52 = Lond 358 (um 150 n. Chr.) klagt jemand, daß ihm Urkunden weggenommen worden seien. Diese hätten aber auf den Namen seiner Schwester gelautet *μὴ συνθεμένης αὐτῆς, ἀλλὰ καὶ ἀπούσης* nicht auf ihn selbst (Z.10). Wenn sie abwesend war, konnte sie keinen Willen zur Übertragung der Urkunden haben. Der Kläger will damit den Einwand rechtmäßiger Zession der Urkunden durch die Schwester von vornherein ausräumen.

Insgesamt muß man die Vertragskorrektur aus der statthalterlichen Machtfülle heraus wiederum als ein Element ansehen, das geeignet war, das ägyptische Recht zu verdrängen.

§ 25 **Allgemeines über Obligationen** (431)

Paulus sagt Dig.44, 7, 3 pr. Obligationum substantia non in eo consistit, ut aliquod corpus nostrum aut servitutem faciat, sed ut alium nobis obstringat ad dandum aliquid vel faciendum vel praestandum. Das ist die berühmte römische Definition der Obligation, die auch in das moderne juristische Denken übergegangen ist. Sie widerspricht aber dem ägyptischen Rechtsdenken, das immer dann, wenn wir von Obligation sprechen, „es gehört dir in meinem Vermögen der und der Wert oder die und die Sache“ formuliert (432). Auch für das Griechische können wir bis jetzt nicht nachweisen, daß man die römische Abstraktion des obligatorischen vom dinglichen Recht gehabt hätte. Ja, es kann sogar sein, daß Paulus hier gegen eine nichtrömische Auffassung polemisiert; das müßte dann nach seiner Bildung am ehesten eine griechische gewesen sein.

1. Entstehung einer Obligation

A) Der *Konsensualkontrakt*

Das römische Recht kennt in den vier wichtigen Fällen: emptio-venditio, locatio-conductio, mandatum und societas den Konsensualvertrag: durch die bloße Willensübereinstimmung entsteht ein klagbarer Vertrag als Anspruchsgrundlage. Das ptolemäische Recht kannte einen solchen nicht. Daraus darf man freilich nicht den Schluß ziehen, im damaligen Ägypten wäre unter Griechen oder Ägyptern das Feilschen um Leistung und Gegen-

---

430 Klingmüller, RE Restitutio.
431 Weber, Untersuchungen zum gräko-ägyptischen Obligationenrecht. München 1932
432 $PtolRG^2$ 113ff. Noch im IV. Jhd. n. Chr. kommt die ägyptische Vorstellung in dem Ausdruck *ἔχομέν σοι καί ὀφείλομεν* zum Durchbruch. P. Flor I 52, 15. 53, 6.

leistung, Hauptleistungen und Nebenleistungen nicht vorgekommen, vielmehr kam das so sicher wie heute vor, aber es fehlte eben dem bloßen Konsens die Klagbarkeit. So erzählt uns ein demotischer Text der Römerzeit von einem solchen Abhandeln der Vertragsbedingungen zwischen der Eigentümerin eines Gartens und ihrem Gärtner (433). Der Text wurde auf einen Zierkrug geschrieben, als er noch unversehrt war, um die Freude am Aushandeln festzuhalten. Aber für eine Klagbarkeit läßt sich nichts daraus entnehmen.

B) Der sog. *Arrhalvertrag* (434). Es gibt in Wirklichkeit keinen solchen, sondern es gibt nur die Möglichkeit, durch Hingabe einer arrha jemanden praktisch dazu zu zwingen, eine an sich nicht klagbare Verpflichtung doch einzuhalten (435). Denn man kann voraussetzen, daß der Empfänger die arrha zurückgeben muß, wenn er nicht leistet, ev. sogar das Doppelte ihres Wertes. Ist die arrha im Verhältnis des Wertes der Leistung sehr hoch, so kann es für den Empfänger billiger sein, zu leisten, als das Duplum zu bezahlen, und nicht einmal die Gegenleistung verlangen zu können, s. z.B. P. Oxy I 140 (550 n. Chr.), bei der Verdingung eines Stallmeisters auf ein Jahr, sind 4 1/2 solidi arrha.

C) Verwandt, aber bisher nur bei Dauerverhältnissen nachweisbar, ist das *πρόδομα* (436). An sich ist es eine Vorschußzahlung z.B. auf den Arbeitslohn, wie in P. Ross Georg II 18 (140 n. Chr.), womit der Hingebende sichert, daß die *παραμονή* auch eingehalten wird; denn das *πρόδομα* ist erst dann Eigentum des Empfängers, wenn er seine Gegenleistung erbracht hat (437). Er muß es sonst zurückzahlen. Das wird dazu benützt, Darlehen zu verschleiern, so oft bei Pachturkunden: wenn der Verpächter in schlechter Vermögenslage ist, läßt er sich „Vorschuß" auf den Pachtzins geben, bewirtschaftet aber das Grundstück nach wie vor, während die Früchte dem Pächter zufallen sollen und so die Schuld tilgen. P. Oslo II, 32 (1 n. Chr.). Später findet sich dafür der Ausdruck *προχρεῖα*: P. Ant II 92, 15 (IV. bis V.Jhd.).

D) Der römische *Realkontrakt* läßt sich noch am ehesten mit dem Recht unserer Urkunden vergleichen, wenn wir mit Gaius Inst. 3, 91 das Gewicht

---

433 O. Med. Habu 4038 = Parker, JEA 26 (1940) 84ff. (III.Jhd. n. Chr.) – Seidl, Studi Albertario I 107ff.

434 Taubenschlag, Law 408. – Talamanca. L'arra della compravendita in dir. greco e dir. rom. 1953.

435 PtolRG² 123ff.

436 Geginat, Prodoma in den Papyri aus dem ptolemäischen und römischen Ägypten. Diss. Köln 1964.

437 Vgl. unten S. 191.

auf den Übergang eines Wertes auf eine andere Person legen, und nicht auf den nebenher laufenden Konsens. Gaius läßt bekanntlich aus der Hingabe eines indebitum dieselbe condictio hervorgehen, wie aus der Darlehenshingabe. In den Papyrusurkunden gilt das aber auch für Kauf, Miete und Pacht. Die vertragliche Abmachung ist nicht unbedingt erforderlich; die Gegenleistung könnte auch aus Gesetz oder Herkommen bestimmt werden. Wenn aber ein Konsens hinzutritt, so bedeutet er vor allem Abweichung von dem, was das Gesetz bestimmt hat (438).

Noch im Jahre 266 n. Chr., also geraume Zeit nach der Constitutio Antoniniana scheint die ptolemäische Denkform lebendig zu sein, daß auch ohne einen Vertragsschluß jemand eine Leistung schuldig ist, wenn er den Genuß der Gegenleistung hatte. Nach PSI VIII 940 (+ BL II) hatte ein Bruder gewaltsam der Schwester die ihr aus Testament zustehenden Plätze im väterlichen Hause weggenommen. Nun verlangt sie *ἐνοίκιον*. Ihre Klage wäre nach griechischem Recht als *δίκη ἐνοικίου* (439) aber auch nach ägyptischem begründet. Römisch ist es sicherlich keine actio locati, weil kein Mietvertrag behauptet wird; immerhin wäre auch nach diesem Recht die Klage begründet, weil der bösgläubige Besitzer auf fructus percipiendos haftet.

Ein sicherer Beleg für das Fortleben der ptolemäischen Konstruktion ist PSI IX 1057 (32 n. Chr.). Das Vieh des einen hatte vom Felde des anderen gefressen. Dafür ist der Eigentümer des Viehs *τιμή* schuldig, als ob ein Kaufvertrag darüber geschlossen worden wäre. Mit den actiones de pastu oder de pauperie hat dieser frühe Beleg nichts zu tun, sondern er ist aus dem Prinzip der Entgeltlichkeit zu erklären und an die ägyptische Rechtsentwicklung anzuknüpfen (440). Dagegen wird in P. Ryl II 141 (37 n. Chr.) ein solcher Anspruch als *βλάβη* bezeichnet.

E) Römisch ist der *Verbalkontrakt* (441), sein häufigster Anwendungsfall die stipulatio. Der Gläubiger stipuliert; er fragt den Schuldner „centum mihi dari spondesne"?, der Schuldner antwortet darauf: „spondeo". Doch genügt auch ein Frage- und Antwortspiel mit anderen Worten. Dann ist der Schuldner verpflichtet, die versprochene Leistung zu erbringen, ohne nach der causa oder einer Gegenleistung zu fragen.

Nun kommt in den Papyri der Römerzeit beginnend derzeit 170 n. Chr., nach 220 n. Chr. aber oft, die Klausel *ἐπερωτηθεὶς ὡμολόγησα* vor, die ein solches Frage- und Antwortspiel deutlich erkennen läßt. Also sah man

---

438 PtolRG[2] 128.
439 Naber, Aeg 11 (1931) 40. – Taubenschlag 251.
440 Lothar Müller, RE Suppl. X s.v. pauperies.
441 Gai Inst. 3, 92.

in ihr die Rezeption der römischen stipulatio in das Provinzialrecht (442), wenn nicht gar den Beweis für ein Verschwinden des Provinzialrechts zugunsten eines einheitlichen Reichsrechts. Dabei ließ sich aber nicht leugnen, daß sie oft gebraucht wurde, wenn überhaupt keine Verpflichtung in der Urkunde enthalten ist. Also erklärte man diese Fälle als sinnlose Übernahme einer römischen Urkundenklausel durch halbgebildete Notare Ägyptens. Anders lehrte de Visscher (443): die Klausel beziehe sich nur auf die Genehmigung des Inhalts der Urkunde durch die Partei. Préaux wies außerdem nach, daß sich bereits in der klassischen griechischen Tragödie ein solches Frage- und Antwortspiel nachweisen lasse (444).

Aber schon Mommsen hatte, gestützt auf das zu seiner Zeit spärliche Material, gezeigt, daß im römischen Recht ein solches Frage- und Antwortspiel nicht nur bei der Stipulation vorkommt (445), die Klausel also auch anders erklärt werden kann. Es kommt außerdem vor bei der acceptilatio: acceptum habesne? habeo (446). Weiterhin versah die römische Jurisprudenz nach einem 12-Tafel-Satz den Wortlaut eines Mancipationstestamentes mit strenger Auslegung ‚uti lingua nuncupassit, ita ius esto'. Das führte dazu, daß man bei der Errichtung der Testamentsurkunde den Erblasser fragte und er dann den Text bejahend antwortete (Nuncupationsklausel) (447).

Wir können also vom römischen Recht her schon eine Reihe von Fällen verstehen, in denen die Formel gebraucht ist, sie aber eine stipulatio nicht bedeuten kann, weil eine Verpflichtung nicht vorliegt (448). Bei den Testamenten ist es die Nuncupationsformel, bei den Kaufverträgen kann es die acceptilatio (ev. stipulatio Aquiliana) sein: der Verkäufer erklärt, daß er den Kaufpreis erhalten und nichts mehr zu fordern habe.

Die Formel ist nun schon im Jahre 170 n. Chr. durch P. Oxy VI 905 belegt (449). Das ist ein Ehevertrag, bei dem nichts darauf hindeutet, daß einer der Beteiligten römischer Bürger gewesen wäre. Gleichwohl gebrauchen sie unsere Formel für ihre gegenseitigen Verpflichtungen; stipulatio würde passen; römischer Einfluß bleibt höchst wahrscheinlich.

---

442 Pringsheim, Gesammelte Abhandlungen II 194. – Simon, Studien zur Praxis der Stipulationsklausel. München 1964. – Seidl, Studi Scherillo. – Pringsheim vergleicht seine Ergebnisse mit jenen, die Levy aus dem westlichen Vulgarrecht gewonnen hat. – de Robertis SDHI 32 (1966) 384. – Frezza, BIDR^3 7 (1965) 354. – Michel, Chron 41 (1966) 208. – Amelotti, Jura 16 (1965) 236.

443 Eos 48, 2 = Symb. Taubenschlag 2, 161. BIDR^3 2 (1960) 19 – 17.

444 De la Grèce classique à l'Egypte hellénistique. Chron 42 (1967) 140 – 149.

445 Ges. Schriften III 221ff. Vgl. auch Thielmann, Die römische Privatauktion. Berlin 1961, 206ff.

446 Gai Inst.3, 169. Man muß auch an die stipulatio Aquiliana erinnern. – Vgl. Levy, Weströmisches Vulgarrecht. Weimar 1956, 130ff.

447 Gai Inst.2, 104.

448 Sie sind übersichtlich bei Simon a.a.O. S.51ff. zusammengestellt.

449 Erörterung dieser Urkunde bei Pringsheim a.a.O. 233. Auf S.223 ferner zu P. Dura 31.

Aus der Zeit nach 220 n. Chr. bieten die Urkunden noch die letzte Schwierigkeit der Erklärung, in denen die Formel im öffentlichen Interesse angewandt wird, weil das nun in den klassischen Quellen nicht belegt ist. Doch regieren die Römer die Provinz durch das Liturgiesystem, bei dem immer einer haftbar für den anderen ist, so daß der Unterschied zwischen ius publicum und privatum stark verwischt ist. Wenn jemand eine αἴτησις an den Rat von Oxyrhynchos einreicht, wie in P. Michael 25 (300 n. Chr.), so haftet er ohne Zweifel, wenn er den Lohn der Arbeiter höher angibt, als tatsächlich geschuldet. Man wird ihn gefragt haben: „Willst du auch das Doppelte (450) dessen zahlen, was du etwa zuviel hineingeschrieben hast?" Und er wird bereitwillig gesagt haben: „Ja, ich will es zahlen." Wenn man sich aber kurz fassen will, kommt in die Urkunde eben nur unsere Formel hinein, die dann doch eine echte stipulatio ist (451). Das Vorkommen der Klausel in Deklarationen ist nicht anders zu erklären.

Was in Ägypten unbekannt war, war weit weniger das Frage- und Antwortspiel, als vielmehr, daß aus einem solchen eine Haftung hervorgehen konnte, ohne daß eine Gegenleistung vorlag: insofern ist die Klausel ἐπερωτηθεὶς ὡμολόγησα eine wichtige Weiterentwicklung des Provinzialrechtes. In dem Ehevertrag von 170 n. Chr. waren die Verpflichtungen ja auch nach ägyptischem und griechischem Recht durch Annahme der Gegenleistung klagbar; dort hat die Klausel nur Sinn als Zusatz. Die Verwendung nach 220 n. Chr. dagegen läßt darauf schließen, daß nunmehr auch in Ägypten aus einer Urkunde geklagt werden konnte, die diese Klausel enthielt, auch wenn eine Gegenleistung nicht nachzuweisen war. Die ägyptische Entwicklung hatte in den anderen Provinzen, auch im Westen, durchaus eine Parallele. Was Levy (452) aus einem westgotischen Formelbuch, einer um Jahrhunderte späteren Quelle, zitiert, würde sehr wohl unsere Klausel genügend erklären: Aquiliam quippe commemorans legem, qui omnium scriptuarum suo vigore iugiter corroborat actos. Dies mag eine weitere Entwicklungsstufe sein. Das Provinzialrecht Ägyptens darf eben nicht als degeneriertes Reichsrecht, sondern muß als ein eigenes lebendiges Recht studiert werden.

F) Die *Schriftform* hatte allem Anschein nach keine konstitutive Bedeutung. Jedoch haben wir darauf hingewiesen, daß der Urkunde im Prozeß eine geradezu übertriebene Wertschätzung zukam (453). Ein sehr erheblicher Teil

---

450 Es kann nur eine Leistung sein, die den Beteiligten selbstverständlich war, weil ja eine nähere Ausführung fehlt. Da bietet sich die im ägyptischen und römischen Recht gleiche Diebstahlsbuße an. Vgl. unten S. 213.

451 a.A. Simon, der im übrigen stets untersucht, ob solche Urkunden auch ohne die Formel vorkommen.

452 a.a.O. 135

453 S. oben 120 ff.

der Dokumente rührt aber von ἀγράμματοι her, für die ein anderer schreiben mußte (454). Wie der Einwand falscher Niederschrift (crimen falsi?) dann berücksichtigt wurde, ist noch nicht klar zu ersehen.

2. Haftungsprinzipien

A) Uns ist das Verschuldensprinzip so geläufig, daß es immer schwierig war, in einzelnen Fällen klarzumachen, wieso eine Haftung auch einmal ohne ein Verschulden gerechterweise eintreten kann. Klar ist auch, daß das Verschuldensprinzip im Großen und Ganzen erst im spätklassischen römischen Recht ausgebildet worden ist. Der römische Statthalter und seine Untergebenen mußten also in den Jahren 114 – 124 in Ägypten ohne das Verschuldensprinzip entscheiden. Aus diesen Jahren haben wir das Familienarchiv von Tebtynis (455). In dessen Mittelpunkt steht ein Prozeß zwischen den Erben eines γραμματεύς und denen der βιβλιοφύλακες. Diese waren als Liturgen zu ihrem Amt gekommen und hatten für die Führung des Grundarchivs einen γραμματεύς gegen ὀψώνιον, also gegen Gehalt angestellt. Dann aber kamen, was in Ägypten leicht möglich ist, Maden ins Grundarchiv und zerfraßen es.Unglücklicherweise kam der Statthalter zur Revision, fand das zerfressene Archiv und befahl, daß es wiederhergestellt werden müsse. Das war möglich, weil es in Alexandria ein Nebenregister gab, aber es kostete sehr viel Geld. Um dieses geht der Prozeß noch, nachdem die unmittelbar daran Beteiligten alle schon gestorben sind. Die Entscheidung lautet: wer einen γραμματεύς anstellt, tut das auf seine Gefahr. Der γραμματεύς handelt κινδύνου τῶν πιστευσάντων ἀυτῷ βιβλιοφυλάκων. Das ist eine Entscheidung ohne das Verschuldensprinzip. Sie verwendet fast denselben Namen, den wir heute dafür verwenden: die Gefahr trägt, wer sie beherrscht. Wer einem anderen Vertrauen schenkt, der beherrscht die Gefahr, daß dieser andere nicht vertrauenswürdig ist. Übrigens darf man daraus nicht schließen, daß der γραμματεύς selbst nicht hafte: sondern das Vermögen beider Parteien wird für die Schadloshaltung des Fiskus beschlagnahmt.

In den P. Fam Teb handelt es sich freilich nicht um Haftung eines Privaten einem Privaten gegenüber, sondern um Haftung gegenüber dem Staat, dem unter allen Umständen wiederverschafft werden mußte, was ihm entgangen war. Aber mangelnde Gefahrenbeherrschung war doch auch hier ein Entschuldigungsgrund: wer seine eigenen Angelegenheiten nicht mehr be-

454 Rita Calderini, Gli ἀγράμματοι nell' Egitto grecoromano. Aeg 30 (1950) 14. Die Verf. untersucht auch eingehend, wieweit diese Schreiber eine amtliche Position innehatten oder mit dem Schreibunkundigen verwandt waren.

455 P. Fam Teb. vgl. Seidl, SDHI 18 (1952) 357.

sorgen kann, weil er körperlich krank ist, der haftet auch nicht für die in Liturgie übertragenen Aufgaben: so Apokrimata § 9 (456).

B) Die Belege, nach denen sich jemand zu ἐπιμέλεια oder σπουδή verpflichtete, hat Kunkel gesammelt (457). Vorsichtigerweise hat er sich nicht dazu geäußert, ob man daraus schließen dürfe, daß der Schuldner dann nach dem Verschuldensprinzip oder nach Gefahrenbeherrschung hafte. Dies zu beurteilen, fehlt es noch an Quellen.

C) In einem späten Beleg, P. Lond III p. 270 Nr.1001 (539 n. Chr. vgl. BL I), einem Pränumerationskauf (458) von Getreide und Wein, wird die reine Erfolgshaftung übernommen; den Schuldner mag nicht nur kein Verschulden treffen, sondern er mag auch gar nicht in der Lage sein, zu erfüllen – er haftet doch. Freilich sind vertretbare Sachen Objekt der Schuld, und im Verzugsfalle tritt die Umrechnung in eine hohe Geldsumme als Vertragsstrafe ein.

Z. 21: εἰ δὲ μὴ δυνηθῶ διδόναι σοι τὸν αὐτὸν σῖτον καὶ οἶνον ἐν τῇ αὐτῇ προθεσμίᾳ, παρέξω σοι ὑπὲρ τῆς τούτων τιμῆς χρυσοῦ κεράτια ἕξ.

Von solchen Vereinbarungen abgesehen findet aber die Haftung nach Gefahrenbeherrschung ihre Grenze an der höheren Gewalt (459), θεοῦ βία. Gelegentlich wird das in den Urkunden auch noch ausdrücklich erwähnt, z.B. in P. Oxy 2347 (362 n. Chr.), 11.

D) Zahllose Stellen der Digesten entscheiden nach bona fides (460). Auch für die Papyri hat man „πίστις“ untersucht (461), was in der griechischen Sprache ungefähr dem lateinischen „fides“ entspricht. Da zeigt sich, daß πίστις einerseits das „Vertrauen“ und andererseits die Eigenschaft des Menschen ist, die ihn als vertrauenswürdig erscheinen läßt, etwa die „Zuverlässigkeit“. Ferner gibt es noch die Bedeutung „Eid, Schutzbrief, Kredit, Sicherheitsleistung, Bürgschaft“. Das läßt sich zusammenfassen: das Wort wird immer gebraucht, wenn Parteien ein Risiko eingehen, das vor allem im Beweis liegen kann. Aber diese Erkenntnisse sind sehr gegenwartsnahe: auch wir sehen das Vertrauen als etwas an, womit man ein Risiko eingeht, wobei aber die Eigenschaft des Vertrauensempfängers, die Zuverlässigkeit, das ist,

---

456 Bespr. oben S. 37.
457 ZSS 45 (1925) 341ff.
458 Pringsheim, Law of sale 282.
459 Dahlmann, Ἡ βία im Recht der Papyri. Diss. Köln, 1968. Eine weitere Kölner Diss. über die Anwendung dieses Haftungsprinzips in den P. von Geschwinder wird demnächst erscheinen.
460 Luigi Lombardi, Dalla fides alla bona fides. Milano 1961.
461 Walter Schmitz, Ἡ πίστις in den Papyri. Diss. Köln 1964.

was das Risiko mildere oder beseitige (462). In der Römerzeit kommt πίστις auch mit dem Zusatz καλή als Übersetzung des lateinischen bona fides vor.

So heißt es in einer Urkunde aus dem Jahr 143 n. Chr. P. Oxy 506; einem Darlehen: Die Darlehensnehmer sollen dem Darlehensgeber den Zins am Schluß eines jeden Jahres geben; es besteht Vertrauen (πίστις) in Bezug auf den Darlehensgeber, für den Fall, daß die Darlehensnehmer eine Urkunde von ihm nicht beibringen. Man hat früher hier „πίστις" mit Vertrauenswürdigkeit übersetzen wollen. Aber Parallelurkunden, in denen dieselbe Wendung gebraucht wird, lassen das nicht mehr zu. Also kann es nur bedeuten: Die Schuldner zahlen die Zinsen und wenn es ihnen dabei nicht möglich sein sollte, sofort eine Quittung vonseiten des Darlehensgebers zu erlangen, so wollten sie ihm nichtsdestoweniger Vertrauen schenken, daß er diese Zinsen dann nicht noch einmal fordern werde, weil sie im Prozeß keine Urkunde vorweisen könnten. Die Schuldner riskieren dann etwas, nämlich den Prozeß, in welchem sie etwa diese Zinsen noch einmal zahlen müßten, aber sie wollen dieses Risiko auf sich nehmen, mit Rücksicht darauf, daß sie dem Darlehensgeber Vertrauen schenken könnten.

3. Zusätzliche Abmachungen

Als solche finden wir Bedingungen und Termine (463). Von der Vertragsstrafe wird ausgiebiger Gebrauch gemacht (464, 465).

4. Die Erfüllung

A) Wie im ptolemäischen Recht (466) wird dann, wenn eine Beweisurkunde das Rechtsgeschäft verbrieft hatte, auch die Erfüllung wieder mit einer Beweisurkunde abgesichert (467). Daneben kommt die Rückgabe des Schuldscheins vor, der dann durchstrichen im Archiv des Schuldners als Beweis der Erfüllung aufbewahrt wird (468, 469). Und wo römisches Recht soweit

---

462 Zu den P. Fam Teb s. oben S. 176.

463 Eine ungeheuer fleißige Liste hat Modrzejewski davon JJP 7/8 (1954) 211 aufgestellt. – Ferner: Weber, a.a.O. zu Leistungsort u. Leistungszeit.

464 Berger, Die Strafklauseln in den Papyrusurkunden. Leipzig 1911. – A.B. Schwarz, JJP 14 (1962) 13.

465 Zum ius poenitendi s. Taubenschlag 347.

466 PtolRG^2 165.

467 Wenn drei Schuldner da sind, wird die Quittung dreimal ausgestellt: Wolff, TAPA 71 (1940) 616 = P. SB VI 9201 (203 n. Chr.).

468 In P. SB VI 9369 (173 n. Chr.) berühmen sich die Aussteller einer Notariatsurkunde über Rückzahlung eines Darlehens in Z.19ff. der Rückgabe der Homologie εἰς ἀθέτησιν καὶ ἀκύρωσιν.

469 Es kommt auch vor, daß der Schuldner dem Gläubiger bei der Erfüllung eine Urkunde ausstellt: Henne, De l'antisymbolon à l'antapocha. Studi Arangio-Ruiz IV 127.

eingedrungen ist, daß man bei der Begründung die stipulatio verwendet, dann wird in der Urkunde, die nun die Leistung verbrieft, die acceptilatio oder die stipulatio Aquiliana verwendet (470).

P. SB VI 8988 (647 n. Chr.) ist ein nach der Partherinvasion abgeschlossener Vergleich über einen streitigen Hausanteil, genannt Ἀκυλιανὴ καὶ περιεκτικὴ καὶ διαλυτικὴ ἀμεριμνεία. Daß vielfach Acceptilationen und Aquilische Stipulationen fälschlich für gewöhnliche Stipulationen gehalten wurden, haben wir oben S. 173 f. näher dargelegt.

Wie falsches Geld zur Erfüllung benutzt wurde, zeigt P. Michael 12 (I. bis II.Jhd.): es muß zurückgenommen werden.

Die Wiederaufhebung eines Vertrages ist belegt durch BGU IV 1124 (18 v. Chr.): in einer Synchoresis wird der Lehrvertrag, der auch in Synchoresis beurkundet war, wieder aufgehoben. Das Lehrverhältnis scheint von April bis zum Ende des Jahres bestanden zu haben. Der andere Beleg ist BGU IV 1171 (10 v. Chr.): darin wird die Abtretung einer Darlehensforderung rückgängig gemacht (471). Wiederum ist die Synchoresis die Form der Begründung und der Aufhebung. Ein Jahr lang bestand die Zesion. Wir sehen zwar bei diesen Vorgängen das Prinzip der spiegelnden Urkunde, andererseits ist von dem römischen Fiskalismus, der beim contrarius consensus die Voraussetzung „re integra“ setzte (472), nichts zu spüren (473).

B) *Datio in solutum* (474). In der Römerzeit herrschte in Ägypten die Geldwirtschaft. Eine Geldschuld muß in Geld bezahlt werden, nur wenn der Gläubiger gewillt ist, eine andere Leistung anstelle des geschuldeten Geldes anzunehmen, kann eine datio in solutum eintreten. Andererseits dünkt vielen Menschen Geld als eine so schöne Sache, daß damit alles, insbesondere jeder Schaden ausgeglichen werden kann. Das klassisch römische Zivilprozeßrecht hatte dazu den Satz: omnis condemnatio pecuniaria: jede Verurteilung muß auf Geld lauten. Aber nun kamen die Inflationen, die Zeiten, in denen die Kaufkraft des Geldes langsamer oder schneller sank. Dann ist jemand, der anstelle einer Leistung in Sachwerten eine Geldentschädigung bekommt, schwer geschädigt. Zur Zeit des Kaisers Septimius Severus betrug die Münzverschlechterung schon 30 %. Aber nichtsdestoweniger war Ägypten die Kornkammer der Stadt Rom und ihres Pöbels, der panem et circenses zu schreien pflegte. Die Regierung brauchte den Weizen, um ihn nach Rom zu verfrachten. Also erklärte der Kaiser in Apokrimata § 10: „Geld

470 La Pira, La stipulatio Aquiliana nei papiri. Atti IV Congr. Int. Pap. 479. – Solazzi Transazione e stipulatio Aquiliana nei giuristi e nei papiri. SDHI 5 (1939) 479. – Wenger 802.

472 Knütel, Contrarius consensus. Köln 1968, vgl. oben S. 169.

473 Zur Aufrechnung s. PtolRG[2] 166 und Taubenschlag, Law 426.

471 Vgl. unten S. 208.

474 Taubenschlag, Law 424.

anstelle von Weizen zu zahlen, haben wir euch verboten" (475). Damit gesteht der Kaiser die Inflation zu, anstelle des höheren Sachwertes will er sein eigenes schlechtes Geld nicht nehmen. Möglicherweise gilt das Apokrima nicht nur für Leistungen an den Staat, sondern ganz allgemein für jeden Schuldner: dann würde der Kaiser damit die Bürger schützen, die sich durch Vereinbarung über Sachleistungen vor den Folgen der Inflation zu sichern trachteten – ganz anders als das moderne Inflationsregierungen meistens tun. Bis in die ersten Jahre der Römerzeit hinein war es üblich bei einer Sachschuld, z.B. Getreideschuld, auszumachen, daß im Fall des Verzugs anstelle des Getreides eine bestimmte Geldsumme geschuldet sein solle (476). Das hört dann auf und begegnet erst in byzantinischer Zeit wieder, als die Währung wieder stabil geworden war (VI.Jhd.).

C) Die *novatio, ἀνακομιδή* ist uns derzeit nur aus späten Beispielen bekannt, z.B. P. Grenf II 89 (VI.Jhd.), ohne daß sich über ihre Wirkung aus den Urkunden viel entnehmen ließe (477).

5. Die Zession (478)

Alexandrinisches Recht (479) gibt hier BGU IV 1171 wieder. Es handelt sich um die Abschrift einer *συνχώρησις*, die *Πρωτάρχῳ τῷ ἐπὶ τοῦ κριτηρίου* eingereicht wurde. Stephanos hatte dem Herodes 1000 Dr. geliehen, worüber eine *συνχώρησις* errichtet worden war, sodann diese Forderung dem Zamanos, wiederum in der Form einer *συνχώρησις* zediert. Die Zustimmung des Herodes zu dieser Zession wird ausdrücklich erwähnt. Sie dürfte nach alexandrinischem Recht erforderlich gewesen sein. Außerdem erfolgte die Zession an Zamanos *κατὰ πίστιν* war also eine Verpfändung. Ein Jahr später zedierte Zamanos die Forderung dem Stephanos zurück. Wiederum erklärt der Schuldner seine Zustimmung. Die Rückübertragung wird außerdem als eine Nichtigkeitserklärung der früheren Zession bezeichnet.

Eine Abschrift ist auch BGU I 360 (108/9 n. Chr.). Dort wird der Brief wiedergegeben, in dem der Verkäufer eines verpachteten Grundstücks den Pächtern mitteilt, sie sollten den Pachtzins des laufenden Jahres nunmehr dem Käufer überbringen. In diesem Falle wurden die Schuldner nicht um ihre Zustimmung angegangen.

---

475 S. oben S. 37.
476 Weber, Obligationenrecht 154ff.
477 Taubenschlag 423.
478 Wenger 796 mit weiteren Belegen.
479 Sie gehört zu dem oben S. 67 erwähnten Archiv.

6. Wertpapiere

Man hat lange geschwankt, ob es in der Antike schon das Wertpapier gegeben habe (480). Da kam P. Mil Vogl I 25, ein Glanzstück der juristischen Papyruskunde. So wurde ihm schon in der ersten Ausgabe ein Kommentar von Arangio-Ruiz beigegeben. Er ist ein Prozeßprotokoll. Der Streit geht um ein χιρόγραφον, das der Bruder und Erblasser dem Mündel des Beklagten ausgestellt hatte. Es spricht von einem Depositum von 2000 Dr. Es ist aber nicht auf den Namen des Klägers Demetrios, sondern auf einen anderen, Atrenos, ausgestellt. Gleichwohl klagt Demetrios es ein. Er hat einen Anwalt, der das so vorträgt. Es kann sich also nur um ein solches chirographum handeln, das den Wortlaut hat: κυρία ἔστω . . . παντὶ τῷ ἐπιφέροντι. Denn mehr als ἐπιφέρειν, vorlegen, tut der Kläger nicht. Der Beklagte hat auch einen Anwalt. Wenn es kein Wertpapier wäre, das den jeweiligen Inhaber legitimiert, so müßte der Anwalt des Beklagten sofort die Sachlegitimation des Klägers rügen: du bist nicht Atrenos. Das tut er aber nicht. Er bringt vor, das Papier sei gestohlen. Damit gibt er doch zu, daß der redliche Erwerber es einklagen konnte, auch wenn es auf den Namen eines anderen ausgestellt war. So hat dieser Prozeß erst gezeigt, welche Bedeutung die Klausel hatte (481), und daß tatsächlich in der Antike die Abtretung der Forderung durch Abtretung der Urkunde möglich, also das Wertpapier schon erfunden war. Unsere Auslegung ist umso sicherer, als man ja in der Ptolemäerzeit durch das Blankett denselben Erfolg erreichen konnte (482).

§ 26 Emtio-venditio (483)

Die Römer kannten den Kauf als Konsensualvertrag; durch die bloße Einigung über Kaufsache und Preis entstanden klagbare Verpflichtungen für jede Partei. Die Hingabe der Sache und des Preises ist dann das Erfüllungsgeschäft. Heute steht eindeutig fest, daß weder das ägyptische noch das griechische Recht den Kauf als Konsensualvertrag kannten. Den „Kauf", die Einigung über Kaufsache und Preis, muß man sich in diesen Rechten als einen mündlichen und unklagbaren Vorgang vorstellen (484). Vom Erfül-

---

480 Partsch, Der griechisch-römische Einschlag in der Geschichte des Wertpapiers. Zeitschr. f. Handelsrecht 70 (1911) 437ff.

481 a.M. Wolff, Eos 48 (1956 = Festschrift Taubenschlag) I 356ff. – Hässler, Die Bedeutung der Kyria-Klausel in den Papyrusurkunden. Berlin 1960. (Mit Übersicht über die einschlägigen Urkunden).

482 PtolRG^2 143.

483 Montevecchi, Aeg. 19 (1939) 11. 21 (1941) 93. 23 (1943) 11; 244. 24 (1944) 131. – Wenger, Qu. 777 – 783. – Hellebrand, RE Ὠνή. – Pringsheim, The greek law of sale. Weimar 1950. – Taubenschlag, Law^2 319 mit 2 Seiten Lit.

484 Der Arrhalkauf, dessen zum Konsensualkauf hinführende Handhabung PtolRG^2 123ff. erörtert ist, erhielt sich in den Papyri bis über Diokletian hinaus, s. die Liste bei Pringsheim, Law 383, insbes. P. Chrest II 69 = CPR 19 (330 n. Chr.).

lungsgeschäft haben wir beim Eigentumsübergang (485) bereits gesprochen. Hier sind also nur mehr die Folgen zu behandeln, die sich aus der Abwägung von Leistung und Gegenleistung ergeben (486).

Vorauszuschicken ist aber noch eine Bemerkung über den sog. „gespaltenen Kauf". Eine unglückliche Idee bewog Mitteis, in den demotischen „Geldbezahlungs;" und „Abstandsurkunden" Kauf und Eigentumsübertragung zu sehen (487). In Wahrheit dient bereits die erstere dem Eigentumsübergang, die zweite seiner prozessualen Absicherung. Mit „Kauf" haben beide Urkunden nichts zu tun; den Preis finden wir nirgends erwähnt. Infolgedessen sind auch alle Texte der Römerzeit, die als ein „Weiterleben des gespaltenen Kaufes" interpretiert wurden, ganz anders zu verstehen (487a), z.B. JurP 34 = SelP I 32 = Oxy 95 (129 n. Chr.). Eine Sklavin wurde durch *ἰδιόγραφος πρᾶσις* gegen Bezahlung übergeben. Das war keine öffentliche Urkunde. Wenn nun zur Bestätigung derselben eine staatsnotarielle Urkunde errichtet wird, so geschieht dies der *βιβλιοθήκη ἐγκτήσεων* halber, die auf dem Laufenden erhalten werden muß (488, 489).

Zwar erhielt sich die demotische Geldbezahlungsurkunde auch in der Römerzeit noch eine Weile (490). Auch die Abstandsurkunde ist uns noch erhalten. Bisher reichen die Belege für Immobilien nicht über die Zeit hinaus, in die man gewöhnlich die Errichtung der *βιβλιοθήκη ἐγκτήσεων* setzt. An beweglichen Sachen ist eine entgeltliche Übertragung derzeit noch im II.Jhd. n. Chr. nachzuweisen: O. Botti-Calderini 3 (130/131 n. Chr.).

Wenn aufgrund eines Kaufes der Eigentumsübergang einer Sache und eines Preises stattgefunden hat, so kann sich nachträglich herausstellen, daß das Geschäft ungerecht war,

1. wenn die Sache nicht dem Veräußerer gehörte,
2. wenn die Sache an einem durch Besichtigung nicht feststellbaren Mangel leidet, der sich erst jetzt herausstellt.

Im ägyptischen und im griechischen Recht kennen wir Rechtsbehelfe für den ersteren Fall, seit kurzem auch im ägyptischen Recht eine actio redhibitoria im anderen Fall (491). Urkunden, die in ihren Klauseln ausdrücklich auf die Sachmängelgewähr Bezug nehmen, tauchen nach Taubenschlags

---

485 Oben S. 153 ff.
486 Rabel, Die Haftung des Verkäufers wegen Mangels im Rechte. Leipzig 1902.
487 Widerlegt ÄGRGSait², 50, 1.
487a So auch Pringsheim, Law 198ff.
488 Vgl. oben S. 72.
489 Der Schlußsatz ist mit Pringsheim, Law 464 auf die Vernichtung der Urkunde, nicht auf den Tod der Sklavin zu beziehen.
490 S. oben S. 84 f.
491 SDHI 33 (1967) 558.

Übersicht erst in der Römerzeit auf (das kann durchaus Zufall sein) und verwenden dann schon frühzeitig Ausdrücke, die auf Rezeption römischen Rechts schließen lassen.

Wenn im Jahre 77 n. Chr. ein Römer einem anderen ein Pferd venditionis causa überträgt, wie in PSI VI 729, und noch dazu in lateinischer Urkunde (492), so wundert sich niemand, daß alles nach römischem Recht vor sich geht. Das Edikt der kurulischen Ädilen wird als maßgeblich zitiert. Dies ist für die römische Rechtsgeschichte wichtig. Denn damit haben wir einen sicheren Beleg, daß schon in frühklassischer Zeit das Edikt auf Verkäufe angewandt wurde, die nicht auf dem Markt getätigt waren, der der Gerichtsbarkeit der Ädilen unterlag. Wahrscheinlich hatte ein Provinzialedikt des Statthalters in Ägypten die Bestimmungen übernommen. Offen bleibt aber die Frage, ob ein solches Statthalteredikt Geltung nur für die Römer oder auch für die Peregrinen beanspruchte. In PSI 729 wird sodann für den Fall der Eviktion durch einen Dritten eine Geldsumme stipuliert. Der Empfang des Preises und, wenn die Ergänzung richtig ist, die Übergabe des Tieres werden bestätigt. Aber schon aus dem folgenden Jahre, 78 n. Chr., haben wir P. Mich X 583: der Teil eines Hauses wird verkauft. Der üblichen Homologie des Verkäufers folgt eine Unterschrift des Käufers, in der er bestätigt, daß das Haus zum Teil in Trümmern liege: so sichert sich der Verkäufer gegen die Mängelgewähr.

Nach FIRA III 133 = BGU 887 (151 n. Chr.) übereignete ein Römer einem Alexandriner eine Sklavin in griechischer Urkunde. Sie ist in Pamphylien errichtet, aber dann als Begleitpapier mit nach Alexandria gekommen. Die Form ist die Doppelurkunde. Wieder wird das Edikt der Ädilen zugrundegelegt, in dessen Sinne die Sklavin als gesund, keiner Noxalhaftung unterliegend (ergänzt), keine fugitiva und keine Streunerin, und auch nicht als epileptisch geschildert wird.

Ὑγιῆ ἐκ διατάγματος [καὶ οὐδεμίαν ἔχον ζημ]ίαν πρὸς πάντων καὶ μήτε ρέ[μβ]ον μήτε δραπετικὸν ἱερᾶς τε νόσου ἐκτός.

Sollte sich doch ein solcher Fehler zeigen, oder sollte sie von dritter Seite evinziert werden, wollte der Veräußerer das Duplum zahlen. Das ist mit einer bereits die fideiussio hereinmengenden stipulatio bekräftigt. Bürgen treten dafür ein. Über den Preis ist quittiert; von der traditio ist nichts gesagt. Dennoch kann man die ganze Urkunde nur zum römischen Recht rechnen.

Auch aus dem dritten Jahrhundert haben wir eine Urkunde, die nach römischem Recht zu erklären ist, in PSI III 182 (234 n. Chr.). Sie ist die Abschrift der vor einem *ἀγοράνομος* vorgenommenen Übereignung einer Sklavin. Die Kopie hatte sich der Notar in seinen *τόμος συγκολλήσιμος*

492 Wenger 780.

eingeklebt; seine eigene completio konnte er dabei weglassen. Die Sklavin wurde nach Besichtigung übergeben ταύτην τοιαύτην ἀναπόριφον πλὴν [ἱερᾶς] νόσου καὶ ἐπαφῆς. Die Gewähr des ädilizischen Edikts für die nicht erkennbaren Mängel wird also, mit Ausnahme von Epilepsie und Eviktion ausgeschlossen. Ein Begleitpapier, aus dem sich ergibt, daß die Sklavin einer ἀνάκρισις unterzogen worden war (493), wird mitübergeben. Über den Preis wird quittiert. Am Ende fragt die Verkäuferin den Käufer danach, ob alles in Ordnung sei, und der Käufer erteilt die acceptilatio. In dem ähnlichen Falle des P. Oxy 1209 (251 – 253 n. Chr.) ist es der Käufer, der „fragt" worauf sich der Verkäufer zufrieden erklärt; d.i. er erteilt die acceptilatio über das erhaltene Geld.

'Επαφή bedeutet in diesen Urkunden die Eviktion (494). Der Ausdruck begegnet schon in P. Straßb I 79 (16/15 v. Chr.), dem frühesten Beispiel in Montevecchis Liste. Er bedeutet „Schlag" und entspricht dem ägyptischen Shj, womit ein symbolisches Schlagen zur Inanspruchnahme des Eigentums gemeint ist (495); die Vorstellung erinnert an den Schlag mit der festuca nach Gai Inst 4, 16. Die Deutung als „Aussatz", für die zuletzt Pringsheim wieder eingetreten ist, muß aufgegeben werden. In P. Oxf 11 (151 n. Chr.) wird von einem Grundstück gesagt, daß es ἀνέπαφος sei; ein solches kann doch keinen Aussatz haben!

Wenn die öffentliche Hand in einer Versteigerung etwas verkauft, γῆ ὑπόλογος oder Priesterämter, so dürfte nach der Zusammenstellung der Belege bei Talamanca (496) eine Gewähr nicht übernommen worden sein.

Wenn also ein Verkäufer für mangelndes Eigentum von jeher in Ägypten haftbar war, und die Haftung für Fehler schon frühzeitig an das Edikt der Ädilen angepaßt wurde, so brauchte sich auch in nachdiokletianischer Zeit nichts mehr zu ändern. Nur der Ausdruck wird mit dem typischen byzantinischen Schwulst geprägt. Und in der Tat finden wir die Gewähr für Rechtsmängel in Immobilienübereignungen wie P. Chrest II 145 = CPR 10 (322/23 n. Chr.) wie in P. SB I 5114, 34 (613 – 640 n. Chr.) oder bei der Schiffsübertragung P. Mon 4 + 5, 31 (581 n. Chr.). Die Sklavenübereignung P. Chrest II 271 = BGU 316, 22ff. (359 n. Chr.) enthält Gewähr für Rechts- und Sachmängel (sie ist allerdings in Askalon errichtet). Immerhin sind nach den umfangreichen Belegsammlungen Montevecchi's solche Urkunden aus der Byzantinerzeit viel seltener als aus der Prinzipatszeit erhalten. Bei Wein-

---

493 Wolff, ZSS 83 (1966) 340 u. oben S.
494 Ausführlich erörtert bei Pringsheim, Law 465ff. – Arangio-Ruiz, FIRA III S.429,7. – Wenger 779, 486.
495 ÄgRGSait[2] 61.
496 Contributi allo studio delle vendite all'asta nel mondo classico. Mem. Accad. Lincei 251 (1954) 35, insbes. 176ff.

käufen des VI.Jhd. wird Umtausch im Falle gewisser Mängel zugesichert (497). In einem Leidener P. (498) Inv. Nr.177 (523 n. Chr.) erklärt der Aussteller, daß er zu der Nachlieferung verurteilt worden sei (ἐδικαιώθην).

Ansich dürfen wir auch für die Provinz Ägypten annehmen, daß das Verhältnis von Kaufsache und Preis von den Parteien jeweils ausgehandelt wurde. Als aber die Münzverschlechterung immer weiter fortschritt, griff der Kaiser Diokletian zu seinem bekannten Höchstpreisedikt (499). Schon ein P., den die Herausgeber in die Mitte des 3.Jhd. setzen, zeigt etwas Ähnliches P. Mich X 588: jemand hat eine beträchtliche Menge Wein abgeliefert. Der Schreiber sagt nun zum Adressaten: ,,Gib dem Eigentümer (des Weingartens) den Preis nach der Verordnung anstelle einer Vereinbarung" ἀκολούθως ἐπιστάλματι ὑπὲρ συναλλαγῆς. Es muß also schon in dieser Zeit (Aurelian?) (500) einmal eine gesetzliche Preisbindung gegeben haben. Das Diokletianische Edikt hat sicherlich die Folge gehabt, daß nun die preisgebundenen Waren in den Schwarzhandel gingen und auf dem offiziellen Markt nicht mehr erschienen. Davon zeigen uns Texte, nach denen etwa ein Eierhändler schwören muß, daß seine Waren nur auf den offiziellen Markt kommen würden (501).

In der Stadt Alexandria erhielt sich lange Zeit das griechische Recht, das vom materiellen Prinzip der notwendigen Entgeltlichkeit ausging (502). Eine zu große Abweichung von Leistung und Gegenleistung machte Kauf und Eigentumsübertragung ungültig. Dazu kam, wenn die Überlieferung richtig ist (503), seit 285 n. Chr. die laesio enormis beim Grundstückskauf (Cod. Just. 4, 44, 2): mindestens die Hälfte des gerechten Preises mußte bezahlt sein. Aber im Jahre 396 erklärten demgegenüber die Kaiser Arkadius und Honorius (Cod. Theod. 3, 1, 7) in einer an den praefectus augustalis von Ägypten gerichteten Konstitution, daß nunmehr kein Kauf deswegen angefochten werden könne, weil der Preis den Wert nicht erreicht habe. In Urkunden des VI.Jhd. wird jedoch der bezahlte Preis als ,,gerecht" bezeichnet, z.B. P. Mon 11, 40: ἀξία τιμή.

PSI XIII 1341 (V.Jhd.), eine ἔγγραφος διαίρεσις, wie sie sich nennt, beinhaltet den Tausch von Grundstücken. Sie ist eine Privaturkunde und mit dem Kaisereid beider Parteien, sowie mit drei Zeugen gesichert (504).

---

497 S. die Liste bei Pringsheim, Law 494,2.

498 van Oyen, Acknowledgement of a debt concerning replacement of bad wine. Antidoron Martin David. Leiden 1968, 77. SB X 10285.

499 301 n. Chr. Darüber zuletzt Schönbauer, JJP 9 – 10 (1955/56) 53.

500 Vgl. Schönbauer, a.a.O. 77ff. – Groag, RE Domitius 36, Sp.1397.

501 SelP II 331 = Oxy 83 (327 n. Chr.).

502 PtolRG[2] 116.

503 Genzmer, Die antiken Grundlagen der Lehre vom gerechten Preis und der laesio enormis. Deutsche Landesreferate 2.Int. Kongr. f. Rechtsvergleichung 1937, 57.

504 Parallelurkunden im Kommentar von Grassi.

§ 27 Locatio – conductio (505)

I. Die Bodenpacht (506). Die Ptolemäerkönige mochten sich des Bodenpachtrechts angenommen haben, weil ihre Einkünfte davon betroffen wurden. Selbst wenn man diese Hypothese nicht billigen will, so fehlt doch noch der Beweis, daß das griechische und das ägyptische Recht hier prinzipiell verschieden waren: beide gingen wohl von dem Grundgedanken aus, daß einer Leistung eine Gegenleistung gegenüberstehen müsse, wenn eine Rechtsänderung eintreten solle (507). Daß ferner keines der infragekommenden Rechte die Pacht als Konsensualvertrag kannte, hat Wolff schon vor Jahren bewiesen (508). Das Gartengrab der Musa (SB X 10044) hätte nach alexandrinischem Stadtrecht ansich verpachtet werden können, nur war die Pacht in diesem Falle als Verschleierung einer Eigentumsübertragung mißbraucht worden. Auch hier wurde das Grundstück übergeben: ohne die Übergabe hätte auch keine *μίσθωσις* daran bestellt werden können.

Die Romanisierung des Pachtrechts könnten wir also festlegen, wenn wir angeben könnten, wann die Vorstellung von einem bloß obligatorischem Verhältnis zwischen Verpächter und Pächter aufgrund Konsenses durchgedrungen ist. Das scheint aber erst in der Byzantinerzeit der Fall zu sein (509).

Sollte der ägyptische Pächter auf seine Kosten kommen, so mußte der Nil das Grundstück normal bewässern. Deshalb ist in den Pachturkunden oft über *ἀβροχία* (Nichterreichen der Nilschwelle) oder *καταβροχία* (Zerstörung der kleinen Dämme, die das Nilwasser festhalten) eine Abrede getroffen (510). Doch mag es auch Grundstücke gegeben haben, die überhaupt nur durch menschliche Arbeit bewässert wurden. In P. Graux 8 (221 n. Chr.) zeigt ein Altrömer als Pächter dem Strategen an, daß er das Grundstück aufgebe, weil *ἀβροχία* ohne sein Verschulden eingetreten sei. Das Ausbleiben der Nilschwelle muß dem Strategen wegen des fiskalischen Ausfalls angezeigt werden (511), aber in diesem Falle bittet der Petent, den Sachverhalt auch der Verpächterin zuzustellen. Er will offensichtlich keinen Pachtzins

---

505 Taubenschlag, Die Prozesse aus Pacht-, Miet- und Werkverträgen. Op. Min. II 461. Afterpacht und Aftermiete. Op. Min.II 471. Le bail à long terme. Op. Min.II 497. Law 354ff.

506 Herrmann, Studien zur Bodenpacht. München 1958. – Hennig, Untersuchungen zur Bodenpacht. Diss. München 1967.

507 PtolRG^2 128. Eine neue Untersuchung über das attische Recht der *μίσθωσις* scheint dem nicht zu widersprechen: Behrend, Attische Pachturkunden. München 1970.

508 Consensual contracts in the papyri. JJP 1 (1946) 57.

509 Kniepkamp, Ὁ Καρπός in den Papyri. Diss. Köln 1970, 79 u.ö. findet in dem Ausdruck *μισθοκαρπία* in P. Chrest II 189 = Lips 10 (250 n. Chr.), Col.II, 9 den Versuch, die römische Vorstellung „Fruchtgenuß ex causa locationis" wiederzugeben. Das hat mich, weil hier Antichrese vorliegt, nicht überzeugt.

510 Herrmann 144.

511 Wallace, Taxation 358.

zahlen; doch bleibt es fraglich, ob er sich damit auf das römische Remissionsrecht (512) beziehen will. Eher wird man wieder annehmen, daß gleiche Bedürfnisse gleiche Rechtsfolgen hervorgebracht haben.

Heute sind es vor allem zwei Fragen, die noch ungeklärt sind: die sog. „Pachtangebote" und das precarium.

1. Wie schon in der Ptolemäerzeit (513) kam folgendes vor: in den Verhandlungen über eine Pacht oder eine Miete setzte die schwächere Partei, d.i. gewöhnlich der Pächter oder der Mieter, eine Urkunde, meist ein Hypomnema, auf, in der steht *βούλομαι μισθώσασθαι* und sodann führt sie die Bedingungen genau auf. Dann kommt es zum Vertragsschluß, indem dem Pächter das Grundstück übergeben wird. Die von dem Pächter aufgesetzte Urkunde erhält der Verpächter, aber wenn die Pachtzeit abgelaufen ist und der Pächter alle seine Verpflichtungen erfüllt hat, so gibt ihm der Verpächter die Urkunde zurück. Es kann auch sein, daß ein Treuhänder, ein *συγγραφοφύλαξ*, während der Dauer der Pacht die Urkunde aufhebt und sie nach Beendigung der Zeit dem Pächter wieder aushändigt. Diese Urkunden nennt man gern „Pachtofferten". Denn in ihrer Formulierung haben sie die Gestalt einer Offerte (514). Und doch sind sie es nicht in unserem Sinn.

Es kann auch sein, daß der Verpächter in einer subscriptio die Bedingungen ausdrücklich annimmt und das Exemplar dem Pächter zurückgibt. Das kann unbedingt geschehen oder bedingt, z.B. wie in P. Ryl II 172 (208 n. Chr.) mit einer Bessergebotsklausel versehen. Dann ist der Verpächter immer noch nicht endgültig gebunden. Doch vermutet man, daß diese Bindung eintritt, wenn er dem Pächter das Grundstück überläßt.

Bekanntlich enthält das Corpus Iuris im Gegensatz zu unserem Bürgerlichen Gesetzbuch nichts über die Offerte und die Bindung an dieselbe. Wir dürften also sogar dann nicht eine Offerte zum Konsensualvertrag in diesen Urkunden sehen, wenn wir sie auf römisches Recht zurückführen könnten. Nachdem sie aber schon ptolemäisch vorkommen, wird man bis auf weitere Funde volksrechtlichen Ursprung annehmen müssen (?).

2. Ziemlich spät, gegen Ende des 4.Jhd., kommt in Pachturkunden die Klausel vor, nach der der Pächter das Grundstück vom Verpächter pachten wolle, *ἐφ' ὅσον χρόνον βούλει* (515). Man hat überlegt, ob diese Klausel bedeuten solle: nicht nur für dieses Jahr, sondern auch für die folgenden, solange es

---

512 CJ 4, 65, 8 (231 n. Chr.), jedoch schon Servius Dig. 19, 2, 15, 2.

513 PtolRG^2 128ff. insbes. 131.

514 Arangio-Ruiz, Sulla forma dello *ὑπόμνημα* negli affitti di terreni dell'Egitto Romano. Studi Betti (Milano 1961) 3. Dazu SDHJ 30 (1964) 505f. – Vgl. ferner Weiser, Das Hypomnema in der Prinzipatszeit. Diss. Erlangen 1952; nicht gedruckt.

515 Waszynski, Die Bodenpacht I (1908) 9ff. – De Zulueta, De patrociniis vicorum. Oxford 1909, 46. – Comfort, Aeg 14 (1934) 80 – 88. – Steinwenter, RE Precarium.

dem Verpächter gefalle, wolle der Pächter das Grundstück bebauen. Damit würde er sich – Ende des 4. und im 5.Jhd. durchaus möglich – in die Stellung eines colonus glebae adscripticius begeben. Sie würde dem Verpächter die Möglichkeit geben, die Pacht beliebig zu verlängern.

Dann jedoch hat de Zulueta eine Verkürzung darin gesehen (516): der Grundherr könne danach den Bauern jederzeit aus dem Grundstück entfernen, also auch schon vor der Ernte und vor einer etwa ausgemachten Dauer der Überlassung an den Bauern. Das ist heute allgemeine Ansicht. Sie ist auch durch P. Ross Georg III 51 (von 631 n. Chr.) gestützt. Dieser P. enthält nicht nur in Z.16 die erwähnte Klausel, sondern sagt auch in Z.22ff., daß der Grundherr den Bauern im Falle der Überführung einer Schädigung des Grundstücks aus dem Grundstück entfernen dürfe, selbst wenn die Zeit der Weinernte schon erreicht ist, aber dann ohne ihm einen Pachtanteil zu überlassen. Das spricht dafür, daß der Grundherr an sich den Bauern jederzeit exmittieren könne, daß er ihm aber den Pachtanteil geben muß, der seiner geleisteten Arbeit entspricht. Nur wenn er das Grundstück schädigt, verliert er als Vertragsstrafe den Pachtanteil (517).

Schon de Zulueta wies darauf hin, daß das zugrundeliegende Rechtsinstitut nun nicht mehr locatio-conductio, sondern precarium sei. Comfort schloß sich dieser Lehre an. Nicht so die letzte ausführliche Behandlung, die wohl am meisten die z.Z. herrschende Lehre wiedergibt, durch Steinwenter. Er definierte dasselbe in Übereinstimmung mit Ulpian Dig.43, 26, 1, 2 als „ein Leihverhältnis an Grundstücken und später auch beweglichen Sachen, das jederzeit durch Widerruf des Verleihers beendigt werden kann“. Dabei legt er aber auf das „Leihverhältnis“, die Unentgeltlichkeit, das Hauptmerkmal (518). Die Urkunden *ἐφ' ὅσον χρόνον βούλει* scheidet er aus dem precarium aus, weil in ihnen der „Pächter“ ja einen Pachtzins zu leisten sich verpflichtet hat. Nimmt man dazu Levy, Vom römischen precarium zur germanischen Landleihe (519), dessen Richtigkeit Steinwenter a.a.O. bestätigt, so ergibt sich folgendes Bild:

A) Wenn der Pächter eine actio conducti zur Seite hat und damit gegen Hinauswerfen vonseiten des Verpächters geschützt ist, freilich Pachtzins zahlen muß, liegt locatio-conductio vor.

B) Wenn der Pächter jederzeit hinausgeworfen werden kann, aber keinen Pachtzins zu leisten braucht, liegt precarium vor.

---

516 Die Klausel könnte auch beides umfassen!
517 Anders die Auslegung bei Herrmann, Bodenpacht 173.
518 s. S.1824.
519 ZSS 66 (1948) 1ff.

: hinausgeworfen werden kann, aber außerdem
ɔ liegt doch locatio conductio vor.
ıch besser gestellt als als Pächter mit der Klau-
nicht zu bestreiten, daß der Prekarist posses-
nur detentor. Levy und Steinwenter sind auch
ən Urkunden eine späte Erscheinung zu sehen
· Landwirtschaft und mit dem sozialen Sin-
t. Mayer-Maly (520) hat sich angeschlossen;
sieht er eine Verschmelzung von precarium

Interessenlage der Parteien ausgehen: wenn
Pächters, die Sache während der ausgemach-
ı, anerkennt, dann liegt locatio vor; sie kann
stehen. In diesem Fall ist er dem Pächter
:chter keine possessio, denn er kann darauf
əhung der Sachherrschaft der Verpächter
auf sich nehmen werde. Würde er das
ıit der actio conducti haften müssen. In
... genugt dem Pächter die bloße detentio.

Es kann aber sein, daß das Interesse des Grundherrn noch stärker geschützt ist: daß er dem Bauern das Grundstück jederzeit wegnehmen kann. Das ist schon ex lege so, wenn kein Vertrag abgeschlossen ist und er das Grundstück dem Bauern auf dessen Bitte oder sonst ausdrücklich „auf Widerruf" überlassen hat. Es kann aber auch sein, daß sich der Grundherr im Vertrag mit dem Bauern die Befugnis zur sofortigen Exmittierung ausdrücklich vorbehalten hat. Das wird er nur tun, wenn es sich um ein so schlechtes Grundstück handelt, daß er an der Bewirtschaftung kein erhebliches Interesse hat: abgelegenes Bergland, Sümpfe, Wüste. Dann ist der Bauer nicht sicher, daß ihm der Grundherr zu Hilfe kommt, wenn eine Störung der Sachherrschaft stattfindet; er kann ihn durch keine actio conducti dazu zwingen. Daher gibt ihm das Recht dann die possessio. Dann liegt precarium vor (521).

Unsere Urkunden liegen aber geraume Zeit später als Ulpian; sie liegen auch hinter der Konstitution von Valentinian, in der Mayer-Maly eine Verschmelzung von precarium und locatio-conductio sah (522): m.a.W. hat man von nun an die Entgeltlichkeit fallengelassen und auch dann precarium gelten lassen, wenn der Grundherr ein Entgelt ausgemacht hatte. Das bot ihm beträchtliche Vorteile: er haftete dann nicht mehr für Sach- oder Rechtsmängel; ja, er konnte das Grundstück sogar einem Dritten verkaufen und

520 Locatio Conductio. Wien 1956 S.20 u. S.79f.
521 Puchta, Pandekten[12]. Leipzig 1877, 136 legte kein Gewicht auf die Unentgeltlichkeit, sondern nur auf die Überlassung auf jederzeitigen Widerruf.
522 Die Verschmelzung behandelt ausführlich Scherillo, Locazione e precario. Rend. Ist. Lomb.[2] 72 (1929) 389.

tradieren, ohne dem Pächter mit einer actio conducti zu haften (523), wenn ihn der Erwerber hinauswarf. Mit dem Tode des Grundeigentümers hörte das „Pachtverhältnis“ auf: Bas.20, 1, 4.

Dazu kommt nun auch noch ein rechtshistorischer Grund: das Rechtsbuch von Hermopolis sieht es als selbstverständlich an, daß der Grundherr den Bauern jederzeit hinauswerfen kann; es regelt nur, wieviel von der Ernte er dann dem Bauern für seine geleistete Arbeit und ev. für sein Saatgetreide geben müsse. Wir hätten dann im 4.Jhd. ein Wiederaufleben ägyptischen Rechtsdenkens vor uns.

Doch setzt die Erklärung eine überwiegende Machtlage der Verpächter voraus, so daß sie den Pächtern die Bedingungen diktieren konnten. Das ist aber gar nicht sicher und müßte erst noch in wirtschaftsgeschichtlichen Untersuchungen geklärt werden (524). Die typische demotische Pachturkunde kommt noch in P. Botti-Calderini 1 (3/4 n. Chr.) an einem Felde vor. Der Pachtzins ist vorausbezahlt. Ferner werden in O. Toronto 31 (189/90 n. Chr.) und 221 (208 n. Chr.) Priestereinkünfte für je einen Monat verpachtet.

Anhangsweise sei hier auf P. Oslo II 36 (145 n. Chr.) eingegangen. In einem Cheirographon verspricht der vormalige Pächter eines Palmengartens dem jetzigen Pächter, eine Mauer um diesen zu bauen, weil er damals (als er die Pacht abgeschlossen hatte) diese Bedingung auf sich genommen hatte. Der alte Pachtvertrag war mit der Eigentümerin abgeschlossen, die Bedingung aber nicht erfüllt worden. Interessent an dem Mauerbau, der wohl gegen Sandsturm Schutz bietet, ist der neue Pächter. Man hat hat sich nicht gescheut, ohne Stipulation diese Verpflichtung aus dem Vertrag mit einem Dritten niederzulegen. Die Urkunde zeigt, wie nahe das Provinzialrecht schon an eine Parteiautonomie herangekommen ist. Ein neues Entgelt bekommt der alte Pächter nicht; insofern ist es keine locatio-conductio operis.

P. BGU 1210 erklärt in § 104:

['A]*τρύγητα γενήματα οὐκ ἐξὸν πωλεῖν ο[ὐ]δὲ γένημα ἀνεπίγραφον ἐ[ξάγει]ν.*

Das bezieht sich aber nicht auf emptio rei speratae. Diese wäre ja nur unter Zugrundelegung des römischen Konsensualkaufes möglich. Vielmehr handelt es sich um eine rein fiskalische Vorschrift zum Schutz der *γεωμετρία*. Verboten soll sein die Ernte zum sofortigen Ansichnehmen, ehe sie reif ist zum Verkauf, anzubieten, also etwa als Grünfutter für Tiere. Auch wenn sie gereift ist, darf sie doch an niemanden hergegeben werden, ehe das Ernteergebnis von der Steuerbehörde festgestellt und registriert worden ist. Ähnliche Vorschriften haben schon im Ptolemäerreiche bestanden (525).

---

523 Dig.43, 26, 8, 2 (Ulpian).

524 Vandoni, Beiträge zum Pachtrecht JJP 15 (1965) 145 erklärte Urkunden des 2.Jhd. mit dem damals großen Mangel an Pächtern.

525 PtolRG^2 130. Préaux, L'économie 121ff.

Das, was wir als Verkauf der Früchte auf dem Halm bezeichnen würden, wurde durch eine Verpachtung zum Fruchtgenuß, καρπωνεία, erreicht. Das ist also keine Umgehung des Verbotes, sondern ein Unterfall von μίσθωσις wie die Urkunden selbst sagen. Praktisch wird dieses Geschäft wohl immer nur kurz vor der Ernte selbst abgeschlossen werden (526); zum Unterschied von der gewöhnlichen μίσθωσις trifft den Pächter keine Pflicht zur Bestellung. Beispiele: P. Oxy IV 728 (142 n. Chr., also älter als der sog. Gnomon), Grenf II 57 (168 n. Chr.). Καρπωνεία ist aber kein juristisches Institut, sondern nur „Fruchtgenuß" (527).

II. Παραμονή (528): Wenn jemand sich zu Diensten verpflichtet, so fehlt es nicht an der ausdrücklichen Übernahme der Verpflichtung zu παραμονή. Das heißt wörtlich zum „An-der-Seite-bleiben" beim Dienstherrn. Nun hat man das mit einer Halbsklaverei zu erklären versucht, auch hat man eine familienrechtliche oder doch dem Familienrecht wenigstens ähnliche Bindung darin zu sehen versucht. Aber die einfachere Erklärung ist die folgende: Auch heute hat im Arbeitsrecht der Arbeiter seine Leistung erbracht, wenn er sich für die von ihm verlangte Arbeit bereit hielt. Nicht notwendig ist, daß er tatsächlich gearbeitet hat. Wenn aber nun in einem Recht das Prinzip der notwendigen Entgeltlichkeit zugrunde zu legen ist, so läge es nahe, zu sagen: X hat sich zu Arbeit, Y zum Lohn verpflichtet, also ist Y zum Lohn nur verpflichtet, wenn X tatsächlich gearbeitet hat: Arbeit und Lohn stehen im synallagmatischen Verhältnis. Das wäre aber, wie unsere aus dem modernen Recht entnommene Beobachtung zeigt, für den Arbeiter zu ungünstig. Wenn παραμονή ausgemacht wird, dann stehen sich als Leistung und Gegenleistung gegenüber: „Sich zur Arbeit bereit halten" und „Lohn". Παραμονή ist also eine für den Arbeiter günstige Vereinbarung. Der Dienstherr gibt gerne einen Vorschuß auf den Arbeitslohn. Diese gehört ihm, bis die Gegenleistung, die παραμονή, erbracht wird. Läuft der Arbeiter weg, ohne die παραμονή zu leisten und ohne den Vorschuß zurückzugeben, so ist das Diebstahl. Der Fall ist uns noch aus ziemlich später Zeit in P. SB VI 9456 überliefert (594 n. Chr.).

Es handelt sich hier um einen Vergleich zwischen dem Dienstherrn und dem Arbeiter, der mit dem Vorschuß davongelaufen ist. Dieser zahlt in dem Vergleich 2 Nomismata und dafür zieht der Dienstherr die Diebstahlsklage gegen ihn zurück. Da heißt es: „Weil ich dich in meine Arbeitsstätte als gemieteten Knecht aufgenommen hatte und du davongelaufen bist von der dir mir gegenüber obliegenden Verpflichtung zum Anwesendsein (παραμονῆς), habe ich gegen dich wegen des Diebstahls, den du gegen mich verübt hast, die Klage erhoben!"

---

526 In P. Oxy IV 728: 2 1/2 Monate.

527 Kniepkamp, Ὁ καρπός in den Papyri. Diss. Köln 1969, 107 ff.

528 Samuel, The role of Paramone clauses in ancient documents JJP 15 (1965) 221. – Adams, Paramoné und verwandte Texte. Berlin 1964. – Seidl, SDHI 33 (1967) 561.

III. Locatio-conductio irregularis an Vieh (529). Wenn eine Herde verpachtet wird, wird oft ausgemacht, daß die Tiere „unsterblich" sein sollten. Das bedeutet, daß nach Ablauf der Pachtzeit der Pächter nicht dieselben Tiere zurückzugeben hat, sondern eine Herde von gleicher Zahl von Tieren gleichen Alters, wie damals, als er die Pacht antrat. P. SB 8086 (268 n. Chr.) (530), ein sog. Pachtangebot sagt:

Βούλομαι μισθώσασθαι παρὰ σοῦ ...πρόβατα ῥωμαλέα ἀθάνατα ...πεντήκοντα ...καὶ μετὰ τὸν χρόνον παραδώσω τὰ θρέμματα ῥωμαλέα καλὰ εὐάρεστα ἔνποκα καὶ ἀπὸ κούρας διὰ τὸ παρειληφέναι ἀθάνατα ἀκίνδυνα ἐκτὸς κινδύνου καὶ πάσης ἐπηρείας.

„Ich will von dir pachten . . . 50 kräftige unsterbliche Schafe . . . und nach der Zeit übergebe ich dir das kräftige, schöne, von bester Beschaffenheit, ungeschorene (oder) geschorene Weidevieh, weil ich es als unsterblich, ohne Gefahr und außerhalb von jeder Gefahr und Benachteiligung übernommen habe (531)".

Das „unsterblich" hat also auch die Folge, daß jede Gefahr zufälligen Untergangs auf den Pächter übergeht. Im 6.Jhd. kommt in gleicher Bedeutung „*σιδήρειος*" vor P. Stud Pal XX 217. Da merkt man den christlichen Einfluß. „Unsterblich" klingt für Christen blasphemisch, also wählen sie den Ausdruck „Eisern Vieh", wie er ja auch aus dem deutschen mittelalterlichen Recht wohl bekannt ist. Doch nahm man in P. Vind Sijp 10, 8 (VI.Jhd.) keinen Anstoß an dem Wort *ἀθάνατος*.

Schließlich werden in P. Princ III 151 (341 n. Chr.) auch zwei Sklavinnen als *ἀθάνατοι* vermietet.

IV. Grundstücksmiete auf lange Zeit. Das römische Recht stellt die *ἐμφύτευσις* für die Erbpacht und superficies für das Erbbaurecht zur Verfügung (532). Die Römer rechnen beide Institute zu den dinglichen iura in re aliena; mitunter direkt zu den servitutes. Also möchte man bei einer Urkunde aus dem 5. oder 6.Jhd. n. Chr., als das römische Recht schon überwog, meinen, eines dieser Institute sei beabsichtigt in PSI III 176. Ein Kloster „vermietet" in einer *μισθομολογία* einen Bauplatz an jemanden, der dort bauen will. Wenn aber der das Kloster vertretende Kleriker oder sein Erbe oder irgendein Nachfolger dem Mieter oder seinem Erben den Bauplatz wieder entziehen sollte, so solle er dem Mieter oder allen etwaigen Erben eine Vertragsstrafe von 2 Goldsolidi zahlen und gleichzeitig ihm die gesamten Aufwendungen für den Hausbau nach Schätzung der Baumeister ersetzen. So hält sich der

---

529 v. Bolla-Kotek, Untersuchungen zur Tiermiete und Viehpacht im Altertum². München 1969. – Modrzejewski, RHD 44 (1966) 80.

530 Vgl. Schwartz, Rech. de Pap. 3 (1964) 63. BL V.

531 Außer den Belegen bei v. Bolla s. auch P. Alex 12 (213/15 n. Chr.) u. Bingen, Chron 41 (1966) 186.

532 Comfort, Emphyteusis among the papyri. Aeg 17 (1937) 3. – Taubenschlag, Op. Min.II 497. – Wenger 773.

Vertrag ganz innerhalb des Obligationenrechts, man vermeidet es, ein dingliches Recht zu begründen. Wenn der Text jünger ist als Nov. Just. VII, so liegt ein Umgehungsgeschäft vor. Dort ist c. 1 die Emphyteuse kirchlichen Bodens verboten; aus c. 3,1 ergibt sich dazu, daß auch die superficies nun zur emphyteusis gerechnet wurde. Immerhin ist die Bindung des Klosters eine sehr starke, wenn man Gültigkeit des Vertrags annimmt. Aus der Zeit Justinians stammen auch P. Cairo Masp III 67298 und 67299, in denen unverschleiert emphyteusis eines Privaten an kirchlichem Boden verbrieft ist.

Aber noch 266 n. Chr. läßt sich die ägyptische Anschauung, daß der bloße Gebrauch einer fremden Sache zu Mietzinszahlung verpflichtet, auch wenn kein Mietvertrag zugrundeliegt (533), in PSI VIII 940 nachweisen (534).

Miete von Häusern und Wohnungen begegnet ebenfalls häufig in den Papyri. Nach römischem Recht ist aber locatio-conductio suae rei ungültig. Sie kommt jedoch im P. Straßb IV 248 (560 n. Chr.) vor (535).

Unstreitig liegt precarium in FIRA III 108 = SB I 6000 (VI.Jhd.) vor Col.II 18: *παρακλητικὴ ὁμολογία*, d.i. Col.I, in der die Mutter von der Tochter verlangt, daß sie dem Sohn den Zugang zu zwei Zimmern, die ihm gehören, ungestört gewähre (536).

Locatio-conductio operis ist keineswegs so häufig in den Papyri anzutreffen, wie oft behauptet wird. Auszuscheiden sind die Urkunden, in denen jemand eine liturgische Verpflichtung übernimmt und dafür kein Entgelt erhält. Das trifft Transportversprechen in Form von Cheirographa, wie P. Oxy XVII 2125 (220/1n. Chr.). Wie Brecht (537) nachgewiesen hat, haben diese Texte auch nichts mit dem römischen receptum nautarum zu tun. Das gilt schon deshalb, weil Grundlage des letzteren die Gefahren der Hochseeschiffahrt sind; die Nilschiffahrt bringt dagegen ein vergleichbares Risiko nicht mit sich.

Einen richtigen Transportvertrag zeigt uns aber P. Hamb I 74 (173 oder 174 n. Chr.). Der Aussteller verspricht, nachdem er das *ναῦλον* erhalten hat, den Transport einer Mumie auf seiner Totenbarke an den Bestimmungsort zu übernehmen.

Auch nach BGU VII 1663 (III.Jhd.) wurde der Werklohn vorausgezahlt; der Aussteller verspricht dafür den Bau eines Schiffes (538).

---

533 PtolRG[2] 11.

534 Naber, *Περὶ ἐνοικίου δίκης*. Aeg 11 (1931) 40.

535 C. Gorteman et van Oven, Le papyrus de Strasbourg 248 et la locatio conductio rei suae. TR 26 (1958) 316. – Kupiszewski, Locatio-conductio rei suae. Labeo 3 (1957) 344. – Albanese, Conductio suae rei. BIDR[3] 1 (1959) 121.

536 V. Druffel, Papyrologische Studien zum Byz. Urkundenwesen etc. München 1970, 29, 1.

537 Zur Haftung der Schiffer im antiken Recht. München 1962.

538 Zu den fälschlich hierher gerechneten P. Oslo II 36 s. oben S. 190; ferner P. Oxy XVI 1893

In Cod. Just.4, 65, 34, der „pulcherrima lex" wird bestimmt, daß locator und conductor innerhalb eines Jahres vom Vertrag zurücktreten könnten, ohne wegen Vertragsverletzung haftbar zu sein, wenn eine solche Haftung nicht beim Vertragsschluß ausgemacht sei. In P. Herm Rees 30 (VI.Jhd.), worin sich ein Purpurfärber verdingt, wird eine „neue Konstitution" zitiert, das könnte sich auf die zitierte Kodexstelle beziehen.

§ 28 Gesellschaft und Korporationen (539)

Im römischen Recht war die societas Konsensualvertrag. Ob und gegebenenfalls, ab wann die Gesellschaft in der Provinz Ägypten durch Konsens klagbar wurde, ist noch völlig unbekannt. Es ist durchaus möglich, daß etwa eine reale Vereinigung der Beiträge notwendig war, entsprechend der Hingabe des Grundstücks, die wir bei der locatio-conductio feststellen konnten (540), Zusammenschluß zu einem gemeinsamen Zwecke ist belegt für Steuerpacht durch P. Bour 13 (98 n. Chr.); allerdings überwiegt dabei die Stellung des einen Gesellschafters, dem die *πρᾶξις καθάπερ ἐκ δίκης* gegenüber dem anderen zugestanden wird. Auch der Pächter von Domanialland in P. Chrest I 347 = Amh 94 (208 n. Chr.) nimmt sich durch Homologie einen Gesellschafter, in der er sich auch der Rechte gegen diesen berühmt. In einigen Fällen finden wir Handel- oder Gewerbetreibende, so Tischler in P. Cairo Masp II 67158 (VI.Jhd.), einer Abschrift aus dem Archiv des Notars Dioskoros, dadurch auffällig, daß das Dauerverhältnis *εἰς τὸ ἀεὶ χρόνον* eingegangen wurde. Dazu auch P. Cairo Masp II 67159 aus derselben Zeit. Vom römischen Recht her würde man erwarten, daß der Gesellschafter nur für diligentia quam in suis haften würde. In der letztgenannten Urkunde ist aber die Haftung für *ἀμέλεια* jeden Grades ausbedungen. Um das Jahr 600 herum sind die koptischen Ostraka CO 219 und 220 entstanden. Das Kloster des hlg. Phoibammon, vertreten durch Viktor gab ein Kamel aus, dafür bekommt es 3/5 des Arbeitsertrages, während der andere Gesellschafter (Pächter?) 2/5 bekommt (541).

In diesen Fällen können wir deutlich sehen, daß das Dauerverhältnis auf ganz bestimmte Personen zugeschnitten ist, die nicht durch andere ersetzt werden können. Doch haben sich auch Leute zu einem bestimmten Zweck vereinigt, und dabei einen möglichen Wechsel der beteiligten Personen von

---

539 Wenger, Qu 789. – Steinwenter, Aus dem Gesellschaftsrechte der Papyri. Studi Riccobono I 487. – Taubenschlag, Op. Min.II 505 u. 521.

540 Oben S. 186.

541 Till, Die koptischen Rechtsurkunden aus Theben. Sitz. Ber. Akad. Wien 244 (1964) III S.57.

vornherein als wünschenswert ins Auge gefaßt: neben den „Gesellschaften" stehen die „Korporationen" (542).

An das ptolemäische Vereinswesen (543) schließt sich kontinuierlich P. Mich V 243 (Tiberius) an; der Text mutet wie eine Übersetzung der bekannten demotischen Kultvereinstexte an. Im Formular ähnlich ist auch FIRA III 46 = Mich V 245 (47 n. Chr.). Die Salz- und Gipshändler von Tebtynis bilden eine Gilde und bestimmen durch Wahl einen Vorstand, sowie durch das Los die Inhaber anderer Ämter. Eine Vertragsstrafe bedroht den, der die Monopolwaren unter dem festgesetzten Preise abgebe. Vgl. auch Mich V 244 (43 n. Chr.).

Aus dem II.Jhd. ist BGU VII 1564 bemerkenswert (138 n. Chr.). Für das vorschußweise für eine Heereslieferung erhaltene Geld soll die Mitglieder einer Webergilde Korrealhaftung treffen; das fiskalische Interesse geht damit über das vernünftige Maß hinaus. Eineinhalb Jahre später müssen sich die Weber in Nr.1572 (139 n. Chr.) in einer Eingabe obendrein dagegen wehren, daß durch Abkommandierung von vier Mitgliedern die Zahl der zu der Lieferung verplfichteten und haftenden auf Zweidrittel der ursprünglichen zusammengeschmolzen ist.

Korporationen waren aber auch Klöster und Kirchengemeinden und seit Konstantin auch staatlich anerkannt (544). Ihre Leiter mußten ihr eigenes Vermögen von dem ihnen anvertrauten Kirchengut streng getrennt halten (Cod. Just.1, 3, 41, 11). P. Flor I 73 (505 n. Chr.) stellt einen Mietvertrag über „die Hälfte des Hauses, die dem *δίκαιον* der heiligen Kirche von Hermupolis, genannt Anastasia, gehört" dar, *τὸ ὑπάρχον δικαίῳ τῆς αὐτῆς ἁγίας ἐκκλησίας ἥμισυ μέρος ὁλοκλήρου οἰκίας*.

Nun wird das Wort *δίκαιον* in sehr verschiedenem Sinne gebraucht (545). Wenn jemandem etwas *ὑπάρχειν* kann, dann möchte man wohl sagen: er ist eine juristische Person (546). Die Bedeutung „Verwaltungsrat" (547) würde das Problem hier nur verschieben; dann müßte man diesen als eine Korporation ansehen, die Träger von Rechten sein kann (548). So möchte ich doch in *δίκαιον* einen Träger von Rechten, wenn man will, eine juristische Person sehen.

542 San Nicolò, Ägyptisches Vereinswesen. I München 1913. II 1915. – Schnöckel, Karl Heinrich, Untersuchungen zu den P. Mich 243 – 248, Vereinssatzungen der frühen Prinzipatszeit aus Tebtynis Diss. Erlangen 1956, nicht gedruckt.

543 PtolRG^2 152.

544 Gerda Krüger, Die Rechtsstellung der vorkonstantinischen Kirchen. Stuttgart 1935.

545 Steinwenter, Über einige Bedeutungen von „ius" in den nachklassischen Quellen. Iura 4 (1953) 124.

546 Was aber Steinwenter, a.a.O. bestreitet.

547 So Kießling, Wörterbuch IV zu PSI VIII 933 und P. Ross Georg III 48, 1, wo sich diese Erklärung gut einfügt. – Ebenso Till, Die koptischen Rechtsurkunden aus Theben. Sitz. Ber. Akad. Wien 244 (1964) III, 244.

548 Steinwenter bekämpft auch diese Erklärung.

Den Staat konnte man sich in der Person des Kaisers verkörpert vorstellen. Aber er führt keine Prozesse, ihn kann man nicht verklagen. So gehört das staatliche Vermögen dem fiscus *βασιλικόν*, *ταμεῖον* (549). Auch hier kommt man der Vorstellung einer juristischen Person schon nahe.

§ 29 Kapitalsübertragung (550)

Für das römische mutuum ist charakteristisch, daß das Eigentum an den hingegebenen vertretbaren Sachen auf den Darlehensnehmer übergeht, während dies beim alten nexum nicht der Fall war. Im Recht der demotischen und der griechischen Papyri der Ptolemäerzeit dagegen verblieb das Eigentum an den Darlehenssachen beim Darlehensgeber, ja sogar das Eigentum an einer mit Darlehensmitteln erworbenen Sache ging an den Darlehensgeber (551). Die Romanisierung des Rechts in dieser Frage wäre also festzustellen, wenn wir den Zeitpunkt angeben könnten, in dem die „sachenrechtliche“ Auffassung durch die „obligationenrechtliche“ ersetzt wurde.

Das Formular der Urkunden drückt diese Folge nicht aus. Es brauchte sich also nicht zu ändern, wenn die römische Auffassung des mutuum grundlegend wurde, und hat sich auch nicht geändert. Wenn die Ergänzung Scherer's in FIRA III 121 = P. Fuad 45 (153 n. Chr.) Z.4 [commoda]t[o]s richtig ist, würde die Umbenennung dafür sprechen, daß selbst die römischen Legionssoldaten das Eigentum nicht übergehen lassen wollten. Hat doch dagegen die aus Siebenbürgen stammende Urkunde FIRA III 122 (162 n. Chr.) das deutliche mutuos.

Beiden Rechtsanschauungen gleich war aber der Realvertrag: ohne tatsächliche Hingabe der Darlehenssachen dürfte keine Bindung entstanden sein (552).

Δάνειον ist Kapitalsübertragung mit der Folge, daß der Empfänger das gleiche Kapital zurückgeben muß. Näheres kann vertraglich ausgemacht werden. So kommt es gar nicht darauf an, daß das Darlehen in Sachen der gleichen Art zurückzugeben ist, sondern es kann auch ausgemacht werden, daß eine bestimmte Menge eines anderen Gutes zu leisten ist (553, 554).

---

549 v. Bolla, Die Entwicklung des Fiskus zum Privatrechtssubjekt mit Beiträgen zur Lehre vom aerarium. Morawitz 1938.

550 Wenger, Qu.795ff. – Taubenschlag, Law² 341. – Kühnert, Zum Kreditgeschäft in den hellenistischen Papyri Ägyptens bis Diokletian. Diss. Freiburg 1965. – Preissner, Das verzinsliche und das zinslose Darlehen in den byzantinischen Papyri des 6./7.Jahrhunderts. Ungedruckte Diss. Erlangen 1956. – Vgl. auch Simon, Quasiparakatatheke. ZSS 82 (1965) 39. – Roth, Untersuchungen zur Kredit-*παραθήκη* im römischen Ägypten, Diss. Marburg 1970.

551 PtolRG² 132.

552 Der sog. Litteralkontrakt des späten römischen Rechts ist oben S. 175 behandelt.

553 So schon Steinwenter, Das Recht der koptischen Urkunden. München 1955, 26.

554 Beispiele bei Pringsheim, Law 257ff., der sie anders interpretiert.

Insofern haben die Ägypter und die Griechen in Ägypten keinen Unterschied zwischen Darlehen und Pränumerationskauf gemacht und den gestundeten Kaufpreis beim Kreditkauf δάνειον genannt (555).

Aus der Empfangsbestätigung P. Oxy XXXI 2587 (289 n. Chr.) erfahren wir, daß ein Gelddarlehen in „ptolemäischer" Währung nun aber in „neuer" zurückgezahlt wurde (556). Wahrscheinlich mußte der Gläubiger einem Gesetze des Kaisers Diokletian folgen (557), was ihm einen erheblichen Inflationsverlust brachte. Andererseits haben wir aus dem VI.Jhd. ein Darlehen in Goldmünzen, P. SB VI 9566.

Andere Urkunden sprechen nicht von δάνειον sondern von χρῆσις. Kühnert a.a.O. bemühte sich einen rechtlichen Unterschied zwischen beiden Begriffen herauszubringen und meinte, letztere eigne sich mehr für den kurzfristigen Kredit. Er führt jedoch auch Beispiele dafür auf, daß die Urkunden selbst beide Ausdrücke für ein und denselben Vorgang verwenden (558). Hier interessiert uns vor allem BGU IV 1015 (222/23 n. Chr.) (559): die χρῆσις in Geld ist der Preis für zu lieferndes Gemüse.

Kapitalübertragung kommt auch vor, wenn das Geschäft ἔρανος genannt wird (560). Dabei darf man nicht außer Acht lassen, daß auch eine Vereinigung ἔρανος heißen kann. Als „Darlehen" begegnet es in den wahrscheinlich noch Alexandrinisches Stadtrecht widerspiegelnden BGU IV 1134 – 1136 vom Jahre 10 v. Chr. Die Grundbedeutung des Wortes ist nach Vondeling (561): „Gefälligkeit, die entweder eine solche erwidert, oder in Erwartung einer solchen Erwiderung gemacht wird". Natürlich bleibt es möglich, worauf Kühnert hinweist, daß sich hinter der „Gefälligkeit" in den BGU ein sehr nüchternes gewinnbringendes Geschäft verbirgt.

Mit dem Recht der Kapitalübertragung ist das Zinsrecht eng verknüpft (562). Ein SC von 51 v. Chr. hatte den Höchstsatz auf 12 % Jahreszinsen festgesetzt (563). Der höhere Zins von 24 %, wie er im ptolemäischen Recht gestattet war, wurde zunächst noch weiter geduldet; seit etwa dem Jahre 30 n. Chr. hat sich aber das römische Recht auch in Ägypten durchgesetzt. Wahrscheinlich hat ein Statthalter das SC auch für die Peregrinen für ver-

---

555 P. SB VI 9569 (91 n. Chr.). Dazu Seidl, SDHI 27 (1961) 494 gegen Pringsheim, A new and peculiar contract for cash payment with deferred delivery. SDHI 24 (1958) 224.

556 Die Hgg. nehmen im Kommentar an, es handele sich um Teilrückzahlung.

557 Ensslin RE Valerius (Diokletian) 2468.

558 S.110.

559 Erläutert bei Pringsheim, Law 279f. mit Lit.

560 Vondeling, Eranos. Groningen 1961. – Maier, Eranos als Kreditinstitut, Diss. Erlangen 1969 (sieht eine „Zweckverfügung" im E.).

561 S.262.

562 Finckh, Das Zinsrecht der gräko-ägyptischen Papyri. Diss. Erlangen 1962. – Herrmann, Zinssätze und Zinsgeschäfte im Recht der gräko-ägyptischen Papyri. JJP 14 (1962) 23.

563 Cicero ad Att.5, 21,13.

bindlich erklärt. Urkunden, die davon abweichen, gibt es; wir wissen aber nicht, ob die Gerichte sie für verbindlich gehalten hätten. § 109 des sog. Gnomon des Idios Logos bestraft die Überschreitung des erlaubten Zinsfußes mit Einzug der Hälfte des Vermögens des Gläubigers und eines Viertels des Vermögens des Schuldners. Etwa kurz vor 340 n. Chr. schärft ein praeses Thebaidos das Verbot abermals ein: P. Lugd Bat XIII 9. Dagegen wurde Justinians Ermäßigung des erlaubten Zinses Cod. Just 4,32,26 in Ägypten offensichtlich nicht beachtet. Das gilt auch für Nov. Just.136 § 4, wie Mickwitz aus P. Cairo Masp 67126 ersichtlich machte (564). Ebensowenig vermochte sich das kirchliche Verbot des Zinsnehmens überhaupt durchzusetzen (565).

Auch der schon ptolemäisch belegte Satz, daß die Zinsen zusammen die Höhe des Kapitals nicht überschreiten dürften, wurde in der Römerzeit festgehalten (566). Wie beim Kapital, so ist es auch bei den Zinsen möglich, von vornherein auszumachen, daß sie in einem anderen Gut, als dem, das als Darlehen hingegeben wurde, bestehen sollten. Z.B. in Flachs oder Wein für ein Gelddarlehen: P. Edfu 2 (619 n. Chr.) (567). Auch eine Zinsantichrese ist einmal in BGU I 101 (114 n. Chr.) belegt.

Παρακαταθήκη (568): Für das depositum irregulare sind wir so glücklich, in P. Oxy XXXIII 2677 ein Schema aus dem II.Jhd. n. Chr. zu besitzen, das durch praktische Urkunden bestätigt wird. Es gibt zwei Ausdrücke dafür, *παραθήκη* und *παρακαταθήκη*. Frezza und Kastner wollen einen Unterschied zwischen beiden Bezeichnungen sehen: mit dem zweiten Ausdruck werde auf ein besonderes Treueverhältnis hingewiesen. Doch ist der erstere wohl nur eine Kurzform des zweiten; damit erklärt sich auch, warum in Fällen, in denen viel Vertrauen gegeben wird, die gewähltere Langform gebraucht wurde. In dem Schema wird ein *νόμος παραθηκῶν* zitiert. Dieser setzte nach PSA 28 (82 n. Chr.) das Doppelte für die Nichtrückgabe fest: das entspricht der Diebstahlsbuße des ptolemäischen Rechts (569). So wird man wohl ein Gesetz der Ptolemäerzeit darunter zu verstehen haben, das in der Römerzeit weiterhin Geltung hatte. Da ein Geldgeber bei Verzug des Darlehensnehmers wahrscheinlich nur das Hemiolion verlangen konnte, mochte es mitunter vorteilhafter für ihn sein, sein Geld als *παραθήκη* aus-

---

564 Die Organisationsformen zweier byzantinischer Gewerbe im X.Jhd. Byz. Ztschr. 36 (1936) 63.

565 Preissner 72ff.

566 Wenger, *Ἱστορικαὶ παρατηρήσεις ἐπὶ τῆς ἀπαγορεύσεως τοῦ τόκου* ultra alterum tantum Ἀρχ, Ἰδ. Δικ. 5 (1938).

567 P. Bad VI 173 (VI. – VII.Jhd.): Linsen.

568 Kastner, Die zivilrechtliche Verwahrung des gräko-ägyptischen Oblikationenrechts im Lichte der Papyri. Diss. Erlangen 1962. – Hellebrand, RE *Παρακαταθήκη*. – Ehrhardt, *Παρακαταθήκη* ZSS (1958) 32. – Frezza, *Παρακαταθήκη* Eos (1956 = Symb. Taubenschlag) I 139.

569 PtolRG[2] 169.

zugeben. Also wurde durch ein depositum irregulare oft ein Darlehen verschleiert (570). Nur in diesen Fällen begegnet eine Verzinsung, während man sonst parallel zum römischen Recht ein unentgeltliches Geschäft annehmen muß. Fiktive deposita irregularia sollten sogar Witwenversorgung bei verbotener Soldatenehe verschleiern (571).

Ausnahmsweise kommt auch die Hinterlegung einer nicht vertretbaren Sache vor. So wurde nach BGU III 781 V (I.Jhd.) eine Schreibtafel und eine Schüssel in Verwahrung gegeben. Aber dafür wurde das Wort *θήκη* benützt. In einem anderen Text, P. Mich VIII 514 (III.Jhd.) nimmt man die lateinische Bezeichnung *δηπόσειτον*. Man sieht also in der Römerzeit im Gegensatz zur Ptolemäerzeit in *παραθήκη* normalerweise das depositum irregulare.

Condictio indebiti. Kapitalsverschiebung kann ja auch dadurch eintreten. daß jemand etwas erhält, was ihm nicht zukommt. Auch dazu gibt es wenigstens einen Beleg aus Ägypten:

Claudius Geminus, Idios Logos unter dem Präfekten Mettius Rufus, entschied als sein Vertreter ca. 90 n. Chr. einen Prozeß zwischen Ummidius Rufus mit Streitgenossen gegen Manius Mummius Rufus, also Römern, über das Gartengrab der Pompeia Musa (SB VIII 10044 = SEG XVIII 646). Die Inschrift auf einer Marmortafel, durch die wir von dem Fall etwas wissen, gibt freilich nur eine arg gekürzte griechische Wiedergabe der lateinisch geführten Verhandlung. Und obwohl der Text schon von mehreren Editoren abgedruckt wurde (572), sind noch einige zum Verständnis nötige Ergänzungen nicht vorgenommen worden, die wir zuvor einfügen müssen:

> (15) [*τὸν μὲν μισθό*]*ν, ὅσον κακῶς εἰλ*[*ή*]*φασιν, ἀπαι*–(16) *τηθήσονται. τὸ δ*[*ὲ μνημεῖον*] *μενεῖ τοῖς ἐνκ*[*ειμέν*]*οις σώ*–(17) *μασιν ἀκαταχρημά*[*τιστον ἀεί. Δι*]*ονύσιος· ἐνο*[*φειλό*]*ντ*–(18) *ων τὰς τετρακισχε*[*ιλίας* (*δραχμὰς*) *ἕτοι*]*μός ἐστιν ὁ ἀν*[*τιδοθεὶς τά*]*φος*. (573).

Über das Gartengrab war einmal eine Miete abgeschlossen worden, vermutlich zwischen Pompeius Epaphras und den Klägern. Claudius Geminus stellte fest, daß diese Miete nur ein Scheingeschäft war. Das dissimulierte Geschäft war Übereignung durch Verkauf. Diese aber war nach dem alexan-

---

570 Kießling, Über den Rechtsbegriff der Paratheke. Mitt. Papyrussammlg. Öst. Nat. Bibl. (1956) 69.

571 S. unten S. 220. Weitere Verschleierungsfälle bei Kastner, a.a.O. 61.

572 Arangio-Ruiz, Il giardino funerario di Pompea Musa. Mélanges Meylan 1 (1963) 1 – 18 mit Abbildung. – Stein, Some reflections on „Jus sepulchri“ Studi Biondi 2, 113 – 122. – De Visscher, Le droit des tombeaux romains. Milano 1963, 197 – 224. Die in diesen Abhandlungen vorgetragenen Meinungen weichen von der hier vertretenen erheblich ab.

573 17 *ἐνο*[*φειλόντων α*]*ὐτῶν* (?). 18 *ἀν*[*τιδοτος*? In Z. 17 streicht Bartoletti *ἀεί*.

drinischen Stadtrecht verboten. Das Grab und der Garten waren unveräußerlich (574), denn es war eine sog. Stiftung. Die Nutzungen des Gartens standen im Verhältnis Leistung – Gegenleistung zur Pflege des Grabes (575). Der bereits entrichtete Mietzins von 4000 Drachmen war κακῶς, lateinisch ‚ex iniusta causa' gezahlt worden (576).

Der Rhetor des Beklagten, des „Mieters", erklärte denn auch, das als Gegenleistung für den Mietzins erhaltene Gartengrab stehe zur Verfügung, wenn Zug um Zug die Mietzinsen zurückerstattet würden. Aber daraufhin entschied Claudius Geminus, er müsse mit einem gebührenden Anteil an der Verrechnung teilnehmen. Er hatte aber als Testamentserbe des Pompeius Epaphras zehn Jahre hindurch die Aufwendungen und die Nutzungen des Gartengrabes gehabt. Soweit die Inschrift.

Der Mietvertrag war also in fraudem legis abgeschlossen worden. Damit hatte der Fall eine Ähnlichkeit mit den in den Digesten breit behandelten Fällen, daß jemand in fraudem der Augusteischen Ehegesetzgebung seinem Ehegatten ein Geschenk gemacht, es aber durch ein Scheingeschäft verschleiert hatte (577). Die Klage des Ummidius Rufus war also eine condictio ex iniusta causa, certae rei, nämlich des Gartengrabes. Eigentum konnte er nicht geltend machen, wenn er sich darauf stützen wollte, daß es unveräußerlich sei. Wohl aber konnte ihm ususfructus daran zustehen. Deshalb bezeichnet er sich als usufructuarius, καρπιστής. Auch als solcher kann er Besitz und Nutzungen verlangen. (Allerdings ist nach römischem Recht der Nießbrauch unvererblich. Also ist auf diesen Nießbrauch alexandrinisches, nicht römisches Recht anzuwenden.). Streitig ist nun, ob eine condictio ex iniusta causa schon in frühklassischer Zeit bonae fidei war. Claudius Geminus entscheidet ganz nach bona fides. Die „Vermieter" sind insoweit nicht ungerechtfertigt bereichert, als der „Mieter" einen Überschuß aus den Nutzungen über die Aufwendungen hatte. Das läßt sich mit der Lehre von Kaser (578) nicht vereinen, daß in klassischer Zeit nur die empfangene Leistung, nicht die bei der litiscontestatio noch vorhandene Bereicherung Klagegegenstand gewesen sei. Wahrscheinlich bekam der Beklagte nichts von den Mietzinsen zurück. Denn die Marmortafel ist von den siegreichen Klägern zu dem Zweck errichtet worden, bekannt zu geben,

---

574 Wir haben oben S. 149 gesehen, daß schon wenige Jahre später infolge einer Konstitution Hadrians die Entscheidung hätte anders lauten müssen, weil die veräußernde Partei römisch war.

575 Mannzmann, Die Rechtsform der griechischen Stiftung. RIDA[3] 3 (1956) 119. Griechische Stiftungsurkunden. Münster 1962. Bespr. von Pleket, Mnemosyne[4] 15 (1962) 205. – Seidl, SDHI 30 (1964) 494 mit Lit.

576 Damit wird die Lehre von Fritz Schwarz bestätigt, daß ex iniusta causa ursprünglich die Bezeichnung der Bereicherungsklage überhaupt gewesen sei. (Die Grundlage der condictio im klassischen römischen Recht. Münster 1952 S.274.)

577 Vgl. die bei Kaser, Das RömPR I 500 verzeichnete Lit.

578 a.a.O.

daß das Grab unveräußerlich sei, ohne daß deshalb jemand noch Ansprüche gegen sie erheben könnte. Zu einem Verfahren vor einem iudex pedaneus, der Aufwendungen, Nutzungen und Mietzins gegen einander verrechnet hätte, ist es wohl nicht gekommen.

Schenkung (579). Das römische Recht kannte die donatio, hatte sie aber durch Spezialgesetze immer wieder eingeschränkt. Im Volksrecht kam die *δωρεά* auf Lebenszeit vor, die ein Entgelt für Dienste darstellt, daher mit der Beendigung der Dienstleistung an den Geber zurückfällt (580). Zweifellos konnte jemand an seine Intestaterben, auch solange er noch lebte, Schenkungen machen (581). Wieweit jemand aber wertvolle Sachen an Familienfremde unentgeltlich übertragen durfte, ist ungewiß. Solche Feststellungen lassen sich auch nur machen, wenn eine Urkunde innerhalb eines Archivs entdeckt wurde. Bei Einzelurkunden sind wir auf Vermutungen angewiesen. So kennen wir z.B. das Verhältnis des Oikogenes zu Himeros nicht, das in der vermutlich ältesten Urkunde der Römerzeit über eine Schenkung zugrunde gelegt wird: BGU IV 1114 (8/7 v. Chr.). Noch können wir sagen, ob das *δῶρον* von fünf Sklaven durch die Dienstleistung des Himeros aufgewogen war. In FIRA III 98 = SelP I 50 = P. Grenf II 68 = 70 (247 bez. 287 n. Chr.) wird als Grund der *χάρις* angegeben, daß der Empfänger Wohlwollen gegenüber dem „Schenker" bewiesen habe. Das Cheirographon wird 40 Jahre später einer Demosiosis unterzogen. Objekt ist ein Viertel der Einkünfte des ,,Schenkers" als Totenbestatter. Einfluß des römischen Rechts erscheint möglich. Cod. Just 1, 57 gibt dem iuridicus von Alexandria eine Sonderstellung bei der Beurkundung von Schenkungen (469 n. Chr.).

§ 30 Pfandrecht (582)

1. Prinzipatszeit

a) Grundstücke

Als die Römer nach Ägypten kamen, hatten sie die Vorstellung, daß ein dingliches Recht, das durch eine actio in rem gesichert war, etwas anderes sei als eine Obligation, die nur zu einer actio in personam führen konnte. Und so unterschieden sie auch zwischen dem Eigentum (proprietas) und dem dinglichen Pfandrecht an einer fremden Sache (pignus). Dic Ägypter hätten das nicht verstanden. Sie hatten nur die Vorstellung ,,es gehört mir

579 Taubenschlag 399. – Wenger 803.
580 PtolRG^2 34.
581 So jetzt das Rechtsbuch von Hermopolis.
582 Taubenschlag 271 – 291.

von dem, was bei dir ist". Die Vorstellung der im Lande lebenden Griechen war vermutlich der ägyptischen näher als der römischen. Nichtsdestoweniger findet man in den Urkunden der Ptolemäerzeit eine reiche Auswahl von Figuren, wie man Realkredit sichern konnte (583). In den Texten der Prinzipats- und Dominatszeit werden nun allmählich die in Ägypten praktizierten Verpfändungsweisen romanistisch verstanden. Dabei werden gelegentlich *νόμοι τῶν ὑποθηκῶν* zitiert (584), ohne daß man mit Sicherheit sagen könnte, ob damit ptolemäische Gesetze oder römisches Provinzialrecht gemeint seien.

Die Römer wünschten, wie wir schon gesehen hatten (585), daß alle Hypothekare der *βιβλιοθήκη ἐγκτήσεων* ihre Rechte bekanntgaben, soweit ein Grundstück Gegenstand eines Pfandrechts war. Der Gang der Anzeige ist derselbe, wie er bei der Übereignung sein mußte: ohne *ἐπίσταλμα* darf der Agoranom die completio der Urkunde nicht vollziehen: P. Chrest II 203 = Oxy III 483 (108 n. Chr.). 243, 11 = Flor I 1 (153 n. Chr. (586)). Die Beispiele zeigen auch, daß man sich diesem Wunsche der römischen Präfekten fügte. Dadurch wurde wohl der treuhänderische Urkundenhüter überflüssig, der die Übereignungsurkunde bis zum Pfandverfall aufzubewahren hatte (587). Doch kommt die Verbindung einer Kapitalsübertragung mit einer Geldbezahlungs- und einer Abstandsurkunde noch in P. Ryl. dem. 45 (43 n. Chr.) vor.

Wenn nach römischem Recht eine fiducia cum creditore in der Form einer mancipatio abgeschlossen wurde, so fehlt nicht der Zusatz fidi fiduciae causa mancipio accepit (588). Wollte der Sicherungseigentümer das Grundstück veräußern, und die Urkunde dem Erwerber vorlegen, so las dieser die Klausel und erkannte, daß er keinen unbedingten Eigentümer vor sich hatte. Die Klausel ist also ein Schutz für den Sicherungsgeber. Bei ptolemäischen Urkunden dagegen kann man oft nicht erkennen, ob sie definitiv oder fiduziarisch das Grundstück übertragen wollen (589). Der Sicherungsgeber ist hier weniger stark geschützt; sein Schutz ist bei einem Urkundenhüter u.dgl. zu suchen.

In JurP 67 = BGU 1158 (9 v. Chr.) ist wohl alexandrinisches Stadtrecht zugrunde zu legen: der Text ist eine „Gegenurkunde" der Gläubigerin, worin sie die Verpflichtung anerkennt, bei Rückzahlung der Schuld das Grund-

---

583 PtolRG^2 137ff.

584 P. Bas 7, 19 mit Kommentar von Rabel.

585 Oben S. 75.

586 Auch die Verpfändung unterlag dem *ἐνκύκλιον*, das aber dann nur 2 % betrug, Wallace 229.

587 Mitteis wollte eine Durchbrechung des Prioritätsprinzips zugunsten des „im Grundbuch Eingetragenen" annehmen. Diese Hypothese läßt sich bisher nicht beweisen.

588 FIRA III 92 (sog. formula Baetica), I. – II.Jhd. n. Chr. – Dazu Wenger, Qu.758. – Manigk, RE Fiducia.

589 PtolRG^2 a.a.O.

stück dem Schuldner zurückzuübertragen. Das läßt darauf schließen, daß die παραχώρησις selbst nichts davon sagte, nur fiduziarisch gemeint zu sein (590). So müssen wir damit rechnen, daß παραχωρήσεις von Grundstücken, die uns unbedingt vorliegen, intern doch ὠνὴ ἐν πίστει zum Inhalt hatten. Wenn im VII.Jahrhundert Frauen auf exceptio SC Velleiani bei der Abtretung eines Hauses verzichten, P. Herm Rees 35, was nur bei fiduziarischer Abtretung sinnvoll ist, so scheint in der ganzen hier behandelten Zeit die unbedingte Abtretung üblich gewesen zu sein (591). Man wird daher gut tun, die römische fiducia cum creditore mit der in unseren Texten vorkommenden ὠνὴ ἐν πίστει nicht gleichzusetzen. Wurde das Pfand am Fälligkeitstage wieder ausgelöst, so erfolgte ebenfalls eine Anzeige an die β. ἐ.

a) Wo die Vorstellung vorherrscht „es gehört A von dem, was bei B ist, soundsoviel Geld", ist schon durch das bloße „Darlehen" eine Grundlage für eine „Wertvindikation", eine condictio, gegeben. Es kann aber auch bei der Hingabe des Kredits sogleich eine „stellvertretende Gegenleistung" für die Rückgabe des Kredits ausgemacht werden: das ist etwa die Vorstellung, die dem ägyptischen ʾw;.t zugrundeliegt. Man hat versucht, das in griechischer Sprache wiederzugeben, und fand dafür in ὑπάλλαγμα oder ὑπαλλαγή einen treffenden Ausdruck (592). Der Kreditgeber, der sich auf ein solches Zugriffsobjekt einläßt, verzichtet aber deshalb nicht darauf, daß ihm vom Vermögen des Kreditnehmers soviel gehört, als seinem Kredit entspricht. So wird in JurP 48 = SB I 5341 (133 n. Chr.) für ein Getreidedarlehen ein Haus als ὑπάλλαγμα bezeichnet. In der βιβλιοθήκη ἐγκτήσεων wird das vermerkt. Bei Nichtrückzahlung soll in das Haus und, soweit dies nicht ausreicht, in das sonstige Vermögen des Kreditnehmers vollstreckt werden. Aus JurP 49 = Flor I 56 (234 n. Chr.) erfahren wir: die als ὑπάλλαγμα für den Kredit bezeichneten 20 1/4 Aruren reichten zu seiner Abdeckung nicht aus, also wird in diese und in andere Grundstücke des Kreditnehmers mit ἐμβαδεία vollstreckt. In beiden Beispielen blieb das Pfandobjekt bis zur Fälligkeit in der Hand des Verpfänders. Deshalb läßt sich der Kreditgeber in P. Chrest II 237 = Lond 311 (149 n. Chr.) in Z.13 ausdrücklich zusichern, daß die Kreditnehmerin das Objekt nicht an einen Dritten abtreten oder zu Hypothek geben werde. Die Verpfändung wird als ὑπάλλαγμα καὶ διεγγύημα bezeichnet. Die Urkunde ist eine vor dem γραφεῖον errichtete Homologie. Wäre zwischen ὑπάλλαγμα und ὑποθήκη ein begrifflicher Unterschied zu machen, hätte sich der Kreditgeber auch gegen eine Hingabe zu ὑπάλλαγμα sichern müssen; das war aber offensichtlich in dem ὑποτίθεσθαι schon enthalten.

---

590 Aus P. Chrest II 233 (111 n. Chr.) erfahren wir erst bei der Rückübertragung, daß das Grundstück durch ὠνὴ ἐν πίστει abgetreten war.

591 Vgl. oben S. 153 ff.

592 In der altgriechischen Rechtssprache scheint der Ausdruck nicht vorzukommen, wohl aber in anderem Zusammenhang als „Austauschobjekt", s. Liddell-Scott.

Ὑπαλλάσσει sagt auch JurP 62 = Chrest II 195 (125 n. Chr.) von dem Recht, das die Ehefrau am gesamten Vermögen des Mannes erwirbt, wenn er ihr eine normale Alimentationsurkunde ausstellt (593). So wollte es ja auch schon Mettius Rufus (594). Diesen Fällen ist eines gemeinsam: der Kreditgeber rechnet damit, daß das „vertretende Haftungsobjekt" weniger wert ist als der Kredit.

b) Meistens wird aber der Kredit nur gegeben, wenn die zur Sicherung dienende Sache mehr wert ist als der Kredit. In solchen Fällen wird gerne das griechische Wort ὑποθήκη gebraucht, womit wohl eine altgriechische Vorstellung erweckt wird, insbesondere die Möglichkeit, die Sache mehrmals im Range hintereinander verschiedenen Kreditgebern zu hypothezieren. Die Sachherrschaft bleibt auch hier dem Verpfänder. So geschieht es unter Römern in FIRA III 119 = BGU III 741 (134/44 n. Chr.), der Abschrift einer Anzeige an den Archidikastes von der Hypothezierung und dessen ἐπίσταλμα. In der Ptolemäerzeit kommt in den Fällen der ὑποθήκη nicht die Haftung des übrigen Vermögens des Kreditnehmers hinzu; hier aber wird sie ausdrücklich zugestanden. Der Unterschied zwischen ὑποθήκη und ὑπάλλαγμα besteht also nicht mehr, wie das schon Manigk (595) gesehen hatte. Auch in JurP 68 = Flor I 1 (153 n. Chr.), einer Hypothekbestellung in schöner, mit completio versehener Agoranomenurkunde, wird in Z.11 die Haftung des ganzen Vermögens des Kreditnehmers vereinbart, nichtsdestoweniger wird das Pfand ausdrücklich ὑποθήκη genannt. Im Jahre 159 n. Chr. finden wir, daß ein Römer als Dioiket den Gedanken der Akzessorität der Hypothek zur Geltung brachte: P. Oxy XXXIV 2411, 43ff. Ein Grundstück war für Schulden zweier verschiedener Personen hypothezierd worden. Im zweiten Rang sollte es die Schuld eines Mannes sichern, der Stratege in dem Gau war, in dem es belegen war. Geschah die Darlehensaufnahme, ehe er Stratege geworden war, so ist das Darlehen und mit ihm die Hypothek gültig. Dann ist ihm, was beim Versteigerungserlös über die 1.Hypothek hinaus erzielt wird, auf seine Schuld anzurechnen. Im umgekehrten Falle dagegen, so müssen wir schließen, verstieß die Darlehensaufnahme gegen ein gesetzliches Verbot. Mit dem Darlehen war auch die Hypothek nichtig; den Mehrerlös zog der Fiskus ein (596). Wegen dieser zweiten Möglichkeit kam der Fall überhaupt an den Dioiketen, den Vertreter der Fiskalinteressen, der wohl identisch mit dem Idios Logos ist. Wir wissen freilich nicht, ob bei der Bestellung der 1. oder 2.Hypothek die Verstei-

593 Vgl. unten S. 214.
594 Oben S. 46.
595 Gräko-ägyptisches Pfandrecht. ZSS 30 (1909) 272.
596 Von diesem Zitat aus müßte man den übrigen Inhalt von P. Oxy XXXIV 2411 (um 173 n. Chr.) rekonstruieren. Dies ist wegen der Lücken wenig aussichtsreich; s. aber Wolff, ZSS 76 (1959) 569f.

gerung ausdrücklich ausgemacht wurde. Immerhin, Versteigerung eines mehrfach zu Hypothek gegebenen Grundstücks kam vor (597).

Wie eine Hypothek in einem Personalfolium des Kreditgebers eingetragen wird, zeigt JurP 60 = Oxy II 274 (89 – 97 n. Chr.). Daselbst wird auch in Z.24 die *ὑποθήκη* vermerkt, die dem Kreditgeber nach Fälligkeit des Kredits zusteht. Aus JurP 84 = Oxy III 486 (131 n. Chr.) ergibt sich, daß der Erwerber eines Grundstückes zuerst die Hypothekare abfindet (Z.24).

Zu 1 und 2: Soweit es sich um besitzlose Pfandrechte handelt, bedarf der Kreditgeber einer Vollstreckung, wenn der Kreditnehmer am Fälligkeitstage nicht zahlt. Er läßt sich in den Besitz einweisen und ergreift die Sachherrschaft (*ἐμβαδεία*): P. Chrest II 247 = Flor I 86 (I.Jhd.). 239 = BGU III 888 (159/60 n. Chr.) 240 = BGU 1038 (138 – 161 n. Chr.) 241 = Flor I 56 (234 n. Chr.). Aber damit ist er nicht unumstrittener Eigentümer der Sache. Es ist immer noch möglich, daß der Kreditnehmer die Sache auslöst, indem er zahlt: P. Chrest II 90 = Oxy III 653 (160 – 162 n. Chr.). Was aber dann geschieht, wenn keine Auslösung erfolgt, wissen wir sowenig, wie wir es für das römische Reichsrecht vor Konstantin sagen können: ob der Kreditgeber ohne weiteres Eigentümer wird, ob er bis zum iustum pretium aufzahlen muß, ob er verkaufen muß und die *ὑπέροχα* dem Verpfänder herausgeben? Vielleicht richtete sich das in erster Linie nach der Vereinbarung zwischen den beiden, vielleicht auch nach den *νόμοι τῶν ὑποθηκῶν*, die wir aber nicht kennen.

c) Der schon erwähnte JurP 84 = Oxy III 486 (131 n. Chr.) belegt ferner, daß die *ὠνὴ ἐν πίστει* immer noch vorkommt (598), und daß sie sich von der gewöhnlichen *ὠνή* dadurch unterscheidet, daß das Objekt beim Verpfänder verbleibt. Damit unterscheidet sie sich auch von der römischen fiducia cum creditore. Wie sehr dabei die griechische oder ägyptische Anschauung auch Römer noch im Jahre 201 n. Chr. beeinflußt, zeigt PSI XIII 1328: ein Kreditgeber hatte sich durch ein bloßes *χειρόγραφον* Grundstücke zur Sicherheit übertragen lassen. Als der Schuldner nicht zurückzahlt, läßt er zuerst die *δημοσίωσις* des Handscheins vornehmen, damit dieser den Wert einer öffentlichen Urkunde bekommt. Als dann aber immer noch nicht zurückgezahlt wird, erbittet er Vollstreckung (*ἐνεχυρασία*), damit ihm das Eigentum an den Grundstücken bleibe (*μένειν*). Das *χειρόγραφον* hatte ihm also nach seiner Vorstellung bereits das Eigentum verschafft; das ist unrömisch, aber mit ägyptischen oder griechischen Vor-

---

597 P. SB VI 9254, 6 (II!Jhd.) stellt nur den untersten Teil einer Urkunde dar, die sich danach nicht rekonstruieren läßt. Man kann aber nicht sagen, ob die *ὑπέροχα* in Z.6 dem Schuldner oder einem 2.Hypothekar zugute kommen sollen. Nach der Lehre von Mitteis und seinen unmittelbaren Schülern würde *ὑπάλλαγμα* vorliegen, weil das ganze Vermögen Pfandobjekt ist.

598 Auch aus Chrest II 235 = Oxy III 472 (um 130 n. Chr.) zu ersehen.

stellungen vereinbar. Die Vollstreckung soll ihm nur die Sachherrschaft (und die nötigen Beweisurkunden) verschaffen (599). Die βιβλιοθήκη ἐγκτήσεων ist nicht genannt; außerdem rechnet der Petent mit einem Prozeß vor dem Konvent des Statthalters. Zur ὠνὴ ἐν πίστει wird man auch JurP 67 = BGU IV 1158 (9 v. Chr.) rechnen dürfen: eine ausdrückliche Vereinbarung der Rückübertragung des Eigentums im Falle der Rückzahlung des Kredits. Immerhin ist das Datum sehr früh, so daß man alexandrinisches Stadtrecht nicht schlechthin ausschließen kann.

Die Realisierung solcher Grundpfandrechte kann man sich nach einer Entscheidung des Volusius Maecianus vorstellen, der 160 – 161 Präfekt Ägyptens war und auch in die Digesten als klassischer Jurist eingegangen ist (P. Chrest. II 90 = Oxy III 653) (600).

Den Tatbestand hat uns Mitteis geschildert: ein Grundstückseigentümer, der das Kapital ohne Zinsen anbietet, verlangt von dem durch ἐμβαδεία eingewiesenen Hypothekar Rückgabe der Grundstücke. Dieser ist nur bereit dazu, wenn ihm auch die Zinsen angeboten werden. Maecianus geht davon aus, daß der Hypothekar ja seit der ἐμβαδεία die Nutzungen des Grundstückes gehabt habe, womit er für die Zinsen befriedigt sei und gibt einen judex pedaneus, der dies untersuchen solle:

ἵνα μήτε ὁ δανειστή[ς ἐλαττ]ωθῇ, μήτε ὁ χρεώστης, μηδέτερος δὲ ἐν κέρδει γένηται.

Wenn auch Mitteis dieses Sätzchen nur auf die Zinsen beziehen möchte, so läßt sich doch nicht leugnen, daß es sehr allgemein gehalten ist. Ferner ist nicht zu bestreiten, daß gerade in diesem Sätzchen eine juristische Einsicht über das Wesen des Pfandrechts enthalten zu sein scheint, wie sie momoderner nicht formuliert werden könnte: das Pfandrecht dient einem Sicherungszweck, es soll kein lukratives Geschäft für den Gläubiger sein. Der Gläubiger soll alles erhalten, worauf er durch die gesicherte Forderung Anspruch hat, aber es ist nicht einzusehen, weshalb er aus dem Pfandrecht darüberhinaus einen Gewinn machen sollte. Dies ist aber die Begründung, mit der man heutzutage das Verbot der lex commissoria versieht, die in die modernen Gesetzgebungen übergegangen ist. Dieses Verbot stammt nun freilich erst von Konstantin aus dem Jahre 326 n. Chr. (Cod. Iust. 8, 34, 3) Dem Klassiker Maecianus möchte man wohl zutrauen, daß er seiner Zeit in juristischer Einsicht vorausgewesen wäre. Andererseits erinnert die Formulierung etwas an eine „regula“. Aber dann ist sie eine „klassische“ Zusammenfassung des Gerechtigkeitsgedankens der Güterabwägung (601). Ἐμβαδεία ist für ihn missio in bona, ein Druckmittel, um den Schuldner zur Zahlung zu zwingen, nicht „Pfandverfall“.

---

599 Ausführlicher Erklärungsversuch von A.B. Schwarz, Sicherungsübereignung und Zwangsvollstreckung. Aeg. 17 (1937) 241.

600 Lit. Jörs, ZSS 40 (1919) 55.

601 Vgl. Gedächtnisschrift für Rudolf Schmidt 362.

Die Belege für *ὑποθήκη*, zu denen auch solche aus Dura gekommen sind, reichen vom 2. bis zum 6.Jhd. (P. Michael 40 – 45).

B) *Bewegliche Sachen.* Sklaven werden den Grundstücken analog verpfändet (602). Auch sie werden in der *βιβλιοθήκη ἐγκτήσεων* registriert. In den uns erhaltenen Fällen handelt es sich um besitzloses Pfand.

Ὑποθήκη gibt es auch in anderen beweglichen Sachen, z.B. an Viehfutter: P. Oxy III 507 (169 n. Chr.).

Doch am häufigsten erscheint bei den beweglichen Sachen das *ἐνέχυρον*. Bei ihm bekommt der Pfandgläubiger den Besitz. Es war das das Pfand, das die gewerbsmäßigen Pfandleiher für ihre Darlehen nahmen, wie Husselman (603) nachgewiesen hat: z.B. P. SB VIII 9834 (II. bis III.Jhd.). Seine Konstruktion ist dem römischen pignus so ähnlich, daß hier der Übergang ins römische Recht unmerklich erfolgen konnte (604).

C) Damit nicht genug, konnte zur Sicherung einer Forderung auch nur der Fruchtgenuß an einer Sache übertragen werden (Antichrese). Nach dem, was wir soeben über die Entscheidung des Maecianus ausgeführt haben, war auch das nichts anderes als eine freiwillige Vorwegnahme dessen, was nach einer *ἐμβαδεία* dem Schuldner drohte. Beispiele solcher Antichrese sind P. Corn 7 (nach 126 n. Chr.): die Früchte sollen anstelle der Darlehenszinsen dem Pfandgläubiger gebühren. Bei P. Oxf 11 (151 n. Chr.) vermutet Taubenschlag (605), daß die Schuldnerin, erst nachdem sie die Zinsen nicht hatte zahlen können, dem Gläubiger die Antichrese eingeräumt hätte, weil der Termin der Rückzahlung nicht genannt ist. Später wurde das Darlehen doch zurückgezahlt, weil die Urkunde durchstrichen ist. Auch das Wohnungsrecht an einem Hause kann so anstelle der Zinsen des Darlehens Pfandobjekt sein (*ἐνοίκησις*), z.B. nach P. Warren 9 (109 n. Chr.). Das wird aber nun ganz offen gesagt: die Verschleierung der Verpfändung durch eine Pachturkunde (606) scheint nurmehr bei den Domänen vorzukommen, wenn der Pächter einen Unterpächter nahm. Die von Taubenschlag im Anschluß an Westermann vertretene Ansicht, daß auch die *παραμονή* etwas mit Verpfändung zu tun habe, ist abzulehnen (607).

---

602 JurP 45 = BGU IV 1147 (13 v. Chr.) *ὑπάλλαγμα* einer Sklavin neben Haftung des ganzen Vermögens. Dazu Manigk, a.a.O. 279. BGU IV 1149.

603 Pawnbrokers accounts from Roman Egypt. TPAPA 42 (1961) 251. Bingen, Chron 38 (1963) 324.

604 Dabei sind wir freilich im Gegensatz zu Kaser, Das röm. Privatrecht I 448 u.ö. der Meinung, daß beim pignus Übergabe erforderlich war. – Doch hat sich auch Volterra, Istituzioni di diritto privato Romano, o.J., aber geraume Zeit nach Kaser's Werk erschienen, klar auf die Seite derer gestellt, die die Übergabe beim pignus verlangen, S.432ff.

605 Law[2] 288, 80.

606 PtolRG[2] 142.

607 S. oben S. 191.

D) Pfandrecht an Rechten. Einkünfte aus einem Priesteramt konnten in der Ptolemäerzeit verpfändet werden; man sah in dem ,,Amt" eine verkehrsfähige Sache (608). Doch erfahren wir aus dem sog. Gnomon § 73, daß die Römer, wohl aus Anlaß einer Reform des ägyptischen Priesterwesens die Verpfändung solcher Ämter verboten haben (609). In BGU IV 1171 (10 v. Chr.) war eine Darlehensforderung ein Jahr lang *κατὰ πίστιν* abgetreten, dann wurde sie wieder an den Zedenten zurückübertragen. Das alexandrinische Recht würde dann insoweit mit dem römischen übereinstimmen, als die Form der Verpfändung der der Abtretung entspräche.

2. *Dominatszeit*

Des Kaiser Konstantins Verbot der lex commissoria bei der Verpfändung (Cod. Iust. 8, 34, 3) galt auch in Ägypten und hat zur völligen Romanisierung des Pfandrechts in dieser Provinz nicht wenig beigetragen. Es stammt zwar schon aus dem Jahre 326, seine Durchführung zeigt uns eine Urkunde von 647 n. Chr., P. SB VI 8988 (610): ein Ehepaar hatte sich den Anteil an einem Hause von einer Frau verpfänden lassen *δι' ἐγγράπτου ὑποθηκιμαίας ἀσφαλείας*. Als es aber Besitz ergreifen wollte, wurde es daran eben durch das kaiserliche Verbot gehindert. Daraufhin fuhren die beiden zu den Erben der Verpfänderin und ließen sich von diesen eine *τελεία πρᾶσις* ausstellen. Jetzt, nach Eintritt der Fälligkeit, hinderte das Verbot der lex commissoria die Gültigkeit der Übertragung zu Eigentum nicht mehr. Im vorliegenden Falle kam es dann zu einem Vergleich. Gaius' Rat, im Falle eines Eigentumsstreites zuerst zu versuchen, die possessio durch ein interdictum zu erlangen (Dig.6, 1, 24), führte dazu, daß in der Vulgärsprache possessio wie proprietas gebraucht wurde (611). Dazu kam Gai Inst. II 7 (612), wonach es in der Provinz kein Grundeigentum geben sollte – und nun las man auch Gaius in Ägypten eifrig. Das brauchte den halbgelehrten Verfasser des P. Warren 10 (591/92) dazu, ein pignus possessionis zu erfinden. Damit haben wir typisches römisches Vulgarrecht vor uns, nach klassischem römischen Recht wäre diese Konstruktion unmöglich. Der Aussteller der Urkunde, die von einem Notar mit der completio versehen ist, verpfändet Z.20 *τὴν νομὴν* und zwar [*δικαίῳ*] *ὑποθήκης καὶ ἐνεχύρου*.

Nicht vergessen sei auch P. Michael 42 (566 n. Chr.), der aus zwei uno actu errichteten Urkunden besteht. In der ersten wird das Grundstück hypotheziert. In der zweiten pachtet der Eigentümer es von den Hypothekaren

---

608 PtolRG² 110.
609 Erörtert oben S. 16 f.
610 Vgl. SDHJ 15 (1949) 338.
611 Auch im Westen des Reiches: Levy, West Roman Vulgar Law. Philadelphia 1951, 63ff.
612 S. oben S. 148.

zurück (613). Der Pachtzins besteht nur in der Übernahme der steuerlichen Verpflichtungen. Das Letztere wird wohl den Parteien das Wichtigste bei dieser sonst beim besitzlosen Pfand unverständlichen vulgarrechtlichen Konstruktion gewesen sein. Umgekehrt erhält der Hypothekar nach P. Cairo Masp 67309, 36 den Besitz (569 n. Chr. geschrieben von Dioskoros, der doch einige Rechtskenntnisse besaß.)

Das *ἐνέχυρον* kam noch vor, wie man aus dem verstümmelten PSI VII 768, 6 sieht (465). Die Antichrese belegt P. SB I 5285 (607 n. Chr.) und IV 7758 (497). Für *ὠνὴ ἐν πίστει* scheint P. Mert I 32 aus dem frühen IV.Jhd. zur Zeit der letzte Beleg zu sein.

Aus der beginnenden Dominatszeit haben wir ferner ein Umgehungsgeschäft, das daraufhindeutet, daß das besitzlose Pfand an beweglichen Sachen nicht mehr anerkannt wurde. P. SB I 5679 (307 n. Chr.), in dem man die Eigentumsübertragung an der Hälfte einer Eselin sehen möchte, verquickt in einer für diese Zeit typischen Weise Ägyptisches mit Griechischem und Römischem. Er geht davon aus, daß das Eigentum mit der Preiszahlung übergehe (griechisch und ägyptisch); doch wird der Preis genau angegeben (griechisch). Immerhin handelt es sich nicht um ein auf einmalige Abwicklung gerichtetes Geschäft, sondern um ein Dauerverhältnis. Denn Z.10 lesen wir:

> *[ἐ]αν μ[ὲν ζημίαν] ποιήσῃ, ἡμ[ε]ῖς [τ]άχα φανεροί, ἐὰν [δέ], ὃ μ[ὴ εἴῃ, δει]νόν* (614) *τι πάθῃ, πάλιν ἀσφαλείαν μ[ὲ ἑτέραν δώσειν].*

Wenn die Eselin einen Schaden stiftet, sollen sie die beiden Miteigentümer sofort aus der Pfandverstrickung auslösen. Wenn die Eselin stirbt, so werde der „Verkäufer" sofort eine andere Sicherheit geben. Das Noxalrecht ist römisch. Daß mit der „Eigentumsübertragung" eine Verpfändung verschleiert werde, ist ägyptisch (615). Aber zur Sicherheitsleistung würde nach römischem Recht die Übergabe als pignus gehören, also wird nur die Hälfte der Eselin übereignet. Das ist dann Verpfändung eines Rechts und der Verpfänder kann die Eselin behalten.

§ 31 Bürgschaft (616)

Wie wohl überall in der Welt geht einer Verbürgung ein Vertrag des Hauptschuldners mit dem Bürgen voraus. Der Fall, daß der Bürge sich freiwillig ohne Aufforderung des Hauptschuldners verbürgt, ist der seltenere. Aus

---

613 Zur Frage, ob das gültig ist, s. oben S. 193.

614 Natürlich nicht *ἀνθρώπων*, wie Pringsheim, Law 464 ergänzen will, was er selbst absurd findet. Die Lücke wäre dafür zu klein.

615 PtolRG² 138.

616 Taubenschlag, Law² 411. Eine umfassende Monographie fehlt. – Cantarella, La fideiussione reciproca. Milano 1965.

diesem Vertrag geht der Rückgriffsanspruch des Bürgen hervor, wenn er vom Gläubiger in Anspruch genommen wurde. Im römischen Recht hat er die actio mandati.

Die älteren Urkunden nennen das mandatum nicht, wenn sie von dem Rückgriff des Bürgen sprechen. In P. Oxy II 270 (94 n. Chr.) sichert die Hauptschuldnerin dem Bürgen unter Verpfändung von Grundstücken den Regreß zu. Daß das Tagesdatum nicht ausgefüllt wurde, mag ein Zeichen dafür sein, daß sie die Urkunde doch erst dann dem Bürgen aushändigen wollte, wenn sie das Darlehen tatsächlich erhalten hatte. Was sie verspricht, ist mit *παρέχεσθαι* wiedergegeben (617).

In P. Oxy VII 1041 (381 n. Chr.), ebenfalls einer Zusicherung des Rückgriffs ist Z.6 [*πεισθείς*] ergänzt. Wenn die – sehr einleuchtende – Ergänzung richtig ist, so wird damit schon im Sinne des römischen Rechts das mandatum angedeutet. Ganz überzeugend ist P. SB VI 8029 (538 n. Chr.). Der Hauptschuldner versichert dem Bürgen, daß er sich *κατὰ παράκλησιν ἐμὴν καὶ ἀξίωσιν καὶ αἴτησιν* verbürgt habe und verspricht Rückgriff und Pfandbestellung. Die dreifache Charakterisierung des Mandatum ist typisch byzantinischer Schwulst.

Wenn so auch das römische Recht von der Bürgschaft allmählich Besitz ergriff, so hat sich doch nicht die umständliche Formulierung einer stipulierten fideiussio durchgesetzt, sondern die meisten Bürgschaften sind formlos. Außerhalb Ägyptens mag das anders gewesen sein: BGU III 887 (151 n. Chr.) stammt aus Pamphylien. Dort wird fideiubere ganz wörtlich mit *πίστει κελεύειν* wiedergegeben (618). Der *πιστικελευστής* ist in Ägypten erst im III.Jhd. belegt und bei weitem nicht so häufig wie der *ἐγγυητής*. In P. Lips 4 (293 n. Chr.) wird der Eviktionsbürge in Z.6 so genannt. Ihm gegenüber findet aber keine Stipulation statt und er unterschreibt nur mit *ἐγγυῶμαι* in Z.34. Die Anlehnung an das römische Recht ist also sehr oberflächlich.

In einigen Fällen wird die Bürgschaft nur durch das Wort *πίστις* ausgedrückt, z.B. in P. Warren 5, 15 (154 n. Chr.) *πίστι Διδύμου*. Der Bürge tritt dafür ein, daß der Hauptschuldner seine Ladung richtig nach Alexandria bringen werde. Dieser Gebrauch von *πίστις* stammt aber nicht von der fideiussio ab, sondern findet sich schon in der Ptolemäerzeit (619).

Man hat die Bürgschaftsübernahme gern durch einen Eid verstärken lassen, insbesondere dann, wenn ein fiskalisches Interesse an der Leistung vorlag, für die die Bürgschaft eingegangen wurde. So in P. Jand I 30 (105 oder 106

---

617 Ob der Befreiungsanspruch, der in P. Chrest II 232 = Oxy 286 (82 n. Chr.) geltend gemacht wird, als Rückgriff eines Bürgen gedeutet werden kann, ist zweifelhaft. Die Petentin ist eine Frau; sie könnte sich auf das SC Velleianum berufen. Also wird sie wohl etwas in ihr Vermögen bekommen haben.

618 Schmitz, Ἡ *πίστις* in den Papyri. Diss. Köln 1964, 92ff.

619 Schmitz a.a.O. 65.

n. Chr.): der *βασιλικὸς γραμματεύς* nimmt einen Bürgen für den Domanialbauern, der Saatgut bekommt (620). Umgekehrt begnügt man sich auch oft, den Bürgen in der Schuldurkunde neben dem Schuldner aufzuführen: so P. SB VI 7667 (320 n. Chr.) *ὁμολογῶν* I. *καὶ ὁ τούτου ἐγγυητής*.

Wenn der Gläubiger, wie gewöhnlich, der mächtigere war, so verlangte er, wenn mehrere Schuldner eine Leistung erbringen sollten, daß sich jeder für den anderen verbürgte. Dann konnte er nach seinem Belieben den einen oder anderen zur Leistung heranziehen. Das ist die *ἀλληλεγγύη* (621). Nach Cantarella's Forschungen begegnet die daraufhinweisende Klausel bei Darlehen, locatio-conductio einschließlich *παραμονή*, depositum und in anderen Fällen.

Ein anderes Mittel, die Bürgschaft noch zu verstärken, ist die Nachbürgschaft, d.h. man läßt für den Bürgen wiederum einen Bürgen bestellen (622). Das geschieht gewöhnlich nur im fiskalischen Interesse.

§ 32 Sonstige Verpflichtungsgründe

Mandatum (623). Schon das Material der Ptolemäerzeit reicht nicht aus, die wichtigen Fragen dieses Rechtsgebietes eindeutig zu beantworten: 1. liegt wirklich ein selbständiges Rechtsverhältnis vor, oder handelt es sich nur um eine Weisung innerhalb eines bestehenden Dienst- oder anderen Schuldverhältnisses, 2. sind die Aufträge klagbar? (624). Die Urkunden der Römerzeit sind nicht klarer. Im Zweifel wird man annehmen müssen, daß zwischen dem Aussteller eines Auftragsbriefes und dem Empfänger bereits ein Dienstverhältnis besteht. Viele Belege, die man hier gerne heranziehen möchte, gehören ferner dem öffentlichen Recht an und sind Weisungen des Vorgesetzten an einen Untergebenen.

Das gilt z.B. für die Zahlungsanweisungen, die wir von 111 n. Chr. bis ins VI.Jhd. nachweisen können (625). Der *κονδιτάριος* in P. Med 71 (VI.Jhd.), dessen Titel wohl auf Getreidevorräte, condita hindeutet, könnte wohl die amtliche Aufgabe haben, einem *στατιωνάριος*, d.i. dem Vorsteher einer statio, Auszahlungen zu machen. Diese kann aber einen militärischen, poli-

---

620 Beispiele aus der Dominatszeit bei Seidl, Der Eid im römisch-ägyptischen Provinzialrecht II. München 1935, 119.

621 Cantarella, a.a.O. (250 Belege!).– Préaux, Le cautionnement mutuel. Chron 41 (1966) 354.

622 San Nicolò, Zur Nachbürgschaft. Sitz. Ber. Akad. München 1937, VI.

623 Modrzejewski, Le mandat dans la pratique provinciale à la lumière des lettres privées grecques d'Egypte. RHD[4] 37 (1959) 465. – Vgl. Levy, Weströmisches Vulgarrecht. Weimar. 1956, 287ff.

624 PtolRG[2] 148.

625 Daris, Dai papiri inediti della raccolta Milanese. Aeg 37 (1957) 100 gibt eine Liste solcher.

zeilichen oder finanztechnischen Charakter haben. Der Schreiber kann ein Vorgesetzter sein.

Dem Privatrecht eher zuzuschreiben, sind wohl die Briefe, in denen der Angesprochene dem Überbringer etwas geben oder ihm einen Kredit einräumen soll. In P. Mert 62 (6 n. Chr.) ist es so; außerdem sagt der Aussteller deutlich:

ὑπὲρ ὧν ἐάν σοι προσέλθῃ, εἰς τὴν ἐμὴν καταλογὴν πόησον αὐτῷ.

Aber über das Verhältnis zwischen Absender und Empfänger läßt sich nichts mehr ermitteln (626). Und wenn der Schreiber des Briefes P. Ant II 92 (IV/V.Jhd.) dem Empfänger zahlreiche Weisungen erteilt, die vom *ἐκβάλλειν* eines Pächters bis zum Besorgen eines Paares Sandalen reichen, so kann man wohl sicher sein, daß zwischen beiden ein Dienstverhältnis besteht.

Sodann ist daran zu erinnern, daß durch ein *συστατικόν* gelegentlich eine Nichtpartei dem Präfekten oder einem anderen Richter als Sachwalter der Parteiinteressen angeboten wird (627). Das Innenverhältnis des „Vertreters" zum „Vertretenen" läßt sich auch hier nicht ersehen; es kann ein Dienstvertrag sein, könnte aber auch in einem mandatum zu finden sein (628).

Einen amtlichen Charakter hat hinwieder der Brief P. Oxy XII 1423 (IV.Jhd.) in welchem ein Officialis einen anderen auffordert, einen ihm gehörigen Sklaven einzufangen und ihm zu überstellen.

Damnum infectum. P. Fuad I 30 (121 n. Chr.) ist ein Hypomnema an den Strategen. Eine Frau zeigt an, daß ein baufälliges Haus das ihrige durch Einsturz bedrohe. Der Hyperetes setzte den Vermerk darauf, daß er diese *παραγγελία* den beklagten Miteigentümern zugestellt habe. San Nicolò (629) hat die Frage untersucht, ob diese Anzeige von damnum infectum an das römische Recht anzuschließen sei. Er kam zur Verneinung, die jetzt durch das Rechtsbuch von Hermupolis bestätigt wird. Auch das ägyptische Volksrecht kannte Schadensersatzpflicht des Eigentümers, wenn ihm die Gefahr des Einsturzes rechtzeitig mitgeteilt worden war, und er nichts unternahm.

Bei *unerlaubten Handlungen* (630), römisch gesprochen, in der Aquilischen Haftung, taucht die Frage nach der Behandlung von Mittätern und Gehilfen auf. Über sie hat sich Markos, der Richter, in P. Mon 9 (583 n. Chr.) geäußert (631). Der *τοποτηρητής* Menas hatte auf Anstiftung des Klägers Johannes hin der Beklagten gewaltsam ein Drittel der von ihr verwalteten Erbschaft weggenommen.

---

626 Ähnlich P. Mert II 95, der aus dem V. Jhd. stammt.
627 S. oben S. 144 ff Beispiel etwa P. Mert I 18 (161 n. Chr.).
628 Vgl. auch zu P. Mert I 23 oben S. 23 oben S. 146.
629 ZSS 61 (1941) 402. Daselbst Parallelurkunden. Wenger 774.
630 Taubenschlag, Law 429.
631 S. Festschrift Rabel II 242ff.

Die juristische Frage ist die, ob ein Privater, der den Inhaber einer behördlichen Stellung zu einem Unrecht veranlaßt, als dessen Mittäter für dieses Unrecht nach Dig. 2, 10, 1, 4 haften muß, oder ob obrigkeitliches Tun so selbständig zu beurteilen ist, daß Mittäterschaft eines Privaten dabei überhaupt nicht in Betracht kommt. Diese Frage entscheidet Markos negativ, Z.68:

παντὸς γὰρ ἀδικεῖσθαι νομίζοντός ἐστιν τὸ προσελθεῖν ἄρχουσιν ἤτοι τοῖς τὸν τόπον ἐπέχουσι τῶν ἀρχόντων, ἐκείνων δέ ἐστιν μετὰ διακρίσεως καὶ μὴ οὕτως χύδην κεχρῆσθαι τοῖς πράγμασιν.

Daß der Dieb auf das Doppelte des Wertes der gestohlenen Sache in Anspruch genommen werden kann, entspricht ägyptischem , griechischem (632) und römischem Recht.

§ 33 Eherecht (633)

1. Fortleben des ägyptischen Rechts

Es ist eine allgemeine rechtshistorische Erfahrung, daß sich auf dem Gebiete des Familienrechts alte Rechtssätze zäher halten als auf dem des Verkehrsrechts. Das zeigt sich auch am Recht der Provinz Ägypten. Der Kaiser Justinian fand es noch für notwendig, eine Konstitution von Zeno, der 474 bis 491 regierte, in Cod. Just. 5, 5, 8 aufzunehmen. Sie wendet sich gegen bestimmte ägyptische Gesetzgeber, die die copula carnalis bei der Ehe für unentbehrlich erklärt hatten, ferner bestimmten, daß der Bruder eines Verstorbenen dessen Frau heiraten solle, wenn die copula carnalis noch nicht stattgefunden habe. Danach hat man noch zu Zenos Zeiten den Gesetzgeber gekannt, vielleicht hatte man ihn schriftlich vor sich. Zu Justinians Zeiten waren die dem römischen Recht entgegengesetzten Anschauungen immer noch so lebendig, daß es sinnvoll war, ihr Verbot im Cod. Just. zu wiederholen.

Licet quidam Aegyptiorum idcirco mortuorum fratrum sibi coniuges matrimonio copulaverint, quod post illorum mortem mansisse virgines dicebantur, arbitrati scilicet, quod certis legum conditoribus placuit,cum corpore non convenerint, nuptias re non videri contractas, et huiusmodi conubia tunc temporis celebrata firmata sunt, tamen praesenti lege sancimus, si quae huiusmodi nuptiae contractae fuerint, earumque contractores et ex his progenitos antiquarum legum tenori subiacere nec ad exemplum Aegyptiorum, de quibus superius dictum est, eas videri fuisse firmatas vel firmandas.

---

632 PtolRG^2 169.

633 O. Montevecchi, Ricerche di sociologia nei documenti dell'Egitto greco-romano, Aeg. 16 (1936) 1ff; – Taubenschlag, Law 101. – G. Häge, Ehegüterrechtliche Verhältnisse in den griechischen Papyri bis Diokletian, Freiburg 1968.

Es ist sehr glaubhaft, daß ein ägyptischer König, vielleicht der vorptolemäischen Zeit, ein solches Gesetz erlassen hatte. Denn wenn der Mann bei der Eheschließung eine Urkunde ausstellte, in der er der Frau Vermögenswerte übertrug, so verlangte das Prinzip der Gegenleistung, daß diese nur dann gültig sein konnte, wenn die Leistung der Frau erfolgt war, und das ist eben die copula carnalis (634). Außerdem wissen wir heute, daß einen kinderlosen Bruder der älteste Bruder beerbte (635). Dazu paßt es, daß er dann, wenn die Leistung aus dem Vermögen erfolgt war, das er sonst bekommen hätte, auch auf die Gegenleistung vonseiten der Frau Anspruch haben sollte.

Nun war für die ägyptische Bevölkerung die Eheschließung durch Ausstellung einer Alimentationsurkunde, *συγγραφὴ τροφῖτις*, die vornehmste Art. Sie stellt den Rechtszustand dar, der eintritt, wenn die Frau dem Manne einen vollen Gegenwert für ihren Unterhalt einbringt. Aber dieser Rechtszustand kann auch so herbeigeführt werden, daß der Mann eine solche Urkunde ausstellt, in der nur fingiert wird, daß er diesen Gegenwert erhalten habe, während er in Wirklichkeit nichts bekommen hat. Bei manchen aus der Ptolemäerzeit überlieferten Urkunden wird es so sein. Sinn der Urkunde ist es dann, eine Wittumsversorgung der Frau sicherzustellen und ihr den vornehmeren Rang einer „Alimentationsfrau“ zu verleihen.

Daß im ersten Jahrhundert der Römerherrschaft noch solche Alimentationsurkunden ausgestellt wurden, ist wenigstens durch griechische Registereintragungen belegt (636). Die letzte demotische Urkunde solcher Art, P. Ehev 12 D, stammt aus der Regierungszeit Tiberius' (21 n. Chr.), die derzeit letzte Erwähnung aus dem Jahre 42 n. Chr., P. Mich II 121 Ro IV Nr.4. Zufällig stammen diese Belege aus Tebtynis (637).

Die Stellung der „Alimentationsfrau“ kann noch zur „Herrin wegen Geldbezahlung“ verstärkt werden. Auch das ist durch die Register bestätigt, in denen es heißt, der Mann habe noch eine *πρόπρασις* ausgestellt. Die ptolemäische Übersetzung für sẖ dbꜣ ḥd ist *πρᾶσις* (638); allerdings ist mir kein Beleg bekannt, in dem eine Geldbezahlungsurkunde zum Zwecke der Regelung des Ehegüterrechts damit gemeint ist. Der Übersetzer in Tebtynis will mit *πρόπρασις* möglicherweise „Vorwegübereignung“ zum Ausdruck bringen (639). Schließlich kann, wie auch in der Ptolemäerzeit belegt, zugunsten der Frau noch eine *συγγραφὴ ἀποστασίου* dazu kommen.

---

634 Bestritten von Pestman, Marriage and matrimonial property in ancient Egypt. Leiden 1961, 50.

635 Rechtsbuch von Hermopolis. Vgl. einstweilen: Rendiconti Istituto Lombardo 99 (1965) 185.

636 Montevecchi, a.a.O. 16.

637 Vgl. auch P. Teb II 386 (12 v. Chr.) und Mich V 341(41/42 n. Chr.).

638 BGU 1002, 1 (55 v. Chr.).

639 Nach Liddell-Scott scheint der Ausdruck zudem in anderen Texten nicht vorzukommen. Es handelt sich nicht um einen allgemein gebräuchlichen griechischen Begriff.

Für die weniger vornehmen Ehen hatte aber das ägyptische Landrecht andere Urkundsformen bereit (640). In den Grapheion-Registern von Tebtynis kommen ὁμολογία φερνῆς und συγγραφὴ φερνῆς vor (641). Pestman (642) setzt, nicht ohne Grund, φερνή mit ḥd n 'r ḥm.t, „Geld des Ehefrau-Seins" gleich, das in den Urkunden seiner Tafel B sehr oft vorkommt (Beispiel P. Ehev 30). Die häufigeren Urkunden seiner Tafel A enthalten gerade diese Leistung an den Mann nicht. Wir wissen aber auch bei diesen Urkunden nicht, ob die Leistung der Frau an den Mann wirklich hingegeben oder nur fingiert war. Es könnte schon sein, daß der griechische Übersetzer bei wirklicher Hingabe die Urkunde ὁμολογία φερνῆς und bei bloßer Fiktion συγγραφὴ φερνῆς nannte (oder umgekehrt?), aber beweisen läßt sich dies nicht.

Daran aber, daß der Mann der Frau bei der Eheschließung eine Urkunde ausstellen mußte, in der er ihre güterrechtlichen Verhältnisse regelte, dürfte die ägyptische Bevölkerung auch während der Prinzipats- und Dominatszeit festgehalten haben (643). Eine Ehe, bei der das nicht geschehen war, ein γάμος ἄγραφος (644), war keine richtige Ehe, sondern nur ein concubinatus, aber wie dieser mit einem gewissen Schutz ausgestattet. Damit hatte sich das alte ägyptische Gesetz befaßt. Es hatte besondere Regeln für die Rechte der übrigen Familienmitglieder für γάμος ἔγγραφος und γάμος ἄγραφος aufgestellt. In dem oben erörterten (645) P. CPR I 18 vom Jahre 124 n. Chr. taucht die Frage auf, ob ein Ägypter, der aus γάμος ἄγραφος stammt, berechtigt ist, zu Lebzeiten seines Vaters ein Testament zu machen, in welchem er den Vater übergeht und andere Personen zu Erben einsetzt. Anscheinend sind die Rechte eines Vaters über den Sohn aus ἄγραφος γάμος stärker als über den aus einer Schriftehe.

(Die derzeit jüngste Urkunde über einen γάμος ἔγγραφος, P. Ehev 12 D, stammt vom Jahre 21 n. Chr., ist also rund 100 Jahre älter.) Letzten Endes geht das auf eine abergläubische Vorstellung zurück, daß der Vater bei der Erzeugung wichtiger sei als die Mutter (646). Und aus der Petition der Dionysia, P. Oxy II 237 VII, 2, haben wir ein Rechtsgutachten, das sagt: die Rechte eines Vaters über die Tochter hören auf, wenn er sie jemandem in die Ehe gibt; und das gilt nicht nur bei γάμος ἔγγραφος, sondern auch bei γάμος ἄγραφος. Die Petition ist von 186 n. Chr. Wieder ist die Stellung des Vaters bei schriftloser Ehe stärker als bei γάμος ἔγγραφος.

---

640 PtolRG[2] 172. TR 30 (1962) 386.
641 Häge, a.a.O., 205, 97 – 98 führt die Belege auf.
642 A.a.O., 261.
643 Vgl. auch das syrisch-römische Rechtsbuch FIRA II (L).
644 Modrzejewski, Eos 48, 3 (= Symb. Taubenschlag 3), 139. Aufschlußreich: P. SB III 6611 (120/21 n. Chr.).
645 S. S. 48.
646 B.H. Stricker, De Geboorte van Horus II. Leiden 1968, 147ff.

Bei den Römern war die Geschwisterehe verpönt (647). Verwandte bis zum 3.Grad durften nicht heiraten, also auch Halbgeschwister nicht. Dagegen können wir in Ägypten die Ehe unter Halbgeschwistern bis in die Pharaonenzeit zurückverfolgen; nach Berichten, die allerdings angezweifelt werden, wäre sogar die Ehe zwischen Vollgeschwistern zulässig gewesen (648). Nun kann uns der Zufall der Funde einen Streich spielen. Wenn das nicht der Fall sein sollte, ist die Ehe unter Geschwistern in Ägypten in der Römerzeit häufiger vorgekommen als in der Pharaonen- oder der Ptolemäerzeit. In einer als vorläufig bezeichneten Statistik von Hombert und Préaux (649) machen die Inzestehen ein Fünftel der Ehen aus, die wir aus gewissen Steuerdeklarationen, den *κατ' οἰκίαν ἀπογραφαί*, kennen. Dabei sind auch solche, bei denen ausdrücklich *ὁμοπάτριος καὶ ὁμομήτριος ἀδελφός* gesagt wird: dann sind es vollbürtige, nicht bloß Halbgeschwister. Nach römischem Recht wären alle diese Leute strafbar gewesen. Die Römer haben das Verbot aber nur auf Römer angewandt ohne weiteres geduldet, daß die Ägypter in Inzestehe lebten; und haben diese Ehe auch anerkannt. Die Belege reichen bis ins frühe III.Jhd. n. Chr..

Daß gerade in einer solchen Frage Reichsrecht und Volksrecht soweit auseinandergehen und trotzdem nebeneinander bestehen können, ist typisch für die Provinz Ägypten. Zusammenfassend läßt sich sagen: das ägyptische Eherecht lebte bis zur Constitutio Antoniniana fort. Daß wir keine sicheren Urkundsbelege aus der späteren Zeit besitzen, kann Zufall der Überlieferung sein; die eingangs zitierte Konstitution Zenos spricht für ein Fortleben auch über das Jahr 212 hinaus.

2. Die griechische Bevölkerung

Die *griechische Bevölkerung* war ebenfalls gewohnt, bei der Eheschließung eine Urkunde, *συγγραφὴ συνοικισίου* zu errichten (650). Sie unterscheidet sich von der ägyptischen Bevölkerung dadurch, daß auch nicht vermögensrechtliche Bestimmungen darin getroffen wurden. Schon Montevecchi (651) hat festgestellt, daß die derzeit über 42 n. Chr. hinausreichenden Urkunden in griechischer Sprache sich als Fortentwicklung dieser griechischen Urkunden verstehen lassen, auch wenn die Namen darin ägyptisch sind. Man

---

647 Deshalb vermuteten wir oben S. 30, daß sich die in den Nachträgen zum Gnomon § 23, 2 zitierte Entscheidung des Pardalas auf Römer bezog.

648 Modrzejewski, Die Geschwisterehe, ZSS 81 (1964) 52. Dazu SDHI 33 (1967) 565. JurP 3 = Gen 33 (156 n. Chr.).

649 Le Mariages consanguins dans l'Égypte Romaine. Collection Latomus[2] (1949) 135 – 142. – Bell, Brother and sister marriage in Greco-Roman Egypte, RIDA[1] 3 (1949) 83. – Jacques Schwartz, Chron 37 (1962) 348.

650 Wolff, Written and unwritten marriage in hellenistic and postclassical Roman law. Haverford 1939, 24ff.

651 A.a.O. 17f.

ging eben zum griechischen Notar und dieser beurkundete nach dem ihm gewohnten Formular. Eine Eheschließung unter Römern ist nicht bekannt; wir nehmen also an, daß der Satz consensus facit nuptias für die echten Römer auch in Ägypten galt. Nach der Constitutio Antoniniana wäre zu sagen: die Errichtung einer Urkunde widerspricht ja dem römischen Recht nicht, sondern erbringt einen Beweis für den consensus (652).

In Alexandria wird in der Zeit des Augustus vor einem *τῶν ἐπὶ τοῦ ἐν τῇ αὐλῇ κριτηρίου* eine *συγχώρησις* errichtet: BGU IV 1098, 1 (653). Als Verwahrer kommen Priester, *ἱεροθύται* vor, nicht der nächste Verwandte der Braut, wie nach ägyptischem Brauch.

Nicht nur das römische, sondern auch das alexandrinische Stadtrecht und sonstige griechische Rechte kannten Eheverbote. Wir erfahren davon hauptsächlich durch den sog. Gnomon des Idios Logos. Die Kinder aus der Verbindung einer Alexandrinerin mit einem Ägypter werden Ägypter, beerben (§ 38) aber beide Eltern, während die aus der Verbindung einer Alexandrinerin mit einem sonstigen Fremden stammenden Kinder von der Erbfolge ausgeschlossen sind (§ 13). Auch die Kinder eines Paraitoniers mit einer Ägypterin folgen der ärgeren Hand (§ 57). Wenn ein Alexandriner eine Ägypterin heiratet, zieht der Idios Logos bei seinem Tode den Zugewinn ein, Kinder aus dieser oder aus einer früheren erlaubten Ehe werden aber mit einem Teil abgefunden (§ 45). Die „Nesioten" (man weiß nicht, wer das sein soll) stehen den Ägyptern gleich (§ 48). Diese engen Vorschriften haben deutlich griechischen Charakter (654) und galten also noch in der zweiten Hälfte des 2.Jhd.. Nach der Constitutio Antoniniana ist nichts dergleichen mehr bekannt.

3. Die römische Bevölkerung

Von den *Römern* dagegen schreibt der sog. Gnomon des Idios Logos in § 23: „den Römern ist es nicht erlaubt, ihre Schwestern oder Tanten zu heiraten, aber erlaubt, die Töchter der Geschwister zu ehelichen." Der Text setzt gewissermaßen voraus, daß es bei den Ägyptern anders ist.

Den Soldaten war die Ehe nach römischem Reichsrecht verboten, gleichviel, ob sie Römer oder Peregrine waren (655). Aber sie hatten Frauen. Die Verbindung mit diesen war dann nicht Ehe, sondern Concubinatus. Wie das gehalten wurde, zeigt uns P. Mich VIII 476 (frühes II.Jhd.). Das ist

---

652 P. Cairo Masp I 67006 Vo (VI.Jhd.) ist bei allem byzantinischen Schwulst an die provinziale Entwicklung anzuschließen.

653 Parallelurkunden bei Wolff 34ff. – Bozza, Il matrimonio nel diritto dei papiri. Aeg 14 (1934) 239f.

654 Riccobono, Il gnomon dell'Idios Logos. Palermo 1950. Tafel u. passim.

655 Meyer, JurP S.52f.

ein Brief des Sohnes, der Soldat ist, an den Vater, der Soldat, speculator, war und nun Veteran ist, und von dem er erwartet, daß er ihm eine Frau verschaffe. Dabei legt er viel Gewicht darauf, daß der Vater diese Frau billige, aber man sieht schon, daß es vor allem darauf ankommt, daß der Vater das Geld hergibt, ohne das man eben in Ägypten keine Frau bekommt. Der Sohn droht auch mit Selbsthilfe, wenn der Vater nicht bald eine Frau für ihn besorgt. Die Urkunde stammt aus dem Archiv des Tiberianus; Vater und Sohn sind römische Bürger. Der Vater hat also eine römische patria potestas, aber der Sohn sein peculium castrense.

Hatte nun ein Soldat illegalerweise eine peregrine Frau, und bekam er das Bürgerrecht, so taucht die Frage auf, ob die Ehe nach römischem Recht gültig war, wenn das conubium fehlte (656).

Aus der Dominatszeit ist uns in P. Ross Georg III 28 (343 oder 358 n. Chr.) eine Eheurkunde ohne Mitgift erhalten, weil der Bräutigam mittellos ist. Es gab also immer noch die matrilokale Ehe (657), wenn jetzt auch in bilateraler Urkunde des Brautvaters und des Bräutigams. Daß die Urkunden nun bilateral abgefaßt sind, dürfte die Rechtsüberzeugung vom Consensus widerspiegeln, ist also zur Rezeption römischen Rechts zu rechnen. P. Chrest II 290 = CPR 30 (6.Jhd.) wird zwischen der Brautmutter und dem Bräutigam abgeschlossen, Cairo Masp III 67340 jedoch zwischen den Brautleuten.

Das *Verlöbnis*. Aus den Jahren 119 – 138 erfahren wir darüber aus P. Mert Inv. 130 (JEA 56 [1970] 173): der Brautvater hatte dem Bräutigam bereits eine Mitgift von 80 Dr. gegeben. Die Eheschließung kam aber nicht zustande. Daraufhin zahlte der vormalige Bräutigam die Summe zurück. Die ehemalige Braut als Rechtsnachfolgerin des Vaters (?) bestätigt das (658). Außer einer Erwähnung in P. Cairo Masp I 67006 Vo 91, wird in CPR 30 II 5 (VI.Jhd.) erzählt, daß der Bräutigam eine arrha von 14 Goldstücken geleistet habe. In P. Chrest II 296 = Oxy 129 (ebenso VI.Jhd.) schickt ein empörter Vater dem Verlobten seiner Tochter das repudium durch Vermittlung des defensor civitatis.

Besonders aufschlußreich ist hier eine koptische Urkunde (659) aus dem Jahre 609. Der Brautvater erklärt darin, daß er dem Bräutigam die Tochter

---

656 Volterra, La nozione giuridica del conubium. Studi Albertario 2, 347. L'acquisto della cittadinanza romana e il matrimonio del peregrino. Studi Redenti 2 (Milano 1950) 3.

657 ÄgRGSait² 76.

658 Volterra, Il Pap. Oxrhynchos 129 e la 1. 5 C. De spons. 5, 1 SDHJ 3 (1937) 135. Ders. Arrha sponsalicia. Nov. Dig. It. P.E. Hermann, Die Schließung der Verlöbnisse im Rechte Justinians und der späteren byzantinischen Gesetzgebung. Analecta Gregoriana 8 (1935) 79. – Erdmann, ZSS 56 (1936) 384.

659 Till, Die koptischen Eheverträge. Festschrift Josef Bick. Wien 1948, 628.

geben werde; wann, bleibt aber unbestimmt. Falls er sie einem anderen gebe, wolle er eine Vertragsstrafe von 3 Gold-Holokottinos zahlen. Nach den Digesten 45, 1, 134 pr stünde dieser Urkunde die exceptio doli entgegen. Aber der Unterschied zwischen arrha sponsalicia und *πρόστιμον* (poena) war wohl für den Notar zu subtil.

Die *Ehescheidung* (660). Nach der Darstellung von Ernst Levy hatten die Scheidungsurkunden in den Papyri zunächst nur eine deklaratorische Bedeutung; sie sollten dem bereits geschiedenen Ehegatten eine Beweisurkunde liefern, mehr nicht. Erst in der Mitte des II.Jhd. fängt man an, in der Ausstellung der Scheidungsurkunde den eigentlichen Scheidungsvorgang zu sehen. In der Tat wird der Mann von der Frau als „ehemaliger Ehemann" *τῷ γενομένῳ αὐτῆς ἀνδρί* in P. Chrest II 292 = Oxy 266 (96 n. Chr.) bezeichnet und ihm nur der Empfang der Mitgift bestätigt. Das entspricht dem Gesetz des spiegelnden Aufhebungsgeschäfts: wie in den Eheurkunden zunächst nur die ehegüterrechtlichen Verhältnisse geregelt werden, sie aber zum Abschluß einer gültigen Ehe notwendig sind (661), so enthält auch die Scheidungsurkunde zunächst nur die Abwicklung der Gütermassen (662). Dabei wäre auch an P. Heid 13 (II.Jhd.) zu erinnern,der die res amotae belegt. Der Ehemann zeigt seine entflohene Frau an, daß sie außer Sachen auch das Kind mitgenommen habe. Für dessen Unterhaltung habe er aber Leistungen erbracht. Damit will er wohl den Einwand vorwegnehmen, die Sachen seien zu dessen Unterhalt vonnöten gewesen (663). JurP 21 = Grenf II 76 vom Jahre 305/6 dagegen nennt sich selbst *ἀποζυγή*. In PSI IX 1075 (458 n. Chr.) klagt die bereits verstoßene Frau gegen den ehemaligen Mann *ἕδνα* und *προίξ* ein. Nach Merklein steht es in dieser Zeit sowohl dem Mann als auch der Frau zu, sich einseitig zu scheiden; dann mußte aber die Schriftform gewahrt werden. Der Mann in P. Lips 39 (390 n. Chr.) übergab seiner Frau zuerst das *ῥεπούδιον* und dann verprügelte er sie. Die Frau führt das in ihrer Anzeige so aus, daß man meinen muß: wären die Ereignisse in umgekehrter Reihenfolge eingetreten, hätte die Rechtswidrigkeit gefehlt (?). Sonst genügte Einverständnis beider (664) zur Scheidung.

---

660 Merklein, Das Ehescheidungsrecht nach den Papyri der byzantinischen Zeit. Diss. Erlangen 1967. – Levy, Der Hergang der römischen Ehescheidung. Weimar 1925. – Erdmann, Die Ehescheidung im Rechte der Papyri. ZSS 61 (1941) 44.

661 PtolRG² 170.

662 Der Versuch von Berger, Miscellanea Papyrologica. BIDR Suppl (1948) 98ff., den P. Mich VII 442 als anläßlich einer Scheidung errichtet zu erklären, fand m.W. keine Nachfolge.

663 Retentiones propter mores graviores et propter res amotas finden sich in P. Cairo Masp III 67295 (VI.Jhd., 2.Hälfte). Dazu Wenger, Il diritto dei papiri nell'età di Giustiniano. Conferenze per il XIV centenario delle pandette etc. Milano 1931, 14.

664 Vgl. auch P. Mur 19 (111 n. Chr.). Ferner P. Mur 115 (124 n. Chr.), worin derselbe Mann die von ihm geschiedene Frau zum zweiten Mal heiratet.

§ 34 Eheliches Güterrecht (665)

Das römische Güterrecht, das sog. Dotalsystem, ist einfach und klar: die dos ist eine Leistung der Familie der Frau an den Mann, die in sein Eigentum übergeht. Daneben gibt es aber bona recepticia der Frau, über die der Mann nicht bestimmen kann.

Die dos ändert sofort ihren Charakter, wenn sie nur fiktiv ist. Dann ist sie eine Leistung des Mannes an die Frau. Daß sie zunächst zu seinem Vermögen gehört, ist selbstverständlich; aber sie ist eine Wittumsversorgung der Frau, wenn er stirbt.

Von der Mitgift in den Eheurkunden aus Ägypten der Pharaonen- und der Ptolemäerzeit wissen wir nie, ob sie fiktiv oder wirklich war. Die Leistungen an den Mann in den Urkunden der Römerzeit, sind im Zweifel als Fiktion zu erklären (666). Deutlich ist das an P. Chrest II 372 (117 n. Chr.) zu sehen (667): die Konkubine des verstorbenen Soldaten klagt ein Depositum irregulare ein. Der Präfekt M. Rutilius Lupus erkennt, daß es sich um fingierte Wittumsbestellung handelt (Z.10:) *Νοοῦμεν ὅτι αἱ παρακαταθῆκαι προϊκές εἰσιν*; für ihn ist im Zweifel *προίξ* in einer Urkunde eine fingierte Leistung. Das muß auch für uns gelten.

Wenn uns dagegen im Ausnahmefall die einzelnen Vermögensgegenstände, die zur *προίξ* gehören, aufgezählt werden, dürfen wir an eine wirklich hingegebene Mitgift denken (668). Eine Urkunde der Dominatszeit, P. Cairo Isid. 62, 20 (296 n. Chr.) sagt, die Gesetze schreiben vor, daß urkundlich verbriefte Mitgiften durch einen Goldschmied und einen Schneider geschätzt sein müssen:

τοῦτο γὰρ διαγορεύεται ὑπὸ τῶν νόμων τὰς ἐνγράφους πρῦκας διά τε χρυσοχόου καὶ ἠπητοῦ συντιμᾶσθαι.

Wenger hat in einer eingehenden Untersuchung (669) die Herkunftsfrage dieser Gesetze vorgenommen. Zwar kommt in ägyptischen Urkunden der Gegensatz: „Metallsachen – gewebte Sachen" vor, aber nirgends ist eine Schätzung solcher Gegenstände durch einen Goldschmied und einen Schneider überliefert, die ja dann auch in der Urkunde genannt sein müßten. Wir

---

665 Letzte Bearbeitung von Häge, Ehegüterrechtliche Verhältnisse in den griechischen Papyri Ägyptens bis Diokletian. Köln 1968, Bespr. von Luzzatto, BIDR[3] (1968) 274.

666 a.M. Häge.

667 S. oben S. 166 ff.

668 Die dos in PSI VI 730 (+ BL I), wird nach römischem Recht durch dictio dotis spondiert. – Ebenso in P. Mich VII 434 (II.Jhd.) s. Wenger, Zwei lateinische Papyri zum römischen Eherechte, Sitz. Ber. Akad. Wien 219 (1941) I sowie de Visscher, Un nouveau document sur la donatio ante nuptias. Chron 37 (1944) 101, der die Möglichkeit erörtert, daß hier der Bräutigam Vermögen zur dos eingeworfen habe (intulisse).

669 Verschollene Kaiserkonstitutionen. Hist. Jahrbuch 60 (= Festheft Rud. v. Heckel) 372 – 390.

müssen uns also auf Provinzialrecht oder Reichsrecht beschränken: es könnte sein, daß Fortbildung ägyptischen Volksrechts durch einen Statthalter zugrunde läge. Aber die schon früher gegebene Erklärung (670) möchten wir aufrecht erhalten: wenn das Verbot der Ehegattenschenkung der augusteischen Gesetzgebung auch in der Provinz galt, so konnte es leicht dadurch umgangen werden, daß die – etwa scheidungswilligen Ehegatten – an die Stelle von geringwertigen Mitgiftgegenständen hochwertige setzten und sie als die in der Urkunde genannten ausgaben. Das zu vermeiden, mochte ein Kaiser oder ein Statthalter die Schätzung durch die zuständigen Handwerker vorgeschrieben haben.
Wir finden also folgende Gütermassen:

1. Die *προίξ* oder *φερνή*, die Mitgift. Für sie hat die Frau, wenn sie wirklich gegeben wurde, nicht, wenn sie fingiert war, die *πρωτοπραξια*, P. Chrest II 242 = BGU 970, 11 (177 n. Chr.) (671), aufgrund kaiserlicher Konstitutionen und statthalterlicher Verordnung. § 6 (Z.25 – 26) des Edikts des Ti.Jul. Alexander wurde, wie auch der Kommentar von Chalon schreibt, fast einheitlich dahin ausgelegt, daß hier die Frage behandelt sei: wem steht das Eigentum an der Mitgift während der Ehe zu (672)? Es heißt da:

Τὰς *μὲν γὰρ προῖκας ἀλλοτρίας οὔσας καὶ οὐ τῶν εἰληφότων ἀνδρῶν καὶ ὁ θεὸς Σεβαστὸς ἐκέλευσεν καὶ οἱ ἔπαρχοι ἐκ τοῦ φίσκου ταῖς γυναιξὶ ἀποδίδοσθαι, ὧν βεβαία δεῖ τὴν πρωτοπραξίαν φυλάσσειν.*

Der Genitiv *τῶν εἰληφότων ἀνδρῶν* ist dabei aber konditional zu verstehen (673). Dementsprechend ist auch *ἀλλοτρίας* konditional aufzufassen. Es gibt also zwei Arten von Mitgiften, solche, die aus dem Eigentum des Mannes stammen und solche, die eine fremde Zuwendung an ihn sind. (Fiktive und wirklich geleistete Mitgiften.) Der Präfekt bemüht sich, sie deutlich zu unterscheiden. Nur bei den *ἀλλότριαι* hat die Frau die *πρωτοπραξία*, das Aussonderungsrecht, bei den fiktiven aber nicht. Die Frage, wem die Mitgift während der Dauer der Ehe gehört, wird gar nicht behandelt. Ebensowenig wird ein Unterschied zwischen Römerinnen, Griechinnen und Ägypterinnen gemacht (674). Nach der ägyptischen und nach der griechischen Rechtsauffassung „gehört der Frau von dem, was sich bei dem Mann befindet" in beiden Fällen die Mitgift.

---

670 SDHI 6 (1940) 214.
671 Vgl. auch BGU XI 2070.
672 S.137 – 154 mit reicher Lit. – Dazu ist noch Häge, Ehegüterrechtliche Verhältnisse etc. Köln 1968, s. Reg. gekommen.
673 Mayser, Grammatik der griechischen Papyri aus der Ptolemäerzeit. Band II, 3: Berlin 1934, 76.
674 Chalon weist auch auf BGU V 1210 § 36 hin, wo sie als *αἱ ἐν ἀργυρίῳ προῖκες* bezeichnet sind (Gegensatz: *ἀναργυρία*).

1. Die παράφερνα, die persönliche Habe der Frau (675), z.B. Schmucksachen.

3. Die προσφορά, Grundstücke und Sklaven, über welche die Frau auch während der Ehe zu bestimmen hatte, die also nicht zur Mitgift gehören und nach römischer Auffassung bona recepticia wären. PSI X 1115 (153 n. Chr.) (676).

Der bedeutendste Unterschied zum römischen Recht ist der Gebrauch der fingierten dos. Kontinuität mit dem ägyptischen Ehegüterrecht nimmt auch Häge an.

Für die Zeit nach dem Kaiser Diokletian möchte man mit einer stärkeren Beeinflussung durch das römische Recht rechnen. Doch zeigt sich die Erfahrung, daß Familienrecht zählebiger ist als Verkehrsrecht.

Zwar hat man zunächst Schenkungen unter Ehegatten vielleicht als nichtig behandelt, d.h. die Augusteische Gesetzgebung auf sie angewandt. P. Cairo Isid 62 (677), JurP 21, 10 = Grenf II 76 (305/6 n. Chr.) (678).

Aber sonst hat es den Anschein, daß man nun weniger mit Fiktionen arbeitete und mehr offen zugab, was vorlag. Wir besitzen aus dem Archiv des Dioskoros ein lehrreiches Schema für einen vom Notar abzufassenden ehegüterrechtlichen Vertrag in P. Cairo Masp III 67310, 5. Der Mann erklärt der Frau, er habe etwas als γαμικὰ ἕδνα ἤτοι πρὸ γάμου δωρεαί erhalten, d.h. als donatio ante nuptias, und verspricht eine Vertragsstrafe, falls er die Frau ungerecht verstoße (679). Auch hier kann die donatio fingiert sein; die Kontinuität der Klauseln bis zurück in die Pharaonenzeit ist nicht zu bezweifeln.

Mit anderen Namen taucht die donatio propter nuptias als ἰσόπροικον in P. Chrest II 290 = CPR 30 II 10 (VI.Jhd., vielleicht nach Nov. Just 97) auf. Ebenso in dem umfangreichen P. Lond V 1708 (567 n. Chr.), worin außerdem ein ἕδνον erwähnt wird, das ebenfalls vom Mann an die Familie der Frau gegeben wird und in Geld zu bestehen scheint. Das ἰσόπροικον dagegen stellt Sachwerte dar. (In diesem Falle wurde beides später an den Mann zurückgegeben; die Leistungen waren also nicht fingiert.) Dagegen ist ἀντίπροικον in dieser Urkunde eine Leistung der Frauenfamilie an den Mann. Also steckt in dem Namen eine Erinnerung daran, daß προίξ eine Leistung des Mannes an die Frau war.

Daß der Mann der Frau zum Unterhalt verpflichtet war, würde an sich ägyptischer Anschauung entsprechen, worauf Wenger (680) vorsichtig hinwies.

---

675 Häge 211. – Gerner, Beiträge zum Recht der Paripherna. München 1954.
676 Gellius XVII 6 § 6.
677 S. oben S. 220.
678 von P.M. Meyer auf eine donatio ante nuptias bezogen.
679 Im Widerspruch zu Paulus, Dig.24, 1, 12.
680 Qu 829f.

§ 35 Vormundschaft (681)

Nach römischem Recht hatten die impuberes einen tutor, die puberes minores aber einen curator (682). Der Unterschied war historisch gewachsen, nicht dogmatisch einleuchtend. Deshalb verwendete schon Modestinus in seinem griechisch geschriebenen Werk de excusationibus den Ausdruck *κηδεμών* für beide Arten (683). Vormund konnte nur ein Mann werden; die Frauen standen ja selbst unter Tutel.

Dagegen verstoßen unsere Urkunden: es fehlt nicht an Belegen für eine vormundschaftliche Stellung von Frauen (684). Auf die Unterscheidung der Ausdrücke *ἐπίτροπος*, *κύριος*, *φροντιστής*, *κηδεμών* wird man kein Gewicht legen dürfen.

So wird in P. SB I 1010 = CPL 216 (249 n. Chr.) der Vormund *κύριος*, im lateinischen Teil t(utor) genannt. Dabei ist der leibliche Vater tutor quasi Atilianus. Er mußte bestellt werden, wohl weil er mit der Mutter nicht verheiratet war, als hieronica durfte er es vielleicht nicht sein, und daher keine patria potestas hatte. Seiner Bestellung stand keine Interessenverquerung entgegen, wenn die Eltern in glücklichem concubinatus gelebt hatten (685).

Die Einsetzung dieser Organe erfolgte bei römischen Bürgern zunächst durch den Präfekten oder Juridicus, während für die Griechen und Ägypter der Exegetes zuständig war (686), in dessen Vertretung der Stratege und in dessen Vertretung wiederum der *βασιλικὸς γραμματεύς*. Später waren diese Ämter auch für die römischen Bürger zuständig. Nach Cod. Just. 1, 4, 30 (531 n. Chr.) sind *ἔκδικος* oder *στρατηγός* zuständig, in Alexandria aber der iuridicus. Sie müssen nun zusammen mit dem Bischof den Vormund bestellen. Das soll der katholische Bischof sein; er wird keinen Monophysiten als Vormund dulden; die Konstitution ist wohl eine Schikane gegen die Andersgläubigen.

Römisch ist die Auffassung, daß die Vormundschaft ein munus wie jedes andere ist, also kommt man von ihr schwer los wie von einer Liturgie (687). Römisch dürfte auch die Stilisierung der Urkunden sein, wonach oft das

681 Wenger, Qu. 817ff. – Taubenschlag[2] 157ff. – Jolowicz, The wicked guardian. Journ. Rom. Stud. 37 (1947) 82.

682 Kaser, Das Römische Privatrecht I 76ff.

683 Altmann, Die Wiedergabe römischen Rechts in griechischer Sprache. SDHI 21 (1955) 1.

684 P. Teb II 378 (326 n. Chr.). Thead 18 (III/IV. Jhd.). – Taubenschlag, Die materna potestas. Op. Min. II 323.

685 Anders die Erklärungen von Arangio-Ruiz, FIRA III 61 mit Lit., die aber übersehen, daß ein mit der Mutter verheirateter Vater auch nach ägyptischem Recht eine starke patria potestas hatte. Das Dokument ist ganz nach römischem Recht zu erklären.

686 Taubenschlag 161.

687 P. Chrest II 322 (156 n. Chr.) = Oxy 487, Gesuch an den Epistrategen, obwohl die Mündel schon 25 Jahre alt sind, aber vielleicht aus anderen Gründen einen curator nötig haben. Vgl. auch FIRA III 30 = SB 7558 (138 – 173 n. Chr.).

Mündel als Handelnder aufgeführt ist, und der Vormund auctoritas (oder Konsens) dazu gibt, während die Vorstellung der direkten Vertretung, die bei uns vorherrscht, vermieden wurde. Wir haben aber manchmal den Eindruck, daß Mündel mit kleinem Vermögen gar keinen Vormund hatten (688), sondern daß er ihnen nur ad hoc bestellt wurde, wenn ausnahmsweise einmal ein größeres Geschäft abgeschlossen werden mußte.

Der P. SB VI 9049 = Festschr. Wenger II 150 (212 – 17 n. Chr.) zeigt uns deutlich, wie schwierig es ist, in einer Urkunde des 3.Jhd. die Rechtsschichten auseinander zu halten. Ein Vormund, Römer, leistet einen Amtseid. Dabei verspricht er, die Rechnungen immer der Obervormundschaftsbehörde vorzulegen und das Mündelvermögen zu verpachten. Nach römischem Recht war ein Verpachten des Mündelvermögens als Ganzes keineswegs vorgeschrieben. Wohl aber war das nach athenischem Recht so (689). Von diesem wissen wir, daß es in der Stadt Alexandria galt. Aber durch den *ἄμφοδος Κιλικῶν* sehen wir, daß die Urkunde aus Arsinoe stammt. Also handelt es sich um Griechen, die im Faijûm leben und dort athenische Rechtsgewohnheiten festhalten. Die Urkunde zeigt die Verbreitung athenischen Rechts unter der griechischen Bevölkerung Ägyptens: wie die Sprache der Papyri, die *κοινή*, aus dem Attischen sich entwickelt hat, kann man auch hier von *κοινή* juridique sprechen. Der den Vormund eingesetzt hat und ihm den Amtseid abnimmt, ist der Exegetes von Hermopolis, der für den ganzen Gau tätig wird. Auch das galt in der Zeit vor 212 nur für die Griechen, die damit anderen Behörden unterstanden als die Römer.

Fehlt der consensus eines curator, kann eines Mündels Klage nicht abgewiesen werden. SelP II 263 = Bour 20 (350 n. Chr.) (690).

Mit der Annahme eines tutor für ein einzelnes zum Mündelvermögen gehöriges Grundstück wollten wir § 13 der Apokrimata erklären und die Institution auf Römer und Peregrine beziehen (691).

§ 36 **Erbrecht** (692)

1. *Intestaterbrecht.* Für Ägypter war es selbstverständlich, daß Kinder von Eltern, und zwar sowohl vom Vater als auch von der Mutter erbten (693).

---

688 Edikt des Präfekten Fl. Valerius Pompeianus P. Oxy VI 888 (III/IV.Jhd.) = Chrest II 329.

689 Zucker, im Kommentar i.d. Festschrift Wenger 165.

690 Erörtert oben S. 124.

691 Oben S. 39 f.

692 Kreller, Erbrechtliche Untersuchungen etc. Leipzig 1919. – Volterra, Il senatoconsulto Orficiano e la sua applicazione in documenti del III secolo d.C. Atti Congr. Pap. Milano 551.

693 PtolRG[2] 180. – Pestman, in: Brugman u.a., Essays on oriental laws of succession. Leiden 1969, 58.

Der älteste lebende Sohn besaß dabei Vorzugsrechte. Repräsentation galt ebenso wie Teilung nach Stämmen (694).

Auch in den Abhandlungen zum Recht der griechischen Bevölkerung wird, soviel wir sehen, vorausgesetzt, daß die Kinder von Vater und Mutter erben (695). Anders war es bei den Römern, auch wenn wir das Erbrecht der 12 Tafeln beiseite lassen und nur die bonorum possessio des prätorischen Edikts in Betracht ziehen (696), erst das SC Orfitianum (178 n. Chr.) gab den Kindern das Intestaterbrecht gegenüber der Mutter.

Nun wurde in Betracht gezogen, daß der Kaiser Hadrian in das nationale ägyptische Recht mit einer χάρις eingegriffen habe: P. Chrest II 85 = BGU 19 (135 n. Chr.) (697). Dort heißt es in Z.I 6:

εἰ [·] αιαι (698) Αἰγυπτίων υἱδ[αῖ]ς δέδοται τὰ μαμμῷα [δι]ὰ τῆς
τοῦ κυρίου Ἁδριανοῦ Καίσαρος χάριτος

(Vgl. auch I 21 – II 1). Hier liegt wieder einer der Fälle vor, daß nur an griechischen Papyri arbeitende Kollegen die Unbekannte ins ägyptische Recht hineinsehen. Sie hätten recht, wenn dieses ein Erbrecht der weiblichen Nachkommen und das Repräsentationsprinzip nicht kennen würde. Aber das Rechtsbuch von Hermopolis sagt: VII 1: „Was den Rest seiner Sachen betrifft, so pflegt man Zumessungsanteile festzusetzen gemäß der Zahl seiner Kinder. Danach pflegen die Kinder von einem männlichen Nachkommen gemäß ihren Stämmen Anteil zu nehmen." Deutlich heißt es ḫrd.w „Kinder", nicht „Söhne". Also hätte auch danach Chenalexas, die Klägerin in P. Chrest II 85, ihren Vater Alexandros bei der Teilung des Nachlasses der Großmutter repräsentiert. Auch ist χάρις eine indulgentia, ein Gnadenerweis, keine gesetzesändernde Konstitution. Es muß also etwas anderes vorgelegen haben, was die von Chenalexas erstrebten Güter an den Kaiser gebracht hätte. Ein solcher Umstand liegt vor, wenn die Großmutter nicht Ägypterin, sondern z.B. ἀστή oder ἀπελευθέρα ἀστοῦ war. Selbst ist Chenalexas mit ihrem Vater und ihren Onkeln dann Ägypterin, weil das Kind gemäß der lex Minicia der ärgeren Hand folgt: Ulp 5, 8. Gai Inst 1, 78. Alexandrinisches Stadtrecht mit analogen Bestimmungen hat es auch gegeben, wie wir aus dem sog. Gnomon entnehmen können: Ursprünglich fehlte dann den Kindern gegenüber dem Elternteil des vornehmeren Standes das Erbrecht. Das sieht man noch aus § 50. Der Fiskus zog das Erbe ein. Aber schon vor Hadrian war einer der Präfekten mit Namen Rufus bereit, das Erbrecht trotz der verschiedenen Standesangehörigkeit zu gewähren.

---

694 La preminente posizione successoria del figlio maggiore etc. Rend. Ist. Lomb. 99 (1965) 185. Näheres im Kommentar zum Rechtsbuch aus Hermopolis.

695 Kreller a.a.O. 141ff. 163.

696 Kaser, Das Römische Privatrecht I 565f.

697 Zuletzt Katzoff, BGU 19 and the law of representation in succession. XII Int. Congr. Pap. Toronto 1970, 239.

698 [θ]αίαι = θέᾳ?

Unter Hadrian mag das noch einmal streitig geworden sein, da hatte er einen Anlaß zu einem menschenfreundlichen Verzicht, χάρις, auf den Erwerb des Fiskus. § 38 sagt: die Kinder haben Erbrecht, ἀμφοτέρους δὲ κληρονομοῦσι τοὺς γονεῖς. Die nun streitige Frage ist die, ob auch im Rahmen dieser χάρις das altägyptische Repräsentationsrecht gilt oder nicht, und ob die indulgentia auf Fälle analog anzuwenden ist, die sich vor ihrem Erlaß ereignet hatten.

Wenn wir in P. Oxy IX 1208 (291 n. Chr.) finden, daß die Mutter von ihren Kindern beerbt wird, so möchte man das für Volksrecht halten. Jedoch gibt es eine Urkunde aus der Zeit nach der Constitutio Antoniniana, in der ein Petent ausdrücklich auf das Edikt Bezug nimmt, um bonorum possessio der Mutter zu erhalten. FIRA III 61 = SB I 1010 (249 n. Chr.). Wir lernen daraus, daß das SC Orfitianum in den Text des Provinzialedikts eingefügt wurde, daß ein solches noch im Jahre 249 n. Chr. in Alexandria ausgehängt war, und können weiter daraus vermuten, daß die Römer altrömischen Blutes in Ägypten auch nach der CA noch nach römischem Recht lebten, wenn auch ihre Umgebung das Volksrecht festhielt (699).

Nach dem sog. Gnomon § 4 hat auch der Fiskus ein Intestaterbrecht, wenn die Verwandten nicht aufzufinden sind (700). Da die Vorschrift nicht mit der lex Julia caducaria übereinstimmt, mag man wohl an griechisches Recht denken, zumal ja auch das Recht von Dura das Fiskalerbrecht kennt (701).

2. Das Testament (702)

Von Testamenten haben wir viele Beispiele, wenn es auch in der Sprache der Urkundenlehre meistens Protokolle von Testamentseröffnungen sind, in die ein Testament vollständig abgeschrieben wurde. Die Ägypter kannten das Testament nicht (703); nur konnte nach ihrem Recht ein gesetzlicher Erbe, der den Erblasser schlecht behandelt hatte, enterbt werden: die Form dazu ist ein Mittelding zwischen Testament und ἀποκήρυξις. Dem scheint JurP 89 = CPR I 18 (124 n. Chr.) zu widersprechen, worin es heißt, der Sohn aus γάμος ἄγραφος könne zu Lebzeiten des Vaters keine διαθήκη errichten; tue er es doch, so sei sie ungültig (704). Nun kann es sein, daß in

---

699 Vgl. auch P. Oxy VIII 1114 (237 n.Chr.) u. Volterra a.a.O.

700 Kaupper (s. oben S. 28, 64).

701 P. Dura 12, 15.

702 Montevecchi, Aeg. 15(1935) 67. – Amelotti, Il testamento romano attraverso la prassi documentale. I. Firenze 1966. – Amelotti, Le forme classiche di testamento II. Torino 1967. – Wenger 752.

703 Der dem. P. Moskau ist unter der Geltung des im Grunde griechischen königlichen Rechts der Ptolemäer über die Rechtsverhältnisse der Katökenreiter errichtet. – Malinine, Partage testamentaire d'une propriété familiale. Nachr. Akad. Göttingen 1965 Nr.4. Revue d'Egyptologie 19 (1967) 67.

704 Vgl. oben S. 48.

diesem Falle der Sohn gegenüber dem Vater ein Enterbungstestament errichtet hatte, oder das Recht hatte sich – vielleicht durch Eingreifen eines Kaisers – geändert. Die Griechen hatten dagegen die διαθήκη. Dazu kamen nun die Römer mit Testament und Kodizill.

So hat sich eine Übung herausgebildet, die Testamente aus Ägypten in zwei Gruppen einzuteilen: solche, die nach römischem Recht errichtet sind (705) und solche, die vor 230 n. Chr. in griechischer Sprache vor einem Agoranomos errichtet sind (706).

Die „römischen" Testamente teilte Amelotti wieder in solche ein, die als Fortentwicklung des alten testamentum per aes et libram zu betrachten sind, und in Soldatentestamente (707). Dabei zeigte sich, daß auch Soldaten oft die normale bürgerliche Form des Testaments wählen (708). Auch Frauen errichteten Testamente (709).

Den Ägyptern war im Gegensatz zum Testament die divisio paterna (710) von jeher gewohnt. Griechen und Römer kannten die donatio mortis causa (711).

Das römische Testament muß um gültig zu sein, eine Erbeseinsetzung enthalten (712). Das griechische Agoranomentestament bedarf ihrer nicht, enthält sie aber meistens auch. Substituten sind belegt (713). Dagegen ist bisher kein Fall einer Pupillarsubstitution bekannt geworden (714). Neben Quoten des Nachlaßvermögens bilden Vermächtnisse den Inhalt der Testamente. Auch kommt es vor, daß eine Person den Nießbrauch, καρπεία, eine andere nuda proprietas erhält (715). Die Nunkupationsklausel wird in der Mehrzahl der Fälle angehängt; daß man sie nicht für die Stipulation halten darf, haben wir ausgeführt (716).

Von seiner Testierfreiheit macht der Erblasser in P. Mil Vogl II 84 Gebrauch (138 n. Chr.). Entgegen dem altägyptischen Recht wird der älteste Sohn nur mit einer geringen Summe als Vermächtnis bedacht. Aber das wird ausdrücklich begründet: weil er dem Vater im Leben viel Unrecht getan habe. Die Personen haben ägyptische Namen; nichts spräche dafür, daß es römische Bürger gewesen wären. So lebt die ägyptische Anschauung, daß nur

705 Das sind die von Amelotti behandelten. – Kodizille s. bei Kreller 336.
706 Klamp, Das Testament der Taharpaesis. ZPE 2 (1968) 81 ff. – Dazu Sijpesteijn daselbst 4 (1969) 47, S B X 10756.
707 S.81ff.
708 P. Mich VII 437.
709 Montevecchi 80.
710 z.B. P. SB V 7559 (99 n. Chr.).
711 Montevecchi 73. – Kreller 204.
712 Gai Inst.II 229; 248.
713 P. Chrest II 316, 10 = BGU 326 (189 n. Chr.). – Kreller 380ff.
714 Kreller 361.
715 P. Ryl II 153, 9 (138 – 161 n. Chr.).
716 S. oben S. 174.

aus schwerwiegendem Grund die Enterbung zulässig sei, auch noch später in der Provinz weiter (717).

Sowohl das griechische als auch das römische Testament, können jederzeit vom Erblasser frei widerrufen werden (718).

Die Erleichterungen, die die Kaiser den Soldaten gewährten, wenn sie ein Testament errichten wollten, galten sicherlich auch für die in Ägypten stationierten (719). Darüberhinaus wollten wir aus den Nachträgen zum Gnomon § 34 den Schluß ableiten, daß auch Nichtkombattanten, die an einem Feldzug teilnahmen, gewisse, wenn auch nicht ebensoweit reichende Erleichterungen genossen.(720).

Nicht nur das römische, sondern auch das alexandrinische Recht kannte mangelnde testamenti factio passiva, so daß dem Fiskus Gelegenheit gegeben war, etwas einzuziehen. Das sehen wir aus dem sog. Gnomon § 7: Die Frau darf, wenn sie kinderlos verheiratet war, nicht mehr als 1/4 aus dem Mannesvermögen bekommen, wenn Kinder da sind, nicht mehr als einen Sohneskopfteil. Dazu § 2: die Vorschrift ist zum Schutze des Familienvermögens da, also zieht der Fiskus das Zuvielvermachte nicht ein, sondern überläßt es den nächsten Mannesverwandten (§ 2). Hier sehen wir sicherlich griechisches Recht.

Für die Form des Testaments schreiben die Nachträge zum Gnomon § 7 zwingend *δημόσιος χρηματισμός* vor, also eine zu Protokoll des Agoranomen errichtete Urkunde (721), anderenfalls sei es nichtig.

Der Freigelassene darf nur Personen aus derselben *τάξις* etwas hinterlassen, anderenfalls zieht es der Fiskus ein (§ 10).

In der Byzantinerzeit wird die römische Testamentsform eingehalten. In P. Cairo Masp III 67312 (567 n. Chr., einem Entwurf) weist der Erblasser daraufhin, daß er im Besitz seiner geistigen Kräfte sei; auch fehlen nicht die 7 testes rogati cives romani puberes (722).

Das römische Recht kennt grundsätzlich den Erbvertrag nicht (723). Doch kommen in der ganzen Römerzeit Eheverträge vor, die erbrechtliche Bestimmungen enthalten (724). Schließlich wird im Jahre 618 n. Chr. in dem koptischen P.VC 5 ein reiner Erbvertrag unter Ehegatten abgeschlossen (725).

---

717 Z. D.M.G. 107 (1957) 270 – 281.

718 Zu den Äußerungen von Sijpesteijn, New light on the revocation of wills Chron 42 (1967) 360: P. Giss Inv.311 (148 n. Chr.), der Widerruf eines Testaments müsse bei demselben Agoranomen vorgenommen werden, bei dem es errichtet sei, s. nunmehr Lewis, Chron 43 (1968) 375.

719 Amelotti a.a.O.

720 Erörtert oben S. 27.

721 Vgl. oben S. 71 ff.

722 Dazu Wenger, Il diritto dei papiri nell'età di Giustiniano. Conferenze per il XIV centenario delle pandette etc. Milano 1931, 14.

723 Michaélidès-Nouaros, Contribution à l'étude des pactes successoraux. Paris 1937.

724 Kreller 223ff.

725 Till, Erbrechtliche Untersuchungen. Sitz. Ber. Akad. Wien 229 (1954) II, S.224.

Andererseits belegt P. Lond V 1709 in der Auslegung von Wenger (726) das mündliche Testament.

Die *Testamentseröffnung* (727). Schon Mommsen zeigte, wie die Urkunden aus Ägypten unsere Kenntnisse des römischen Rechts über die Testamentseröffnung bereicherten (728). Jedes Testamentsrecht erscheint uns wertlos, wenn nicht Sorge dafür getragen wird, daß die Urkunde nach dem Tode des Erblassers auch wirklich durchgeführt wird. In klassischer Zeit ist die Behörde, vor der das Testament eröffnet wird, das Büro der Erbschaftssteuer. In FIRA III 50 = BGU 326 (194 n. Chr.) heißt es in Z.II, 10:

ἐν τῇ στατίωνι τῆς εἰκοστῆς τῶν κληρονομιῶν καὶ ἐλευθεριῶν.

Das staatliche Interesse an der Erbschaftssteuer steht also im Vordergrund, das individuelle des Erblassers wird damit indirekt geschützt. Die Vicesima hereditatum traf nur die römischen Bürger (729). Für die Peregrinen eröffnete der Stratege die Testamente; nach der CA war er offensichtlich auch für die römischen Bürger zuständig: P. Lond II p. 176 Nr.171b (III.Jhd.). In einem Falle, P. Chrest II 310 = BGU 448, wird der Präfekt gebeten, dem Strategen die Eröffnung anzubefehlen (150 – 53 v. Chr.). Der Petent ist römischer Bürger, aber der Erblasser Peregrine.

Über die Eröffnung wird in jedem Falle ein Protokoll aufgenommen, in das der Inhalt des Testaments vollständig abgeschrieben wird.

Ausschluß von der Erbfolge. Die Augusteische Ehegesetzgebung hatte Junggesellen und Kinderlose zur Strafe für ihre unsoziale Lebensführung vom Erwerb letztwilliger Zuwendungen teils ganz, teils teilweise ausgeschlossen (730). Was sie bekommen sollten, waren bona caduca; der Staat zog sie ein. In Ägypten besorgte das der Idios Logos (731).

Jedoch kannte auch das Recht der griechischen Städte solche Beschränkungen: dem Freigelassenen durfte, wie die Nachträge zum Gnomon in § 14 sagen, nur das Existenzminimum zugewandt werden (732). Selbst wenn ein griechischer Marketender von der kaiserlichen Erlaubnis Gebrauch machte, in erleichterter Art eine *διαθήκη* zu errichten, so blieb doch eine stadtrechtliche Einschränkung dabei in Kraft, die etwa Zuwendungen nur an Landsleute gestattete. Mit solchem Stadtrecht rechnet § 34 (733). Ein römischer Bürger konnte einen Ägypter nicht beerben (§ 54); der umge-

---

726 Aus Novellenindex etc. Sitz. Ber. Akad. München 1928 Nr.4 S.46ff.
727 Kreller, Erbr. 395ff.
728 Jur. Schriften I 441.
729 Wesener, RE II 16, 2471.
730 Kaser, Das römische Privatrecht I 273f. 601f.
731 Vgl. oben S. 26 ff.
732 Erörtert oben S. 28.
733 Erörtert oben S. 27.

kehrte Fall dürfte ebenso unzulässig gewesen sein, weil dem Ägypter die testamenti factio passiva nach römischem Recht fehlte. Der Idios Logos behandelte Verstöße gegen solche stadtrechtlichen Rechtssätze analog solchen gegen die römische Ordnung und zog das Überschießende ein; so ist zu erklären, daß wir aus dem Buch der Nachträge zu seinem Gnomon von ihnen erfahren (734).

Die Stellung des Erben und der Vermächtnisnehmer (735). Die im Hauptteil lateinisch geschriebene Wachstafel FIRA III 59 = PSI IX 1027 (151 n. Chr.) ist eine cretio, wie man sie sich für Rom nicht besser vorstellen könnte. Die Mutter mit ihrem Kyrios nimmt sie für die Tochter vor: der Testator war der Vater des Mädchens. Die Unterschrift ist griechisch abgefaßt. Ein Parallelstück dazu ist FIRA III 60 = JurP 26 (170 n. Chr.).

In SB I 1010 = CPL 216 = JurP 27 (249 n. Chr.) bittet ein Unmündiger durch seinen tutor, der Präfekt möge ihm gemäß seinem Edikte die bonorum possessio am Nachlaß der Mutter in der Klasse der legitimi gewähren (Lateinisch bis auf die Unterschrift). Der Präfekt entspricht der Bitte, worauf noch eine griechische Übersetzung des Ganzen folgt (735a). Zur Klasse der legitimi gehört der Sohn aufgrund des SC Orfitianum (736).

P. Cairo Isid 63 (nach 296 n. Chr.) belegt uns ein Verfahren nach einem interdictum quam hereditatem. Wie die Petentin erzählt, hatte sie ein solches vom beneficiarius, der mit der Verwaltung der Dekadarchie betraut ist, erhalten; der Beklagte jedoch, der Bruder des Vaters, hatte nichts daraufhin veranlaßt. So wendet sie sich nun abermals an den beneficiarius, wohl um den Prozeß über die Nichtbefolgung des Interdikts in Gang zu bringen. (Außerdem macht sie geltend, daß sie von den weiblichen Angehörigen des Beklagten verprügelt worden sei; ihr schwebt also eine Klagenverbindung vor).

Um die Frage, wie sich ein Intestaterbe davor schützen kann, daß er von den Gläubigern des überschuldeten Nachlasses mit seinem Vermögen in Anspruch genommen wird, geht es in P. Ryl II 117 (269 n. Chr.) (737). Eine Frau wendet sich an den Strategen des Gaues. Sie bezieht sich auf kaiserliche Konstitutionen, die wir nicht kennen und in denen vorgeschrieben sei, daß jemand, der nichts aus einem Nachlaß erhalten habe, für die Nachlaßschulden auch nicht hafte. Ein Gläubiger ihres verstorbenen Bruders nehme sie in Anspruch, obwohl sie keine gestio pro herede vorgenom-

---

734 Modrzejewski, La dévolution au fisc des biens vacants d'après le Gnomon de l'Idiologue. Studi Volterra VI 91.

735 Wenger 824.

735a Vgl. oben S. 223.

736 Meinhart, Die Senatusconsulta Tertullianum und Orfitianum. Graz 1967. Der P. hätte das S.331 erörterte Problem des Verhältnisses der hereditas zur bonorum possessio praktisch erläutern geholfen.

men habe. Sie verzichte nun zugunsten dieses Gläubigers und etwaiger anderer Nachlaßgläubiger auf den Nachlaß. Der Stratege ordnet an, daß ihre Erklärung dem benannten Gläubiger mitgeteilt werde. Kreller hat m.R. darauf hingewiesen, daß die angeblichen kaiserlichen Konstitutionen eher dem ptolemäischen Recht entsprächen (738).

Im Gegensatz dazu steht die Entscheidung des Richters in P. Oxy VIII 1102 (um 146 n. Chr.) eines delegierten Judex, des *ὑπομνηματογράφος*. Er stellt fest, daß der Beklagte die Erbschaft angetreten habe, obwohl er faktisch nichts von ihr erhalten habe. Deswegen sei er doch verpflichtet, das der Gemeinde (wohl als Fideikommiß) vermachte 1/4 des Nachlasses auszuzahlen. Die Entscheidung dürfte, wie auch Kreller beobachtet hat, eher dem römischen Reichsrecht entsprechen. Wenn die soeben erörterte Urkunde aus dem III.Jhd. in einem wirklichen Gegensatz zu ihr steht, würde sie ein „Erstarken des Volksrechts" bedeuten.

(Hinsichtlich eines anderen streitigen Objekts ist noch nicht entschieden, ob es zum Nachlaß gehört und nicht etwa schon früher verschenkt worden ist. Hierüber soll der Stratege Beweis erheben. Dazu entscheidet er etwa salomonisch, daß auch die Erträgnisse eines Jahres dieses Objektes der Gemeinde zufallen sollten, wenn ihr das Objekt selber gebühre. Im übrigen beruft er sich auf res iudicata.)

Auf den interessanten Fall eines Wahlvermächtnisses in P. Oxy III 489 (117 n. Chr.) hat Wenger hingewiesen (739).

Im Drusilla-Prozeß, P. Chrest II 88 IV 15 (140 n. Chr.) (740) macht eine Witwe (deren Ehe aber angezweifelt wird, weil der Mann Soldat war) *πρωτοπραξία* am Nachlaß des Verstorbenen geltend. Der Beklagte, Hypothekar, beruft sich demgegenüber auf das ius deliberandi (741), weil er den Nachlaß seines Vaters noch nicht kenne, und außerdem auf das ius abstinendi, das ihm zustehe, obwohl er sich schon mit dem Nachlaß beschäftigt habe, weil er minderjährig sei (742). Da sich der Prozeß im Archiv des Sohnes fand, ist anzunehmen, daß er den Prozeß gewonnen hat.

Erbrechtliche Interessen werden auch in Geschäften unter Lebenden verfolgt. In ptolemäischen ägyptischen Urkunden wird das Intestaterbrecht mitunter dadurch umgangen, daß eine Geldbezahlungsurkunde errichtet wird, in der ein vermutlicher Erblasser erklärt, ein Entgelt für das erhalten zu haben, was er einem anderen zuwendet (743). Im VI.Jhd. wird, nun in ganz anderen Formen, dasselbe wiederholt: FIRA III 68 (584 n. Chr.) = Lond 1729, von Arangio-Ruiz treffend mit „pactum successionis sub specie

---

738 PtolRG^2 180.
739 Quellen 770
740 S. oben S. 62.
741 Voci, Diritto ereditario I. Milano 1967, 503.
742 Voci 581.
743 PtolRG^2 180.

venditionis dissimulatum“ überschrieben. Dazu kommt die ja auch dem (744) römischen Recht bekannte donatio mortis causa, für die ebenfalls Urkunden aus dem VI.Jhd. zeugen (745).

Teilungen. Διαιρέσεις gemeinsamen Eigentums, meistens aufgrund Erbschaft und meistens über Grundstücke hat Calderini (746) gesammelt; Form ist gewöhnlich die beiderseitige Homologie. Beispiele: P. Teb II 383 (46 n. Chr.) PSI VI 698 (392 n. Chr.). Die typische demotische „Teilungsurkunde“ ist noch durch P. Berl dem.7056 (112 n. Chr.) belegt.

---

744 Wenger 827, 1048.
745 Auch der P. Gron 10, den der Herausgeber Roos in das IV.Jhd. setzen wollte, s. BL 5.
746 Studi Arangio-Ruiz III 273.

IV. Historisches

§ 37 Die Jurisprudenz in Ägypten (747)

Der Zeitabschnitt, den dieses Buch für die Provinz Ägypten behandelt, ist derselbe, in dem die Jurisprudenz Roms die Entwicklung von Labeo bis zu Stephanus durchgemacht hat. Solange man aber schon römische Rechtsgeschichte studiert, hat sich doch noch keine einheitliche Meinung darüber gebildet, inwiefern die Jurisprudenz eines jeden Klassikers und Nachklassikers von den anderen verschieden ist, oder wann z.B. die Willenslehre in den Vordergrund getreten ist (748). Die Interpolationenjagd vergangener Jahrzehnte wäre bereit gewesen, alle Begründungen, die nicht auf deduktivem Wege gewonnen waren, als verfälscht zu tilgen (749). So wenig wir freilich von der Jurisprudenz der Richter in der Provinz wissen, ist uns doch dieses Wenige, weil es außerhalb jedes Interpolationenverdachts steht, ein fester Grund auch für die Forschung am Recht der Hauptstadt Rom.

Dementsprechend untersuchen wir vor allem die Jurisprudenz der Statthalter und ihrer Vertreter. Von den Präfekten wissen wir, daß sie Römer waren und, wenn nicht selbst Juristen, doch Juristen aus Rom zur Seite hatten.

Keine einzige Entscheidung eines Statthalters ist uns im Original-Sitzungsprotokoll erhalten. Wir haben aber Auszüge aus ihren Amtstagebüchern, *ὑπομνηματισμοί*, die sie wie alle römischen Beamten geführt haben. Die Auszüge wurden von Anwälten gemacht, um in einem anderen Prozeß als paralleler casus angeführt zu werden. Das zweimalige Abschreiben (und Excerpieren?) kann auch zu einer Verkürzung der Entscheidungsgründe

747 S. meine Beiträge in den Studi Ugo Enrico Paoli, der Festschrift für Ernst Rabel und der für Rafael Taubenschlag. – Vgl. Wenger, Rechtstheoretische Fragen in der juristischen Papyrusforschung. Actes Oxford 522. – Taubenschlag, Die Auslegung der Gesetze im Recht der Papyri. JJP 9/10 (1956) 137. – Steinwenter, Ἀκολουθία, JJP 4 (1950) 219. – Wenger, Suum cuique tribuere. Festschrift Grabmann. Münster 1935, 1414. – Préaux, Chron 21 (1936) 195. – Kübler, Ἔργῳ καὶ δυνάμει, vi ac potestate, ZSS 59 (1939) 630. – Jolowicz, Case law in Roman Egypt. Journal of the society of Public Teachers of Law. 1937, 1.

748 Z.B. wollte Pringsheim, Animus in Roman Law. Law Quarterly Review 1933, 43 die Berücksichtigung des individuellen Willens den Byzantinern zuschieben; in einem anderen, in hohem Alter geschriebenen Aufsatze dagegen kehrte er zu den Frühklassikern zurück: Id quod actum est. ZSS 78 (1961) 1.

749 Der um die römische Rechtsgeschichte so hochverdiente Otto Lenel veröffentlichte in hohem Alter eine neue Palingenesie des Afrikanus, die dafür als typisch gelten kann. ZSS 51 (1931) 1.

geführt haben. Wir wollen nichtsdestoweniger versuchen, der Jurisprudenz auf die Spur zu kommen.

1. Was wir in der Gedächtnisschrift für Rudolf Schmidt (750) an Verschiedenheit der Methoden einzelner Klassiker festzustellen geglaubt haben, soll uns auch hier als Richtsschnur dienen.

Der Idios Logos Claudius Geminus entschied, wenn wir ihn richtig verstanden haben, nach der Güterabwägung (751). Von den Erträgnissen des zu Unrecht „gemieteten“ Gartens sollten die Aufwendungen auf das Grab abgezogen werden, das Resultat aber mit dem vom Gegner empfangenen Mietzins verrechnet werden. Auch der Pandektenjurist L. Volusius Maecianus entscheidet nach Güterabwägung: bei einem Pfandrecht solle keine Partei einen Vorteil und keine einen Nachteil haben (752). Die Güterabwägung begegnet auch in Eingaben der Bevölkerung, z.B. in P. Chrest II 121 (II.Jhd.) = BGU 168, 4. BGU II 616 (II./III.Jhd.). SB 7517, 3 (211 n. Chr.) und Oxy 71 I, 21 = Chrest II 62 (303 n. Chr.) (753). Dieses Prinzip ist also tief in das Bewußtsein der Bevölkerung eingedrungen. Nach ihr zu entscheiden, ist gut römisch und kommt schon bei Labeo, Dig.39, 3, 1, 23 vor (754).

Das Beherrschungsvermögen fanden wir bei dem Präfekten Septimius Vegetus. Die eingeklagte Forderung wies er nur dann als „verjährt“ ab, als er auf die Frage, warum sie nicht früher eingeklagt worden sei, nicht die Antwort: „Ich konnte es nicht aus dem und dem Grunde“ bekommen hatte. In Verfolgung rein positivistischer Jurisprudenz wäre die Frage überflüssig gewesen (755). Appius Sabinus legt die Machtlage sogar dann zugrunde, als er zu entscheiden hatte, ob eine kaiserliche Konstitution noch in Geltung sei (756). Nur weil er findet, daß die Machtlage der Städter und der Dorfbewohner seit Erlaß der Konstitution gleich, und nicht einseitig verschlechtert sei, wendet er sie an. Die Machtlage zur Entscheidung heranzuziehen, ist uns schon von Quintus Mucius Scaevola, Dig.9, 2, 31 her eine bekannte römische Methode (757).

Rutilius Lupus dürfte die Interessen studiert haben, die eine kaiserliche Verbotsnorm zugrundegelegt hatte, als er die Konversion des ungültigen in ein gültiges Geschäft vornahm (758). Ganz sicher aber hat der Juridicus

750 Aktuelle Fragen aus modernem Recht und Rechtsgeschichte. Berlin 1966. S.361.
751 P. SB VIII 10044 = SEG XVIII 646 (ca. 90 n. Chr.), s. oben S. 199.
752 P. Chrest II 90 = Oxy 653 (160/61 n. Chr.), s. oben S. 206.
753 Wenger, Suum cuique S.1415. Er identifiziert die Güterabwägung mit der aequitas, findet aber auch einen ptolemäischen Beleg in Rosettana 19.
754 RömRG³ 73.
755 P. Chrest II 80 = Flor 61, (85 n. Chr.) s. oben S. 158.
756 P. SB V 7696 (250 n. Chr.) s. Studi Paoli 670.
757 RömRG³ 65.
758 FIRA III 19a = Chrest II 373 (117 n. Chr.), oben S. 166 (bekanntlich streitig).

Flavius Gennadius nach Interessen entschieden, wenn er nur dann im Prozeß der schwachsinnigen Partei den curator braucht, falls er eine diesem ungünstige Entscheidung treffen würde. Bei einer dem Mündel günstigen brauche er ihn nicht: nicht die Willensbildung, sondern die Interessen sind ihm maßgeblich (759). Daß man eine Rechtsnorm nach den vom Gesetzgeber verfolgten Interessen auszulegen habe, wußte bei den Römern schon Servius Sulpicius, Dig.49, 15, 12 pr. (760).

Doch daß der individuelle Wille zur Auslegung heranzuziehen sei, sehen wir bei Subatianus Aquila, einem Zeitgenossen Ulpians. Er sieht in dem schlüssigen Verhalten des Verschweigens die Begründung für die Verjährung (761). Die einzelne Entscheidung eines Provinzialstatthalters kann natürlich für die in der römischen Rechtsgeschichte sehr umstrittene Frage, wann die Willenslehre die römische Jurisprudenz zu beherrschen anfing, nicht entscheidend sei. Immerhin scheint weder die Meinung Pringsheim's in seinen früheren Jahren gerechtfertigt zu sein, wonach alles, was darauf hindeutet, byzantinische Interpolation sei, noch die Lehre seiner Altersjahre, wonach die Willenslehre schon frühklassisch sei (762).

Demgegenüber kommt doch auch die Deduktion aus einer regula vor, die uns als weniger hochwertige Begriffsjurisprudenz erscheinen möchte, nämlich bei Munatius Felix (763). Er ist ein Zeitgenosse Julians, bei dem solche Schlüsse vorkommen (764), obwohl dieser vielseitige Jurist auch ganz andere Methoden beherrscht (765), während andererseits die „regula“ bis in die vorklassische Zeit zurückreichen mag.

Aber nur an der Spitze der Gerichtsverfassung der Provinz finden wir eine den römischen Klassikern parallele Jurisprudenz, und bisher auch nur aus der klassischen Zeit. Bei den niedrigen Instanzen der Prinzipatszeit sehen wir einen servilen Positivismus, z.B. in P. Chrest II 83 = Teb II 286 (121 – 130 n. Chr.): den Reskripten Trajans und Hadrians gegenüber schulde er ein *προσκυνεῖν*, also wolle er sich über den Besitz an dem streitigen Hause nicht äußern. Der in P. Chrest II 85 = BGU 19 (135 n. Chr.) delegierte Richter, der ehemals *βασιλικὸς γραμματεύς* war, will die Frage, ob eine Charis des Kaisers Hadrian rückwirkende Kraft habe, nicht entscheiden, und fragt deshalb beim Präfekten an (766). Auch die Entscheidung in

---

759 SelP II 263 = Bour 20 (350 n. Chr.) oben S. 224.
760 RömRG³ 66.
761 JurP 54 = Straßb I 22 (207 n. Chr.), oben S. 155f.
762 S. oben S. 233 Anm. 748, ferner RömRG³ 90 zu Papinian, Dig. 50, 16, 219.
763 SelP II 259 = Ryl 75 (150 n. Chr.) s. oben S. 169.
764 Stein, Regulae Iuris. Edinburgh 1966, 91 – 96.
765 RömRG³ 82ff. Sein und Werden im Recht. Festgabe f. Ulrich v. Lübtow, Berlin 1970. – S.215 zu Bund, Untersuchungen zur Methode Julians 1965.
766 Mommsen, Jur. Schr. I 456. vgl. oben S. 108.

P. Oxy VIII 1102 (146 n. Chr.) über die Haftung des Erben trotz Sequestrierung des Nachlasses (767) will uns nicht gefallen.

Aus der Sicht unseres Buches kommt jedoch der Behandlung ägyptischen Rechts besondere Bedeutung zu. Es dürfte sicherlich dem ägyptischen Recht nicht entsprochen haben,wenn mehrere Römer, darunter ein ehemaliger Präfekt Titianus in P. Oxy II 237 VII 28 u.ö. (186 n. Chr.) dem Vater nur dann das Recht geben, die aus γάμος ἄγραφος entsprossene Tochter dem Ehemann wieder wegzunehmen, wenn diese ihren Willen darauf gerichtet habe (768). Hier setzen sich die römischen Juristen über ein Gesetz hinweg, das sie unmenschlich nennen. Sie bilden das Recht damit fort, wie die römischen Prätoren das ius civile. Eher dürfte dem ägyptischen Recht die Entscheidung des Blaisios Marianos konform gewesen sein, der Kläger habe zu beweisen, daß der Erblasser einem γάμος ἄγραφος seine Existenz verdanke (769), weil nur dann das Testament eines Sohnes zu Lebzeiten des Vaters ungültig sei, wie es der Kläger haben wolle.

Aus der Dominatszeit haben wir FIRA III 101 = SB V 8246 (340 n. Chr.): der defensor civitatis wendet in argem Positivisums ein zugunsten von Ersitzungswilligen ergangenes kaiserliches Reskript auch auf eine Frau an, die sich in ihrer Klage dagegen wehrt, als Eigentümerin von gewissen Grundstücken behandelt zu werden. Wir nennen den Vorgang ,,verbotene Analogie" (770).

Das einzige ausführliche Urteil enthält P. Mon 6 (583 n. Chr.). Der Richter Markos hat gewiß einige Kenntnis von umlaufenden Rechtsregeln; die Gesetzgebung Justinians zitiert er aber nicht. Würde er das tun, könnte man ihm kunstvolle Analogie nachweisen, so aber ist es auch nicht ausgeschlossen, daß er nur mit Gefühlsjurisprudenz zu seinem Urteil kam (771).

2. Was man von der kaiserlichen Gesetzgebungstätigkeit vor allem erwartete, war *humanitas* (772). Die Interpolationenkritik an den Dig. hat in diesem Wort ein Kriterium dafür gesehen, daß eine Stelle verfälscht sei. Kübler hat im Vocabularium alle diese Stellen als interpoliert angezeichnet. Und selbst Kaser hat in einem Artikel (773) geschrieben, daß das Wort wohl im allgemeinen auf eine Interpolation hinweise, aber doch im einzelnen Fall einmal echt sein könnte.

Nun sagt in einem literarischen Papyrus, der zwar aus dem 3.Jhd. stammt, aber höchstwahrscheinlich im 2.Jhd. seinen Archetypus hatte: Musurillo,

---

767 S. oben S. 231.
768 S. oben S. 215.
769 JurP 89 = CPR I 18, s. oben S. 215.
770 Festschrift Rabel II 248. Vgl. oben S. 156.
771 Ausführlich darüber: Festschr. Rabel II 236.
772 Riccobono Jr., Atti Congr. Verona 2, 207ff. – Seidl, SDHI 18 (1952) 341.
773 Jura 18 (1967) 17, 18.

Acts 10 = Oxy XVIII 2177, ein Redner Athenodoros Z.15 vor einem Kaiser, vermutlich Trajan:

πάντων γὰρ νόμων ἰσχυρότεροι ὄντες τὴν εὐκρασίαν τῆς φιλανθρωπίας ἔχουσιν.

Da wird also die φιλανθρωπία als ein Kriterium angegeben, nach dem man zwischen widersprechenden Gesetzen entscheiden könne! Natürlich darf man nicht sagen: hier wird auf römisches Reichsrecht Bezug genommen. Vielmehr stammt der P. aus der Atmosphäre der alexandrinischen Rhetorik. Aber wir haben gesehen, daß gerade solche Konstitutionen und SC, in denen den Untertanen eine Rechtswohltat verliehen wurde, wie das SC Velleianum, auch in der Provinz Anwendung fanden. Dazu kommt, daß auch im Recht der Ptolemäerkönige immer wieder die φιλανθρωπία der Herrscher betont wurde (774): den Bewohnern Ägyptens war also dieser Begriff wohlvertraut. So macht die Papyrologie sehr mißtrauisch gegen die Behauptung, dieser Begriff sei in unseren Rechtsquellen immer interpoliert.

Freilich gehen Theorie und Praxis nicht immer die gleichen Wege. Wie es mit der Humanität in der Praxis aussah, lehrt uns etwa § 41 der Nachträge zum Gnomon, der den besteuert, der ein hilfloses Kind vom Müllhaufen aufhebt (775).

§ 38 Geschichtlicher Überblick (776)

Römischer Einfluß auf das Rechtsleben des Landes begann nicht erst mit der Constitutio Antoniniana, sondern sofort mit der Eroberung.

1. Mit der völligen Umgestaltung und Zentralisation des Gerichtsverfassungs- und Prozeßrechts bei Statthalter und Konvent war der erste schwerwiegende Grund für die Verdrängung des ägyptischen Rechts geschaffen. Die neue Gerichtsverfassung begünstigte den Einfluß der (griechischen) Rhetorik auf das Recht (777). Ägyptische Gerichte für Bagatellsachen hat es nur in den ersten hundert Jahren der Römerherrschaft, äußerstenfalls noch bis zur Niederschrift des sog. Gnomons in der 2.Hälfte des 2.Jhd. gegeben (778).

---

774 Lenger, La notion de „bienfait" (philantrôpon) royal et les ordonnances des rois Lagides, Studi in onore di Vincenzo Arangio-Ruiz, I, S.483 – 499.

775 Dazu oben S. 25.

776 Das Gegenstück dazu ist Taubenschlag, Geschichte der Rezeption des römischen Privatrechts in Ägypten. Studi Bonfante I 367 = Op. Min. I 181, eine der besten Abhandlungen des Meisters. – Vgl. auch: Wolff, Zur Romanisierung des Vertragsrechts der Papyri. ZSS 73 (1950) 1. – Ein anderes Gegenstück ist Volterra, Diritto Romano e diritti orientali. Accad. Bologna 1937, insb. Kap.3.

777 Herwald Schmidt, Der Einfluß der Rhetorik auf das Recht der Papyri Ägyptens. Diss. Erlangen 1949 (nicht gedruckt). Auszug: JJP 4 (1950) 165.

778 S. oben S. 106 bis 107. Aus dem imperium kommen die restitutio in intergrum, oben S. 172 und die Gewährung der Interdikte an Peregrine, siehe oben S. 162.

2. Die Konzentration des Urkundenwesens in Alexandria im Nanaion, später in der hadrianischen Bibliothek (127 n. Chr.) ließ die demotische Urkunde überflüssig werden. Nun mußten die Urkunden, um Beweiskraft zu haben, griechisch abgefaßt werden (779).

3. Kaiserliche Konstitutionen, die als Wohltaten für die Bevölkerung aufgefaßt wurden, wurden schon in der Prinzipatszeit auch auf Ägypter und Griechen angewandt. Dabei spielt es eine geringe Rolle, ob der kaiserliche Wille direkt in einem allgemeinen Dekret oder in einem Senatus Consultum geäußert war, und ob man das Mittel seines Einflusses in einem edictum provinciale der Präfekten sehen will, oder nicht (780).

4. Mit den Statthaltern, ihren Assessoren und römischen iudices pedanei kam die römische Jurisprudenz ins Land. Demgegenüber hatte das ägyptische Recht keine Entwicklungsmöglichkeit mehr, es sei denn, ein Kaiser änderte es direkt, wie es Zeno mit dem Familienrecht hat (781).

5. Von Diokletian an ist eine Tendenz, das römische Recht als das alleinige des ganzen Reiches durchzusetzen, spürbar (782). Doch hält sich das Ägyptische noch im Erb- und Familienrecht bis zum Jahre 475, wie Zeno's Konstitution zeigt (783). Noch 381 n. Chr. ist der Erstgeborene erbrechtlich bevorzugt (784).

6. Gleichzeitig beginnt das Christentum den ägyptischen Priesterstand, in dem die letzten Kenner des Demotischen zu suchen sind, zu entmachten (785). Zwar führt diese Entwicklung dazu, daß die christlichen Kopten an Zahl die Griechen überwiegen und auch in ihrer Sprache alsbald Urkunden errichten. Aber so, wie die Buchstaben nun dem Griechischen entlehnt sind, (einige jedoch dem Demotischen!), sind die Urkunden dem gemeinantiken Stil angepaßt, d.i. dem römischen Recht, wenn auch mitunter dem gemeinen Vulgarrecht (786).

---

779 Oben S. 78.

780 Das ius liberorum zur Befreiung von der Frauentutel, s. oben S. 139, das SC Velleianum, s. oben S. 140, das SC Orfitianum, s. oben S. 228.

781 Oben S. 213.

782 Zilliacus, Zum Kampf der Weltsprachen im oströmischen Reich. Helsingfors 1935 gibt eine Übersicht über die Verwendung des Lateinischen in Protokollen und über die lateinischen Lehnwörter im Griechischen. – Dazu Daris, Il lessico latino, Aeg 40 (1960) 177.

783 Oben S. 213.

784 Oben S. 139. Daß eine Frau noch 326 n. Chr. Vormünderin sein kann, könnte ägyptisch sein, s. S. 223, ebenso die Vertragsstrafe auf Scheidung, oben S. 219 die noch für das Jahr 591/92 belegt ist.

785 Ursprünglich war er steuerrechtlich begünstigt und von Liturgien bis ins 2.Jahrhundert freigestellt.

786 So das pignus possessionis, s. S. 208.

7. Die nächste große Entwicklung bringt die Autopragie im 5.Jhd. und den Gegensatz zwischen Katholizismus und Monophysitismus. Aber diese Veränderungen haben das ägyptische Recht nicht zu neuem Leben zu erwecken vermocht.

Nun lebt das ägyptische Recht nur mehr in Volksanschauungen über Gut und Böse. Immerhin haben Teile desselben über 500 Jahre lang nach der Eroberung des Landes durch die Römer gegolten.

Nachträge

Seite

15 Zum Oberpriester, ἀρχιερεύς, s. jetzt Dautzenberg, Die Gesetze des Codex Theodosianus etc. Diss. Köln 1971 S. 120.

22 Zur Bedeutung von Apis und Mnevis für ganz Ägypten vgl. aber Inaros VIII, 9 (Bresciani, der Kampf um den Panzer des Inaros. Wien 1964).

40 Zu den kaiserlichen Konstitutionen vgl. die oben erwähnte Diss. von Dautzenberg. Ferner: Volterra, Il problema del testo delle costituzioni imperiali. Atti del II congresso int. della società Italiana di storia del diritto. Firenze 1971, 821. Der Verf. betont den Wert der Papyri für die Beurteilung, wie weit die offizielle Überlieferung der kaiserlichen Konstitutionen in den Codices auf Kürzung und Zusammenfassung der originalen Gestalt beruht. Eine wichtige Konstitution veröffentlichte Lewis, s. unten Nachtrag zu S. 124. Amelotti e Luzzatto, Le costituzioni Giustinianee nei papiri e nelle epigrafi. Milano 1972. Amelotti, le costituzioni Giustinianee nei papiri. Scritti in onore di Mario Casanova. Milano 1971, 121.

45 Ankum, Les édits des préfets d'Egypte e le problème de l'edictum provinciale. Annales de la faculté de droit et des sciences économiques de Toulouse. 18 (1970) 357 wendet sich mit Recht gegen die Meinung von Modrzejewski und Katzoff, daß es in Ägypten kein Provinzialedikt gegeben habe und bringt weitere Belege. A.M. dagegen Lewis, RHD 1972, 5 ff.

46 Volterra, Quelques observations sur un édit du préfet d'Égypte Servius Sulpicius Similis. Études Jean Macqueron 677. – Ankum, Die Haltung der Präfekten von Ägypten etc. RIDA³ 18 (1971) 367 behandelt auch die in diesem Buche vorgetragenen Fragen. In der Exegese der einzelnen Urkunden zeigt sich eine große Abweichung von unseren Auffassungen.

63 Von dem Archiv des Sasopis verdanken wir nunmehr eine vermehrte Ausgabe Daniele Foraboschi, L'archivio die Kronion. Milano 1972.

78 Eine neue Erklärung für die Umständlichkeit des Urkundenwesens läßt sich aus zwei Kölner Dissertationen von 1971 entnehmen: Arno Stollwerck, „Untersuchungen zum Privatland im ptolemäischen und römischen Ägypten" und Hans Christian Kuhnke, „Οὐσιακὴ γῆ. Domänenland in den Papyri der Prinzipatszeit". Stollwerck weist S. 78 nach, daß das Grundarchiv fast ausnahmslos bei κατοικικὴ γῆ. zu finden ist, und außerdem bei Bauland. Kuhnke stellte fest, daß die Domänen niemals in der β.ἐ. erwähnt werden. Sie waren res extra commercium, aber sie umfaßten den größten Teil des ägyptischen

Fruchtlandes. Also mußte doch nur ein Teil der Grundstücke den umständlichen Weg nehmen. Außerdem stützt das Ergebnis von Stollwerck die Ansicht Kießlings, daß die β.ἐ. aus einem Register des Katökenlandes hervorgegangen ist. Ein Rätsel liegt bei der ἰδιόκτητος γῆ. Wir wissen noch nicht, ob ein Grundstück, das in der Ptolemäerzeit durch Geldbezahlungsurkunde übertragen wurde, in der Prinzipatszeit als solche anerkannt wurde. Hoffen wir, daß die Archivforschung einmal Klarheit darüber bringen möge.

100 Zu den Militärgerichten s. Dautzenberg (oben zu S. 15) S. 190. Zum δικαιοδότης ebenda S. 170.

105 Zum Arbiter s. jetzt Livia Migliardi e Karl-Heinz Ziegler, Un nuovo compromesso dall'Egitto Romano: PUG Inv. 1126. RIDA[3] 18 (1971) 553.

108 Zum defensor civitatis: Dautzenberg S. 165.

109 Gegen Schillers Lehre nun ausführlich: Dieter Simon, Zur Zivilgerichtsbarkeit im spätbyzantinischen Ägypten. RIDA[3] 18 (1971) 623. Zur episcopalis audientia: Dautzenberg S. 32 ff.

116 Aus Anlaß der Papyri aus Arabia Petraea haben sich Biscardi, Studi Scherillo (Sonderdruck) und Wolff, Festschrift Vogt (Sonderdruck) gegen meine Auffassung von der editio actionis gewendet. Ich vermag aber keinen anderen Zweck dieser Urkunden zu sehen; die beiden Verf. haben auch keinen solchen gezeigt. Die Lehre von Dieter Simon, Untersuchungen zum Justinianischen Zivilprozeß. München 1969 S. 55 ff. steht dagegen meiner Auffassung mindestens sehr nahe.

118 Zur litiscontestatio: Dautzenberg S. 186.

124 Vgl. Károly Visky, Urteilsbegründung im römischen Zivilprozeß. RIDA[3] 18 (1971) 735. Der Verf. behandelt S. 747 ff. die Papyri ohne meine Abhandlung in den Studi Paoli zu kennen, die ausführlicher ist. – Zur Appellation an den Kaiser: Dautzenberg 182. Die wichtigste Neuerscheinung jedoch verdanken wir: Lewis, Un nouveau texte sur la juridiction du préfet d'Égypte. RHD 1972, 5. Der hier veröffentlichte P. Yale Inv. 1606 stammt aus dem II. Jhd. Er stellt eine kaiserliche Konstitution, einen Vorläufer von Cod. Just 7,65,2 = Cod. Theod 11,36,7 dar. Vgl. auch Cod. Theod 11,36,1. – Lewis selbst denkt an das Edikt eines Präfekten. Danach entscheidet der Präfekt in schweren Strafsachen endgültig. In anderen Fällen ist Appelation an den Kaiser möglich, jedoch ist Hinterlegung von 1/4 des Streitwerts erforderlich. Der Text zeigt, daß in diesem Jahrhundert das fiskalische Denken die Idee, daß der Kaiser der Helfer aller Untertanen sei, überschattete. Andererseits lehrt der Text, daß bei schweren Straftaten den Römern rasche Bestrafung wichtig erschien.

135 Gegen die hier vertretene Lehre Biscardis wandte sich Albanese, Scritti Ambrosiani I 21. – Die oben (zu S. 78) zitierte Arbeit von

Kuhnke räumt mit der Vorstellung auf, daß die Domänen von Sklavenheeren bearbeitet worden wären. Vielmehr wurden sie ausnahmslos an Freie verpachtet. Sklaven gab es in Ägypten nicht in großer Zahl.

147 Daß die Domänen des Kaisers dem Rechtsverkehr entzogen waren haben unabhängig voneinander Kuhnke (s. oben zu S. 78) und Antonio Masi, Ricerche sulla „res privata" del „princeps", Milano 1971, S. 53, festgestellt. – Zum arbor Perseae ausführlich: Dautzenberg (oben zu S. 15) S. 163.

149 Gegen die hier vertretene Deutung der γῆ ἐν ἀφέσει neuerdings: John C. Shelton, Ptolemaic land ἐν ἀφέσει. Chron 46 (1971) 113.

161 Zum contrarius consensus wird ein Artikel von mir in der Festschrift Schnorr v. Carolsfeld erscheinen.

178 Hans-Albert Rupprecht, Studien zur Quittung im Recht der graecoaegyptischen Papyri. München 1971 gibt eine Exegese der unerhört zahlreichen Empfangsbestätigungen für eine geschuldete Leistung.

181: Zum iustum pretium Dautzenberg (oben zu S. 15) S. 187.

191 Hengstl, Private Arbeitsverhältnisse in den hellenistischen Papyri bis Diokletian. Freiburg 1972 bringt eine wertvolle Sammlung der Papyrusurkunden zur Paramone. Meine eigene Deutung behalte ich aber auch dieser Arbeit gegenüber bei.

195 Die Kultvereinstexte wurden nun neu vorgelegt von Françoise de Cénival, Les associations religieuses en Égypte d'aprés les documentes démotiques. Le Caire 1972 (mir noch nicht zugegangen).

197 Zenobia hatte um 270 n. Chr., als Ägypten unter ihrer Botmäßigkeit stand, ptolemäisches Geld anstelle des römischen in Umlauf gebracht. Hanslik, RE Zenobia. – Pestman, Loans bearing no interest? JJP 16/17 (1971)7, untersucht die Frage, ob ἄτοκος „zinslos" bedeutet, oder ob der Zins bereits in der angegebenen Kapitalsgröße enthalten ist.

213 Die Konstitution von Zeno ist auch von Dautzenberg (oben zu S. 15) S. 191 behandelt.

223 Ein wichtiges Ergebnis bracht die Untersuchung von Volterra, L'opera die Erennio Modestino de excusationibus. Studi in onore di Gioacchino Scaduto. Padova 1969,3: in den Papyri sind wohl Römer als ἐπίτροποι von Peregrinen, nicht aber umgekehrt Peregrine als solche von Römern nachweisbar.

237 Volkmann, Ägypten unter römischer Herrschaft. Handbuch der Orientalistik, 1. Abt. 2. Bd. 4. Abschnitt, Lieferung 1 A (1971) stellt – erstmalig – die Geschichte der Provinz dar. Dabei geht er oftmals auf die Rechtsgeschichte ein. In der Frage, wieweit die sog. heidnischen Märtyrerakten als historische Quellen brauchbar sind, vertritt er eine von der unsrigen abweichende Meinung. – Talamanca,

Su alcuni passi di Menandro di Laodicea relativi agli effetti della „Constitutio Antoniniana", Studi Volterra V 433, findet in der Literatur, vor allem bei Menander und Pseudomenander eine Bestätigung der Lehren von Mitteis und Arangio-Ruiz: von der CA an habe das römische Recht allein Geltung gehabt. Auch ein Weiterleben der Volksrechte als „Gewohnheitsrecht" im Sinne der These von Modrzejewski sei aus den von ihm behandelten Schriftstellern nicht zu entnehmen.

275 P. BGU V 1210 wurde aufgrund neuer Lesung herausgegeben von Mariangela Vandoni, Testi per il corso di papirologia. Milano 1972.

Zeittafel,

abhängig vom Zufall der Funde.

v. Chr.

30	Eroberung Ägyptens
4	Ägypt. Priester frei von Liturgien u. Laographia, BGU 1199. Lex Julia de cessione bonorum (Ed. Ti.Jul.Alex. § 2,15).

n. Chr.

9 – 10	letzte intercessio einer Ägypterin O.Med. Habu 156
14	letzter datierbarer Tempeleid (Nr.101)
41 – 54	Oratio Claudii üb. Recuperatoren. Abschwächung der Frauentutel Gai Inst 1, 157, Stellung der Juden in Alexandria SelP II 212
43	letzte Abstandsurkunde bei Erwerb eines Grundstückes Ryl dem 45
46	SC Velleianum, gilt auch für Peregrine, Apokr. § 5
55 – 56	Letzte Geldbezahlungsurkunde bei Erwerb eines Grundstücks. Strassb dem. 32
68	Edikt des Tib.Jul. Alexander
79 – 81	Vespasian verbietet vorübergehend Fideikommisse zwischen Römern und Peregrinen. BGU 1210 § 18
85	Urteil des Sept. Vegetus üb. Verjährung Chrest II 80
89	Edikt d. Mettius Rufus. Grundarchiv existiert bereits geraume Zeit JurP 59
90	Simuliertes Geschäft. condictio ex iniusta causa. Anerkennung alexandrinischer Eigentumseinschränkung SB 10044
98	Trajans Edikt über Soldatentestamente Dig. 39, 1, 1. P. Fay 10
107	Urteil d. Sulp. Similis. Haftung aus Machtlage P. Fam Teb
112	Letzte dem. Teilungsurkunde Berl dem. 7056
113	Urteil d. Rutilius Lupus. Konversion des simulierten Geschäfts FIRA III 19
117	Mitgift im Zweifel als fingiert anzusehen Chrest II 372
119	Hadrian gewährt Soldatenkindern Erbrecht BGU 140
122	Äg. Priester immer noch bei Laographia besonders behandelt
124	Ägypter aus ungeschriebener Ehe kann kein Testament machen CPR I 18
127	Hadrianische Bibliothek Oxy 34
130	Letzte Geldbezahlungsurkunde üb. Mobilie P. Botti-Calderini 2
135	Libera alienatio bei Eigentum von Römern BGU 1210 § 2. Gegenseitige Quittungen im Verkehr mit Behörden Fay 21.
138	Restitutio wegen dolus für Peregrine. Edikt des Eudaimon Oxy 237
150	sog. actio Pauliana auf Peregrine angewandt Ryl II 75. Restitutio quod metus causa auf Peregrine angewandt Chrest II 52, desgl. wegen Abwesenheit BGU 628. Deduktion aus Regula i. Urteil d. Munatius Felix SelP II 259
159	Akzessorietät d. Hypothek Oxy 2411

160	Urteil d. Vol. Maecianus. Pfandrecht kein lukratives Geschäft Chrest II 90
169 – 180	sog. Gnomon. Stadtrecht u. Volksrecht leben noch
170	Erste Stipulation bei Provinzialen
173	Reichsrechtliches Verbot des Kaufs f. Beamte in ihrem Bezirk Oxy 2411
186	Petition d. Dionysia. Äg. Recht über Stellung d. Vaters bei ungeschriebener Ehe noch in Geltung Oxy 237
194	Röm. Testamentseröffnung im Büro d. vicesima FIRA III 50
200	Apokrimata. Eingreifen des Kaisers ins Recht der ägyptischen Priester. SC Velleianum f. Peregrine. Interdicta, restitutio in integrum. Rechtskraft. Animus f. possessio nicht nötig. Aurum coranorium Fay 20. Longi temp. praescriptio Straßb 22. Ausschreitungen im Gemeinderat verboten Oxy 1406
203	Subatianus Aquila entscheidet nach Willenslehre JurP 54
211	Stockwerkseigentum Straßb 14
212	Constitutio Antoniniana (?). Röm. Vormund muß Mündelvermögen verpachten SB 9049
215	Ägypter aus Alexandria ausgewiesen Giss 40
233	Ptol. Prostagmata üb. Vollstreckung noch in Geltung?
249	Es gibt in Alexandria noch ein Provinzialedikt FIRA III 61. App. Sabinus entscheidet noch nach Machtlage SB 7696. Mehrzahl der Bevölkerung wird christlich.
296	Dekadarch erläßt Interdikt Cairo Isid 63. Eingewanderte Römer halten an reichsrechtlicher emancipatio fest JurP 9. Schätzung von Mitgiftsachen Cairo Isid 62
301	Maximaltarif des Diokletian. Letzter Beleg für Sicherungsübereignung Mert I 32
302	Grundeigentum lästig. Urkunde f. d. Verkäufer New York 20
305	Schenkung unter Ehegatten nichtig JurP 21
319	Letzter Beleg f. Grundarchiv SB VI 9219
326	Lex commissoria verboten. Lex Constantiniana zur longi temp. praescr. SB 8246. Gold ist aufzukaufen SelP II 227 Frau Vormünderin Teb II 378
343 – 358	Matrilokale Ehe Ross Georg III 28
360	Teilfreilassung Chrest II 361
367	Militärbehörden sollen keine Klagen annehmen Oxy 1101
381	Erstgeborener immer noch erbrechtlich bevorzugt Chrest II 363.
429	(spätestens 476) Autopragie
um 450	Zölibat P. Herm Rees 16. Monophysitismus in der Chora
475	Zeno greift ins ägyptische Familienrecht ein Cod. Just. 5, 5, 8
486	„Pacht“ ἐφ' ὅσον χρόνον βούλει
500	Mehrzahl der Bevölkerung spricht Koptisch
531	Bischof muß bei Vormundsbestellung mitwirken Cod. Just. 1, 4, 30
533	Digesten
534	Zweiter Cod. Just.
560	locatio rei suae Straßb IV 248 „Eisern“ statt „unsterblich“ StudPal XX 217
569	Verkauf von Kindern JurP 71 Apokeryxis Cairo Masp 67353 Vertragsstrafe auf Scheidung Cairo Masp 67310
585	Stockwerkseigentum Mon 9
591 – 92	pignus possessionis Warren 10
615	Frau ohne Kyrios SB 5271
641	Eroberung Ägyptens

Abkürzungsverzeichnis

Abh. Akad. München	Abhandlungen der Bayerischen Akademie der Wissenschaften
Acme	Acme. Annali della Facoltà di Filosofia dell'Università degli Studi di Milano, Milano
Acta Congr. Jurid. Int. Romae 1935	Atti dell congresso internazionale di diritto romano. Seduta in Roma. Paris 1935
Actes Xe Congr. Pap.	Actes du Xe Congrès international de papyrologues, Wroclaw 1964
Actes Oxford	Actes du Ve Congrès International de papyrologie Oxford 1937. Bruxelles 1938
Aeg.	Aegyptus, Rivista Italiana di Egittologia e di Papirologia, Milano
ÄGRGSait^{2}	**Seidl, E.**, Ägyptische Rechtsgeschichte der Saiten- und Perserzeit^{2}, Glückstadt 1968
AHDO/RIDA	Archives d'histoire du droit oriental; Revue internationale des droits de l'antiquité. Bruxelles
AJP	American Journal of Philology
Amer. J. Compar. Law	American Journal of Comparative Law
Ann. Pisa	Annali della R. Scuola Normale Superiore di Pisa
Anz. Akad. Wien	Anzeiger der phil.-hist. Klasse der Österreichischen Akademie der Wissenschaften. Wien
AP	Archiv für Papyrusforschung, Leipzig
'Αρχ. 'Ιδ. Δικ.	'Αρχεῖον ἰδιωτικοῦ δικαίου (Archives de droit privé, Athen)
Arch. Giur.	Archivio Giuridico
Atti Accad. Napoli	Atti della Accademia di scienze morali e politiche. Napoli
Atti Congr. Int. Pap. Milano 1966	Atti dell' XI Congresso Internazionale di Papirologia (Milano 2 – 8 Settembre 1965), Milano 1966
Atti Congr. Verona	Atti del congresso internazionale di diritto Romano e di storia di diritto, Verona 1948
Bas.	Basiliken
BASP	The Bulletin of the American Society of Papyrologists
BGU	Ägyptische Urkunden aus den Staatlichen Museen zu Berlin, Griechische Urkunden, Berlin 1895ff.
BIDR	Bulletino dell'Istituto di diritto romano, Roma
BIFAO	Bulletin de l'institut francais d'archéologie orientale du Caire

BL	**Preisigke, Bilabel, David, van Groningen, Kießling,** Berichtigungsliste der griechischen Papyrusurkunden aus Ägypten, 5 Bände, Berlin, Leiden seit 1922
BM	British Museum
Byzantion	Byzantion. Revue internationale des études byzantines.
Byz. Ztschr.	Byzantinische Zeitschrift. München
CP Herm	Corpus Papyrorum Hermopolitanarum I (Stud Pal. V, Leipzig 1905), ed. **Wessely**
CO	Coptic Ostraca, ed. **Crum**, London
Cod. Just.	Codex Justinianus
COP (C. Ord. Ptol.)	Corpus des ordonnances des Ptolémées. Ed. **Lenger**, Brüssel 1964
CPL	Corpus Papyrorum Latinarum. Ed. **Cavenaile**, Wiesbaden 1958
CPR	Corpus Papyrorum Raineri, ed. **Wessely** 1895
DE	Dizionario epigrafico di antichità romane di **Ettore de Ruggiero**
Dig.	Digesta Justiniani
Ditt Syll^3	**Dittenberger**, Sylloge inscriptionum Graecarum, 3. Auflage Nachdruck Hildesheim 1960
EOS	Eos. Commentarii Societatis Philologae Polonorum
Ét. Pap.	Études de Papyrologie, Société Royale Égyptienne de Papyrologie, Le Caire
Festschrift Rabel	Festschrift für Ernst Rabel, Tübingen 1954
Festschrift Schulz	Festschrift Fritz Schulz, Weimar 1951
Festschrift Wenger	Festschrift für Leopold Wenger, München 1944
FIRA	Fontes iuris romani anteiustiniani, Florenz 1940f.
Gai Inst.	Gai Institutiones
Gnomon	Gnomon. Kritische Zeitschrift für die gesamte klassische Altertumswissenschaft, Berlin
JEA	The Journal of Egyptian Archaeology, Egypt Exploration Society, London
JHS	Journal of Hellenic Studies
JJP	The Journal of Juristic Papyrology, Warszawa
JRS	Journal of Roman Studies
Jura	Jura. Rivista Internazionale di Diritto Romano e Antico, Napoli
JurP	**Meyer, P.M.**, Juristische Papyri, Berlin 1930
Labeo	Labeo. Rassegna di diritto romano, Napoli

Latomus	Latomus. Revue d'Études Latines
Law Quarterly Review	The Law Quarterly Review, London
Liddell-Scott	**Liddell, H.G.** and **Scott, R.A.**, Greek-English Lexicon, Oxford 1953
MDAIK	Mitteilungen des Deutschen Archäologischen Instituts, Kairo
Mélanges Meylan	Mélanges Philippe Meylan, Lausanne 1963
Mem. Accad. Lincei	Memorie dell'Accademia Nazionale dei Lincei. Classe di scienze morali, storiche e filologiche, Roma
Mnemosyne	Mnemosyne, Bibliotheca philologica Batava
Mon. Anc.	Monumentum Ancyranum
Museum Helveticum	Museum Helveticum, Schweizerische Zeitschrift für klassische Altertumswissenschaft, Basel
Nachr. Akad. Göttingen	Nachrichten der Akademie der Wissenschaften, Göttingen
Nov. Dig. It.	Novissimo Digesto Italiano, Torino
Nov. Just	Novellae Justiniani
O. Mattha	**Mattha, O.**, Demotic ostraca. Le Caire 1945
O. Med Habu	**Lichtheim, M.**, Demotic Ostraca from Medinet Habu, Chicago 1957
O. Toronto	Theban Ostraca, University of Toronto library. London 1913
O. Wangstedt	Ausgewählte demotische Ostraka aus der Sammlung des Victoria Museums zu Uppsala und der staatlichen Papyrussammlung zu Berlin (Uppsala 1954), ed. St. V. **Wangstedt**
P. Alex	Papyrus grecs du musée gréco-romain d'Alexandrie. Edd. **A. Swiderek** u. **M. Vandoni.** Warschau 1964
P. Ant	The Antinoopolis Papyri, edd. **Roberts, Barns, Zilliacus**, London 1950ff.
P. Amh.	**Grenfell, B.P., Hunt, A.S.**, The Amherst Papyri, London 1900ff.
P. Bad	**Spiegelberg, W., Bilabel, F.** u.a., Veröffentlichungen aus den badischen Papyrussammlungen, Heidelberg 1923ff.
P. Bas	Papyrusurkunden der öffentlichen Bibliothek zu Basel, ed. **Rabel**, Berlin 1917
P. Berl dem.	**Spiegelberg, W.**, Demotische Papyrus aus den kgl. Museen zu Berlin, Leipzig – Berlin 1902
P. Berl Zilliacus	**Zilliacus, H.**, Vierzehn Berliner Griechische Papyri. Soc. Scientiarum Fennica. Comm. Hum. Litt. XI, 4. Helsinki 1941
P. BM (Glanv)	**Glanville, S.R.K.**,Catalogue of Demotic Papyri in the British Museum. Vol I, Oxford 1939
P. BM (Thompson)	**Thompson, Sir Herbert**, A Family archive from Siût. Oxford 1934

P. Bisc.	**Biscottini,** L'archivio di Tryphon, tessitore di Oxyrhynchos, Aegyptus 46 (1966) S.60ff. und 186ff.
P. Bon	Papyri Bononienses, ed. **Montevecchi,** Milano 1953.
P. Botti – Calderini (= O. Botti)	**Botti,** Papiri demotici dell' epoca imeriale da Tebtynis, in Studi in onore di A. Calderini e R. Paribeni 2. Milano 1957, S.75ff.
P. Bour	Les Papyrus Bouriant, ed. **P. Collart,** Paris 1926
P. Brem	Die Bremer Papyri (Abh. Akad. Berlin, Phil.-Hist. Kl. Nr.2), ed. **U. Wilcken,** Berlin 1936
P. Cairo Isid.	The Archive of Aurelius Isidorus, edd. **Boak** and **Youtie,** Ann Arbor 1960
P. Cairo Masp	Catalogue général des antiquités égyptiennes du Musée du Caire: Papyrus grecs d'époque byzantine, ed. **Maspero,** Kairo 1911ff.
P. Cattaoui	Papyrus Cattaoui I, edd. **Grenfell, Hunt, Meyer,** Archiv f. Papyrusforschung III, S.55ff
P. Chrest	**Mitteis, L., Wilcken, U.** Grundzüge und Chrestomathie der Papyruskunde, Leipzig 1912
P. Corn	**Westermann, W.L., Kraemer Jr.C.J.,** Greek Papyri in the library of Cornell University, New York 1926
P. Deir-el-Med (= P. Tor dem)	**Botti,** L'archivio demotico da Deir-el-Medineh nel museo egizio di Torino, Firenze 1967
P. Dura	The Excavations et Dura-Europos V, The Parchments and Papyri, edd. **C. Bradford Welles, R.O. Fink** u. **J.F. Gilliam,** New Haven 1959
P. Edfou	Les papyrus et les ostraca grecs. Fouilles franco-polonaises, Rapports I u. II, ed. **J. Manteuffel,** Kairo 1931ff.
P. Ehev	**Lüddeckens, E.,** Ägyptische Eheverträge, Wiesbaden 1960
P. Eleph dem.	**Spiegelberg, W.,** Demotische Papyrus von der Insel Elephantine, Straßburg 1902
PER dem.	Papyrus Erzherzog Rainer. in Wien (unveröffentlicht).
P. Fam. Tebt	**van Groningen, B.A.,** A Family-Archive from Tebtynis (= Papyrologica Lugduno-Batava VI), Leiden 1950
P. Fay	**Grenfell, B.P., Hunt, A.S., Hogarth, D.G.,** Fayûm Towns and their papyri, London 1900
P. Flor	Papiri greco–egiziani pubblicati della R. Accademia dei Lincei, edd. **Comparetti** u. **Vitelli,** Milano 1906ff.
P. Fuad I	**Bataille, A., Guéraud, O.** u.a., Les Papyrus Fouad I, Le Caire 1939

P. Freib II	**Partsch, J.**,Mitteilungen aus der Freiburger Papyrussammlung, Sitz. Ber. Akad. Heidelberg Phil. hist. Klasse 1916, 10
P. Giss	**Kornemann, E., Meyer, P.M.**, Griechische Papyri im Museum des Oberhessischen Geschichtsvereins zu Gießen, Leipzig 1910 – 1912
P. Graux	Bulletin de l'Institut Francais d'Archéologie orientale du Caire 21 (1923) 189ff; 27 (1927) 1ff; = SB 7461 – 68
P. Grenf I	**Grenfell, B.P.** An Alexandrian Erotic Fragment and other greek papyri chiefly Ptolemaic, Oxford 1896
P. Grenf II	**Grenfell, B.P., Hunt, A.S.**, New Classical Fragments and other greek and latin papyri, Oxford 1897
P. Gron	Papyri Groninganae. Griechische Papyri der Univ.-Bibl. zu Groningen nebst 2 Papyri der Univ. Bibliothek zu Amsterdam, ed. **Roos**, Amsterdam 1933
P. Hamb	**Meyer, P.M., Snell, B.**, Griechische Papyrusurkunden der Hamburger Staats- und Universitätsbibliothek, Hamburg, seit 1912
P. Harr	The Rendell Harris Papyri of Woodbrooke College, Birmingham, ed. **J.E. Powell,** Cambridge 1936
P. Heid	Griechische Papyrusurkunden und Ostraka der Heidelberger Papyrussammlung, ed. **Sattler**, Heidelberg 1963
P. Herm. Rees	Papyri from Hermopolis, ed. **B.R. Rees,** London 1964
P. Jand	**Kalbfleisch,** C. u.a., Papyri Jandanae, Leipzig, seit 1912
P. Köln dem.	Papyrologica Coloniensia (unveröffentlicht)
P. Leid	**Leemans, C.**, Monuments égyptiens du Musée d'antiquités des Pays-Bas à Leide. 1843
P. Lips	**Mitteis, L.**, Griechische Urkunden der Papyrussammlung zu Leipzig, Leipzig 1906
P. Lond	**Kenyon, F.G., Bell, H.I.**, Greek Papyri in the British Museum, London seit 1893
P. Lugd Bat	Papyrologica Lugduno-Batava, edd. **M. David, B.A. van Groningen, J.C. van Oven u.a.**, Leiden 1941ff.
P. Med	**Daris**, Papiri Milanesi per cura della Scuola Papirologica dell' Università Cattolica del Sacro Cuore. Milano 1967. 1969.
P. Mert	**Bell, H.I., Roberts, C.H.**, A descriptive catalogue of the Greek papyri in the collection of Wilfred Merton I, London 1948; II, Dublin 1959. III London 1967.
P. Mich	**Boak, A.E.R.**, u.a., Michigan Papyri. University of Michigan Studies. Humanistic series Vol.28ff. Ann Arbor 1933 ff.

P. Michael	**Crawford, D.S.**, Papyri Michaelidae. Aberdeen 1955
P. Mil Vogl	Papiri della Università degli Studi di Milano ed. **Vogliano** u.a. Milano seit 1937
P. Mon	Veröffentlichungen aus der Papyrussammlung der Staatsbibliothek zu München. I.Byzantinische Papyri, edd. **A. Heisenberg** und **L. Wenger**, Leipzig 1914
P. New York	Greek Papyri in the Collection of the New York University, ed. **N. Lewis**, Leiden 1967
P. Neutest	**Meyer, P.M.**, Griechische Texte aus Ägypten. Papyri des Neutestamentlichen Seminars der Universität Berlin, Berlin 1916
P. Osl	Papyri Osloenses, edd. **Eitrem u. Amundsen**, Oslo 1925ff.
P. Oxf	**Wegener, E.P.**, Some Oxford Papyri, Leiden 1942
P. Oxy	**Grenfell, B.P.** u.a., The Oxyrhynchus Papyri, London seit 1988
P. Princ	**Kase, Jr. E.H., Johnson, A.C., Goodrich, S.P.**, Papyri in the Princeton University Collections, Princeton 1931ff.
P. Petaus	**U. u. D. Hagedorn, L. u. H.C. Youtie**, Das Archiv des Petaus. Köln 1969.
P. Ross Georg	Papyri russischer und georgischer Sammlungen, ed. **G. Zereteli, O. Krüger** und **P. Jernstedt**, Tiflis 1925ff.
P. Ryl	**Johnson, J. de M., Martin, V., Hunt, A.S.** u.a. Catalogue of the Greek Papyri in the J. Rylands Library Manchester, Manchester 1911ff.
P. Ryl dem.	**Griffith, F.L.**, Catalogue of the Demotic Papyri in the J. Rylands Library Manchester, Manchester 1909
PSA	**Petropoulos, G.A.**, Papyri Societatis Archaeologicae Atheniensis, Athen 1939
PSI	Papyri Greci e Latini, Pubblicazioni della Società Italiana per la ricerca dei papiri greci e latini in Egitto, Firenze, seit 1912
P. St	**Crum**, Short Texts from Coptic Ostraka and Papyri, Oxford 1921
P. Straßb	**Preisigke, F.**, Griechische Papyrus der Kaiserlichen Universitäts- und Landesbibliothek zu Straßburg, Leipzig 1912
P. Straßb dem.	**Spiegelberg, W.**, Die demotischen Papyrus der Kaiserlichen Universitäts- und Landesbibliothek zu Straßburg, Straßburg 1902
P. Teb	**Grenfell, B.P., Hunt, A.S.** u.a., The Tebtunis Papyri, London seit 1902
P. Thead	Papyrus de Théadelphie, ed. **P. Jouguet**, Paris 1911

P. VC	**Crum**, Varia Coptica, Aberdeen 1939
P. Vind Sijp.	Papyri Vindobonenses. Papyrologica Lugduno-Batava XI, ed. **P.J. Sijpesteijn**, Leiden 1963
P. Warren	Papyrologica Lugduno-Batava I, edd. **M. David, B.A. van Groningen** und **J.C. van Oven**, Leiden 1941
P. Wien	P. Vindobonenses (unveröffentlicht)
P. Yale	**Oates, Samuel, Welles**, Yale Papyri in the Beinecke library. New Haven 1967
Preisigke-Kießling WB	**Preisigke-Kießling**, Wörterbuch der griechischen Papyrusurkunden, Berlin 1925ff.
PtolRG²	**Seidl**, Ptolemäische Rechtsgeschichte, 2.Auflage, Glückstadt 1962
Rech. de Pap.	Recherches de Papyrologie. Paris seit 1961
Rec. Jean Bodin	Recueils de la Societé Jean Bodin, Bruxelles
Rend. Accad. Lincei	Rendiconti della R. Accademia dei Lincei. Classe di scienze morali. Roma
Rend. Ist. Lomb.	Rendiconti del Istituto Lombardo. Milano
Rev. Ég.	Revue égyptologique, Paris
RHD	Revue historique de droit Francais et Étranger, Paris
RIDA	Revue internationale des droits de l'antiquité, Bruxelles
RömRG²	**Seidl**, Römische Rechtsgeschichte und römisches Zivilprozeßrecht², Köln 1962. 3. Auflage 1971.
Romanitas	Romanitas. Revista de cultura Romana. Rio de Janeiro.
SB	**Preisigke, F., Bilabel, F., Kießling, E.**, Sammelbuch griechischer Urkunden aus Ägypten. Straßburg, Berlin, Wiesbaden seit 1915
Scritti Ferrini Milano	Scritti in onore di Contardo Ferrini. Pubblicati in occassione della sua beatificazione, Mailand 1947 – 1949 (4 Bände)
SDHI	Studia et documenta historiae et iuris, Roma
SEG	Supplementum Epigraphicum Graecum, Leiden
SelP	**Hunt, A.S., Edgar, C.C.** Select Papyri, London 1946, 1949
StudPal	Studien zur Paläographie und Papyruskunde, ed. **Wessely**, Leipzig 1901ff.
Studi Arangio-Ruiz	Studi in onore di Vincenzo Arangio-Ruiz nel XLV anno del suo insegnamento. Napoli, o. J.
Studi Betti	Studi in onore di Emilio Betti, Milano 1962
Studi Biondi	Studi in onore di Biondo Biondi, Milano 1965
Studi Paoli	Studi in onore di Ugo Enrico Paoli, Florenz 1956

Studi Riccobono	Studi in onore di Salvatore Riccobono nel XL anno del suo insegnamento, Palermo 1936
Studi Volterra	Studi in onore di Edoardo Volterra. Milano 1969.
Symb. Osl.	Symbolae Osloenses, Oslo
Symb. Taubenschlag	Symbolae Raphaeli Taubenschlag dedicatae (= Eos 48, 1 – 3), Warszawa 1956/57
TAPA	Transactions of the American Philological Association
Taubenschlag, Op, Min.	**Taubenschlag,** Opera Minora. Warschau 1959.
TDF	**Botti, G.,** Testi demotici I, Firenze 1941
TempE	U. **Kaplony-Heckel,** Die demotischen Tempeleide. Wiesbaden 1963
TR	Tijdschrift voor Rechtsgeschiedenis = Revue d'histoire du droit, Groningen
Wenger, Qu.	**Wenger,** Die Quellen des römischen Rechts, Wien 1953
Wiener Studien	Wiener Studien. Zeitschrift für klassische Philologie, Wien
ZÄS	Zeitschrift für Ägyptische Sprache und Altertumskunde, Leipzig
ZDMG	Zeitschrift der Deutschen Morgenländischen Gesellschaft, Stuttgart
ZPE	Zeitschrift für Papyrologie und Epigraphik, Bonn
ZSS	Zeitschrift der Savigny-Stiftung für Rechtsgeschichte, rom. Abt., Weimar
ZvglRW	Zeitschrift für vergleichende Rechtswissenschaft, Stuttgart

Quellenverzeichnis

4. *Rechtsquellen und Schriftsteller*

Sachverzeichnis